KB274006

전남 영광 지역의 언어와 생활

전남 영광 지역의 언어와 생활

지역어 구술 자료 총서 6-3

전남 영광 지역의 언어와 생활

초판 제1쇄 인쇄   2011년 12월 21일
초판 제1쇄 발행   2011년 12월 31일

지 은 이 ‖ 이기갑
펴 낸 이 ‖ 국립국어원
펴 낸 곳 ‖ 태학사
　　　　　 주소 ㅣ 경기도 파주시 문발동 파주출판도시 498-8
　　　　　 전화 ㅣ (031) 955-7580~2(마케팅부) · 955-7584~90(편집부)
　　　　　 전송 ㅣ (031) 955-0910
　　　　　 홈페이지 ㅣ www.thaehaksa.com
　　　　　 전자우편 ㅣ thaehak4@chol.com
　　　　　 등록 ㅣ 제 406-2006-00008호

ⓒ 국립국어원, 2011

값은 뒤표지에 있습니다.

ISBN 978-89-5966-477-1 94710
ISBN 978-89-5966-200-5 (세트)

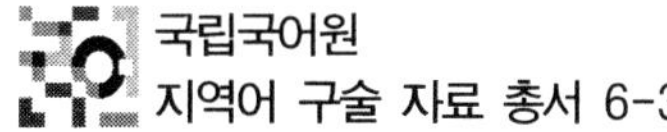
국립국어원
지역어 구술 자료 총서 6-3

전남 영광 지역의 언어와 생활

이기갑

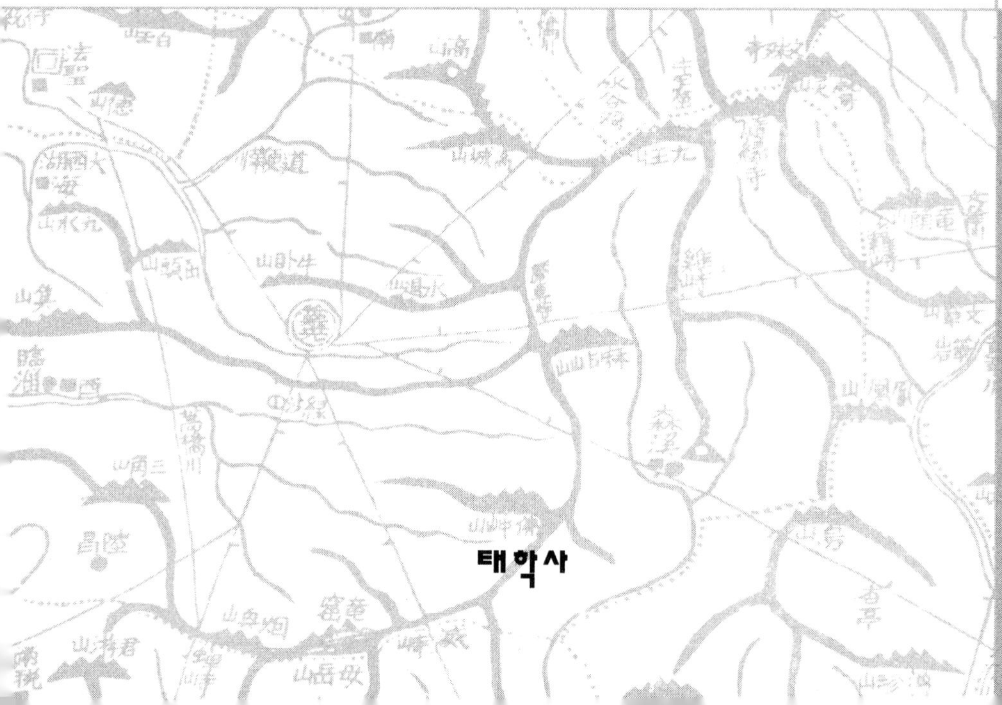

태학사

이 책은 전라남도 영광군 백수읍 죽사리 명산 마을에 거주하는 김 귀님 할머니(당시 72세)와 유 원상 할아버지(당시 76세)가 약 4시간 동안 구술 형식으로 발화한 담화를 녹취하여 전사한 것이다. 영광군은 전남의 서북부 끝에 자리를 잡은 지역으로서 서쪽으로는 서해와 접하고 있으며, 북으로는 전북의 고창군과 맞닿아 있는 곳이다. 따라서 이 담화 자료에는 전남의 서부 지역 언어의 전형적 모습과 함께 전북 방언과의 접촉적 성격이 나타날 수 있을 것으로 예상된다.

조사는 2007년에 이루어졌으며, 조사의 결과는 어휘, 음운, 문법 등의 자료와 함께 조사보고서 형식으로 같은 해에 이미 발표된 바 있다. 조사 보고서는 영광 지역어의 자료 바로 뒤에 표준말 대역이 붙어 있는 형식을 취했으나, 이 책에서는 지역어와 표준말이 면을 달리하여 제시됨으로써 독자로 하여금 지역어와 표준말을 서로 대조할 수 있도록 하였다. 또한 지역어에 익숙하지 않은 독자들은 표준말 부분만을 따로 읽음으로써 구술 발화의 내용을 쉽게 파악할 수도 있다. 조사 보고서에 없는 주석과 색인이 덧붙은 것도 이 책의 특징이다. 주석은 방언형이나 방언의 표현에 대한 의미와 형태의 언어학적 설명이 주를 이룬다. 그리고 색인은 이 책에 실려 있는 방언형 가운데 흥미로운 것만을 따로 떼어 제시함으로써, 이 지역 어휘의 일단을 엿볼 수 있도록 하였다. 이미 전남의 곡성군과 진도군 지역의 자료가 이러한 단행본 형식을 취해 간행된 바 있는데, 영광군의 단행본 역시 이러한 연속적인 작업의 하나인 셈이다.

　이 책에는 김 귀님 할머니가 구술한 일생 의례, 결혼 생활에 대한 이야기, 장례 절차, 제사 등과 함께 목화, 삼, 모시의 재배와 길쌈, 옷 만들기 등의 의생활, 채소, 나물, 밑반찬의 조리와 같은 식생활, 그리고 전통 놀이나 세시풍속 등의 내용이 담겨 있다. 또한 유 원상 할아버지는 집 짓기, 가신과 조상 숭배 등의 거주 생활 및 각종 질병에 따른 민간요법 등을 소개하고 있다.

　구술 담화는 자연스러운 언어의 모습을 보여 준다. 그래서 질문지 조사와는 다른 어형을 내놓는 수도 있다. 그러나 무엇보다도 구술 담화 자료의 중요성은 해당 지역어의 말하기 방식을 보여 준다는 데 있다. 문장을 넘어선 담화의 자료를 통해서 이야기를 이끌어가는 사람들의 다양한 책략이나 담화 구조 등을 확인할 수 있기 때문이다. 따라서 이 책의 구술발화 자료는 일차적으로 한국어의 담화 연구를 위한 귀중한 자료인 셈이다. 그러나 이야기를 풀어나가거나 구성하는 방식은 지역에 따라 다를 수도 있으므로, 이 책에서 제시된 방언의 구술 담화 자료는 담화 차원의 방언 연구를 위한 자료로도 활용 가치가 크다고 하겠다.

■ 조사 과정

1. 조사 과정

1.1 조사 지점

2005년은 전남 동북부의 곡성군, 2006년은 전남 서남부의 진도군을 조사했기 때문에 2007년 조사는 전남 서북부의 영광군을 조사지로 선정하였다. 전라남도의 네 귀퉁이 지역을 차례대로 조사하는 것이 조사 지점간의 방언차를 극대화하는 가장 합당한 방법이라고 생각하였기 때문이다. 조사는 2007년 3월 23일부터 시작되었으며, 보충 조사까지 포함하면 11월 30일에 마친 셈이다.

백수읍은 영광군 안에서도 가장 서쪽에 자리 잡은 곳이다. 서쪽 끝은 서해에 접하고 서해를 따라 구불구불한 해안도로가 만들어져 있는데, 현재는 '백수 해안도로'라는 관광명소로 알려져 있어 드라이브 코스로도 많이 찾는 곳이다. 바닷가 가까운 곳에는 염전이 발달해 있어 천일염을 생산하고 있다. 또한 내륙 쪽으로는 대부분 농사를 주업으로 하는데, 특히 백수읍은 과거 부농이 많았던 곳이었다 한다. 현재 영광읍에서 백수읍 소재지까지는 승용차로 10분 정도밖에 걸리지 않는 매우 가까운 곳에 자리 잡고 있다.

조사지점인 백수읍 죽사리 명산은 영광읍에서 백수읍 경계를 지나 약 5

분 정도의 거리에 있다. 여기서 5분을 더 가면 백수읍 소재지가 나온다. 영광에서 백수읍으로 통하는 도로와 접해 있는 이 마을은 특별한 특징이 없는 전형적인 농촌 마을인데, 지금은 20, 30여 호 정도의 가구가 거주하는 것으로 추정된다. 다른 농촌 마을과 마찬가지로 젊은 사람들은 거의 찾아보기 어렵고 대부분 60세 이상의 노인들로 구성되어 있다.

명산 마을은 강씨의 집성촌이었던 것으로 보이는데, 현재는 대부분 타지에 나가 사는 관계로 집성촌의 의미가 퇴색되었다. 그러나 지금도 과거의 번창을 말해 주는 고풍스러운 주택들이 두어 채 남아 있어, 이 마을이 옛날에는 많은 소작인들을 거느린 부자들의 살던 곳이었음을 짐작하게 한다. 이 가운데 한 채는 광주에 사는 사람에게 팔렸다고 하며, 다른 한 채는 광주에 사는 강씨 집안의 소유주가 별장으로 사용하고 있다.

마을 뒤에는 '대절산'이라는 산이 있는데, 여기에 '대절사'라는 절이 있어 붙여진 이름이다.

1.2 제보자

주제보자는 김귀님 할머니로서 조사 당시 72세(1935년생)이었다. 출생지는 전남 영광군 군남면이며, 선대 거주지 역시 같은 곳이었다. 결혼 이후 현재의 거주지인 전남 영광군 백수읍에서 쭉 살고 있는 셈이다. 주로 농사를 지었으며, 남편을 따라 영광읍에서 수 년간 벼 장사를 한 경력이 있기도 하다. 남편 사별 후 다시 현 거주지로 이주한 뒤 계속 이곳에서 살고 있다. 학력은 없으며 다리가 걷기 힘들 정도로 불편하여 주로 집에서 생활하는 것이 특징이다. 다만 특별히 외출이 필요할 때는 택시를 이용하였다.

제보자는 말이 매우 빠르고 음성이 큰 편이다. 발음은 비교적 정확지만 빠른 말씨 때문에 축약이나 생략된 말이 많다. 청력은 매우 좋으며, 이해력이 좋아 조사 내용을 쉽게 이해하는 편이다. 다른 제보자들과 함께 조사할 때에도 제보의 주도권을 유지하려는 경향이 강하다. 조사를 마치 퀴즈처럼 생각하여 잘못 대답하거나 대답하지 못한 항목에 대해서는 매우 불편한 심기를 노출한다. 남자들이 사용하는 쟁기나 소에 부착하는 여러 기구 명칭 그리고 윷놀이 등의 이름 등은 잘 모르는 편이다. 과거에 농사를 직접 하였기 때문에 농사나 집안일에 대해서는 자세하게 아는 편이었으며 제보자 자신도 이러한 과거의 경력에 대해 강한 자부심을 가지고 있었다.

보조제보자는 유원상 할아버지이다. 조사 당시 76세이었으며 주로 농사를 짓고 살았다. 선대는 영광 불갑면에서 살았으며 할아버지 때 전북 고창으로 옮겨 가 살았다. 제보자 나이 13세 때 현 거주지인 영광 백수읍으로 이사와 현재까지 살고 있으며, 상머슴의 경력이 있는 등 농사일에만 전념하고 살아 왔다. 학력은 없다.

보조제보자는 치아가 좋지 않아 발음이 분명하지 않고 말끝이 흐리는 특징이 있다. 비교적 천천히 말하는 습관이 있어 음성을 전사하는 데 용이하였다. 질문을 쉽게 이해하고 농사일에 대한 해박한 지식이 있었으며, 그밖에 민속이나 민간 요법 등에 대해서도 다양한 식견이 있었다. 다만 간간히 전북 방언의 음성적 특징이 나타났기 때문에 구술 발화의 제보자로만 이용하였다.

1.3 조사 일지

(1) 제보자 찾기(3.23/금)

금년 조사지를 전남 영광군 백수읍으로 정하였다. 영광은 전남의 서북쪽에 자리 잡고 있는 군이다. 2005년에 동북부의 곡성, 2006년에 서남부의 진도를 조사했으므로 전남의 네 귀퉁이 가운데 서북부 또는 동남부를 조사하는 것이 옳은 차례였다. 그래서 우선 서북부 지역으로서 영광이 선택되었다. 영광군의 백수읍은 영광의 서쪽에 위치한 곳으로서 가능한 한 서쪽 지역을 조사하고자 하는 의도에 부합되는 곳이었다.

　일차 조사지와 제보자를 탐색할 겸, 새 디지털녹음기도 시험할 겸 조사를 떠나기로 하였다. 이번 조사 여행에는 아내와 함께 하기로 하였다. 목포에 거주하는 대학원생들을 일부러 불러 올 필요도 없고 봄철의 아름다운 풍광도 구경할 겸 드라이브 삼아 조사 여행을 떠나기로 했던 것이다. 광주에서 22번 국도를 타고 영광읍을 지나 신평 나들목에서 빠져 나와 좌회전을 하면 백수읍으로 가는 길이다. 군서면을 지나고 백수읍으로 들어서니 오른편에 매화가 예쁘게 핀 고옥이 눈에 띈다. 상당한 부자가 살았을 법한 고옥들이 몇 채 있는 마을은 백수읍 죽사리 명산부락이었다. 마을이 예뻐서 동네 구경도 할 겸 마을 안을 찾아 나섰다. 그런데 집들은 하나같이 잠겨 있어 도대체 사람을 구할 수가 없었다. 집은 부잣집 커다란 한옥인데 잠겨 있었고, 그 밖의 다른 집들도 모두 잠겨 있었다. 동네 위쪽으로 올라가니 한 집에서 사람 소리가 난다. 반가운 마음에 찾아들어가니 노인 두 분이 채소를 다듬고 있었다. 찾아온 내력을 설명하면서 회관이 있는 곳을 묻자 길 건너편에 있다는 것이었다. 마침 오늘이 칠순 잔치가 있는 날이어서 회관에 가면 사람들을 볼 수 있을 것이라고 하였다. 다시 마을을 나서서 길을 건너 마을회관을 찾으니 아주머니들과 할머니 몇 분이 누워 휴식을 취하고 계셨다. 점심 시간이 막 지난 2시 경인지라 아마도 식후의 휴식을 취하는 중인 모양이었다. 회관을 들어가 다시 찾아온 이유를 묻자 선뜻 도와 주려는 자세가 아니었다. 그래서 할아버지들이 노시는 곳을 묻자 백수읍에 있는 경로당에 모두들 모여 계시다고 한다. 다시 회관을 나서서 차로 2분 정도 걸리는 백수읍 경로당을 찾아가니 점심 후에 하나 둘 경로당에 할아버지들이 모이는 중이었다. 여기서 한 분을 모시고 찾아온 이유를 묻고 요즘이 바쁜 철인지를 물어 보았다. 그러자 앞으로

조사자와 제보자(김귀님 할머니)

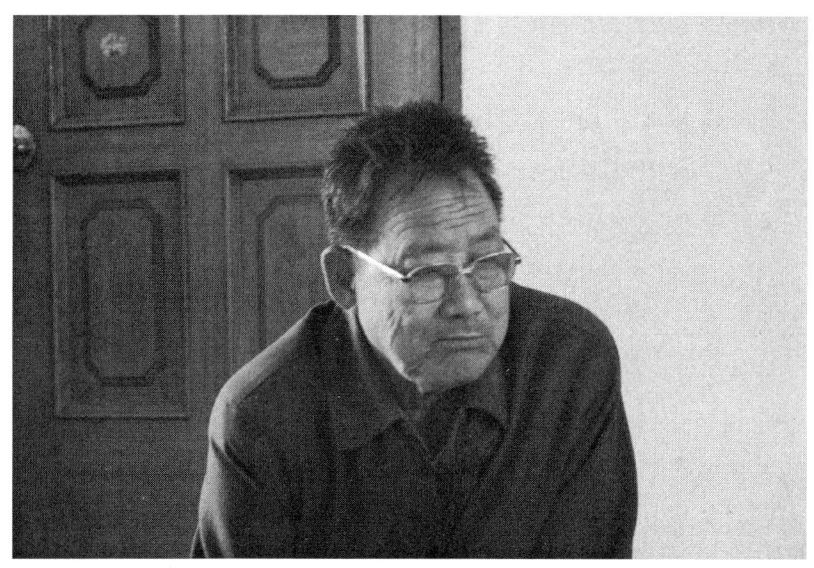

유원상 할아버지

열흘 후면 바빠질 것이라는 대답을 들을 수 있었다. 할아버지들은 모두들 농사를 짓고 있는 탓에 4월부터는 시간 내기가 어려울 것 같았다.

다시 맨 처음 들어갔던 명산 부락으로 되돌아가서 그때 뵈었던 할머니 댁을 다시 찾았다. 그 할머니는 다리가 불편하셔서 지팡이를 짚고 겨우 돌아다닐 정도였다. 오히려 이런 불편한 다리가 조사하는 데는 이점이 될 수도 있을 것이라는 생각에 할머니께 도움을 청하였다. 그리고 시험용으로 농사에 관한 몇 가지 질문을 던져 보았다. 방언 조사가 별다른 것이 아니라는 점을 인식시키고, 옛 생활에 관한 조사의 필요성과 그 의미를 설명해 드렸다. 예상 밖으로 할머니는 달변인데다 아는 것도 많았으므로 제보자로서는 적격이었다. 다리가 불편하셔서 농사도 짓지 못하고 하루 종일 집을 지키는 것이 일이라고 하였다. 친정은 백수읍에 이웃한 영광군 군남면이므로 특별한 흠은 되지 못하였다. 그래서 도와주겠다는 약속을 받고 연락을 취한 뒤 본격적인 조사를 실시하기로 하였다.

마을이 예뻐서 찾아 들어온 것임에도 뜻밖의 좋은 제보자를 만나 한결 가벼운 마음으로 귀가할 수 있었다.

(2) 1차 조사 (3.24/토)

토요일 아침 비가 내렸다. 비가 오면 분위기도 차분해져서 조사하기에 도움이 될 것 같아 할머니께 전화를 드렸더니 마침 특별한 일이 없으시다고 한다. 아침 9시 아내와 함께 차를 몰아 백수에 도착하니 10시. 이미 방 안에는 제보자인 김귀님 할머니와 함께 두 분의 친구분이 계셨다. 한분은 조한순(친정은 군남면), 다른 한분은 왜 이름을 묻느냐고 의심을 하는 것 같아 더 이상 묻지를 않았다.

점심 먹기까지 거의 두 시간을 내리 조사하였다. 김귀님 할머니가 대부분 조사에 응하였고, 간혹 옆에 있는 두 할머니가 거들어 주었다. 때로 동시에 대답하는 경우가 있어 나중에 전사하는 데 방해가 될까 염려되었으므로, 주제보자인 김귀님 할머니가 모르실 경우에 한해 보조제보자들은 대답을 하도록 유도하였다.

김귀님 할머니는 예상대로 아주 빠른 말씨로 비교적 제대로 된 답변을 해 주었는데, 때때로 올바른 답변이 되지 않을 경우에는 질문을 오해했다는 등의 변명을 하시기도 하셨다. 방언 조사를 일종의 퀴즈처럼 생각하시는 탓에 답이 틀릴 경우 자존심이 상하시는 모양이었다. 경우에 따라 주제보자보다 보조제보자가 정확한 답을 주는 경우도 있었다. 이런 경우에도 주제보자는 오히려 보조제보자에게 핀잔을 주는 등 제보의 주도권을 유지하려는 의욕이 매우 강하였다.

12시 30분경 2시간 동안의 조사가 끝나고 백수읍 중국식당에 자장면 네 그릇을 주문하여 점심을 해결하였다. 극구 사양하시는 할머니들을 설득하여 겨우 점심을 함께 할 수 있었다. 그 동안에 김귀님 할머니의 아들이 두엄을 텃밭에 뿌리는 작업을 하는 바람에 트럭 소리가 요란하였다. 아들은 한 차례 방으로 들어와 자신의 어머니가 참여하는 방언 조사 작업에 관심을 표명하면서, 명산 마을이 대대로 아주 부자 마을임을 자랑하였다. 그리고 공무원들을 많이 배출하였고, 특히 농업진흥공사에서 높이 일하다가 정년 후 전남대학교 토목과에서 시간강의를 하시는 동네 어른 이야기를 하였다. 듣고 보니 사촌여동생의 시아버지를 두고 하는 말이었다. 아내가 옆에서 덧붙이기를 그 매제의 성이 강서방이라는 것이었다. 이 마을이 강씨들이 모여 사는 집성촌이라는 말을 들은 터라 그 어른이 나로서는 사돈이 되는 분임이 분명하였다. 맨 처음 우리 부부가 예쁘게 생긴 고옥과 매화에 취해 들어온 빌미가 되었던 그 집이 바로 사돈댁이었던 것이다. 세상은 이렇게도 좁은 것임을 새삼 실감하였다.

2시부터 다시 조사를 시작하여 1시간 여를 조사하였다. 두 번째 조사가 끝난 후 다리도 펼 겸 잠시 휴식을 취하였다. 그 사이에 동네 여자분들이 두 분 더 놀러 오셨다. 그래서 모두 다섯 분의 할머니들이 나누는 자연스러운 대화를 30여 분 이상 녹취할 수 있었다.

4시에 다시 50분 정도의 추가 조사를 실시하여 5시경에 오늘의 조사를 마칠 수가 있었다. 조사를 마친 후 제보자 인적 사항을 쓰면서 맨 처음 이름 알리기를 꺼려하였던 할머니께 다시 이름을 묻자 그때서야 강탄님(71세)이라는 이름을 알려 주었다. 강탄님 할머니는 귀가 어두워 보청기를 끼고 있었지만, 곧잘 옳은 답변을 하기도 하였다. 그리고 다른 할머니들이 모두 홀로 사시는 것과는 달리 이 할머니는 남편과 함께 사셨는데, 택호가 봉동양반이라고 하였다. 나중에 남자들이 알 만한 집짓기 등의 항목 조사에는 제보자로 삼을 만하다고 생각하였다. 이 마을은 유독 남자가 귀하여 노인이라고 할 만한 남자는 겨우 두 명 정도에 불과하다고 한다.

하루의 조사를 마치고 돌아오는 시각은 5시가 약간 넘었다. 아침 10시부터 오후 5시까지 총 7시간을 꼬박 앉아 있으면서 조사를 하는 통에 다리도 아프고 허리도 힘들었지만 덕분에 상당한 양의 조사를 끝낼 수 있었다.

〈특이한 방언 어휘〉
한:새깽이(곡괭이), 전소매(거름용으로 받아 둔 오줌), 매징개(벼를 타작할 때 나오는 이삭이 붙어 있는 검불), 비네(도리깨꼭지), 선일(소를 부려 밭이나 논을 가는 일), 선일꾼(선일을 도맡아 하는 일꾼), 매고~이(자루가 달린 절굿공이), 준지쌀(메밀 껍질을 벗긴 것), 피묵(메밀껍질채 만든 묵. 색깔은 검다.), 준지묵(준지쌀로 만든 묵), 짱다리 뽑으면 밤이 길어진다. (시집간 딸이 고된 일에 힘들어 하는 것을 위로하면서 장다리무우를 뽑을 때면 낮이 짧아져서 일을 덜하게 된다는 뜻), 철매씰다(천장의 그을음을 청소하는 일), 옹구대기(자그마한 옹기 그릇), 입때리(나팔 모양으로 주둥이가 벌어진 밥그릇), 소망(똥이나 오줌 등을 담아 두는 항아리. 변소), 보리깨:깨(보리 이삭 몽그라진 것을 가리키며 벽을 흙으로 바를 때 흙 속에 넣어 흙을 단단하게 함), 말캉(마루), 실:터말캉(웃방머리에 놓은 좁은 마

루), 곰배~이(굽어진 곳. 폴곰배~이), 운:수(덤)

　(3) 2차 조사 (3.29/금)

　몇 차례의 전화를 드렸지만 그때마다 아들이 복분자 일을 하게 되면 밥을 해야 한다거나 아니면 외출을 해야 한다거나 하시던 김귀님 할머니가 어제는 마냥 미룰 수만은 없다고 하시면서 오늘 조사에 응하기로 약속을 하셨다. 박카스 한 박스를 사들고 다시 백수를 찾아간 시간은 오전 10시. 김귀님 할머니와 조한순 할머니가 집 밖 울타리 옆에서 풀을 뽑고 계셨다. 풀을 뽑고 그 자리에 꽃을 심으시려는 계획이란다. 조사자를 본 김귀님 할머니의 안색이 썩 반가워하지 않는 듯하였다. 할머니와 함께 집으로 들어가 마루에 앉자마자 김 할머니는 지난 번 조사 이후의 사정을 설명하기 시작하셨다. 그날 말을 너무 많이 해서 그랬던지 저녁에 심장이 벌렁거리고 머리가 아파 혼이 나셨다고 한다. 알고 보니 김 할머니는 본시 심장병이 있는지라 무리를 하면 안 되는데, 지난 번 조사 때 7시간 동안의 조사에 응하느라 과로하셨던 모양이었다. 더구나 식사를 제때에 하셔야 하는데 그날 점심이 조금 늦어진 것도 한 이유가 되었던 것으로 해석하였다. 그래서 이 방언 조사를 남에게 미루려고 이 궁리 저 궁리 해보았으나 마땅한 사람을 찾지 못하고 할 수 없이 다시 조사에 협조하기로 약속을 하고 말았다고 한다. 사정 이야기를 듣고 보니 너무 죄송스러웠다. 그래서 앞으로는 하루에 2시간씩만 조사를 하기로 하였다. 조사도 중요하지만 조사 때문에 건강을 상하는 일이 있어서는 안 될 것이다. 조사자가 몇 차례 더 오는 일이 있더라도 제보자가 부담을 갖지 않을 정도의 조사가 되어야 할 것이다. 이번의 경험을 살려 조사 첫날부터 과도한 조사량을 목표로 하는 것은 삼가야 할 것이라는 교훈을 얻었다. 아직 적응되지 않은 분에게 처음부터 지나치게 긴 시간을 조사하게 되면 목도 아프고, 제보자도 조사의 의욕을 잃게 되기 쉽기 때문이다.

10시 20분부터 1시간을 조사하고 잠시 동안의 휴식을 취하였다. 건강이 좋지 않은 제보자에게는 1시간 이상의 조사는 무리가 따르므로 1시간씩 두 차례 조사하는 것으로 계획을 변경하였다. 이에 따라 11시 30분부터 다시 1시간 동안의 조사를 실시하여 오늘의 조사를 마쳤다. 김 할머니는 대체로 12시 20분께 점심을 드신다고 하셨으므로 점심시간이 너무 늦어지지 않도록 배려가 필요하였다. 읍에 나가서 점심을 하시자는 권유에도 외식을 즐겨 하지 않으신다고 극구 사양하는 바람에 점심 대접은 포기하였다. 앞으로 하루에 2시간 조사를 하게 되었으므로, 반드시 오전만 고집할 필요는 없어졌다. 상황에 따라 오후에도 와서 2시간 정도의 조사는 가능하기 때문이다.

조사하면서 '두루마기'에 대해 '두루매기'를 대답하였지만 나중에 다른 항목의 조사 때 자연스럽게 '후루매기'가 나왔다. '두루매기'와 '후루매기'는 casual speech인가 아니면 non-caual인가에 따라 구별되는 듯하다.

** 특이한 어휘

모요(무늬), 딱단초(버튼식 단추), 오매~이(호주머니), 둥구지(도롱이), 가짐씬(삼이나 왕골로 짠 신), 미영때~이(무명실 덩어리), 말다(마르다), 작쌀(간짓대를 받치는 막대), 간:대(간짓대), 무어지다(다듬이질을 잘못하면 베에 구멍이 뚫리는 등 베가 망가지는 것을 보고 '베가 무어진다'고 한다.), 독:을 좃다(다듬이 방망이로 베를 두드리지 못하고 다듬돌을 때릴 때), 호론허다(촉촉하게 물기가 있다) 응등허다(옷이 말라 숨이 죽지 않고 뻣뻣하게 서 있다.), 장작윳, 깍쟁이윳, 땡:공(자치기)

(4) 3차 조사 (3.31/토)

어제 일기예보에 강풍에 비가 온다고 하였는데, 아침에 일어나 아파트 주차장을 내려다 보니 바닥이 약간 젖을 정도였고 많은 비가 오지는 않았다. 이렇게 비가 오거나 흐린 날은 오히려 분위기가 차분하여 조사하기에는 좋을 수도 있다. 그래서 아침 8시 경에 김 할머니께 전화를 드렸더니 밝은 목소리로 대답하셨다. 지난 번 조사 이후에 건강에 이상은 없으셨는지를 물어 보았는데, 다행히 별다른 일이 없었다고 하시면서 어제 아들이 와서 복분자 밭일을 거의 해 놓았기 때문에 오늘은 별다른 일이 없으신다고 하신다. 그래서 오후 2시부터 조사를 시행하기로 약속을 해 두었다. 오늘은 방언 조사 연습을 시키기 위해 대학원생들을 참여시키기로 하고, 박사과정생인 오청진과 석사 과정생인 오근호의 상황을 물은 결과 모두 괜찮다는 대답이어서, 1시 40분에 백수읍 우체국 앞에서 만나기로 하였다.

오후 1시 35분께 백수읍 우체국에 도착하였더니 곧 이어 오청진/오근호의 차가 도착하였다. 함께 김 할머니댁을 찾아가서 학생들 소개를 시켜 드렸다. 김 할머니는 벌써 부엌에 있던 상을 방 안으로 옮겨 놓고서 준비를 다 해 놓으신 상태였다. 처음 30분 동안은 내가 시범적으로 조사를 실시하였고, 이어서 오청진이 30분 정도 조사를 한 뒤에 10여 분의 휴식 시간을 가졌다. 휴식 후에 오근호로 하여금 30분 정도 조사를 하게 한 다음 나머지 30분은 다시 내가 조사를 하였다. 조사하는 과정에서 명사나 동사의 기본형을 얻기 위하여 모음 또는 자음으로 시작하는 조사나 어미를 붙이는 질문 방법 등을 시범적으로 보여 주었다. 현장에서 질문지를 받았기 때문에 조사 항목에 대한 사전 지식이 없는 관계로 학생들은 조사에 약간의 어려움이 있었다. 역시 방언 조사란 많은 경험이 필요한 작업임을 실감하였고, 특히 젊은 학생들의 경우에는 조사 항목에 대한 물적 지식이 선행되어야 함을 절감하였다.

김 할머니와 조사를 하는 도중에 조한순 할머니가 주차장에 우리들 차가 있는 것을 보고 놀러 오셔서 조사에 함께 참여하였다. 오늘은 대학원생들이 찾아온 탓인지 김 할머니도 조금 흥분하셔서 목소리가 평소보다 올라가는 듯했다. 이번 조사가 세 번째여서 어느 정도 적응이 된데다, 지난 번 조사 때 2시간의 조사 후에 아무런 건강상의 문제가 없었기 때문에 김 할머니는 조금 더 해도 괜찮다고 하셨지만, 아무래도 무리가 될 것 같아 오늘도 2시간 10여분 정도의 녹음 시간을 채우고 마무리를 지었다. 한꺼번에 조사 시간을 많이 늘리는 것보다 매번 조금씩(10여분 정도) 늘리는 방법을 쓰는 것이 더 나으리라는 판단 때문이었다.

오늘 조사에서 소에 붙이는 각종 장치나 대장간에 관한 명칭 등은 제대로 답변을 얻을 수 없었다. 남자들에 비해 여자 제보자가 갖는 약한 항목이 있기 때문에 앞으로 보충조사는 반드시 남자를 택해야 한다는 생각이 들었다.

오후 4시 20분께 오늘의 조사를 마쳤다. 김 할머니가 타 주신 커피를 얻어먹고 학생들과 동네 한 바퀴를 돈 뒤에 헤어져서 집으로 향한 시간은 4시 40분이었다.

**특이한 어휘

우캐(대로 결어서 지고 다니면서 꼴을 베어 넣어 두는 도구), 사꾸덕('삿구덕'으로 보임. 새끼로 꼰 망태), 망태기(멱동구미), 떡버텅(떡을 넣어 두고 매로 치는 그릇. 가운데가 움푹 들어가고, 나무로 만들었음. 그림의 '함지'를 보고 대답한 것임.), 귀얄쉬염(구렛나루), 맬강코(콧물), 할딱바우(대머리), 가그매(가르마), 뒤에모가지(뒷덜미), 주펑(지팡이. '주:렁'과 지팡이의 혼효형), 해목(정강이), 청기(나다)(멍), 가리쟁이(가랑이), 사태~이(사타구니)

(5) 4차 조사 (4.03/화)

그제는 금년 들어 최악의 황사가 불어 가능한 한 바깥 출입을 하지 말라는 황사경보까지 내려졌다. 어제는 하늘이 많이 깨끗해졌으나 오후 들어 바람이 불고 쌀쌀해지더니 오늘 아침이 되니까 꽃샘추위가 들이닥쳐 지방에 따라서는 영하의 기온을 기록하기도 하였다. 어제 저녁에 김 할머니와 약속을 해 놓고 오늘 아침 8시 15분에 집을 나섰다. 할머니가 점심을 제때 할 수 있도록 오전 조사는 가능한 한 일찍 시작하는 것이 좋을 것 같아 아침 일찍 집을 나섰던 것이다. 아내는 마침 등산 모임이 있어 동행하지 못하였고, 학생들도 수업 등의 일이 있어 혼자 갈 수밖에 없었다. 동네에 도착한 시간은 9시 15분께. 9시 30분에 찾아뵙기로 약속을 해 놓았으므로 차 안에서 10여분을 보낸 뒤에 집을 찾았다.

오늘은 지금까지와는 달리 외장 마이크를 사용하기로 하였다. 내장 마이크만으로도 비교적 좋은 음질을 확보할 수 있었으나, 아무래도 외장 마이크가 좀 더 깨끗한 소리를 잡을 수 있기 때문이다. 다만 녹음 볼륨을 조금만 높여도 fowling이 났으므로 내장 마이크를 쓸 때보다 볼륨을 훨씬 줄여야 하였다. 이렇게 줄인 볼륨으로 녹음을 하다 보니까 녹음할 때의 소리크기가 20db 수준에 머무르는 상황이 발생하였다. 이런 크기로도 제대로 녹음이 되는지 염려가 되었으나 나중에 들어보니 들을만한 정도의 소리는 되었다. 그러나 내장마이크를 쓸 때보다는 소리의 크기가 대폭 작아지는 문제가 발생하였다. 소리를 크게 하면 fowling이 나고, 작게 하면 듣기가 어려운 이런 문제를 어떻게 해결할 것인지가 앞으로의 과제가 될 것 같다.

김 할머니는 조사자가 혼자인 까닭에 비교적 평정심을 유지하면서 조사에 임하셨다. 그러다 보니 분위기가 다소 가라앉은 느낌이 있었다. 아무래도 다른 사람이 함께 동참했더라면 할머니도 흥이 나서 좀 더 많은 말을 할 수 있을 것이고, 그러다 보면 뜻밖의 어휘들도 채집하는 행운이 따를 텐데 그러지 못한 것이 아쉬웠다. 약 30여 분을 조사한 뒤, 건전지를 바꾸기 위해 녹음을 멈추었다. 그리고 다시 25분 정도의 조사를 실시하였다. 이어 20여분 동안의 휴식을 취하였는데, 쉬는 동안에 김 할머니가 커피를 타 주셔서 맛있게 먹을 수 있었다. 김 할머니는 첫날 아내와 함께 이 집을 방문했을 때 아내가 내 커피에 물을 많이 부어 탄 것을 기억하고는 언제나 내 커피는 당신 것보다 물을 많이 부어 놓으셨다. 할머니 당신이 늘 하시던 말씀대로 총기가 있고 영리하시다는 점을 이런 데에서도 확인할 수 있었다.

휴식을 끝내고 다시 1 시간여의 조사를 실시하였다. 이 조사에는 주로 친족어 명칭이 다루어졌는데, 여기서 특이한 것은 민촌과 반촌에서 서로 달리 친족어를 사용한다고 김 할머니가 주장한다는 점이다. 예를 들어 '어매'나 '할매', '하나씨'와 같은 말은 상것들의 말이고, 당신은 언제나 '어머니', '할머니', '하나부지'라고 말한다는 것이다. '아재', '아짐' 등도 역시 상것들의 말이며 당신은 '당숙, 당숙모'와 같은 말을 사용한다고 하였다. 그러면서도 자연스럽게 말하는 도중에는 김 할머니 역시 '큰어매'와 같은 말을 문득문득 쓰고 있다는 점이다. 비록 이들 말이 과거에는 반상에 의해 구별되었다 하더라도 요즘에 와서는 그런 구별이 없어졌으므로 함께 쓰이는 것으로 이해되었다. 김 할머니와의 조사에서 몇 차례 경험한 것이지만 질문에 대한 대답형과 자연발화에서의 방언형이 달리 나타난다는 것이다. 앞의 '큰어매'와 '큰어머니'에서도 그렇지만, 재채기에 대해 대답형은 '재치기', 자연발화에서는 '재침'으로 나타났다. 마찬가지로 부스럼에 대해 '부시럼'으로 대답하였지만, 자연발화에서는 '부으럼'으로 발음하였다. 딸꾹질에 대해서는 일차 대답은 '따꾹찔'이었으나, 조사자가 자신의 방언형이 '포깍찔'이라고 하자, 여기서도 그런다고 하면서 '포깍찔'은 주로 어린아이들이 많이 한다고 하였다. 그렇다고 해서 '따꾹찔'과 '포깍찔'이 그 의미영역을 달리하는 것으로 보이지는 않는다. 아마도 표준어의 영향을 입은 결과일 텐데, 다만 조사자가 제보자의 대답형 이외의 형을 제시하는 경우 제보자는 자존심을 상하는 느낌을 받으며 이에 대해 변명을 하는 수가 많았다. '포깍찔' 역시 이런 경우라 하겠다. '당달봉사'에 대해서는 질문지에 '겉으로 보기에는 멀쩡하나'로 되어 있으나 제보자는 '눈을 뜨고도 보지 못하는 경우'로 이해하고 있었다. 질문지의 수정이 필요한 부분이다.

2 시간여의 조사를 마치고 나니 그래도 12시 20분 정도 되었다. 휴식 시간에 어제 타결된 한미자유무역협정에 대해 조금 이야기하고 화장실 갔다 온 것 등 때문에 다소 시간이 지나간 것으로 보인다. 오늘은 조사 양은 그다지 많지 않았다. 조사 질문지 쪽수로 약 65쪽이지만 한쪽 면만을 사용하므로 실제 쪽수는 33쪽 정도이다. 2시간 동안에 적어도 50여 쪽은 나가야 될 텐데 오늘은 속도가 붙지 않았다. 친족어가 비교적 시간을 소요하는 항목이기도 하지만 조사자와 제보자가 일대일로 조사를 하는 까닭에 흥이 나지 않았기 때문으로 생각된다. 조사할 때에는 적어도 세 사람은 참여하는 것이 조사의 분위기를 띄우는 데도 좋을 것 같다.

** 특이한 어휘

딴:또(난장이), 건네산보래기(사팔뜨기), 점풍나다(경기하다), 터팔다(아우보다), 그:닌말(거짓말), 딴:대딴:대(짝짜꿍), 딸막딸막(아장아장), 내래지다(마루에서 떨어져 넘어지다, 곤두박질치다), 봉:사살이(숨바꼭질), 빠꿈새기(소꼽장난), 퉁구마끼(땅뺏기), 양:지(딱지), 둥구(그네), 공:태(굴렁쇠), 뚜꺼름(미끄럼/(비교)찌끄름), --손(예를 들어 '양지손'/형이 결혼한 남동생을 부를 때 처가 지명과 함께), 조:대(를 받다)(예의바른 교육을 받다), 맹산아야!(친정부모가 시집간 딸을 부를 때 시댁이 '맹산'인 경우/김실아!), 중무쟁이(중매장이), 치온(혼숫감), 뜻받다(부모의 의견을 따르다)

(6) 5차 조사 (4.05/목)

오늘은 꽃샘추위가 한결 누그러졌다. 어제보다 바람도 잦아들고 한낮 온도도 12도 정도나 되었다. 벚꽃은 곳곳에서 만개하니 아마도 이번 주가 벚꽃의 절정인 모양이다. 아침에 병원에 들를 일이 있어 오후 1시 30분쯤에 백수에 도착하였다. 그런데 김 할머니가 감기가 들어 약을 들고 계셨다. 영광종합병원의 간호사가 와서 약을 주고 주사까지 맞혀 주어 몸이 한결 가뿐해지셨다고는 하지만, 엊그제 쌀쌀한 날씨에 밭일을 하다가 감기가 드신 모양이었다. 목이 약간 쉰 듯하였다. 괜스레 미안하여 그럴 줄 알았으면 다음으로 연기할 걸 그랬다는 말씀을 드렸더니 한번 약속한 것이라 그냥 하자고 하신다. 그러면서도 어서 빨리 이번 조사에서 벗어나고 싶은 마음이라는 속마음을 드러내셨다. 2시간 조사라 해도 안 한 것보다는 몸이 못하다는 말씀을 듣고 다른 방법을 강구해야겠다는 생각이 들었다. 이제 어휘 부분도 거의 조사가 완결되었으므로 나머지 조사는 제보자를 바꾸어 하는 것이 낫겠다는 생각에 적당한 남자 제보자가 없는지를 여쭈어 보았다. 한 분이 계시기는 한데, 연락을 해 보겠노라고 하셨다. 운이 좋으면 남자 제보자로부터 음운, 문법 등 상대적으로 어려운 부분과 구술 발화 부분을 조사할 수 있을 것이다.

　1시간 정도 조사를 하고 10분 쉰 뒤 48분 동안의 조사를 다시 실시하였다. 김 할머니의 목소리가 조금 더 나빠진 듯하여 2시간을 채우지 못하고 이 정도에서 마치도록 하였다. 조사를 마치고 나오는 길에 김 할머니가 집에서 담근 복분자 술을 한 병 주셨다. 딱히 대접할 것이 없다고 하시면서 주시는 복분자술을 염치없이 받아들었다. 방언조사 때면 예외 없이 제보자로부터 선물을 받곤 하였다. 곡성 조사 때에는 집에서 기른 벌에서 딴 벌꿀을 한 병 받았고, 진도 조사 때는 찹쌀을 한 되 정도 받기도 하였다. 집에 오는 손님에게 뭐라도 들려 보내야 하는 것은 우리 할머니 할아버지들의 공통된 생각인 것 같다. 이것이야말로 우리네 인정이 아니겠는가?

** 특이한 어휘
　뜰:래미(매미), 사니기(노래기), (콩) 개투 먹다(벌레가 콩의 한쪽을 먹어 치우다), 내:미내:미(송아지 부르는 소리), 고둔도시(고슴도치), 대룽구타다(거꾸로 매달려 있다.), 치(덫/올가미), 모숨둘레(민들레), 낸드라미(맨드라

미), 담옷(담쟁이), 가:랑나무(떡갈나무), 자장개비(삭정이),

(7) 6차 조사 (4.07/토)

　김귀님 할머니가 연락해 준 남자 제보자를 만나러 아내와 함께 오전 10시경 영광 백수를 다시 찾았다. 김 할머니가 알려준 대로 집을 찾아가니 제보자인 유원상 할아버지가 길에 나와서 우리를 기다리고 계셨다. 이미 김 할머니로부터 조사에 대한 사전 지식을 얻은지라 유원상 할아버지는 우리를 바로 집안으로 안내하였다. 유원상 할아버지는 할머니와 함께 살고 있었는데, 올해 나이 76세이고 영광군 불갑면 태생이었다. 백수 태생은 아니지만 1943년 나이 13살 되던 해야 징용을 피하기 위해 이곳으로 이사한 아버지를 따라 백수에 자리를 잡게 되었다고 한다. 강씨들이 집단으로 거주한 이 마을에서 유할아버지는 남의집살이를 하면서도 40살이 되던 때까지 술을 입에도 대지 않았다고 한다. 한푼이라도 아껴서 자식들 뒷바라지를 하기 위함이었다. 그 덕분인지 3남1녀의 자식들은 모두 서울에서 성공하여 부유한 삶을 누리고 있다고 하였다. 지금은 자식들이 보내 주는 용돈과 국민연금에서 나오는 연금으로 아무런 걱정 없는 노후를 보내고 계셨는데(이를 '후부치리'라 한다.), 지금도 자신들이 먹을 정도의 자그마한 농사는 짓고 계셨다.

　유원상 할아버지로부터는 우선 구술발화를 조사하기로 하였다. 처음 조사이기 때문에 외장마이크 대신 내장마이크를 쓰기로 하였다. 처음부터 마이크를 꽂음으로써 긴장감을 줄 필요가 없었고, 내장마이크가 음질은 조금 떨어지지만 소리가 크게 녹음되기 때문이다. 유원상 할아버지는 김귀님 할머니와 달리 말이 조금 불명확하여 끝부분이 모호한 흠은 있었다.

　유원상 할아버지로부터 마을의 대강의 사정을 들으면서 자연스럽게 6.25 때 이곳이 심한 전투가 있었던 곳임을 알게 되었다. 영광읍과 군서면까지는 경찰이 치안을 담당하였지만 이곳 백수와 홍릉 등 서해안 지역은 장성, 고창 등으로 이어지는 산악 지대여서 빨치산들이 한동안 장악하였다고 한다. 그래서 빨치산과 경찰들 사이의 전투로 매번 많은 사망자가 생겼다는 것이다. 6. 25 이야기를 이어서 가장 손쉬운 논농사에 대한 이야기로 이어졌다. 유할아버지 자신이 농사를 직접 지었고 이 지역에서 '수머심'(首머슴)으로 일했기 때문에 농사에 대해서는 해박한 지식을 가지고 계셨다. 덕분에 몇 개의 독특한 농사와 관련된 어휘도 얻을 수 있었는데, 이러한 점은 김귀님 할머니로부터는 얻기 힘든 자료였다. 같은 지역이라 할지라도 서로 살아온 과정과 배경이 다르기 때문에 복수의 제보자가 아주 유익하다는 점을 이번의 조사에서 실감하였다. 결국 사람의 어휘력이란 개인마다 천양지차가 있을 것이므로, 적어도 어휘조사에 관한 한 가능한 한 여러 제보자로부터 자료를 구할 필요가 있는 것이다.

약 1시간 30여분 정도의 조사를 마침으로써 오늘의 조사를 끝냈다. 첫날인지라 제보자 자신이 장시간 조사를 맞을 준비가 되어 있지 않음을 고려했고, 지금이 농사가 시작되는 철이라 제보자가 마음이 바빠하는 것 같았기 때문이다. 지금부터 한 달 정도는 농사에 바쁜 시기라는 것이었다. 그러나 5월이면 너무 늦을 것 같고 해서, 사정 말씀을 드리고 비교적 한가한 오후에 2시간 정도 조사를 하기로 하였다. 유원상 할아버지와 오후에 조사한다면 오전에는 김귀님 할머니와 조사를 할 수 있기 때문에 제보자는 하루에 2시간 정도만 조사하면 되고, 조사자는 하루에 4시간을 조사하는 결과가 된다. 2시간 이상의 조사를 하려면 제보자가 상당한 인내심과 협조가 필요하기 때문에 이런 시간 배분이 적절하다는 생각이 들었다.

조사를 마치고 다시 김귀님 할머니댁을 찾았다. 아직 감기에서 회복하지 못한 할머니와 함께 사진을 찍었다. 조사하는 과정은 나중에 찍기로 하고 우선 마루에 걸터앉아 조사자/제보자와 함께 한 사진 그리고 제보자 혼자만의 사진을 찍었다. 요새 백화점 문화센터에서 사진 강좌를 듣고 있는 아내는 이런 경우에 아주 훌륭한 보조자 역할을 하였다. 점심 대접을 못해 미안해하시는 할머니를 뒤로 하고 마을을 떠난 시각은 12시였다.

    ** 특이한 어휘

삽깽이(날이 괭이처럼 구부러졌으나 모양은 삽처럼 생긴 연장. 괭이나 삽처럼 자루가 달려 있다. '구야'라고 하기도 한다.), 오부(산을 어장낼 때 (허물 때) 쓰는 연장.), 둑집(이엉으로 둥글게 엮어 종자를 보관하는 곳), 부두까리(염전에서 사용하는 판자 써래. 번지에 해당), 앙판(못자리 만드는 판자. 앙판으로 한 뒤 쇠손으로 매끈하게 한다. 앙판질), 짓다(종자를 뿌리다.' 진는다/지여/…'), 칸떠기(모를 심을 때 못줄을 한 줄씩 떼지 않고 네 줄 정도 넓게 뗀 다음 그 사이에서는 모를 심는 사람이 못줄에 의지하지 않고 어림으로 모를 심는 것. 능률적이며 이 마을에서 처음으로 시도된 것이라 함. 이렇게 뗀 모를 '칸모'라 함.), 수랑(수렁), 드레(두 사람이 마주 잡고 옆으로 물을 품는 두레), 통드레(한 사람이 앞으로 물을 품는 두레), 자새(발로 밟으면서 물을 품는 장치), '천드레 품으면 한 매기'(통드레질을 천 번 한 뒤 한 번 쉰다), 열:치다(땅에서 물이 솟아나올 경우, 모래를 치우고 물 품는 자리를 만드는 일을 가리킨다.), 수모심(首-. 상머슴. 보통 머슴이 새경으로 나락 열 섬을 받을 때 수모심은 열 닷섬, 엿섬을 받았음), 농찬(모 심을 때 일꾼에게 주는 특별한 푸짐한 음식), 시름짱날(음력 7월 21일을 가리키며 머슴들이 백중인 7월 보름에 쉬는 집이 있고 시름짱날에 쉬는 집이 있음), 뼁다(씨를 뿌리다. '삐코, 삐여, 삐리다'), 지장(기장), 짜클밧(보리를 심은 뒤 밭 사이에 목화를 간 밭.) 하;타리 매다(짜클밧에 목화밭을 만드는 일을 가리킨다.), 하:커다/흐:커다(희다), 어장내다(허물어뜨리다. 부숴버리다), 갈이(논이나 밭을 가는 일), 추경(가을에 미리 논을 갈아두면 겨우내내 땅이 얼었다 녹았다를 반복하면서 땅이 부드럽게 부숴지게 만드는 것.), 판장홀태(땅에 네 다리를 세워놓고 탈곡하던 연장. '가락홀태'와 비교), 드레(두레. 마을에서 팀을 짜서 공동으로 농사하던 조직. '드레짜다'), 얼:루풀다(땅이 얼었다가 녹았다가를 반복하다), 한:수깽이(곡괭이), 시끌덤벙허다(시끌벅적하다), 목새땅(모래땅), 멍애갈치(큰 갈치), 전:수(전부), 밋들다(땅속에서 심었던 고구마나 감자 따위의 알이 굵어지기 시작하다), 두물콩(콩의 한 종류), 다망다망(드문드문/'배게'의 반대), 동줄/장:줄 (못줄의 종류. 동줄은 7치, 장:줄은 8치), 바대, 버습, 벳, 잡쫏, 숭에, 술, 고도리(쟁기의 부품), 통차로(통째로), 자울라지다(기울어지다), 염판(염전의 소금밭), 융님(불을 때서 구어 만든 소금), 씨앙치다, 낙종, 아구가 트다(씻나락에서 싹이 나다), 모님(먼저), 끝판(어떤 일의 끝), 잔등(언덕), 똘(도랑), 시하납씨/시하나씨(시할아버지)

(8) 7차 조사 (4.10/화)

벚꽃은 어느덧 지고 이제는 배꽃이 피기 시작한다. 아내와 함께 집을 나서 10시에 백수에 도착하였다. 오늘은 오전에 김귀님 할머니, 그리고 오후 2시부터는 유원상 할아버지와의 조사가 있는 날이다. 정확히 오전 10시 김 할머니 댁을 찾았다. 그 사이에 감기는 많이 나아지셨다고 하여 적이 안심이 되었다. 오전 조사에는 남은 어휘 부분을 모두 마치고 음운 부분까지 진행하였다. 어휘 가운데 바다에 관한 것들은 제보자가 거의 모르는 것들이라서 다음의 조사로 미루었다. 영광의 백수는 바다와 접한 곳이기는 하지만, 이곳은 바다와 떨어져 있는데다가 김 할머니의 친정 역시 산중 마을인지라 바다에 대해서는 그다지 아시는 것이 없었다.

음운은 예상대로 만만치 않은 작업이었다. 우선 제보자가 음운 조사를 이해하지 못하고 어휘 조사와 동일시하는 것이 문제였다. 설명을 하기는 했지만, 발음을 조사한다는 사실이 쉽게 이해되지 않는 모양이었다. 단모음은 예상대로 /ㅔ/와 /ㅐ/가 구별되지 않았고, /ㅟ/와 /ㅚ/는 있는 것이 확인되었다. 겨우 단모음을 마치고 오전 조사를 마쳤다. 앞으로의 조사는 고전이 예상되지만 천천히 해나가기로 하였다. 이제 김 할머니도 많이 적응이 되었기 때문이다.

12시 30분 오전 조사를 마치고 영광에서 점심을 먹었다. 수향초밥이라는 조그마한 일식집에서 참치초밥을 먹었는데 값도 한 사람에 8,000원이고 본 음식이 나오기 전에 참치 회가 한 접시 나오고 본 음식으로 참치초밥과 우동 한 그릇이 나오는 등 푸짐하고 정갈한 곳이었다. 점심을 먹은 후 소화도 시킬 겸 영광읍내 재래시장을 둘러보았다. 굴비를 비롯한 생선과 채소가 주를 이루었는데, 모싯잎 송편을 전문으로 하는 떡집이 있어 5,000원을 주고 송편 한 봉지를 샀다. 영광이 모싯잎 송편으로 유명하다는 이야기를 들은 바 있는데, 집에 와서 먹어 보니 아주 부드러운 것이 별미였다.

오후 2시 유 할아버지 댁을 방문하였다. 차를 댈 곳이 마땅치 않았는데, 유 할아버지가 집 앞 골목으로 차가 들어갈 수 있다고 하였다. 아주 조심스럽게 차를 골목으로 운전하여 유 할아버지 집 앞에 있는 빈 집의 마당에 주차하였다. 지은 지 13년밖에 안 된 양옥집이 텅 비어있었다. 노부부가 돌아가신 뒤로 이렇게 비어 있다고 한다. 10년 후면 이 마을이 어찌 될지 충분히 예상이 되는 광경이었다.

유 할아버지와의 조사를 시작하기 전에 유 할아버지가 타지에 사신 적이 있는지를 확인하였다. 지난 번 조사 자료를 검토할 때 전라북도 말씨('버리다'를 '번지다', '욻다'처럼 'ㅓ:'를 'ㅡ'로 발음하는 경향이 심한 것 등)가 일부 보였기 때문이다. 첫날에는 영광 불갑면에서 백수로 이사를 오셨다고 하였는데, 오늘 다시 물어 보니 선조의 고향이 영광 불갑이고 할아버지때부터는 고창군 성승면에서 살았다는 대답을 얻었다. 나이 13세쯤 해서 고창에서 이곳 백수로 이사를 온 것이다. 그러나 아버지의 말씨가 고창 말씨이고 유 할아버지 역시 13세 이전에 고창에서 살았기 때문에 비록 13세 이후 60년간을 전남 영광 백수에서 살았지만 전북 고창의 말씨가 기본을 이루었다고 할 수 있을 것이다. 역시 예상이 맞았던 것이다. 이 말을

듣자 힘이 쭉 빠지는 것을 느꼈다. 왜 처음에 불갑면에서 이사왔다고 했
는지 원망스러웠다. 질문을 잘못 이해한 것 같지는 않고, 어차피 이곳이
타향인지라 전라북도보다는 더 가까운 영광 불갑을 이전 거주지라고 말했
을 것이라고 짐작하였다. 강씨 집성촌에서 타성바지로서 늘 minor로 살아
온 유 할아버지로서는 가능하면 영광과의 관련성을 부각시키려는 의도 때
문이었을 것으로 생각되었다.

　어쨌든 이미 시작된 조사이므로 다시 진행하기로 하였다. 오늘의 조사
는 지난번의 논농사에 이어 밭농사부터 시작하였다. 그런데 10분쯤 조사
를 했을까, 갑자기 코에서 코피가 주르르 흐르는 것이 아닌가? 난데없는
코피로 인해 나는 방바닥에 누워 한동안 피가 멈추기를 기다릴 수밖에 없
었다. 최근 여러 가지 일로 과로한 것은 사실이다. 이 때문인지 몸이 늘
피곤하였는데, 드디어 오늘 피를 보고야 만 것이다. 오늘 조사가 끝나면
충분한 휴식을 취하기로 하고 다시 조사를 재개하였다. 밭농사는 중단하
고 남자 제보자만이 할 수 있는 집짓기로 바로 들어갔다. 유 할아버지는
비교적 집짓는 일에 대한 지식이 있어 상당한 양을 조사할 수 있었다. 금
기 부분에서는 당골에 대한 이야기가 주를 이루었는데, 당골에 대해서는
상당히 부정적인 인식을 가지고 있음을 알 수 있었다. 이제 시골 어느 곳
에서나 당골의 효능을 인정하는 사람은 별로 없다. 당골이 병을 치료한다
면서 하는 굿이나 무속 등은 다시 질병 부분에까지 이어졌다. 질병 부분
에서는 특히 약이 없던 시절 민간요법에 의한 치료에 대해 꽤 자세한 정
보를 얻을 수 있었다. 만일 유 할아버지의 구술발화 가운데 전사할 가치
가 있다면 바로 이 대목이 아닐까 하는 생각이 들었다. 약초에 대한 이야
기는 다음 기회에 듣기로 하고 오늘 조사를 마쳤다. 4시 30분경이었다.

　돌아오는 길에 유 할아버지와의 조사를 어떻게 할 것인지를 고민하였
다. 적어도 한 번은 더 조사하기로 하고, 유 할아버지께 이곳 토박이인 남
자 제보자를 소개 받는 것이 좋을 것 같았다. 다음 조사 때 이 문제를 상

의하기로 하였다. 금주는 금요일과 토요일에 내가 서울에 갈 일이 있다. 그래서 그 동안에 대학원생들로 하여금 조사를 하도록 하는 것이 좋겠다는 생각이 들었다. 우선 목요일 오전에는 유 할아버지와 조사를 하고 금요일은 김 할머니 그리고 가능하면 일요일에는 김 할머니와 새로운 남자 제보자와의 조사가 가능하도록 계획을 짰다.

** 특이한 어휘

너벙너벙(함박눈이 내리는 모양), 몽글몽글(싸락눈이 내리는 모양), (날이)떠들다(비온 뒤 날이 좋아질 때/날이 떠들어서 좋다)), 발태둑(발자국), 새별(샛별),

〈구술발화는 확인 못함/녹음을 들어서 확인할 것〉

(9) 8차 조사(4. 17/화)

아침 10시가 조금 넘어 아내와 함께 백수에 도착하였다. 며칠 전 유원상 할아버지와 통화하여 이 지방 토박이분을 소개해 달라는 부탁을 하였으나 적당한 남자 제보자가 없다는 답변을 들었었다. 이후 4월 13일 마침 서울에 갈 일이 있어 대학원생인 오청진과 오근호에게 이후의 음운 분야 조사를 부탁하였다. 그런데 나중에 녹음된 자료를 보니, 한 항목에 대해 다섯 가지의 활용형을 조사해야 되는데 한 가지 활용형밖에 조사해 놓지 않아서 조사해 놓은 자료가 모두 쓸모없는 것이 되고 말았다. 질문지 첫 부분에 다섯 가지의 활용형을 조사하라는 지시가 있음에도 이 점을 분명히 해 놓지 않아서 그렇게 되었던 모양이다. 그래서 오늘은 내가 직접 다시 음운 분야를 조사해야만 했다.

한편 어제 저녁 김귀님 할머니께 동네에 사는 봉덕양반과 봉덕댁에게 연락을 해서 오늘 오후 조사할 수 있는지를 물어 보시도록 부탁하였었다.

봉덕양반은 영광군 염산면 출신이지만 영광군 내이므로 제보자로 활용할 수 있을 것 같았고 봉덕댁은 처음 보조제보자로 역할을 한 적이 있으므로 김귀님 할머니의 부족한 부분을 보충하기 위함이었다. 그런데 막상 오늘 아침 김 할머니의 말을 들어보니, 봉덕양반은 의향이 없다고 하셨다고 한다. 김 할머니 해석으로는 이 양반이 농사도 별로 짓지 않고 해서 아는 것이 없어 거절한 듯하다는 것이었다. 그래서 오늘 오후 조사는 불가능하였기 때문에 김 할머니와 오전 조사만 하기로 하였다.

김 할머니는 요새 감기가 낫지 않아 고생하시고 계셨다. 목이 약간 쉰 듯하였고 몸 상태도 썩 좋지 못하였다. 이런 사정을 미리 알았더라면 조사를 연기했을 텐데, 후회가 들었으나 기왕 왔기 때문에 조사를 진행하기로 하였다. 다만 할머니의 말을 줄이기 위해 묻는 말에만 짤막하게 대답하시도록 하였다. 너무 설명이 길어지면 아무래도 말이 많아질 것이고 그러면 할머니의 목 상태도 더 나빠질 것이기 때문이다. 다행히 음운 조사이기 때문에 간단히 조사 항목에 대한 짧은 답변이면 충분하였다.

맨 처음 음운 조사는 어휘 조사와 달리 제보자의 발음만을 조사하는 것이라는 점을 설명하고 조사를 시작하였다. 장모음과 성조는 비교적 간단히 조사가 이루어졌다. 그 다음이 악명 놓은 활용 조사였다. 한 항목에 대해 다섯 가지의 어미 활용을 조사하는 것인데, 제보자들이 흔히 질문자의 의도를 알아채지 못하고 허덕거리는 바람에 시간이 제일 많이 걸리고 조사자와 제보자 모두 힘이 가장 많이 드는 분야이다. 처음에 동사 '먹다', '가다'를 가지고 다섯 가지의 활용을 해 보이면서 취지를 설명하고 조사를 시작하였다. 그러나 설명을 제대로 이해하지 못한 할머니가 혼란한 모습을 보이면서 조사자도 좌절의 지경에 이를 정도였다. 8개 정도의 항목을 조사한 뒤 중간 휴식 시간을 갖기로 하였다. 피곤하면 조사자와 제보자 모두 더 힘이 들기 때문이었다. 약 10여분을 쉰 뒤 다시 동사 '벗-'부터 조사를 속개하였는데, 그런데 후반부 조사부터는 할머니가 다섯 가지의 활용 패턴을 터득하게 되면서 일사천리로 진행되기에 이르렀다. 역시 김 할머니가 총기가 있는 분이라 금방 조사자의 의도를 깨달았던 것이다. 제보자 역시 지난 번 학생들과의 조사 때에는 무엇을 묻는지를 알지 못하였기 때문에 매우 힘들었다는 소감을 피력하기도 하였다. 이 분야는 음운 분야이기 때문에 장황한 설명을 통해 조사 대상의 동사나 형용사를 이끌어 내는 대신 반대말을 이용하거나 간단한 설명을 통해 일단 이 지역의 해당 용언형을 조사하였다. 그리고 이 용언형을 가지고 다섯 가지의 활용형을 이끌어 내었다. 이 경우 제보자는 금방 조사 대상인 용언을 잊어 버리는 문제가 있었으므로, 각 활용 때마다 해당 동사를 상기시켜 줄 필요가 있었다. 제보자는 각 활용 사이의 관계를 의미 있게 해석하는 경우도 있었다. 예를 들어 '삶다'의 활용형을 조사할 때, 조사자가 '메느리보고 빨래를 어쩌지 마라고 그래요?'라고 물어서 '쌈:찌마라'라는 활용형을 얻은 뒤 '메느리가 빨래를 어쩌고 있다고 그럽니까?'라고 물으니까 '쌈:꼬 이따'라는 활용형이 금방 나오지 않았다. 왜냐하면 앞에서 머느리보고 빨래를 삶지 말라고 했으므로 바로 이어서 머느리가 빨래를 삶고 있다는 의미 내용이 제보자에게는 모순 되게 여겨지기 때문이었다. 활용형 사이의 관계가 순전히 기계적이고 무의미적이라는 사실은 한참 뒤에 깨닫게 되는 것 같았다. 그래서 중간 휴식 시간 이후의 조사는 비교적 수월하게 진행될 수 있었다. 다만 아직 할머니의 몸 상태가 원만하지 못하기 때문에 오늘은 조사 시간을 조금 줄여야만 했었다. 그래서 오늘 총 조사 시간은 1시간 48분 정도 되었다.

처음에 걱정했던 것보다 훨씬 수월하게 조사가 진행되어 돌아오는 발걸음은 무척 가뿐하였다. 다음 조사는 이미 익혀 놓은 패턴이 있기 때문에 더 쉬울 것이라는 기대가 있었다. 대학원생 훈련도 시킬 겸 다음 조사는 대학원생들을 참여시키기로 하였다.

** 조사 때 유의할 사항.

'(1) 이중모음의 조사 때 '왜란'은 이끌어내기 어려운 항목이다. 오히려 '왜간장'이나 '왜못'과 같은 말로 바꾸어야 할 것 같다.

(2) '읊-'은 사용하지 않는 단어이다.

(3) '맺다'는 '사돈을 맺다'와 같은 물음이 적당하다.

(4) '쫓다'는 '개를 내쫓다'로 물어 전남 방언의 '쪼치다'나 '쫓다'를 얻을 수 있었다.

(5) '많다'는 '만:치, 망:코, 만:트라, 마:능개, 만해따'로 활용했다.

** 특이한 어휘

자상지(삼합으로 이루어진 가구. 종이를 겉에 바름. 옷을 담아 놓음), 부담(대로 만듦. 오을 넣어 두는 곳), 방:다리/방:다기(솔개 종류)

(10) 9차 조사 (4.20/일)

중부 지방에 비가 뿌린다 하더니 남부 지방도 바람이 꽤 세차다. 아내와 함께 10시에 백수에 도착하였다. 원래는 대학원생들과 함께 조사하기로 하였으나 학생들이 일이 있어 아내와 함께 조사하게 되었다. 사실 학생들과 조사를 하게 되면 학생들을 가르치는 이점이 있는 반면 시간을 너무 많이 소비하는 단점도 있다. 지난 번 학생들 조사가 헛수고로 그친 이후 조사를 서둘러야 할 상황이었으므로 학생들 없이 나 홀로 빠른 시간 안에 조사를 하는 것이 더 효과적일지도 모르겠다.

할머니 건강 상황은 전과 다름없었다. 아직 감기가 낫지 않았으나 조사를 못할 정도는 아니었으므로 지난번과 같이 조사를 하기로 하였다. 이번 조사도 음운 조사이므로 가능하면 다른 이야기를 하시지 않도록 하고 묻는 답변에만 정확한 답을 내리시도록 하였다. 목을 가능한 한 적게 쓰기 위한 배려였다.

오늘 조사는 용언의 활용형이었다. (-지, -고, -드라)의 자음 어미와 (-어도, -어서, -었다)의 모음 어미 가운데 각 하나씩을 활용시키는 것이다. 자음 어미로는 '-드라'를 선택하였고, 모음 어미는 '-었다'를 선택하였다. '-드라'와 '-었다'의 의미 내용이 비슷하다는 난점이 있으나 물을 때 '내가 보니까...어쩌드라'와 '올해는 ...한데 작년에는 어쨌다' 등을 사용하여 동일한 어미를 유도하였다. 다만 형용사의 경우 '-었다'가 잘 쓰이지 않는 경우도 있었다. 그런 때에는 '-었다' 대신 '-어도'를 물어 보았다, '-어서'는 '-응게'로 대답하는 경향이 있으므로 사용할 수 없었다.

각 용언의 항목에 대해 묻은 물음 가운데 흥미로운 것은 다음과 같다.

(1) '옮다' : 옷이 옮다, 감기가 옮다. -> '오리다'

(2) 뚫다 : 구녁을 뚫다. -> 문을 '찢다'라고 한다고 하여 당황함.

(3) 더듬다 : 캄캄할 때 눈이 보이지 않을 때 어떻게 하여 ...

(4) 긋다 : 금을 긋다.

(5) 튀다 : 프라이팬에 기름을 넣고 거기에 무엇을 넣을 때 기름이 위로 폭폭 ...

(6) 깨닫다: 몇 시간을 이야기한 끝에 겨우 무슨 일인지를 깨달았다.

(7) 거두다 : 밭에서 곡식을 들여올 때

동사 '끓다'가 '끈트라'와 '끄네드라'의 두 어형이 나타났다.

떫다 ; 뜨:릅다

뚫다 : 떻다

견디다 : 전대다

마르다 : 말다

포개다 : 퍼개다

졸다 : 자울다

(생선 가시를)바르다 : 보르다

굶다 : 굽:뜨라/굴거따

쓿다 : 싫다

놀라다 : 놀리다

맞추다 : 마치다

켜다 : 쓸:다

할퀴다: 할치다

괴다 : 곱:다

빻다 : 뽀수드라/빠사따

거두다 : 걷:드라/거더따

사귀다 : 사기다

다리다 : 대루드라/대레따

가렵다 : 가라웁다

잘못 조사한 것 : '구기다'를 '구겨지다'로 조사함.
(귀) 후비다 : 다시 조사할 필요 있음. '(귀) 파다'로 조사함.

** 특이한 어휘

포롬허다(푸르스름하다), 거매나무(옻나무처럼 피부병이 생기는 나무/거매 오리다), 장:내(장 닳이는 냄새), 딸딸(말다), 홀미치다, 오맹이(호주머니), 따쉬다(따뜻하게 하다), 부쳐대다(뺨을 갈기다), 탁허다(닮다), 모리다(야위다), 대시(다시/부사) 깡낫 징엤다.(서로 닮지않았다./각낫(?)), 지지분허다(지저분하다), 돌려가다(훔쳐가다), 드물다(곡식이 배지 않게 나다. '배다'의 반댓말), 썰썰허다(밥을 먹지 않아 뱃속이 허전하다)

2시간 조사를 마친 시간은 12시 30분. 상추를 뜯어가라는 할머님 말씀을 들고 아내는 텃밭의 상추를 조금 뜯었다. 한편 할머니는 요즘이 주꾸미 철이라고 하시면서 주꾸미가 먹고 싶어도 움직일 수 없어 사 잡수지 못한다고 하시는 말씀을 듣고, 가는 길에 영광 시장에서 주꾸미 1킬로 (12,000원)를 사다 드렸다. 자식에게도 하시기 어려운 말씀이라는 소리를 들으면서, 노부모를 모시고 있는 나로서도 귀담아 들어야 할 내용이었다. 노인들은 잡수고 싶은 것이 있어도 차마 자식들에게 말하지 못하는 경우가 있다는 점, 명심해야겠다.

(11) 10차 조사(5.01/화)

절에 다녀온 뒤 몸이 좋지 않다는 소식에 조사를 못하다가 오늘 재개하였다. 어제 저녁 연락을 취한 결과 금주 금요일에 제사가 있어 바쁠 예정이라서 오늘 조사를 하자는 김 할머니의 권유를 따르기로 하였다. 조사는 아침 9시 40분부터 2시간 동안 진행되었다.

오늘 조사를 통해 음운 분야를 모두 마칠 수 있게 되었고, 문법도 일부 조사를 하였다.

오늘 조사한 부분에서 특이한 사항

(1) '쪼다'는 닭이 부리로 모이를 어떻게 하느냐고 물었으나 대답은 '찍다'였다. 이어 딱따구리가 나무를 어떻게 하느냐고 물어도 역시 '찍다' 였다. 그래서 하는 수 없이 '좃다'라는 어형을 제시한 후 그 용법을 물은 결과 '찍다'와 유사하거나 아니면 칼로 다지는 경우를 가리킨다는 대답을 얻었다. '쪼다'와 '좃다'가 과연 같은 의미인지는 더 확인이 필요하다.

(2) '던지다'는 '던지다'로 대답하였고, 이어 '떵기다'는 안 쓰이는지를 물은 결과 쓰인다고 하여 다시 조사함.

(3) '쬐다'에 대해 '쇠:다'로 대답.

(4) '치우다'에 대해 '치:드라'와 '치내따'로 대답. 다시 확인하여 '치여따'

를 얻음.

(5) '느리다'는 걸음이 빠르지 않은 경우를 물었으니 대답을 얻는 데 실패. '느리다'는 일손이 느린 경우를 주로 가리킨다고 대답함.

(6) '뽑다'에 대해 썩은 이는 어떻게 하느냐고 물었을 때 '뺀다'고 대답. 박힌 못 역시 '뺀다'고 함. '뽑다'는 '찡긴 것을 뽑는다'고 함.

(7) '아깝다'는 '구두쇠는 자기 것이 어째서 다른 사람에게 못 준다고 물어 답을 얻음.

(8) '얄밉다'는 미운 짓을 많이 하는 아이는 어떠냐고 물어 '미웁다'를 얻음.

(9) '아쉽다'는 뭐가 없어 남에게 손을 빌 때로 물어 '아숩다'를 얻음. '아쉽다'와 '아숩다'의 의미 차이 재 확인 필요.

(10) '겨루다'는 추정 방언형 '저루다'를 제시하여 얻음.

(11) '지껄이다' 역시 어형을 제시하여 얻음.

(12) '시다'의 과거형 '시여따'와 반말 '서'를 얻음. 재확인 필요.

(13) '새롭다', '견주다'는 조사 불가능.

(14) 곡용형 가운데 아래는 조사 불가능하거나 어려움.

국: -으로

봄 : -으로

넋 : -에, -으로

여덟 : -으로

값 : -으로

젖 : -으로

** 특이한 어휘

매근매근허다(매끈하다)

(12) 11차 조사(5.09/수)

오늘은 아내, 처제와 함께 동행하였다. 국어 교사를 오래한 처제가 방언 조사를 구경하고 싶다고 해서 함께 갔던 터였다. 10시 20분, 평소보다 약간 늦게 도착하여 바로 조사에 착수하였다. 오늘은 문법의 남은 부분을 마칠 예정이었다. 시간이 어중간하였지만 집중적으로 물어서 시간 내에 겨우 마칠 수 있었다. 언제나 느끼는 것이지만 문법의 조사나 어미의 조사는 늘 힘들다. 제보자가 조사의 의도를 알아차리면 쉬우련만 그렇지가 못하다. 그래서 어떤 항목은 할 수 없이 방언형을 제시하여 확인하는 방법을 택하기도 하였다. 자연스럽게 답을 이끌어내기가 힘이 들고 시간이 너무 소요되기 때문이었다. 부사는 첫 음절을 비슷하게 소리내 줌으로써 대답을 이끌어내는 방법을 택하였다. 예를 들어 '항상'은 여러 가지 대답이 가능하므로 조사자가 '항'을 미리 발음함으로써 '항시'를 이끌어낼 수 있었다. 또한 '겨우'에 대해서는 이 방언형 '포도시'를 미리 제시함으로써 이 지역에 이 어형이 쓰이는지를 확인하는 방식을 택하였다.

** 특이한 어휘

대:고(함부로), 좋아비다(부러워하다), 끼꼴이 좋다(허위대가 좋다), 싸록싸록(비가 조금씩 오는 모양. '싸게'의 반대), 담웃(담을 덮어서 자라나는 식물), 멍클멍클(비가 오기 전의 구름의 모양), 반거질러(말을 반말로 하다)

(13) 12차 조사(5.29/수)

아내와 함께 오랜만에 조사를 떠났다. 20여일만의 조사이다. 그동안 미뤄 두었던 구술발화 조사를 하기로 하였다. 오후 1시 50분경 영광 백수에 도착하였다. 김 할머니는 점심 후 휴식을 취하고 계셨다. 바로 구술발화 조사에 들어갔다. 지난 번 유원상 할아버지와의 조사 때 남겨 두었던 부분을 조사하기로 하였다. 1.2 일생 의례, 1.4 의생활, 1.5 식생활, 1.8 세시 풍속 일부 등이었다. 김 할머니의 성격이 급하고 말이 빠르다 보니 어떤 사항에 대해 자세한 설명보다는 전반적인 개괄을 하는 편이었다. 따라서 2시간 안에 이상의 항목들을 두루 조사할 수 있었다. 이번 조사를 마지막 으로 일단 조사는 마무리하기로 하였다. 이후 보충조사를 1차례 더 하기 로 하고 약 2달 동안의 조사를 막을 내렸다.

** 특이한 어휘

묵덕장, 집장, 조구신산(그해 봄에 잡히는 햇조기를 처음으로 사다 끓여 먹는 일), 오가재비(굴비나 자반준치 따위를 다섯 마리씩 한 줄에 엮은 것), 고지(누룩을 만들기 위해 둥글게 모형을 뜨는 틀)

(14) 13차 조사 (11.30/금)

지난번 조사 때 빠뜨리거나 제보자가 응답하지 않은 어휘 항목에 대해 추가 조사를 실시하러 길을 떠났다. 오랫동안 묵혀 두었던 질문지를 꺼내 어 추가 조사가 필요한 항목을 확인하고, 녹음기 등 장비를 점검하였다. 지난번 조사 때와는 제보자가 달라야 하므로, 마을을 달리 하기로 하였다. 백수읍을 막 들어서니 오른쪽에 '논산'이라는 마을 이름이 돌에 새겨져 있 다. 마을에 들어서서 빈터에 차를 세우고 내리니 차 옆으로 할머니 한 분 이 유모차를 끌고 가신다. 유모차는 걷기가 불편한 할머니의 보조기구였 다. 할머니께 이장댁의 위치를 물으니 바로 옆집을 가리키셨다. 할머니께 어디 가시느냐고 물었더니 마을회관에 가는 길이란다. 올 겨울 들어 처음 으로 마을회관에 난방을 하는 날이라 연락이 와서 가는 길이라고 하셨다. 할머니를 모시고 회관을 방문하니 다른 할머니 두 분이 이미 와 계셨다. 소개를 하고, 방문 목적을 말하니, 아는 것이 없다고 하시면서도 호기심을 보이셨다. 세 할머니의 이름과 출신지는 아래와 같다.

이금례(84세). 영광 법성포 출신
김양예(83세). 영광 대마면 출신
박의덕(78세). 장성 북일면 출신

　내가 처음 만났던 할머니는 김양예 할머니인데, 치아가 좋지 않으신지 발음이 분명하지 않았다. 박의덕 할머니는 이금례 할머니를 당숙모라고 부르는 것으로 모아 조카며느리가 되는 모양이었다. 박의덕 할머니는 비교적 젊고 방언 조사에 많은 관심을 보였으나, 장성 북일면 출신이라 일부러 배제하였다. 그렇지만 시집와서 오랫동안 영광에서 살았기 때문에 영광 말을 잘 안다고 하였으나, 조사 과정에서 몇 어휘에서는 영광 토박이들과 차이를 보였다. 이금례 할머니는 법성포 출신이면서 총기도 있고 아는 것도 많아 몇 가지 귀한 어휘들을 찾아내 주었다.

　1시간 가까운 오전 조사를 마치자 할머니들이 점심을 걱정하신다. 중국 음식을 시켜 드리겠다고 제안을 했으나, 극구 사양하시기에 나만 따로 영광읍에 가서 점심을 먹고 오후 1시 반부터 다시 추가 조사를 실시하였다. 4시 정도에 대강의 조사를 마쳤는데, 언제 다시 오지 않느냐고 하시면서 매우 섭섭해 하셨다. 할머니들도 심심하던 차에 옛날이야기를 겸하는 이런 조사가 재미있으셨던 모양이었다. 나중을 기약하고 회관을 나섰다. 이 마을의 정확한 이름은 '영광군 백수읍 논산리 원산부락'였다.

2. 전사

　구술 발화는 4시간 정도의 분량을 선정하여 전사한 것이다. 구술 발화는 문장 단위로 분절(segmentation)하는 것을 원칙으로 하였다. 따라서 각 분절 단위의 끝은 반드시 문장 종결 부호(마침표, 물음표, 느낌표)로 마무리하였다. 제보자의 이야기 중에 조사자의 말이 들어가더라도 하나의 주제로 이야기가 계속되는 경우에는 제보자와 조사자 사이에 문장부호를 찍지 않았다. 내용이 전환될 경우, 조사자의 말과 제보자의 말을 모두 전사하였다. 이야기가 중간에 끊겨 내용이 전환되면 문장이 완전히 끝나지 않았다고 하더라도 문장부호를 사용하여 문장을 마무리하였다. 의미 내용상 분절이 어려운 경우에는 같은 분절 내에서 문장이 끝날 때까지 입력하고 문장 종결 부호를 넣었다. 몇몇 음운 및 특별한 사항에 대한 전사 방침은 아래와 같다.

① '위'가 단모음 [y]로 실현되거나 상향 이중모음 [wi]로 실현되더라도 모두 '위'로 전사하되 (+   ) 안에 그 사실을 밝혀주었다.

② '외'가 단모음 [ø]로 실현되면 '외'로 전사하고, 이중모음 [we]로 실현되면 '웨'로 전사하였다.

③ '에(e)'와 '애(ɛ)'가 변별적 기능을 가지지 못하므로 'ㅔ'로 통일시켜 표시하였다.

④ 비모음은 해당하는 음절 다음에 ~ 표시를 하였다.

⑤ 장음은 ":", 인상적 장음은 "::" 등으로 표시하였다.

⑥ 구술 발화 질문지와 무관한 내용은 항목 번호로 "=1"을 부여하고 문장 단위로 전사하였다.

⑦ 음성 파일의 소리가 잘 들리지 않을 때, 그리고 전사한 표현의 의미가 분명하지 않을 때는 ***로 표시하였다.

I. 일생 의례[1]

자 오느리 사:: 오:월 이:십 구이리지요이~?

⁻ 예

이:십 구일

예::: 예 그럼자 시작 헤보까요 또? (웃음)

⁻ 먼: 말 허먼 되야헐찌 모르건네 (웃음)

예, 아니요. 제가 여:쭈 여:쭤 볼께요.

가마 이써라. 어:디서 나셔따꼬 그레써요, 어느 동네서?

⁻ 친정이?

예, 친정.

⁻ 쩌 굴:람.

굴:람?

⁻ 굴:람. 예.

예, 굴람.

⁻ 예.

⁻ 굴:람 홍공니.

홍공니.

⁻ 우능이다게써. 원 동:네 이르미 우능이여.

우능?

⁻ 예, 우능. 동:네 이르미 홍공니 우능.

홍공니

자 오늘이 사 오월 이십 구일이지요?

⁻ 예.

이십 구일

예, 예. 그럼 자 시작해 볼까요 또? (웃음)

⁻ 무슨 말하면 될지 모르겠네. (웃음)

예, 아니요. 제가 여쭈 여쭤 볼게요.

가만 있어라. 어디서 나셨다고 그랬어요, 어느 동네서?

⁻ 친정이?

예, 친정

⁻ 저, 군남.

군남?

⁻ 군남. 예.

예, 군남.

⁻ 예.

⁻ 군남 홍공리

홍공리

⁻ 우능이라고 했어. 원 동네 이름이 우능이야.

우능?

⁻ 예, 우능. 동네 이름이 홍공리 우능.

홍공리

‾ 여그 오면 멩산 봉:국 허데끼2)

예

‾ 그러케 헤써.

아:∶∶

거: 인제 형제간드리3) 그러먼 마:느셔써요?

‾ 예, 칠람메여써요.

음, 칠람메.

예.

그럼 다 우게

‾ 따리 닏:4) 우리 어머니도 아들 신: 그러코5) 둬:게써요6).

그러먼 다:들 어:디서 사세요?

‾ 지금 두:째 동상도 서울써 산:디 느다덥씨 병: 나가꼬 죽꼬.

‾ 오빠도 도라가시고

음.

‾ 그러고는 인자 또 두:째 언니가 죽 도라가시고

‾ 그러고 인자 우리 시: 딸만 셋:낳꼬 아들 한나 낳꼬 그레써요.

음, 형제간드리? 예.

그 고양이 어쩌덩가요? 이 저기가? 어:∶ 이 지남버네 말:씀 하실때는 거기는 상꼬리라고

‾ 예, 지녀기7) 산중이여.

산중이요이~.

‾ 어:

‾ 지그믄 그마니나8) 헌데 엔:나레 느드부 나 클 떼만9) 헤도 검:∶나게10) 산중이여써.

‾ 차가 일쩌리11) 거그럴 와 보덜12) 모데써.

아하.

˥ 여기 오면 명산 봉국 하듯이

예.

˥ 그렇게 했어.

아.

거 이제 형제들이 그러면 많으셨어요?

˥ 예, 칠남매였어요.

음, 칠남매.

예.

그럼 다 위에

˥ 딸이 넷. 우리 어머니도 아들 셋 그렇게 두셨어요.

그러면 다들 어디서 사세요?

˥ 지금 둘째 동생도 서울에서 사는데 느닷없이 병 나가지고 죽고.

˥ 오빠도 돌아가시고

음.

˥ 그리고는 이제 또 둘째 언니가 돌아가시고

˥ 그리고 이제 우리 세 딸만 셋 남고 아들 하나 남고 그랬어요.

음, 형제들이? 예.

그 고향이 어떻던가요? 이 저기가? 어 이 지난번에 말씀하실 때는 거기는 산골이라고

˥ 예, 굉장한 산중이야.

산중이요.

˥ 어.

˥ 지금은 그만큼이나 하는데 옛날에 *** 나 자랄 때만 해도 굉장히 산중이었어.

˥ 차가 일절 거기를 와 보지를 못했어.

아하.

￬ 차가. 근디13) 지그믄 뼈:스가 드러뎅에도14) 이런 데말로15) 마:니 안 드라뎅에.

아.

￬ 하레 시:데먼 시:데, 니:데먼 니:데, 고로고 뎅이제16).

예.

￬ 딱 정:헤노코 그러제 당게 와따가따 여런 떼가 안 뎅에요 차가.

오호::

￬ 검나게 산중이여.

(웃음), 영광이 그러게 사니 이씀니까?

￬ 사니 고:리 갈쑤랑17) 마:네요18) 사니.

음.

￬ 그리 올라갈쑤락 송:님 강:암 그러::케 사니 마:네.

￬ 차가 가기는 각 지그믄 거까지19) 가. 송:님 강:암까지도 각 뼈:쓰가 가기는 가는데 그러케 사니 마:네요.

그러먼 그떼는 어:디 나올라거머는 거러나와써요? 차 탈라먼?

￬ 그러제. 포:천까지.

포:천까지

￬ 그 미테

얼마 똥아니나 거러요? 얼마나 거:리가 얼마나 됨니?

￬ 얼마 앙 거러.

얼마 안

￬ 포:천 오먼. 네 메쁜 앙 걸꺼요20). 한 시: 십뿐는 더 걸꺼시고 야튼21)

￬ 걸 걸:꺼시요. 얼마 암 머러. 포:천 거그떼 거기 네로먼 금 금방 네로와.

음.

￬ 그러먼 인자 거그서 차 타먼 인자 영광 영광또 가고. 더웁 춥쏘?

아니요.

˝ 차가. 그런데 지금은 버스가 드나들어도 이런 곳처럼 많이 안 드나들어.

아.

˝ 하루 세 대면 세 대, 네 대면 네 대, 그렇게 다니지.

예.

˝ 딱 정해 놓고 그러지. ** 왔다갔다 여러 대가 안 다녀요 차가.

오호.

˝ 굉장히 산중이야.

(웃음), 영광이 그렇게 산이 있습니까?

˝ 산이 그리 갈수록 많아요, 산이.

음

˝ 그리 올라갈수록 송림 강암 그렇게 산이 많아.

˝ 차가 가기는 지금은 거기까지 가. 송림 강암까지도 버스가 가기는 가는데 그렇게 산이 많아요.

그러면 그때는 어디 나오려고 하면은 걸어서 나왔어요? 차 타려면?

˝ 그러지. 포천까지.

포천까지

˝ 그 밑에

얼마 동안이나 걸어요? 얼마나 거리가 얼마나 됩니까?

˝ 얼마 안 걸어.

얼마 안

˝ 포천 오면. 네 몇 분 안 걸을 거요. 한 십 분은 더 걸을 것이고 하여튼

˝ 걸을 것이오. 얼마 안 멀어. 포천 거기 거기 내려오면 금방 내려와.

음.

˝ 그러면 이제 거서 차 타면 이제 영광 영광도 가고. 더웁 춥소?

아니요.

= 아이 불써도 여러나부러. 문 거시기 아넝께.
22) 아니. 시끄롤까바.
소리가 들리까바서 아 자동차 쏘리 가틍거슨.
예:: 거.

= 아니, 불 켜도 열어 나 버려. 문 거시기 안 하니까

아니. 시끄러울까 봐서.

소리가 들릴까 봐서 아 자동차 소리 같은 것은.

예, 거.

겨론혜:가지고 이리 오셔쪼이~?

⁻ 그러조.

메싸레나 겨론하셔써요?

⁻ 여레다베23).

열야답싸레.

아.

@2 빨리 하셔따.

우리 어머니와 비스다게.(웃음)

@2 굉장이 빨리 하셔따.

엔:나레는 다 그레찌 머.

누:가 중메 서써요?

⁻ 아 중메 아너고 헐꺼시요? 그런디서는 여:네가 무시요24)? ****

긍께 누가 누가?

⁻ 인자 인자 여그서 여그 지반 당:숙 떼신 냥바니 중메를 헤써요.

⁻ 어:쩨서25) 그 냥바니 중메를 헨냐먼 그 냥반이 거그서 살다가 요:리 이:사 와게꺼던.

⁻ 그렁게 소:글 앙:게 중메를 헤게써.

아아, 그레꾸나. 음. 음.

그러먼 인자 아 중메헤:가지고 열 여덥싸레 겨론하실 때 그러먼 여그 하라버지는 면 나이가 면 면쌀이여써요 그때?

결혼해가지고 이리 오셨죠?

― 그러지요.

몇 살에나 결혼하셨어요?

― 열여덟에.

열여덟 살에.

아.

빨리 하셨다.

우리 어머니와 비슷하게. (웃음)

굉장히 빨리 하셨다.

옛날에는 다 그랬지 뭐.

누가 중매 섰어요?

― 아 중매 안 하고 할 것이오? 그런 데서는 연애가 뭐요? ***

그러니까 누가 누가?

― 이제 이제 여기서 여기 집안 당숙 되신 양반이 중매를 했어요.

― 어째서 그 양반이 중매를 했냐면 그 양반이 거기서 살다가 이리 이사 오셨거든.

― 그러니까 속을 아니까 중매를 하셨어.

아아, 그랬구나. 음음.

그러면 이제 아 중매해가지고 열여덟 살에 결혼하실 때 그러면 여기 할아버지는 몇 나이가 몇 몇 살이었어요, 그때?

ˉ 우리 집 아저씨가?

예.

ˉ 두살쎄26).

두:살세.

ˉ 스무사레고 나는 야다베27) 허고 그레써요.

그떼 그 하라버지는 여그서 농사 지서써요?

ˉ 네.

음.

ˉ 농사나 지여따우28)? 그떼는 부자찝 아들로 손자로 면: 일:도 앙꺼또29) 안체30). 손도 꼼짝또 아네쩨.

ˉ 너무 일꾼 일꾼만 두: 사람썩 데리고

아. 여그 와서 보니까

그떼가 그러면 멘 유기오 나기 저니조

ˉ 전 유기오 나 낙 나고제. 인공31) 지네고제.

아 인공 지네고에요, 겨론하실떼?

ˉ 에.

아.

ˉ 긍게 그저네 우리 하나부지가32) 하나부지 사라게실떼는 시방 아드리 우리 하나부지가 메시냐? 니:시냐? 크나들 자근 집 응 니:시 니:신디 아들 다 이러고 요거시 시방 세:쩨 아들찌비여.

세:쩨 아들찝.

ˉ 이러고 지살 지버 지서서33) 저금네고34) 시방 저:짜게35) 큰::집 그 지 아집 안 이씹떠여36)? 우게 산 미테? 거시기 면:디 인는디. 그거시 막뚜~이 아들 지비고.

ˉ 그러케 우리 하나부지가 부:자라 그러코 지블 지서. 천 선자마레서37) 천서글 바다써.

˝ 우리 집 아저씨가?

예.

˝ 두 살 차이.

두 살 차이.

˝ 스무 살에 하고 나는 여덟에 하고 그랬어요.

그때 그 할아버지는 여기서 농사지었어요?

˝ 네.

음.

˝ 농사나 지었대요? 그때는 부잣집 아들로 손자로 무슨 일도 아무 것도 안 하지. 손도 꼼짝도 안 했지.

˝ 남의 일꾼 일꾼만 두 사람씩 데리고.

아. 여기 와서 보니까

그때가 그러면 맨 육이오 나기 전이지요?

˝ 전 육이오 나고지. 인공 지내고지.

아, 인공 지내고예요, 결혼하실 때?

˝ 예.

아.

˝ 그러니까 그전에 우리 할아버지가 할아버지 살아계실 때는 시방 아들이 우리 할아버지가 몇이냐? 넷이냐? 큰아들 작은 집, 응, 넷이 넷인데 아들 다 이렇게 이것이 시방 셋째 아들집이야.

셋째 아들집

˝ 이렇게 집을 지어서 분가시키고 시방 저쪽에 큰 집 그 기와집 있잖습디까? 위에 산 밑에? 거시기 ** 있는 데. 그것이 막둥이 아들 집이고.

˝ 그렇게 우리 할아버지가 부자라 그렇게 집을 지어서. 천 소작만 해도 천 석을 받았어.

˅ 그렁게 천석꾼 부:자라고 소:문 나써써.

˅ 근디 인자 다:: 또 그럴 이유가 이써가꼬 살리믈 망헤뿔고

˅ 우리 그 기양 고로 용:케 그러케 망헤 뻐리고는38) 또 나몬 거슨 인공 때 인공떼 자기가 농사지:라고 그떼는 다 주어짜나요, 선자로.

˅ 선자노늘 다 지여쩨. 근디 인공 닥칭게 다:: 자기논 멘드라부러짜나요.

˅ 인공떼는 그레써요. 자기논 멘드라부써요.

누가요?

˅ 그 농사 진:39) 사라미.

소:작뜨리.

˅ 예. 소:작뜨리.

음.

˅ 다 자기 논 멘드라부러써. 인공 지네고 낭게.

˅ 그면 그러케 머 무서운 세상이여써, 그떼는.

음.

˅ 그레가꼬 다 고로코 그 살림도 업:쎄뻐리고. 그레도 나 와서만헤도 (혀를 차며) 부:잡띠다마는 또 무어니 그러케 우 시야바니가40) 다 업쎄부러써 살리믈.

˅ 우 시야바니가 (웃음) 자근 우리 자근어머니를41) 어더가꼬 삼:서

아. (웃음) 둘 두: 집쌀림.

˅ 나 시집와서만헤도 겐찬헙띠다마넌 나 와서만헤도.

응.

음. 그러게꾸나. 음.

그러면 인자 겨론하실떼는 그떼는 그럼 여기 쫌 시데기 좀 부:자여셜껜네요?

˅ 그러지요.

예.

˝ 그러니까 천석꾼 부자라고 소문났었어.

˝ 그런데 이제 다 또 그럴 이유가 있어가지고 살림을 망해버리고

˝ 우리 그 그냥 고로 용케 그렇게 망해 버리고는 또 남은 것은 인공 때 인공 때 자기가 농사지으라고 그때는 다 주었잖아요, 소작으로.

˝ 소작논을 다 지었지. 그런데 인공 닥치니까 다 자기 논 만들어 버렸잖아요.

˝ 인공 때는 그랬어요. 자기 논 만들어 버렸어요.

누가요?

˝ 그 농사짓는 사람이.

소작들이.

˝ 예. 소작들이.

음.

˝ 다 자기 논 만들어 버렸어. 인공 지내고 나니까.

˝ 그러면 그렇게 뭐 무서운 세상이었어, 그때는.

음.

˝ 그래가지고 다 그렇게 그 살림도 없애 버리고. 그래도 나 와서만 해도 (혀를 차며) 부잡디다마는 또 우연히 그렇게 우리 시아버지가 다 없애 버렸어 살림을.

˝ 우리 시아버지가 (웃음) 작은 우리 작은어머니를 얻어가지고 살면서 아. (웃음) 둘 두 집 살림.

˝ 나 시집와서만 해도 괜찮습디다마는 나 와서만 해도.

응.

음. 그러셨구나. 음.

그러면 이제 결혼하실 때는 그때는 그럼 여기 좀 시댁이 좀 부자셨겠네요?

˝ 그렇지요.

예.

그러먼 좀 떠들썩하게 겨론하셔껬네.

ˉ 엔:나레는 구:겨론이지.

그니까.

ˉ 예. 그도 그:도 머 날짜가 그러고 난능가 어쩬능가 하이튼 나는 이트 링가 시여서 오고 그레써라우 게론헤:가꼬. 지비서 거그서.

ˉ 시:동니비 거시간 어:디 간

아, 겨로늘.

ˉ 지그믄 시닝[42] 가도 아너고[43] 머또[44] 아너제 지금 그떼 쎄상에는.

ˉ 게론허고 게로는 친정에 와서 스 크네기[45] 지베 와서 인자 요러코 게 시글 안 허요? 그떼는 엔:나레는?

예.

ˉ 구:겨로늘

예.

ˉ 거 나는 이트를 거그서 쉬여서 와써.

예.

ˉ 친정에서.

ˉ 날짜가 고러고 나뜽가 어쩬능가 모르거써요 야튼.

아 고 머 그떼 가:마 타 와요?

ˉ 마:차 타고 와써요.

마:차 타고?

ˉ 예.

ˉ 쩌:그 또 포:천서 장두기 이써. 단둑 인는 디 고리 하 소메~이[46] 아페 로[47] 헤서 그 이 잔둥[48] 쪼:끔 널롸[49]. 그렁게

ˉ 구루마[50] 가틍거슨 뎅이제. 긍게 구루마는 뎅이믄 마:차가 뎅이그든. 고로케 헤:서 와써요. 쩌:그 에사메 뒤에로 야:푸로 헤서.

그러먼

그러면 좀 떠들썩하게 결혼하셨겠네.

⎺ 옛날에는 구식 결혼이지.

그러니까.

⎺ 예. 그래도 그래도 뭐 날짜가 그렇게 났는가 어쨌는가 하여튼 나는 이틀인가 쉬어서 오고 그랬어요, 결혼해가지고. 집에서 거기서

⎺ **** 거시기 하는 어디 갔

아, 결혼을.

⎺ 지금은 신행 가지도 않고 아무 것도 안 하지, 지금 그때 세상에는.

⎺ 결혼하고 결혼은 친정에 와서 처녀 집에 와서 이제 이렇게 결혼식을 하잖아요? 그때는 옛날에는?

예.

⎺ 구식 결혼을

예.

⎺ 거 나는 이틀을 거기서 쉬어서 왔어.

예.

⎺ 친정에서.

⎺ 날짜가 그렇게 났던가 어쨌는가 모르겠어요 하여튼.

아 고 뭐 그 때 가마 타고 와요?

⎺ 마차 타고 왔어요.

마차 타고?

⎺ 예.

⎺ 저기 또 포천서 고개가 있어. 고개 있는 데 그리 하 소맹이 앞으로 해서 그 이 고개 조금 넓어. 그러니까

⎺ 달구지 같은 것은 다니지. 그러니까 달구지는 다니면 마차가 다니거든. 그렇게 해서 왔어요. 저기 외삼(지명) 뒤로 앞으로 해서.

그러면

거 아저씨도 저기 실랑도 마:차 타고 와요?

⁻ 아니요.

그러면?

⁻ 실랑은 거러완능가 마를 타고 완능가51) 모르거쏘, 이저부러서.

(웃음)

⁻ 장:게 올떼는 맏 말타고 와씽게.

그레요이~.

그러며는 그떼든 다 시데게 인자 머 식꾸 식꾸들 친척드란텐 섬:물 예:물 가틍거 준:비하지요?

⁻ 그러체. 다 허제. 인사오슬52) 다 허제.

인사오슬이~? 이~ 주로 머:슬 함니까?

⁻ 그떼는 오시여 점부. 다 베 낭거시로.

아.

⁻ 엔:나레라 다 멩기베53) 나면 멩기베. 고시기 미영베54) 나면 미영베. 당목55) 고롱 거시로 헤:서 다 오슬 메 함:보글 함볼 헤:써.

아, 한:보글?

⁻ 오슬 오슬 그러체.

⁻ 보신하고.

보신하고?

⁻ 보신 웬마넌 사라믄 시그믄 양발 사고 막 저기요. 시방은 양발 사는 법또 업써. 양발 머 귀허가니56) 시방은?

⁻ 엔:나레 양발 사쩨마넌.

⁻ 그떼는 보신 항커리썩57) 다: 허고.

아.

오다고 보신하고이~.

요세는 요세는 머

거 아저씨도 저기 신랑도 마차 타고 와요?

 ̄ 아니오.

그러면?

 ̄ 신랑은 걸어왔는지 말을 타고 왔는지 모르겠소, 잊어버려서.

(웃음)

 ̄ 장가올 때는 말 타고 왔으니까.

그래요.

그러면은 그때는 다 시댁에 이제 뭐 식구 식구들 친척들한텐 선물 예물 같은 것 준비하지요?

 ̄ 그러지. 다 하지. 예단을 다 하지.

예단을? 주로 무엇을 합니까?

 ̄ 그때는 옷이야 전부. 다 베 낳은 것으로.

아.

 ̄ 옛날이라 다 명주베 낳으면 명주베. 거시기 무명 낳으면 무명. 당목 그런 것으로 해서 다 옷을 매 한복을 한 벌 했어.

아, 한복을?

 ̄ 옷을 옷을 그렇지.

 ̄ 버선하고.

버선하고?

 ̄ 버선 웬만한 사람은 지금은 양말 사고 막 저기요. 시방은 양말 사는 법도 없어. 양말 뭐 귀한가요, 시방은?

 ̄ 옛날에 양말 샀지마는.

 ̄ 그때는 버선 한 켤레씩 다 하고.

아.

옷하고 버선하고.

요새는 요새는 뭐

▔ 요세는 머이든지 도:니로58) 줘 버리제 머 온 시젬등거 사주도 아네.

그러지요이~

▔ 지그믄.

▔ 도:니로 다 줘뻐리제.

응.

그러면 먼 이불 가틍거슨 섬:물로는 안 하지요?

▔ 그떼는 이불 섬:물 업써.

▔ 지그밍게 이러코 이불 섬:물 이쩨. 뽐 이불 모다 싸:서.

예.

자기가 쓸 껀만 헤:오제.

▔ 자기가 이불 한나고 두:리고 헤:가꼬 오제.

그러며는 저 이부를 거 메체나 헤 오셔써요?

▔ 나는 두:체 헤가꼬 와써요.

두:체?

▔ 음.

음음음.

거 미드미.

▔ 한나도 모데가꼬 온 사람 이써 가난허면.

▔ 친정이 가난허면 항게도 모데가꼬 온 사람 이써.

그럼 이불도 없이 어쭈고 산담니까?

▔ 어?

이불도 업씨 어떠

▔ 그렁게 어쭈고 헤가꼬 어쭈고 게양 시엄씨허고59) 한테 살:고 무꼬, 엔:
나레는 그러고 허고 한나 모데가꼬60) 헌 사람 ***에 각 차써라우61) 더러.

오오.

▔ 우리 친정 똥네서도 이불 아네가꼬 시지본 사람 인는디라우62). 요 요:

ᅳ 요새는 무엇이든지 돈으로 줘 버리지, 뭐 옷 시시한 것 사 주지도 않아.

그러지요.

ᅳ 지금은.

ᅳ 돈으로 다 줘 버리지.

응.

그러면 무슨 이불 같은 것은 선물로는 안 하지요?

ᅳ 그때는 이불 선물 없어.

ᅳ 지금이니까 이렇게 이불 선물 있지. 봄 이불 모두 싸서.

예.

자기가 쓸 것만 해 오지.

ᅳ 자기가 이불 하나고 둘이고 해가지고 오지.

그러면은 저 이불을 거 몇 채나 해 오셨어요?

ᅳ 나는 두 채 해가지고 왔어요.

두 채?

ᅳ 음.

음음음.

거 ***.

ᅳ 하나도 못 해가지고 온 사람 있어, 가난하면.

ᅳ 친정이 가난하면 한 개도 못해가지고 온 사람 있어.

그럼 이불도 없이 어떻게 산답니까?

ᅳ 어?

이불도 없이 어떠

ᅳ 그러니까 어떻게 해가지고 어떻게 그냥 시어머니하고 한데 살고 먹고,
옛날에는 그렇게 하고 하나 못 해가지고 하는 사람 ***에 꽉 찼어요 더러.

오오.

ᅳ 우리 친정 동네서도 이불 안 해가지고 시집온 사람 있는데요. 이 이리

리 시집간는디 시방.

￣ 그레가꼬 삼:도 즈그도 이불 사 허고 다 그러고 사:는디

￣ 그러 가난 엔:나레는 그러고 가난헤가꼬, 앙:꼬또 모더고 지 다닐치기[63] 또 게론시글 헤까고 기양 다닐치기 가고

아

￣ 저네는 가난헤까고 그레써요

예.

￣ 하리쩌녁 자도 아너고.

잘 띠도 업:꼬 그렁께

￣ 잘띠가 업:써서 그런자나[64] 가난헤가꼬 그반마치[65] 머:시 업:써. 머꼬 살꺼시 업:써.

￣ 그렁게 헐쑤업씨 인자 옴:넌[66] 사람까지[67] 게론허먼 그러케 헤써요 모다.

음.

그럼 결혼헤서 오 오니까 시데에가 식꾸드리 어떤 분드리 게시덩가요?

￣ 다:: 게시제라.

￣ 인자 쉬운 할머니 하라버지 도라가게써도 시어마이~ 게시고 시아바이 게시고 지반 어:른드른 다 게시고

￣ 지그밍게 그러제 그떼는 여그 멩사니 기양 깍:: 다[68] 우리 지바니여꺼드뇨.

￣ 싹 끼양 타지 타성이 별로 업써써.

￣ 타성은 저::리 벤두리 그저 가난헌 사람들 하나썩 이꼬 그렌는디 지그믄 탁 그냥 엔:날 어:런 냥반드른 다 도라가시고 그 나머지는 다:: 갈차가꼬 도시로 나가뻐리고

￣ 점:부 도시가서 다 잘싸라 지금. 여그는 업:써 하나도 사라미.

긍게 인자 시야머니 시아버지 게시고 또 머 다른 형제간들또 이써꾸요?

시집갔는데 시방.

‾ 그래가지고 살면서도 저희도 이불 사 하고 다 그렇게 사는데

‾ 그러 가난 옛날에는 그렇게 가난해가지고, 아무 것도 못하고 지 당일치기 또 결혼식을 해가지고 그냥 당일치기 가고

아.

‾ 전에는 가난해가지고 그랬어요.

예.

‾ 하루 저녁 자지도 않고

잘 데도 없고 그러니까

‾ 잘 데가 없어서 그런 것이 아니라 가난해가지고 그만큼 무엇이 없어, 먹고살 것이 없어.

‾ 그러니까 할 수 없이 이제 없는 사람끼리 결혼하면 그렇게 했어요, 모두.

음.

그럼 결혼해서 오니까 시댁에 식구들이 어떤 분들이 계시던가요?

‾ 다 계시지요.

‾ 이제 시할머니 할아버지 돌아가셨어도 시어머니 계시고 시아버지 계시고 집안 어른들은 다 계시고.

‾ 지금이니까 그렇지 그때는 여기 명산이 그냥 싹 다 우리 집안이었거든요.

‾ 싹 그냥 타지 타성이 별로 없었어.

‾ 타성은 저리 변두리 그저 가난한 사람들 하나씩 있고 그랬는데, 지금은 탁 그냥 옛날 어른 양반들은 다 돌아가시고 그 나머지는 다 가르쳐가지고 도시로 나가 버리고

‾ 전부 도시 가서 다 잘 살아 지금. 여기는 없어 하나도, 사람이.

그러니까 이제 시어머니 시아버지 계시고 또 뭐 다른 형제들도 있었고요?

¯ 인자 시누[69] 두:린디

응.

¯ 여워씹띠다[70] 나 옹게.

아. 손 손위에구만.

¯ 예, 손우게고[71]. 시야제[72] 한나 이써가꼬 네:가 와서 시야제는 여우고.

아.

(5초) 아 봅씨다 그 다멘. (5초)

˝ 이제 시누이 둘인데

응.

˝ 결혼시켰습디다, 나 오니까.

아. 손 손위구먼.

˝ 예, 손위고. 시동생 하나 있어가지고 내가 와서 시동생은 결혼시키고..

아.

(5초) 아 봅시다 그 다음엔. (5초)

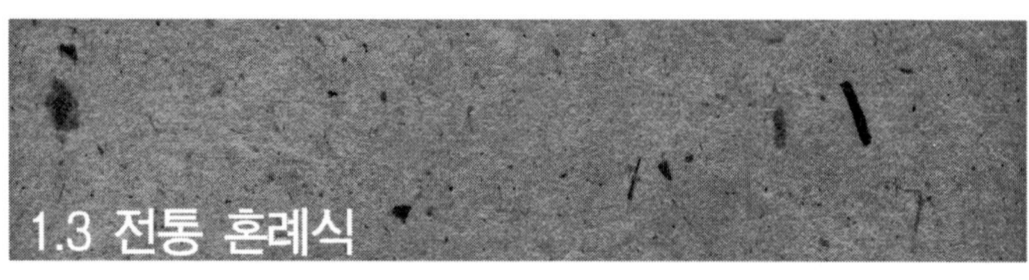

그떼::는 구시그로 겨론하머는 그 구 음식 가틍거 주로 머:슬 장만헙니까?

⎺ 점::부 시고레서 허는 장마늘 다 장만허제라우 그떼는.

⎺ 엘:로73) 시방보다 시방은 모다 안 장만허자나요? 그떼는 산:자74) 박쌘75) 먼 여시고 먼 강정이고76) 머시고 지비서77) 사:: 헤써 그거슬.

⎺ 다: 헤가꼬 이러코 데:사를 처써.

⎺ 근디 지그믄 누가 일쩌리 그렁거 헤 보지 아네.

그러먼 오레 점부터 준:비를 헤야 되건네요.

⎺ 아:먼78). 메:칠 좀보터 미리서미리서 산:자 가틍거또 헤:서 다:: 사와르 하능 이코 따둑따둑79) 다 다머노코

⎺ 박쌈도 헤:서 이러케 탁::탁 다머노코 바다는데가 싸을썩 다머노코 그러지요, 그렁거뜨를.

그럼 무슨 셍선이나 이렁 거또 미리 사다

⎺ 인자 셍선 가틍거슨 미리서 안 사제, 셍선가틍거슨.

오레 모 뚱게

⎺ 인자 그떼 사서 허고 바로.

그럼

⎺ 그떼는 되야지 잡꼬.

되야지 잡꼬. 음.

⎺ 부:자가 되야지 잡쩨80) 되야지 자븐 사람 업써 벨라.

그러지요이~. 되야지 함마리 잡끼가 보:통

그때는 구식으로 결혼하면은 그 구 음식 같은 것 주로 무엇을 장만합니까?

˝ 전부 시골에서 하는 장만을 다 장만하지요, 그때는.

˝ 오히려 시방보다 시방은 모두 장만하지 않잖아요? 그때는 산자, 박산 무슨 엿이고 무슨 강정이고 뭐고 집에서 다 했어, 그것을.

˝ 다 해가지고 이렇게 대사를 쳤어.

˝ 그런데 지금은 누가 일절 그런 것 해 보지 않아.

그러면 오래 전부터 준비를 해야 되겠네요.

˝ 아무렴, 며칠 전부터 미리미리 산자 같은 것도 해서 다 *** 하는 이렇게 듬뿍듬뿍 다 담아 놓고

˝ 박산도 해서 이렇게 탁탁 담아 놓고 받아 놓은 데다 사흘씩 담아 놓고 그렇지요, 그런 것들을.

그럼 무슨 생선이나 이런 것도 미리 사다

˝ 이제 생선 같은 것은 미리 안 사지, 생선 같은 것은.

오래 못 두니까

˝ 이제 그때 사서 하고 바로

그럼

˝ 그때는 돼지 잡고.

돼지 잡고. 음.

˝ 부자가 돼지 잡지 돼지 잡은 사람 없어, 별로.

그러지요. 돼지 한 마리 잡기가 보통

- 되:지 잠는 사람치고는 부자지.

음.

우리쪼게서 저쪽 북 서울 가튼디서는 국쑤를 마:니 머거요 겨론시게.

- 그런닥 헙띠다.

예

- 근디 즉 무시 그 테레비서 그럽띠여81)? 국쑤 언:제 줄라나고 헙띠여? 근디 여그는 국씨 뻐비 업써.

여그는 업찌요이~?

- 예.

- 다:: 반찬 장만헤서 바블 허제.

바블 허제이~.

- 엔:나레 구:게론 헤도 점:부 바벌 헤.

예.

- 반찬 장만헤서 그러제.

게 인제 국씨 까라기 인자 길:쭉허니까 길:게 잘 사라라 머 고론 뜨시 다머저 따고 그러는데

- 으흠.

머 여기서 우리 남쪼게서는 그렁게 업:써요이~.

- 예, 그렁거시 업:써요.

구:식 겨론 하며는 막 놀:고 그러기도 하지요 막 실랑?

- 그러제라우. 실랑 다라머꼬82) 저녀기면 실랑을 얼:마나 뚜둘제라우.

- 뚜둘고 기양 다라머꼬 먼: 돈 얼:마를 네라고 막 허고, 멀 소 잡짜 돼:지 잡짜 허고 다라무꼬 기양 뚜둘고 그러고.

- 인자 남 남자들 베까테서 또 기양 손님들 망 놀:기도 허고 장구치고 놀:기도 하고 고러고 그레

음음음. 그러지요이~.

예. (6초)

˝ 돼지 잡는 사람치고는 부자지.

음.

우리 쪽에서 저쪽 북 서울 같은 데서는 국수를 많이 먹어요, 결혼식에.

˝ 그런다고 합디다.

예.

˝ 그런데 즉 뭐가 그 텔레비전에서 그러잖아요? 국수 언제 주려냐고 하잖습디까? 그런데 여기는 국수 법이 없어.

여기는 없지요.

˝ 예.

˝ 다 반찬 장만해서 밥을 하지.

밥을 하지.

˝ 옛날에 구식결혼 해도 전부 밥을 해.

예.

˝ 반찬 장만해서 그러지.

그러니까 이제 국수 가락이 이제 길쭉하니까 길게 잘 살아라 뭐 그런 뜻이 담겨졌다고 그러는데

˝ 으흠.

뭐 여기서 우리 남쪽에서는 그런 것이 없어요.

˝ 예, 그런 것이 없어요.

구식 결혼하면은 막 놀고 그러기도 하지요, 막 신랑?

˝ 그러지요. 신랑 다뤄 먹고 저녁이면 신랑을 얼마나 두들기지요.

˝ 두들기고 그냥 다뤄 먹고 무슨 돈 얼마를 내라고 막 하고, 뭐 소 잡자 돼지 잡자 하고 다뤄 먹고 그냥 두들기고 그러고.

˝ 이제 남자들 밖에서 또 그냥 손님들 막 놀기도 하고 장구 치고 놀기도 하고 그러고 그래.

음음음. 그러지요.

예. (6초)

1.4 결혼 생활에 대한 이야기

그러면 인제 그 후로 인제 겨론해서 아이를 나:코 그런 아이가 메시 메슬 나셔써요 그때?

ˉ 나키는 여런 나:써요. 거그서 에:기를 처데기 머시메[83] 나서 실페헤 버리고 또 딸: 둘: 나코 머시메 나 실페헤 버리고

그러지요이~.

ˉ 고로고는 인자 그 미테로는 인자 딸 나가꼬 ****.

엔:나레는 아이 나:도 절반 살:기가 쉽찌 아네요 다.

ˉ 근데 지금가트먼 안 주기지 아나요? 그떼는 병:원 갈 찌도[84] 몰르고 강:기 들먼 강:구미 강:기가 세와가지고[85] 인자 지금 셍가겅게 강:기가 세가꼬 페:럼 되야뚱갑띠다.

페:렴

ˉ 페:러민데야가꼬 고러코 그레부러써라우.

ˉ 긍께 지금 셍가거먼 아 지그믄 안 주기제 진짜로. 다 병:원에만 가버링게 쪼끄만 아프면 병:원에 가 버링게 긍게.

ˉ 그떼는 그 시데가 고라고 미렫하고[86] 그레가꼬 세끼 에:기덜[87] 마:니 주겨부러써.

그때는 또 약또 그만 조:치도 앙코 그레가지고

그러면 인제 아이 나:업 뒤에 인자 산:후 조리를 그때 머 어트케 요세는 잘 하지마는

ˉ 그렁게 산:후 조리 아네가꼬 네가 요로코 벵헤쩨라우.

　그러면 이제 그 후로 이제 결혼해서 아이를 낳고 그런 아이가 몇이 몇을 나셨어요, 그때?

￣ 낳기는 여럿 낳았어요. 거기서 아기를 첫 아기 사내아이 낳아서 실패해 버리고 또 딸 둘 낳고 사내아이 낳아 실패해 버리고.

　그러지요.

￣ 그리고는 이제 그 밑으로는 이제 딸 낳아가지고 ****

　옛날에는 아이 낳아도 절반 살기가 쉽지 않아요, 다.

￣ 그런데 지금 같으면 죽이지 않잖아요? 그때는 병원 갈 줄도 모르고 감기 들면 감기가 악화되어서 이제 지금 생각하니까 감기가 악화돼 폐렴 되었던가 봅디다.

　폐렴

￣ 폐렴이 돼가지고 그렇게 그래 버렸어요.

￣ 그러니까 지금 생각하면 아 지금은 안 죽이지 진짜로. 다 병원에만 가 버리니까 조금만 아프면 병원에 가 버리니까 그러니까.

￣ 그때는 그 시대가 그렇게 미련하고 그래가지고 새끼 갓난아기들 많이 죽여 버렸어.

　그때는 또 약도 그만큼 좋지도 않고 그래가지고

　그러면 이제 아이 낳은 뒤에 이제 산후 조리를 그때 뭐 어떻게 요새는 잘 하지마는

￣ 그러니까 산후 조리 안 해가지고 내가 이렇게 병났지요.

⁻ 산:후 조리를 아네써.

바로 이:를 헤야써.

⁻ 아:면. 에:기만 나:머는 시어마니 기게써도88) 우리 시어마니는 달::떼 먼 시집싸리고 먼 나보고 잘모다 쏘리 아네. 네가 머:설 싹 잘 헤: 버링게 그레 떵가 어쩨뜽가는 모르건는데 머 항가지꺼89) 시게90) 본 저기 업써. 그런디

⁻ 산:후 조리 가틍건 안 시게줘 우리 시어마니는.

⁻ 밥 허능 거슬 기양 호레~이마큼 거시거고 이:러능 거슨 호레~이마치91) 무사:가꼬는 저 부어게 드러강 거슬 그러케 시러허시드마.

⁻ 그렁게 포도::시92) 에기나코 눠:씨먼93) 그떼 조까 헤:주고는 세밀날보터믄 아침 세밀날 아침보터믄 네:가 나와서 바벌 헤:머거.

아::::

⁻ 그러면 인자 에:기 네가 이:를 싹 헤벌지아나요? 바베무그면 이:러능거 시라.

⁻ 그러고 사라써요. 그레가꼬 그러도 그레도 고롱 거슨 헝거슨 겐찬헌데 여그서사 난: 노문 겐찬헌데 영광으로 이사가가꼬는 실랑잉가 남방잉가가 검방저가꼬 먼 노무 또 나락짱사 헌다고 가서 그레가꼬 나만 이러케 골병들게 멘드라써라우.

⁻ 나락쩡사 헌다고 가서 나락짱시94) 헌디 꼭:: 오월따레 에:기를 두:를 나써. 요 우리 막 먹뚜이 막뛰이딸허고95) 우리 막 인자 아들허고 시방.

⁻ 그렁게 그떼는 지금치름 보리 메:상헝게 누가 보리 사무근 사람 업써. 근디.

⁻ 그떼는 다:: 봄네:: 옴:눈 사라미 도:늘 가지가96), 보리또늘, 나락짱시한테.

⁻ 그러고는 인자 나락 처 보리 처서는 이러게 가주와.

⁻ 꼭:: 세밀날뽀텀 보리가 드로드람 마리요.

⁻ 그 노믈 우리 실랑은 요마치도 모데 모데 아풍게 셍전. 병고 병골말로97) 셍에가꼬98).

ㄱ 산후 조리를 안 했어.

바로 일을 해야 돼.

ㄱ 아무렴. 아기만 낳으면은 시어머니 계셨어도 우리 시어머니는 절대 무슨 시집살이고 뭐 나보고 잘못했다 소리 안 해. 내가 무엇이든지 싹 잘 해 버리니까 그랬든지 어쨌든지는 모르겠는데 뭐 한 가지 시켜 본 적이 없어. 그런데

ㄱ 산후 조리 같은 것은 안 시켜 줘, 우리 시어머니는.

ㄱ 밥 하는 것을 그냥 호랑이만큼 거시기하고 일하는 것은 호랑이만큼 무서워가지고는 저 부엌에 들어가는 것을 그렇게 싫어하시더구먼.

ㄱ 그러니까 겨우 아기 낳고 누워 있으면 그때 조금 해 주고는 삼 일부터 는 아침 삼 일 아침부터는 내가 나와서 밥을 해 먹어.

아.

ㄱ 그러면 이제 아기 내가 일을 싹 해 버리지 않아요? 밥 해 먹으면 일하 는 것이라.

ㄱ 그렇게 살았어요. 그래가지고 그래도 그래도 그런 것은 한 것은 괜찮 은데 여기서야 낳은 녀석은 괜찮은데 영광으로 이사가가지고는 신랑인가 남방인가가 건방져가지고 무슨 놈의 또 벼장사 한다고 가서 그래가지고 나만 이렇게 골병들게 만들었어요.

ㄱ 벼장사 한다고 가서 벼장사 하는데 꼭 오월에 아기를 둘을 낳았어. 이 우리 막 먹둥이 막둥이 딸하고 우리 막 이제 아들하고 시방.

ㄱ 그러니까 그때는 지금처럼 보리 매상하니까 누가 보리 사 먹는 사람 없어. 그런데

ㄱ 그때는 다 봄 내내 없는 사람이 돈을 가져가, 보릿돈을 벼장사에게서.

ㄱ 그리고는 이제 벼 쳐 보리 쳐서는 이렇게 가져와.

ㄱ 꼭 삼일부터 보리가 들어오더란 말이오.

ㄱ 그것을 우리 신랑은 이만큼도 못해. 못해 생전. 병골처럼 생겨가지고.

˭ 군데 가따와서 아퍼가꼬. 군데 가 병드러가 와서

˭ 거 노믈 금방 끄르고 여그 신장노서 네가 퍼가꼬 요로코 저울헤서 다라가꼬 쩌 아:네다 가따 종구허고[99] 종구허고 그레써라. 세밀날보텀.

˭ 얼::마나 네가 궁:강허게 셍인지 아요? 글려기 시여가꼬 그러코 에:기나코 그러코 헤도 이:를 헤도 눈도 뽀속뽀속[100]아네.

˭ 에:기나고 막 모욕허고 막 씨꼬헤도

˭ 그렁게 동:네싸람드리 에:기 난:지 안 난지를 몰라써.

˭ 그런디 인자 그떼 그레가꼬 뻬가 잘 모 뙤야버리고 허리고 다리고 그레가꼬 시방 오늘날 네가 이러케 고셍허제.

˭ 네가 무리게 셍인 사라믄 아니어써라.

˭ 너머 경:강허니 셍에가꼬 네가 또 이르케 병:신 되야부러쩨.

무리 하셔꾸만.

˭ 예. 너머 무. 무:리 헐꺼시 아이라 맘도 말도 모데, 무:리 헝거시.

˭ 어:떤 사라미 에:기나코 세밀날보텀 일:헌 사람 이따우? 이:런 이:런 다른 니른 헤:도 겐찬허제라우[101].

아.

˭ 근디 보리까메~이는[102] 나락까메~이보다 헐:씬 무과[103], 보리까멩이는.

˭ 근디 그떼는 귀헌 시상이라 가메~이 한니비라도[104] 덜: 들라고 이러코 막 짝떼기 지여서 아부로[105] 지여서 보리를 다마가꼬 오면 벡 이른까지 나와. 이른근까지.

˭ 말::도 모더게 무과. 보리까메이 그노미.

˭ 그런디 고노믈 고티고 달헤써.

˭ 그런디 얼:메가 뻽따구가[106] 얼마나 거시게꺼쏘? 그런디 인자 어:찌 네가 궁:강허게 셍에농게 글도[107] 그만치나 거시게쩨.

˭ 궁게 네가 오늘나른 그레서 이러고 셍에써라. 네가 달리 궁거시 아니여.

˝ 군대 갔다 와서 아파가지고. 군대 가 병들어서 와서

˝ 그것을 금방 끄르고 여기 신작로서 내가 퍼가지고 이렇게 저울 해가지고 달아가지고 저 안에다 가져다 쟁이고 쟁이고 그랬어요. 삼 일부터.

˝ 얼마나 내가 건강하게 생긴 줄 아오? 근력이 세어가지고 그렇게 아기 낳고 그렇게 해도 일을 해도 눈도 부석부석 안 해.

˝ 아기 낳고 막 목욕하고 막 씻고 해도

˝ 그러니까 동네 사람들이 아기 낳은 줄 안 낳은 줄을 몰랐어.

˝ 그런데 이제 그때 그래가지고 뼈가 잘못 돼 버리고 허리건 다리건 그래가지고 시방 오늘날 내가 이렇게 고생하지.

˝ 내가 무르게 생긴 사람은 아니었어요.

˝ 너무 건강하게 생겨가지고 내가 또 이렇게 병신 돼버렸지.

무리하셨구먼.

˝ 예. 너무 무리할 것이 아니라 말도 못해. 무리한 것이.

˝ 어떤 사람이 아기 낳고 삼 일부터 일한 사람 있대요? 일은 일은 다른 일은 해도 괜찮지요.

아.

˝ 그런데 보리가마니는 벼가마니보다 훨씬 무거워, 보리가마니는.

˝ 그런데 그때는 귀한 세상이라 가마니 한 잎이라도 덜 들기 위해서 이렇게 막 작대기 지고 앞으로 지고 보리를 담아가지고 오면 백 일흔까지 나와, 일흔 근까지.

˝ 말도 못하게 무거워. 보리가마니 그것이.

˝ 그런데 그것을 버티고 잘 했어.

˝ 그런데 얼마나 뼈가 얼마나 거식했겠소? 그런데 이제 어찌 내가 건강하게 생겨 놓으니까 그래도 그만큼이나 거식했지.

˝ 그러니까 내가 오늘날은 그래서 이렇게 생겼어요. 내가 달리 그런 것이 아니야.

（웃음）

˝ 긍게 뺩따구가 이러코 성헌디가 업써.

아이고, 그레.

이:를 너무 마:니 하셔가지고.

˝ 그런디다가 인자 딱:: 서룬시살머거서 한자108) 데야버링게 얼::마나 이:를 허거쏘? 농사 지꼬 밥 뻘고109) 헌디.

˝ 얼::마나 이:를 허고 사라쩨라우. 이:를 그러코 상게 아조 이:리라 헝거슨 기양 네 누나네 쏙 드러가꼬 나 아무리 지금 아퍼도 거름만 거르먼 농사 벨거또 지꺼써.

˝ 다:: ** 농사 방서글 다 아라버링게 농사 진는 거슨 일:도 아니여.

˝ 먼: 한자 농사 지꼬 사라써도 남자들 인는 사람보다 네가 농사도 잘 지꼬이~

˝ 일:도 더 빨리 끈네고 가실일도. 그레써.

˝ 그렁게 넘더리110) 어츠게 헤서 이:를 그르코 얼릉 허냐고 모다 그레쩨이~.

음.

˝ 이:리락커슨 기양 얼:마나 네가 아조 부락꼴 헤이를 헤써 아조, 말도 모더게.

˝ 그렁께 넘더리 다 그앙 세얌네고111) 그레쩨. 어:쩌꼬먼 이:를 그러코 허냐고.

˝ 근디 그거시 병:신 골병까미여 골병.

그러치요.

˝ 옹:가레 골병나드락 그레써써.

그레도 고로케 일 하셔쓰니까 아이들 다 키우조 혼자.

˝ 그레가꼬 그렁게 그러제. 나 그레가꼬 인자 남펴니 그러코 영광써 장사허다가 주거부르고 낭게

(웃음)

⁻ 그러니까 뼈가 이렇게 성한 데가 없어.

아이고, 그래.

일을 너무 많이 하셔가지고.

⁻ 그런 데다가 이제 딱 서른세 살 먹어서 혼자 되어 버리니까 얼마나 일을 하겠소? 농사짓고 밭 부치고 하는데.

⁻ 얼마나 일을 하고 살았지요. 일을 그렇게 사니까 아주 일이라 하는 것은 그냥 내 눈 안에 쏙 들어가지고 나 아무리 지금 아파도 걸음만 걸으면 농사 어떤 것도 짓겠어.

⁻ 다 ** 농사 방식을 다 알아 버리니까 농사짓는 것은 일도 아니야.

⁻ 무슨 혼자 농사짓고 살았어도 남자들 있는 사람보다 내가 농사도 잘 짓고

⁻ 일도 더 빨리 끝내고 가을일도. 그랬어.

⁻ 그러니까 남들이 어떻게 해서 일을 그렇게 얼른 하느냐고 모두 그랬지.

음.

⁻ 일이라는 것은 그냥 얼마나 내가 아주 동네 회의를 했어, 아주 말도 못하게.

⁻ 그러니까 남들이 다 그냥 샘을 내고 그랬지. 어떻게 하면 일을 그렇게 하느냐고.

⁻ 그런데 그것이 병신 골병감이야, 골병.

그렇지요.

⁻ **** 골병나도록 그랬었어.

그래도 그렇게 일하셨으니까 아이들 다 키우지요, 혼자.

⁻ 그래가지고 그러니까 그러지. 나 그래가지고 이제 남편이 그렇게 영광에서 장사하다 죽어버리고 나니까

예.

‟ 인자 더 이러코 도로 드라쩨라우. 네가 여자가 여그보도 어쭈고 살쳐
사:꺼시오?

‟ 그러고 그 오:깐 잠놈드른 영광써 다 상:게 그런디서는 서방 죽꼬 낭
게 기양 금:방 이세끼드리 찝쩍글라고 지라레라우. 으노무 세끼드리.

（웃음）

‟ 네가 그런 그런 그렁거슬 바더줄 가만 둔다요? 기양 호늘 네뻐르제.

‟ 그레가꼬는 딱 지비로 네가 요리 드로와부러쩨.

‟ 그레가꼬 드롸서 여그서 농사 지꼬 사라쩨라.

‟ 치치 그렁게 시아바이 모:시고 시어마이 모:시고 에:기덜 거넘 다 이꼬
고로고 사라써.

‟ 그레도 그떼는 （침을 다시며） 고셍을 허고 사라써도 어천 중도112) 모
르고 살:고 서방 사라씰 떼가 고셍을 더 헤써.

‟ 영광서 삼:서 나락짱시 험서 여그서 살:떼도 고로고

‟ 응 인 셍 그런 에기를 아널라겐는디 셍전 네 그런 에기 아네. 넘보고
도 아너곤 아넌디.

‟ 쪼이를113) 헤가꼬

아. 쪼이를 （웃음） 노름 노름헤가꼬

‟ 농사 지 예 농사 지:먼 싹:: 가따 너무 쑈뻬그 다 가퍼부러 가시리먼.
나락 홀타가꼬114).

오:메.

‟ 그러면 보미면 굼:끼를 밤먹떼기 허고 사라써요.

‟ 근디 영광으로 나가서는 굼:뜬 아네써.

‟ 근디 인자 네:가 도라저 나 머꼬 근디, 또 영광으로 나가서는 아이 너
무 장사헌 사라믄 너무 비까꼬 마:니 허제 어쩐다요?

‟ 나라글 얼:마드니 마:니를 파라야 헝게

예.

⎯ 이제 이렇게 도로 들어왔지요. 내가 여자가 여기서 어떻게 헤치고 살겠어요?

⎯ 그리고 그 온갖 잡놈들은 영광에서 다 사니까 그런 데서는 서방 죽고 나니까 그냥 이 새끼들이 집적거리려고 지랄해요. 이놈의 새끼들이.

(웃음)

⎯ 내가 그런 그런 그런 것을 받아줄 가만 둔대요? 그냥 혼을 내버리지.

⎯ 그래가지고는 딱 집으로 내가 이리 들어와 버렸지.

⎯ 그래가지고 들어와서 여기서 농사짓고 살았지요.

⎯ 그러니까 시아버지는 모시고 시어머니 모시고 아이들 그 녀석들 다 있고 그렇게 살았어.

⎯ 그래도 그때는 (침을 다시며) 고생을 하고 살았어도 어쩐 줄도 모르고 살고 서방 살았을 때가 고생을 더 했어.

⎯ 영광서 살면서 벼장사 하면서 여기서 살 때도 그렇게

⎯ 응 인 생 그런 얘기를 안 하려고 했는데 생전 내 그런 얘기 안 해. 남 보고도 안 하곤 안 하는데.

⎯ 섰다를 해가지고

아. 섰다를 (웃음) 노름 노름해가지고

⎯ 농사 지 예, 농사 지으면 싹 갖다가 남의 *** 다 갚아 버려, 가을이면. 벼 타작해가지고

오매.

⎯ 그러면 봄이면 굶기를 밥 먹듯이 하고 살았어요.

⎯ 그런데 영광으로 나가서는 굶지는 않았어.

⎯ 그런데 이제 내가 *** 나 먹고 그런데, 또 영광으로 나가서는 아이 남의 장사하는 사람은 남의 빚 가지고 많이 하지 어쩐대요?

⎯ 벼를 얼마든지 많이를 팔아야 하니까

˘ 그레가꼬 고가~이로 한나썩 판디

˘ 아 인자 그 정미소서 도:늘 가따 팔제라이. 근디 그 놈 팔머는

˘ 꼭:: 데모기머는 서:딸 데모기머는 안 팔고 나:뒤따가 인자 설: 세고 방
에가네서 여:네 가따 젱미를 허넌디

˘ 싹:: 데모게 싹 네: 부러 나락 그노믈.

˘ 또 놀:라, 가꼬 놀라고

˘ 그레가꼬 쪼이헤서 그놈 싹: 업쎄불고 싹: 업쎄불고 허요이.

˘ 그럴 떼 네가 얼::마나 징허거쏘115)?

˘ 오::직허먼 주글라고 아조 벨 지꺼리를 다헤바도 모:쭉고 사:라미 억찌
로는 모쭝는거십띠다.

˘ 글고 세끼들따메 모쭈꺼씹띠다 겔:로116). 벨시로께117) 주글라고 함:번
헤:바도

˘ 이노무 세끼더리 망케망케 기:말로118) 모다 우리 큰 따리 열두살 무거
써. 즈가부지119) 주거쓸떼.

˘ 그런디 어찌거쏘?

˘ 그르고 글 네:가 산:니를120) 셍가거먼 예:기를 한다허먼 한:도 ㄲ또 업
씽게 예:기를 아널라겐는디 (웃음)

(웃음)

˘ 예기를 허던

긍께

(웃음)

ˉ 그래가지고 곳간으로 하나 가득 파는데

ˉ 아 이제 그 정미소에서 돈을 가져다 팔지요. 그런데 그것 팔면은

ˉ 꼭 대목이면은 섣달 대목이면은 안 팔고 놔 두었다가 이제 설 쇠고 방
앗간에서 연해 갖다 정미를 하는데

ˉ 싹 대목에 싹 내 버려. 벼 그것을.

ˉ 또 놀려, 가지고 놀려고

ˉ 그래가지고 섰다 해서 그것 싹 없애 버리고 하오.

ˉ 그럴 때 내가 얼마나 징그럽겠소?

ˉ 오죽하면 죽으려고 아주 별짓을 다 해봐도 못 죽고 사람이 억지로는
못 죽는 것입디다.

ˉ 그리고 새끼들 때문에 못 죽겠습디다 무엇보다도. 아무리 죽으려고
한번 해 봐도.

ˉ 이 놈의 새끼들이 많이 많이 게처럼 모두 우리 큰딸이 열두 살 먹었
어. 저희 아버지 죽었을 때.

ˉ 그런데 어쩌겠소?

ˉ 그리고 내가 살았던 일을 생각하면 얘기를 한다고 하면 한도 끝도 없
으니까 얘기를 안 하려고 했는데(웃음)

(웃음)

ˉ 얘기를 하던

그러니까

(웃음).

그 엔:날 잘 살던 양반들또 제 주위에 바도 점:부 그 노:름헤가꼬 다 날려불데요 그거슬 살리믈.

￣ 예.

￣ 그레써요. 그레가꼬 인자 한자 삼:서는[121) 네:가 한자 삼:서는 베구파 보든 아네써.

￣ 네 한자 살림험서는 야:튼 싱냥, 난 몽땅 둬.

￣ 몽땅 두고 나무먼 또 사먹뜨라도.

￣ 그러자 셍:전 베구파 보든 아네써요, 네:가 살림험서는, 진짜로. (웃음)

￣ 그러고 돈: 가지고 성가셔보도 아너고.

아저씨 도라가시니까는 인자 맘:데로 멀 하셔낀 혼자이~?

￣ 인자 네:가 농사 지여서 이럭쩌럭허고[122) 바또 버러서 이럭쩌럭홍게 에:기도 그남동[123) 너무치로[124) 잘 갈치도 모덤 그놈 갈치고 그럼서 헝게 기양 돈: 가지고도 그러::케 기양 외통터지게[125) 그러케 구에도 암바더보고 그러고 사라써요 기양.

예.

아이고. 쫌 아쉽긴 일찍 도라가셔서 아쉽끼는 헌데 또 고론 저메서는 또 더 오레 사라게셔쓰먼 더 모:쓸 고셍을

￣ 아 근디 샤:라미 너머 똑:똑헤가꼬 인자 쪼이는 헤도 오레 사라쓰먼 사라미 크게 되야는 되야 마라자거먼 큰 그르게는 된디

　그 옛날 잘 살던 양반들도 제 주위에 봐도 전부 그 노름해가지고 다 날려 버리대요, 그것을 살림을.

－ 예.

－ 그랬어요. 그래가지고 이제 혼자 살면서는 내가 혼자 살면서는 배고파 보지는 않았어.

－ 나 혼자 살림하면서는 하여튼 식량, 나는 몽땅 둬.

－ 몽땅 두고 남으면 또 사 먹더라도.

－ 그러자 생전 배고파 보지는 않았어요. 내가 살림하면서는 진짜로. (웃음)

－ 그리고 돈 가지고 성가셔 보지도 않고.

아저씨 돌아가시니까는 이제 마음대로 뭘 하셨겠 혼자?

－ 이제 내가 농사지어서 이럭저럭 하고 밭도 부쳐서 이럭저럭 하니까 아이도 그나마 남처럼 잘 가르치지도 못한 그것 가르치고 그러면서 하니까 그냥 돈 가지고도 그렇게 그냥 애타게 그렇게 구애도 안 받아보고 그렇게 살았어요 그냥.

예.

아이고. 좀 아쉽긴 일찍 돌아가셔서 한데 또 그런 점에서는 또 더 오래 살아계셨으면 더 몹쓸 고생을

－ 아 그런데 사람이 너무 똑똑해가지고 이제 섰다는 해도 오래 살았으면 사람이 크게 되기는 돼. 말하자면 큰 그릇은 되는데

￣ 인자 모미 궁:강허덜 모데써. 군데가꼬와서 병드러 가꼬 나서

￣ 군데가서 그떼는 청막치고 구닌드리 자니까 그떼 눈: 그떼는 하도 누
니 마니 오는 세사~이라 누:니 컴::나게 와가꼬 게양 청마기 짜바저126) 버
러따게. 자는 데서.

￣ 그레가꼬 이 몸뜨레 모다 서끌로127) 다처가꼬

아이고

￣ 병: 드러부러써.

￣ 병:드러가꼬 와가꼬 고로코 더 얼릉 거시게부러쩨라.

음.

그럼 아까 말씀 머: 시부 시붐 시어머니한테는 특뼈리 시집싸리 가틍거 시:
마게 아나셔께꾸뇨?

￣ 예, 시윰 어쩨서 그냐먼 우리 시아바이한테는 거시기 저그서 따로 살
떼

아

￣ 나 영광서 살 떼는 여그서 따로 사라게꼬던. 나 막 시집와서 따로 살고.

￣ 그떼는 시아바이가 시집싸리 시킵띠다.

￣ 어쩨서 시집싸리냐먼 자근어메라 헌 냥반이 나를 미여서 꼬를 모빠.
네가 머이든지 잘 헌다헝게.

￣ 베도 잘짜제 일:도 잘허제 머:시든지 누:가 잘 누구던지 다 잘헌다고만
허그덩.

￣ 긍게 그 꼬를 마:꼬 게양 거시경가 어쩡가 그레가꼬는 시아바이가 뎅
임서 막 머라거드라고요128).

￣ 먼: 일:만 자러먼 잘 쌀지 아냐 베만 잘 짜먼 잘 쌀지 아냐고 막 머라
거고 그로고 뎅이드라고요. 그레쩨 다릉 거시기는 업:꼬

음.

￣ 인자 영광서 살다 여그 드롸서는 또 저그 할 자근어머니락 헌 냥바니

˿ 이제 몸이 건강하지를 못했어. 군대 갔다 와서 병 들어가지고 나서

˿ 군대 가서 그때는 천막 치고 군인들이 자니까 그때 눈 그때는 하도 눈이 많이 오는 세상이라 눈이 굉장히 와가지고 그냥 천막이 짜그라져 버렸다고 해. 자는 데서.

˿ 그래가지고 이 뭄뚱이 모두 서까래로 다쳐가지고

아이고

˿ 병 들어 버렸어.

˿ 병 들어가지고 와가지고 그렇게 더 얼른 거식해 버렸지요.

음

그럼 아까 말씀 뭐 시부 시어머니한테는 특별히 시집살이 같은 것 심하게 안 하셨겠군요?

˿ 예, 시어 어째서 그러냐면 우리 시아버지한테는 거시기 저기서 따로 살 때

아

˿ 나 영광서 살 때는 여기서 따로 사셨거든. 나 막 시집와서 따로 살고

˿ 그때는 시아버지가 시집살이 시킵디다.

˿ 어째서 시집살이냐면 작은 어머니라고 하는 양반이 나를 미워서 꼴을 못 봐. 내가 무엇이든지 잘 한다고 하니까.

˿ 베도 잘 짜지 일 잘하지. 무엇이든지 누가 잘 누구든지 다 잘한다고만 하거든.

˿ 그러니까 그 꼴을 못 보고 그냥 거식하는지 어떤지 그래가지고는 시아버지가 다니면서 막 야단치시더라고요.

˿ 무슨 일만 잘하면 잘 살 줄 아느냐, 베만 잘 짜면 잘 살 줄 아느냐고 막 야단치고 그렇게 다니더라고요. 그랬지 다른 거시기는 없고.

음.

˿ 이제 영광에서 살다 여기 들어와서는 또 저기 작은어머니라고 하는

얼:릉 도라가게써 또

　아.

　¯ 몬자129).

　¯ 그렁게 시어마이 모냐130) 도라가셔농게 기냥 나안테로 와게131) 버려쩨.

　¯ 그레서 나안테 오셔서는 셍::저는132) 헤:주능 거 잡쑤제 요만 소리도 아너셔요, 요마넌 소리도.

　¯ 시어마니도 훼:만133) 네시제 먼 머라고도 아너고 셍전.

　¯ 훼:를 그리 네셔. 먼: 성껴기 그러시능가 어쩌능가 한나잘만 이씨면 암:시랑 아네도 요로코 놀짜가도 회를 네시고 그러시고 그레. 훼:를 네셔.

　¯ 그렁게 그러제 다릉 거슨 업 다른 숭은 업써, 우리 시어마이가.

　근데 그 시어머니가 그 자근 거 마누라 도라간 뒤에 시아버지를 그러케 쉬:께 바다 줘써요?

　보통 가트먼 멀 드로냐고?

　¯ 다른 디도 다 그러쩨 그떼.

　¯ 다 암바다준다거제. 머:더로134) 그런 시아바이 반냐게쩨라.

　¯ 어::트케 그 시어마이랑 헌 냥바니 게양 여:시135) 쉬:께 마라자먼 여:시 뱅녀시136)가타가꼬 기양

　자근엄마가?

　¯ 자근어메 난중에137) 게양 여그 큰집 식꾸는 꼴도 모뽀고 큰집 자식뜨른 꼴도 모뽀고 아 여그 우리 참 실랑이란 사람허고 상:주고138) 사써 멘녀늘.

　아하.

　¯ 자그 그 어메란 사라미 광 차:꾸139) 머시로 게양 거시기를 헤:쌍게

　¯ 그러코 게양 저리140) 나가꼬 모다141) 그러고 사라써라. 그러드이

　¯ 그 어메 주꼬 낭게는 요로코 오싱게 누구던지 다 그러제 멀라 반냐고? 그레도

양반이 얼른 돌아가셨어, 또.

　아.

　￣ 먼저.

　￣ 그러니까 시어머니 먼저 돌아가셔 놓으니까 그냥 나한테로 오셔 버렸지.

　￣ 그래서 나한테 오셔서는 생전은 해 주는 것 잡수지 이만한 소리도 안 하셔요, 이만한 소리도.

　￣ 시어머니도 화만 내시지 무슨 뭐라고도 안 하고 생전.

　￣ 화를 그리 내셔. 무슨 성격이 그러시는지 어쩌는지 한 나절만 있으면 아무렇지 않아도 이렇게 놀다가도 화를 내시고 그러시고 그래. 화를 내셔.

　￣ 그러니까 그러지 다른 것은 없 다른 흉은 없어. 우리 시어머니가.

　그런데 그 시어머니가 그 작은 거 마누라 돌아간 뒤에 시아버지를 그렇게 쉽게 받아 주었어요?

　보통 같으면 뭘 들어오냐고?

　￣ 다른 곳도 다 그랬지. 그때.

　￣ 다 안 받아 준다고 하지. 뭐하러 그런 시아버지 받느냐고 했지요.

　￣ 어떻게 그 시어머니라고 하는 양반이 그냥 여우 쉽게 말하자면 여우 불여우 같아가지고 그냥

　작은어머니가?

　￣ 작은어머니 나중에 그냥 여기 큰집 식구는 꼴도 못보고 큰집 자식들은 꼴도 못보고 아 여기 우리 참 신랑이란 사람하고 상종을 안 하고 살았어 몇 년을.

　아하.

　￣ 작은 그 어머니란 사람이 자꾸 무엇으로 그냥 거시기를 해 대니까

　￣ 그렇게 그냥 사이가 나빠가지고 모두 그렇게 살았어요. 그러더니

　￣ 그 어머니 죽고 나니까는 이렇게 오시니까 누구든지 다 그러지. 뭐하려고 받느냐고? 그래도

ᐨ 그 살림사리를 거그서 다: 업:씨고 거그다 다: 나두고 당신 오뽀따리만
한나 가꼬와써.

ᐨ 오뽀따리만 한나

거그서 다 자시기 이써씀니까?

ᐨ 아드리 이쩨. 우리 시야제 이써 지금. 잘 싸라라우 지금. 쩌 굴람서 방
에깐 허고 헌디.

ᐨ 그레도 거그서 머이든지 네가 도라거먼 쓰거써도 시야글 헐라그믄
(혀를 차며) 네가 셍가글 헤바써요.

ᐨ 네가 이거슬 도라거머는 서로 형제간에 우에만 모:더제 네가 이까징
거142) 가지가면 머:더냐? 네가 우리서 네 쓰는 살림도 다 이꼬 그레서

ᐨ 데:치나143) 시어마이 도라가시고 낭게 시누더리 거그 어메 딸드리 이
짜나요? 어메가 데리곤 딸드리 이써 셔:시.

ᐨ 그 시누드리 기양 오슬 헤:서 기양 확:: 빠라서 기양 시아바이 오슬 빠
라서 기양 막 그 숭가네 바느질 허드라고 섹 사모지네 사모144) 아네.

ᐨ 바느지를 다 헤가꼬 그놈 보따리를 이르케 싸서 나보고 가꼬가라 허
드라고요.

ᐨ 이냥 인자 어메가 업:씽게 자네가 바뜰소 고러고.

ᐨ 한:참 셍가게보고 그노믈 이:고 와써.

ᐨ 이:고와서 네 압따지 딱 비여서 시아바이 방에다 노코 오슬 하꺼슬 다
너:서 다머디리 입께 헤:디리고 그레써요.

（웃음）

ᐨ 아.

ᐨ 그렁게 지금 도라가시고 다 도라가시고 안 지게써도 인자 한 냥바니
나 두 냥반 인는 냥반드리 시방도 말헤.

ᐨ 그러코 시아바이안테 거시기 헤:따고

ᐨ 착:: 건:실허게 그러코 헤써도 어쩨 여그 와게서도 참 말 한자리도145)

＂ 그 살림살이를 거기서 다 없애고 거기다 다 놓아 두고 당신 옷보따리
만 하나 가지고 와서

＂ 옷보따리만 하나

거기서 다 자식이 있었습니까?

＂ 아들이 있지. 우리 시동생 있어 지금. 잘 살아요 지금. 저 군남서 방앗
간 하고 하는데.

＂ 그래도 거기서 무엇이든지 내가 달라고 그러면 좋겠어도 *** 하려고
그러면 내가 생각을 해 봤어요.

＂ 내가 이것을 달라고 하면은 서로 형제간에 우애만 못하지 내가 이 까짓
것 가져가면 뭐 하느냐? 내가 우리집에서 나 쓰는 살림도 다 있고 그래서

＂ 과연 시어머니 돌아가시고 나니까 시누이들이 거기 어머니 딸들이 있
잖아요? 어머니가 데리고 온 딸들이 있어. 셋이.

＂ 그 시누이들이 그냥 옷을 해서 그냥 확 빨아서 그냥 시아버지 옷을 빨
아서 그냥 막 그 순간에 바느질하더라고 삼우 지내 삼우 안에.

＂ 바느질을 다 해가지고 그것 보따리를 이렇게 싸서 나보고 가져가라
하더라고요.

＂ 이냥 이제 어머니가 없으니까 자네가 받들게, 그리하고.

＂ 한참 생각해 보고 그것을 이고 왔어.

＂ 이고 와서 내 반닫이 딱 비워서 시아버지 방에다 놓고 옷을 핫것을 다
넣어서 담아 드리고 입게 해 드리고 그랬어요.

（웃음）

＂ 아.

＂ 그러니까 지금 돌아가시고 다 돌아가시고 안 계셨어도 이제 한 양반
이나 두어 양반 있는 양반들이 시방도 말해.

＂ 그렇게 시아버지한테 거식했다고.

＂ 착 건실허게 그렇게 했어도 어째 여기 오셨어도 참 말 한 마디도 나지

나도 아네씽게 당신도 아네쩨마는 나도 아너고.

⁻ 반찬꼬리라도 꽉:: 장마닥146) 사다가 데:접허고

⁻ 그렁게 나보고 다 공경 어:런 공경 잘헤따고 허기는 허제라이~.

예.

⁻ 그런 지도 잘 네가 자렌능가 모덴능가 나는 모르고 나는 헝근다고 헨:
는디

⁻ 장년에 우리 산니를 헤써라우. 비: 시고 모다 헤:써. 우떼147) 할메 하
나씨 허고

예.

⁻ 진자나부지 진자나씨 산니를 헌디

⁻ 늘근 조카드리 쩌 당:질드리 와서 그런 예기 헙띠다.

⁻ 당:숭모가 하라부지안테 자러시고 모다 할무이안테도 자러시고 자레
게놓게 이러케 복빠더가꼬 요로코 거식헌다고.

음.

⁻ 고로 그런 예:기를 헙띠다. 나는 자런지 모던지를 모르제라, 나는.

⁻ 네 까느론148) 헌다고 헤:쩨에.

(웃음) 예.

그럼 그 시어머니는 그 시아버지를 잘 받 바다드려가지고 잘 사이조케 사셔
써요?

⁻ 말: 아네써.

⁻ 우리 시어마이가

말 아네부러써요?

⁻ 영:감니믈 고:리 가서 고로코 셍:전 거시거고 사란는디 오먼 바더드리
거써요?

⁻ 영:감니미 옹게 쪼차부리든 모더고 시 조 방에서 자시고 당시는 나허
고 한테서149) 여그서 자시고

도 않았으니까 당신도 안 했지마는 나도 안 하고.

‾ 반찬거리라도 꼭 장날마다 사다가 대접하고

‾ 그러니까 나보고 다 공경 어른 공경 잘했다고 하기는 하지요.

예.

‾ 그런 줄도 잘했 내가 잘했는지 못했는지 나는 모르고 나는 한다고 했는데

‾ 작년에 우리 산일을 했어요. 비 세우고 모두 했어. 윗대 할머니 할아버지하고

예.

‾ 증조할아버지 증조할머니 산일을 하는데

‾ 늙은 조카들이 저 당질들이 와서 그런 얘기 합디다.

‾ 당숙모가 할아버지한테 잘하시고 모두 할머니한테도 잘하시고 잘하서 놓으니까 이렇게 복 받아가지고 이렇게 거식한다고.

음.

‾ 그러 그런 얘기를 합디다. 나는 잘한 줄 못한 줄을 모르지요, 나는.

‾ 내 딴으론 한다고 했지.

(웃음) 예.

그럼 그 시어머니는 그 시아버지를 잘 받 받아 들여가지고 잘 사이좋게 사셨어요?

‾ 말 안 했어.

‾ 우리 시어머니가

말 안 해 버렸어요?

‾ 영감님을 그리 가서 그렇게 생전 거식하고 살았는데 오면 받아들이겠어요?

‾ 영감님이 오니까 쫓아 버리지는 못하고 시 조 방에서 자시고 당신은 나하고 한데서 여기서 자시고

- 말: 아너게써. 말 아너고 도라가게써.

면년가니나 함께 그러케 사셔써요?

- 면년 안사라쓸꺼시오.

- 한 살:기는 솔차니150) 사라써 그레도. 여그 와게서 한 심녀는 아마 사
라쓸꺼시오.

먼저 쉬약 아버니미 도라가셔써요?

- 아니요.

- 시어마니가 몬자 도라가셔써. 예.

시어머니가 도라가셔써.

응.

- 시어마니 도라가시고도 검:나게 오레 살다 도라가게써.

그먼 홀로 또 시아버지 또 모셔껜네요?

- 그러제라우.

아이고. 정말 힘드셔껜네요.

- 우리 시아바이가 야든 아오베 도라가게써.

(놀라며) 어?

- 궁게 그떼 시상에는 검::나게 오레 사라게쩨라우.

오레 사셔쪼. 지금도 오레 사신디 ****

- 야든 아오베 도라게써도

- 그레도 한::나도 미운 맘도 업꼬 오레 사라간 오레 사린다 그 맘도 업
꼬 우리는 고로코 사라써라. 그렁게

예.

- 먼 저리151) 업씨 사라써.

- 미운 마미 업:씨 살고.

음.

- 기양

⌐ 말 안 하셨어. 말 안 하고 돌아가셨어.

몇 년 간이나 함께 그렇게 사셨어요?

⌐ 몇 년 안 살았을 거요.

⌐ 한 살기는 상당히 살았어, 그래도. 여기 오셔서 한 십 년은 아마 살았을 거요.

먼저 시아버님이 돌아가셨어요?

⌐ 아니요.

⌐ 시어머니가 먼저 돌아가셨어. 예.

시어머니가 돌아가셨어.

응.

⌐ 시어머니 돌아가시고도 굉장히 오래 살다 돌아가셨어.

그러면 홀로 또 시아버지 또 모셨겠네요?

⌐ 그러지요.

아이고, 정말 힘드셨겠네요.

⌐ 우리 시아버지가 여든 아홉에 돌아가셨어.

(놀라며) 어?

⌐ 그러니까 그때 세상에는 굉장히 오래 사셨지요.

오래 사셨지요. 지금도 오래 사시는데. ****

⌐ 여든아홉에 돌아가셨어도

⌐ 그래도 하나도 미운 마음이 없고 오래 살았 오래 산다 그 마음도 없고 우리는 그렇게 살았어요. 그러니까

예.

⌐ 무슨 나쁜 감정이 없이 살았어.

⌐ 미운 마음이 없이 살고.

음.

⌐ 그냥

⁻ 아더럴 모:뛰가꼬 당시니 늑빠레152) 모:짭수고 산:다 허고이 불쌍허기
만 허고 짠:허기만153) 허고 그럼 맘만 가꼬 사라서 요마니도154) 미운 마미
업씨 사라써 시아바이허고도

음.

예.

머 특뼈리 일하시거나 그러지는 아나셔껜네요?

⁻ 이:른 모:데시제.

예.

아이고 그러세요. 음.

여기 친정하고 시대가고 요 보니 어떠게 셍활형펴니 이렁 거뜨리 마:니 다름
니까? 머 어뜨게 사:는

⁻ 가:터. 인자 서:로 우리 친정도 양:바니고 강산 김까 진:짜 양바니제라
이. 그르고 여그 강:가도 양:바니고. 그러니까

⁻ 모다 허는 헹:불리가 헹서기 다: 가틉띠다, 와서 봉게.

아, 그레써요.

⁻ 다 여그도 검::나게 양:반사리를 헙띠다 시집옹게 기양 아조.

음.

⁻ 다 호:적싸리155) 이써가꼬 다 종:덜 나두고 시게머꼬 여그도 옹게 그
럽띠다.

⁻ 긍게 사:는 거시기는 가:틉띠다 봉게.

아. 비슫헤:서 큰 차이는 업썬네요이~?

⁻ 예.

(6초)에.

주위에서 시집싸리 마:니 시킨 집또 보셔써요?

요 주위에서도. 혹씨 사:는?

⁻ 이 주위에서

⁻ 아들을 못 둬가지고 당신이 늘그막에 못 잡수고 산다 하고 불쌍하기만 하고 그런 마음만 가지고 살아서 이만큼도 미운 마음이 없이 살았어. 시아버지하고도.

음.

예.

뭐 특별히 일하시거나 그러지는 않으셨겠네요?

⁻ 일은 못하시지.

예.

아이고 그러세요. 음.

여기 친정하고 시댁하고 요 보니 어떻게 생활 형편이 이런 것들이 많이 다릅니까? 뭐 어떻게 사는

⁻ 같아. 이제 서로 우리 친정도 양반이고 광산 김씨 진짜 양반이지요. 그리고 여기 강씨도 양반이고 그러니까

⁻ 모두 하는 형 **이 행색이 다 같습다. 와서 보니까.

아, 그랬어요.

⁻ 다 여기도 굉장히 양반살이를 합다. 시집오니까 그냥 아주.

음.

⁻ 다 종문서 있어가지고 다 종들 놔두고 시켜 먹고 여기도 오니까 그럽다.

⁻ 그러니까 사는 거시기는 같습다, 보니까.

아. 비슷해서 큰 차이는 없었네요.

⁻ 예.

(6초)에.

주위에서 시집살이 많이 시킨 집도 보셨어요?

요 주위에서도 혹시 사는?

⁻ 이 주위에서

으~으~ 동 보면 여페서

˚ 잍 이쩨 이끼도.

응. 지금하고 다르자나요? 지그믄 그러케 머

˚ 긍게 시집싸리를 고레따고 헌:능가 어쩬능가 모르거쏘마는 요: 우게찌
비서156) 산 사라믄 그리 시어마이허고 그르코 안 줍띠다 보면.

˚ 안조코 서로 걍 고로코 헤싸코 싸:머고 그럽띠다.

˚ 긍게 시집싸리 헤:따고 모다 그러쌍:게 모르거씁띠다 시집싸리 헨:능
가 어쩬능가

음.

˚ 이런 사라믄157) 그떼는 어:디 뎅이들 아너고 산: 시상이라 거그도 지
바는 지바닌디.

˚ 검:나게 시집싸리 헤:따고 인자 에:기 허먼 그런디

음.

˚ 이런 사라믄 모르제라. 안 뎅임서 바:서 시집싸리 시겐능가 어쩬능가.
긍게 한지베서 가치 사:먼 고로케 싸우미 이러나요. 에 따로 떠러저 살먼 쫌
덜:한데 엔나레는

˚ 그떼느는 조금158) 사는 사라미 업쩨라우.

업찌요이~.

˚ 아:먼. 다 지그밍게 자식뜨리 다 보159) 나가버르제 식 그떼는 다 한
테160) 사라쩨라.

˚ 그러고 인자 자근 아드른 여우먼161) 저금네고

어

˚ 동:네다가

예.

˚ 그레쩨.

예.

으~으~ 동 보면 옆에서

ᐨ 있 있지, 있기도.

응. 지금하고 다르잖아요? 지금은 그렇게 뭐

ᐨ 그러니까 시집살이를 그랬다고 했는지 어쨌는지 모르겠소마는 이 윗집에서 살던 사람은 그리 시어머니하고 그렇게 안 좋습디다, 보면.

ᐨ 안 좋고 서로 그냥 그렇게 해 대고 싸움하고 그럽디다.

ᐨ 그러니까 시집살이했다고 모두 그래 대니까 모르겠습디다, 시집살이 했는지 어쨌는지.

음.

ᐨ 이런 사람은 그때는 어디 다니지를 않고 살던 세상이라 거기도 집안은 집안인데.

ᐨ 굉장히 시집살이 했다고 이제 얘기하면 그런데.

음.

ᐨ 이런 사람은 모르지요. 다니면서 안 봐서 시집살이 시켰는지 어쨌는지.

그러니까 한 집에서 같이 살면 그렇게 싸움이 일어나요. 예, 따로 떨어져서 살면 좀 덜한데 옛날에는

ᐨ 그때는 딴살림을 차려서 사는 사람이 없지요.

없지요.

ᐨ 아무렴. 다 지금이니까 자식들이 다 미리 나가 버리지. 그때는 다 한데 살았지요.

ᐨ 그리고 이제 작은 아들은 결혼시키면 딴살림 내고

어

ᐨ 동네다가

예.

ᐨ 그랬지.

예.

저금넬떼는 머 좀 농사도 좀 띠여 줌니까?

˚ 노니 마:는 사라믄 띠여 주제.

˚ 암:만162). 띠여 주제라우.

아.

˚ 띠여 주제.

그러지요. 예.

딴살림 내려면 뭐 좀 농사도 좀 떼어 줍니까?

- 논이 많은 사람은 떼어 주지.

- 아무렴. 떼어 주지요.

아.

- 떼어 주지.

그러지요. 예.

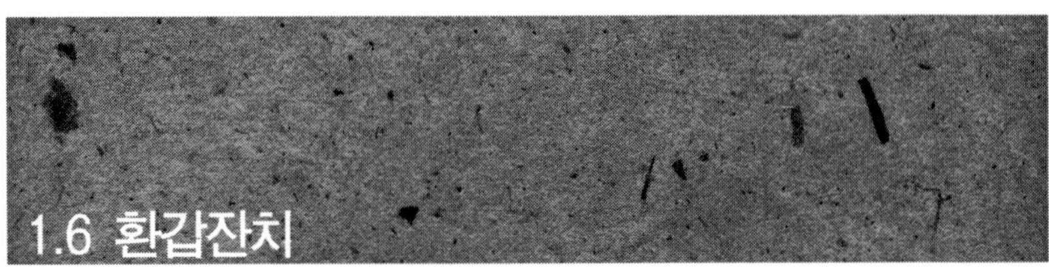

그다메 엔:나레 인자 큰 잔치로 인자 요세는 잘 그 황:갑가틍게 크게 세:찌요 항:가블? 그레찌요?

￣ 그 엔나레는 푸 부:자가 항:갑세쩨 항:갭 쎈 싸람 업:써.

그레요?

￣ 예. 항:갑쎈 싸람 업:써.

￣ 지그밍게 기양 항:갑 쎄고 칠순 세고 막 팔순도 세고 그러제

￣ 어:디가 항:갑 센 싸라미 얼마나 이따우?

아 보:통 사라믄 항:갑 잘 안 세나요?

￣ 응 보:통 싸람 항:갑 여페도 모까바쩨라.

오:: 부:자가 되어야이~.

그레요이~.

그 다음에 옛날에 이제 큰 잔치로 이제 요새는 잘 그 환갑 같은 것 크게 쇠었지요 환갑을? 그랬지요?

‑ 그 옛날에는 부자가 환갑 쇠지 환갑 쇠는 사람 없어.

그래요?

‑ 예. 환갑 쇠는 사람 없어.

‑ 지금이니까 그냥 환갑 쇠고 칠순 쇠고 막 팔순도 쇠고 그러지.

‑ 어디 환갑 쇠는 사람이 얼마나 있대요?

아, 보통 사람은 환갑 잘 안 쇠나요?

‑ 응, 보통 사람 환갑 옆에도 못 가봤지요.

오, 부자가 되어야.

그래요.

그러면 인제 시어머니 시아버지 이러케 초상도 치뤄보셔껜네요, 다이~?

⁻ 예.

응, 그러면

⁻ 옹열 나와 지게씰 때 긍게 자근어머니락 헌 냥반도

아 치뤄 오셔

⁻ 네:가 가서 동서허고 두:리 조 거식허고

⁻ 인자 데 동서가 에:기들 보네씹띠다.

⁻ 어머이가 더 아푸싱게 쪼까163) 와보시라고 저:나 헤:뜨라고.

⁻ 그레서 가써라. 가뜨~이 그날 쩌녀게 도라가게써.

⁻ 동서허고 나허고 종신헤써 두:리.

아::

⁻ ****

그러며는 그런 시그로 누가 인자 상이 딱 당허먼 알려야되자나요?

⁻ 그러제.

거 어:트케 알림니까?

⁻ 그떼는 저:나가 별라 옴:는 세사~이라 아그 사:라미 다 가.

사:라미?

⁻ 지방에도 막 사:라믈 가.

어~.

⁻ 글떼는164) 그떼 시상에는 사:람드리 여페서 산 사라미 마:네. 엄:는 사

그러면 이제 시어머니 시아버지 이렇게 초상도 치러 보셨겠네요, 다?

‐ 예.

응, 그러면

‐ ** 나와 계실때 그러니까 작은 어머니라고 한 양반도

아, 치러 오셔

‐ 내가 가서 동서하고 둘이 거식하고

‐ 이제 동서가 아이들을 보냈습디다.

‐ 어머니가 더 아프시니까 조금 와 보시라고 전화 했더라고.

‐ 그래서 갔어요. 갔더니 그날 저녁에 돌아가셨어.

‐ 동서하고 나하고 종신했어. 둘이.

아.

‐ ****

그러면은 그런 식으로 누가 이제 상을 딱 당하면 알려야 되잖아요?

‐ 그러지.

거 어떻게 알립니까?

‐ 그때는 전화가 별로 없는 세상이라 사람이 다 가.

사람이?

‐ 지방에도 막 사람을 가.

어.

‐ 그때는 그때 세상에는 사람들이 옆에서 사는 사람이 많아. 없는 사람

람드리.

아.

￣ 우리지비서 법 거 모다 거:다라165) 주고 밤 머꼬 헌 사람드리 마:너자 나요?

예.

￣ 그런 사람들 보네먼 기양 덜:고166) 담바끄리고167) 다 뎅에.

아하.

￣ 어:디고168). 고러제.

그이까

거 멀 저네 보먼 머 부:고 가틍걸 써가꼬 고로케

￣ 예. 그렁게 그떼는 부:고를 써가꼬 지그믄 이러고 우페를 안 부처 부리요?

예.

￣ 그떼는 사:라미 가써, 다.

사:라미.

￣ 체비만 줘:서 보네.

아.

￣ 차비만 싹 더퍼서169).

근데 고 부:고를 바로 지바느로 안 드렌 너:트라니까뇨.

￣ 암:시랑 아네170).

￣ 부:게171) 부:게가 머 무더따? 그런디 인자 초상난 디서 와따게서 그러제.

어~어~.

￣ 암시랑 아넝 거시여.

긍게

긍게 인제 엔:나레 보머는 요 다무라기나172) 요론 디다 꼬자노코 글드마뇨.

들이.

아.

¯ 우리집에서 법 거 모두 거들어 주고 밥 먹고 하는 사람들이 많잖아요?

예.

¯ 그런 사람들 보내면 그냥 냅다 달음박질하고 다 다녀.

아하.

¯ 어디든지 그러지.

그러니까

거 뭘 전에 보면 뭐 부고 같은 것을 써가지고 그렇게

¯ 예. 그러니까 그때는 부고를 써가지고 지금은 이렇게 우표를 부쳐 버리잖아요?

예.

¯ 그때는 사람이 갔어, 다.

사람이.

¯ 차비만 줘서 보내.

아.

¯ 차비만 싹 덮어서.

그런데 그 부고를 바로 집안으로 안 들여 넣더라니까.

¯ 아무렇지도 않아.

¯ 부고에 뭐가 묻었대요? 그런데 이제 초상난 곳에서 왔다고 해서 그러지.

어어.

¯ 아무렇지도 않은 거야.

그러니까.

그러니까 이제 옛날에 보면은 이 담이나 이런 곳에다 꽂아 놓고 그러더구먼요.

ˉ 글 안는 사라믄 또 글 아너고 다 그놈도 바더서 두고 딱:딱: 두고

ˉ 또 품 가풀라먼 그놈 보고 품 가푸로 뎅이고 다 그레써.

아.

ˉ 근디 인자 그런 사라미 그러제 글 아네써. 근디.

ˉ 하이나173) 거가 먼 어쩨따? 암:시랑 아너제.

(웃음).

그러며는 갑짜기 도라가시면 관 가튼 거슨 어떠케 짜요?

미리 혜:노

ˉ 우리, 아니여.

ˉ 우리 에레서는 어:른덜 도라가시고 우리 친정에서를 봉게 관파늘174) 네:나써 다.

ˉ 노:인들 지겐는175) 사라믄 큰:: 소를176) 비여서 다 네:붙 네:놔. 이르고 짜게서177) 이르고 이르고.

ˉ 그르믄 글로 좀 암 머그라고 널: 뛰고 다 그레써요 멩이레는178).

아.

ˉ 이 늘:파늘 가꼬 느:를179) 뛰여써 그놈 노코.

아. 좀 안 머그라고 바라믈 쐬능 거에요?

ˉ 응 조만 머그라고180). 이러고 늘:로 늘: 뛰여. 예, 그렌는디 그로고 헨: 는디.

ˉ 인자 초상나면 그노믈 다:: 큰 짜구지리181) 저르드마.

ˉ 큰 짜구질 헤서 요로코 먹쭐로 요로코 팅게가꼬 그레서 인자 마당에 서 느:를 짭:따다.

아.

ˉ 근디 인자 우리 커서는 저 우리 시지바서는 널: 안짜써.

ˉ 다 이르코 짜:오제, 쩌그서.

짜:오세요? 아.

⁻ 그러지 않는 사람은 또 그러지 않고 다 그것도 받아서 두고 딱딱 두고.

⁻ 또 품 갚으려면 그것 보고 품 갚으러 다니고 다 그랬어.

아.

⁻ 그런데 이제 그런 사람이 그러지, 그러지 않았어. 그런데.

⁻ 행여나 거기에 뭐가 어쨌대요? 아무렇지도 않지.

(웃음).

그러면은 갑자기 돌아가시면 관 같은 것은 어떻게 짜요?

미리 해 놓

⁻ 우리, 아니야.

⁻ 우리 어려서는 어른들 돌아가시고 우리 친정에서 보니까 널을 내 놓았어, 다.

⁻ 노인들 계신 사람은 큰 솔을 베어서 다 내놨 내놔. 이렇게 쪼개서 이렇게 이렇게.

⁻ 그러면 그것으로 좀 먹지 말라고 널 뛰고 다 그랬어요 명절에는.

아.

⁻ 이 널판자를 가지고 널을 뛰었어 그것 놓고.

아. 좀 먹지 말라고 바람을 쏘이는 거에요?

⁻ 응, 좀 먹지 말라고. 이렇게 널로 널 뛰어. 예, 그랬는데 그렇게 했는데.

⁻ 이제 초상 나면 그것을 다 큰 자귀질 하더구먼.

⁻ 큰 자귀질 해서 이렇게 먹줄로 이렇게 팅겨가지고 그래서 이제 마당에서 널을 짭디다.

아.

⁻ 그런데 이제 우리 커서는 저 우리 시집 와서는 널 안 짰어.

⁻ 다 이렇게 짜 오지, 저기서.

짜 오세요? 아.

과:거에는 미리 쪼:끔 ** 솔나무 가틍 거슬 딱

¯ 예, 우리 에레서는 그러고 그레써라. 우리 거그 거 우리 친정에서도 부:자찝 우리 하나부지가 도라가겐는디

음.

¯ 다:: 셍에 꼬또 기양 물 디레서 이러코 방에서 기양 다 사람방에서[182] 다 멘들고

¯ 그러케 다 홀란스럽께[183] 헙띠다, 부자라.

음.

¯ 근디 지그믄 아무리 부자도 글 아넌디 그떼는 그리쩨.

¯ 다:: 셍에도 멘드라써. 물 디레서. 종우에다

셍에도

¯ 종우에다 물 디레가꼬

음.

그러고 인제 셍에 멘: 사람들 동:네 싸람 다 메:주고

¯ 그러제라, 동:네싸람 다 메:주고.

음.

¯ 그떼는 사:라미 마:넝게 먼 셍에 메능 거시 머 걱쩡이다요? 나 사:라미 나머 도라가는디.

（웃음）

¯ 어:디든지. 지그미 사:라미 업쩨.

근데 인제 도:니 엄:는 사람드른 셍에 몸: 메지아나요?

¯ 읍:써도 동:네싸람드른 다 와서 헤줘.

아니. 돈 업쓴 사람드른 셍에를 만들지 모:다고

¯ 그떼는 몬:멘들고, 또 이써. 동네가 셍에가.

아.

¯ 그놈 머 터:다 쓰고나먼 딱: 둬.

과거에는 미리 조금 ** 소나무 같은 것을 딱

ᵔ 예, 우리 어려서는 그렇게 그랬어요. 우리 거기 그 우리 친정에서도 부잣집 우리 할아버지가 돌아가셨는데

음.

ᵔ 다 상여 꽃도 그냥 물 들여서 이렇게 방에서 그냥 다 사랑방에서 다 만들고

ᵔ 그렇게 다 화려하게 합디다, 부자라.

음.

ᵔ 그런데 지금은 아무리 부자라도 그러지 않는데 그때는 그랬지.

ᵔ 다 상여도 만들었어. 물 들여서, 종이에다.

상여도

ᵔ 종이에다 물 들여가지고

음.

그리고 이제 상여 메는 사람들 동네 사람 다 메어 주고

ᵔ 그러지요. 동네 사람 다 메어 주고.

음.

ᵔ 그때는 사람이 많으니까 무슨 상여 메는 것이 뭐 걱정이대요? 나 사람이 남아돌아가는데.

(웃음)

ᵔ 어디든지. 지금이 사람이 없지.

그런데 이제 돈이 없는 사람들은 상여 못 메잖아요?

ᵔ 없어도 동네 사람들은 다 와서 해 줘.

아니. 돈 없는 사람들은 상여를 만들지 못하고

ᵔ 그때는 못 만들고, 또 있어. 동네에 상여가.

아.

ᵔ 그것 뭐 터서 쓰고 나면 딱 돼.

⎯ 두어따가 또 그놈 또 쓰고 또 쓰고

공 공:동으로 쓰는 셍에구나.

⎯ 응 공:동으로 셍:가시 이써써 그떼는.

그러쿠나.

그러먼 셍에 암 메고 가는 사라믄 업써요?

⎯ 셍에 안 메고 간 사라믄 업:쩨. 암만 업:써도 셍에는 메제.

아하.

⎯ 기양 동:네싸라미 이르코 메:고 강게 머글 꺼슨 이떤지 업떤지 그저 수란잔썩 머꼬 다 그양 가서 무더주고 그러자나요? 원치184) 가나난 사라믄?

음. 그런네요.

⎯ 장:게 앙 간 사라미나 셍에 안 메제.

⎯ 장:게 앙 간 사라믄 셍에 안 메.

아하. 장게

⎯ 음.

⎯ 기냥 들꺼시르 허제. 장게 앙 간 사라믄.

아.

그건 어:트케 헤요 그먼?

⎯ 거먼 지그믄 니야까라도 이쩨만 그떼는 니야까로 업쓰면 기양 띠:메고 가.

과네 관

⎯ 이르케 이측 간 가늘 이러코 띠:머가 이르케 머 더퍼가꼬

⎯ 그떼는 가메~이다 더푸제라우, 가메~이.

⎯ 우리 에레서는 가메~이 더품띠다.

⎯ 시방은 그런 법 업:쩨. 근디 그떼는

관 과늘

⎯ 가늘 걍 가멩이 더퍼.

ᵎ 두었다가 또 그것 또 쓰고 또 쓰고

공 공동으로 쓰는 상여구나.

ᵎ 응, 공동으로 상여가 있었어 그때는.

그렇구나.

그러면 상여 안 메고 가는 사람은 없어요?

ᵎ 상여 안 메고 가는 사람은 없지. 아무리 없어도 상여는 메지.

아하.

ᵎ 그냥 동네 사람이 이렇게 메고 가니까 먹을 것은 있든지 없든지 그저
술 한 잔씩 먹고 다 그냥 가서 묻어 주고 그러잖아요? 워낙 가난한 사람은?

음. 그랬네요.

ᵎ 장가 안 간 사람이나 상여 안 메지.

ᵎ 장가 안 간 사람은 상여 안 메.

아하. 장가.

ᵎ 음.

ᵎ 그냥 들것으로 하지. 장가 안 간 사람은.

아.

그건 어떻게 해요 그러면?

ᵎ 그러면 지금은 손수레라도 있지마는 그때는 손수레도 없으면 그냥 떠
메고 가.

관에 관

ᵎ 이렇게 이쪽 관 관을 이렇게 떠메고 이렇게 뭐 덮어가지고

ᵎ 그때는 가마니에다 덮지요, 가마니.

ᵎ 우리 어려서는 가마니 덮습디다.

ᵎ 시방은 그런 법 없지. 그런데 그때는

관 관을

ᵎ 관을 그냥 가마니 덮어.

아.

⁻ 셍에도 안 찌고185).

아

⁻ 장:게 앙 간 사라믄.

고런 거슬 머락 헤요? 고거슨?

⁻ 그럭 몰:라 머:라 허능가 모른디 그러케 헤 허드랑게 장:게 앙 간 사라
믄.

응. 들꺼시라 헤요.

⁻ 셍전 예 들꺼시. 걍.

⁻ 먼 금:방 주그먼 그날 가따 거시게버러. 거 셍에 장:게 안 상안 사라믄.

⁻ 나 얼:렁186) 먼 하레 지네고 머더고도 아녀고

긍게 처:녀고 총:가기고 다.

⁻ 예, 그날 그레부러.

어.

에:기드른 어쩜니까? 에:기들 에기들

⁻ 에:기드른 기양 금방 가따 무더버르제. **

관도 안 짜고

⁻ 가늘 안 짜고 그떼는.

⁻ 인자 커야 간 쪼까라도 간 커야 간 짜제 에:기드른 간 안 짜.

음. 고러먼 지게에다 기양 바로 띠:꼬 가가지고

⁻ 쩨:깐헝거뜨른187) 보둥꼬 가고

⁻ 엔:나레는 에:기드리 마:니 실페를 허니까 보먼 보둥꼬 가고 허드
마188), 아부지드리.

아. 고 먼 글케 묘:도 안 쓰고

⁻ 메:도 안 쓰고 게양 지피 파고 깡 무꼬 기양 거그다 동: 나버르고 그런
다 헙띠다 에:기더른.

아.

˗ 상여도 안 쓰고.

아

˗ 장가 안 간 사람은.

그런 것을 뭐라고 해요? 그것은?

˗ 그럭 몰라. 뭐라 하는지 모르는데 그렇게 하더라니까 장가 안 간 사람은.

응. 들것이라 해요.

˗ 생전 예 들것이. 그냥.

˗ 무슨 금방 죽으면 그날 가져다 거식해 버려. 그 상여 장가 안 간 사람은.

˗ 나 얼른 무슨 하루 지내고 무엇 하지도 않고

그러니까 처녀고 총각이고 다.

˗ 예, 그날 그래 버려.

어.

아이들은 어떻습니까? 아이들 아이들.

˗ 아이들은 그냥 금방 가져다 묻어 버리지. **

관도 안 짜고

˗ 관을 안 짜고 그때는

˗ 이제 커야 관 조금이라도 관 커야 관 짜지 아이들은 관 안 짜.

음. 그러면 지게에다 그냥 바로 떠메고 가가지고

˗ 조그마한 것들은 안고 가고

˗ 옛날에는 아이들이 많이 실패를 하니까 보면 안고 가고 하더구먼, 아버지들이.

아. 그 무슨 그렇게 묘도 안 쓰고

˗ 묘도 안 쓰고 그냥 깊이 파고 꽉 묻고 그냥 거기다 돌 놔 버리고 그런다고 합디다, 아이들은.

응, 에기드른.

ˉ 어쩨 그야먼 먼 짐성 모:꺼시거라고 독: 주서다 동: 나버르고 그런다
헙띠다.

음. 그레요이~.

응, 아이들은.

￣ 어째 그러냐면 무슨 짐승 못 거식하라고 돌 주어다 돌 놔 버리고 그런 다고 합디다.

음, 그래요.

거 즉 큰지비이니까 제:사 마:니 지:네셔께써요?

⁻ 예.

⁻ 그러제라우. 우리 하나부지 지:사는 진지하나부지까 질:고 우리 시아
바이 시어마이 지네시 지네고

어 일려네 그러먼 메차레나?

⁻ 세:번

세:번

⁻ 네우간 하베서 지네도 세:번 지넨디

세:번 지네.

⁻ 장년부텀 할 다 합:짜혜서 지네.

하페서 지네고

⁻ 어쩨서 그냐먼 넘더리 다:: 합짜혜서 지네고이 너무 지반드리 또 다
날 바다서 막 지네고

그레요.

⁻ 그렁게 모다 봉게 시야제드리 기양 우리질 시야 나이 잡쑨 시야제드
리 고 하베줍띠다.

응.

⁻ 고셍 모다 헐 피료가 업따고 우리도 이러게 하베서 지네자고 그레가
꼬 하베서 지네요. 그러케.

저이는 오레 데써요 하페서 지넨 지가.

거 즉 큰집이니까 제사 많이 지내셨겠어요?

  ⁻ 예.

  ⁻ 그러지요. 우리 할아버지 제사는 증조할아버지까지 지내고 우리 시아버지 시어머니 지내시 지내고.

  어 일 년에 그러면 몇 차례나?

  ⁻ 세 번

  세 번

  ⁻ 내외 합해서 지내도 세 번 지내는데

  세 번 지내.

  ⁻ 작년부터 다 합자해서 지내.

  합해서 지내고

  ⁻ 어째서 그러냐면 남들이 다 합자해서 지내고 남의 집안들이 또 다 날 받아서 막 지내고

  그래요.

  ⁻ 그러니까 모두 보니까 시동생들이 그냥 우리집 시동 나이 잡순 시동생들이 그 합해 줍디다.

  응.

  ⁻ 고생 모두 할 필요가 없다고 우리도 이렇게 합해서 지내자고 그래가지고 합해서 지내요. 그렇게.

  저희는 오래 됐어요 합해서 지낸 지가.

⁻ 우르는 아 그라네써요. 장년부텀 하베저써요.

아 장년에사.

⁻ 넘더리 다:: 그러니까 인자 우리 시야제분드리 메뻔 안 지게꼬 도시가 상:게 메뻔 안 지게써. 여그 두:분베끼189) 안 지게써.

음.

⁻ 근디 그 냥반드리 이러코 하베주시드라고. 그렁게 위:녕190) 소룹띠다191). 그케 하베 지네붕게. 각까지 다 지네다가.

우리 에기엄마는 제사만 지넬라거먼 막 꾸메 막 앙몽을 꾼담니다. 미리 메칠 전부터.

⁻ 웨 그레?

어쩨서? (웃음) 부:담스로와가꼬 그러지요.

⁻ 그 부:담스럭께 허먼 쓰가니?

⁻ 네가 네 정성껃 헤야지 네 정서껃.

⁻ 쩨깐 허든 마:니 허든지 네 정성은

지그믄 인제 마:니 습꽈니 되가지고 잘 하는데 엔:날 처음 겨론 막 헤:가지고 인자 그 제:사 지넬라고 셍각허먼

⁻ 하이고 지그믄 지:사 지넹거 우리는 앙:꾸또 아니여, 지:사는.

엔:나레는 어쩨써요?

⁻ 인자 엔:나레는 수:가 마:넝게 지바니 마:넝게 저녀기먼 지:사 지넴 진:설헤노코 상을 메슬 나서 바블 머거.

⁻ 또 머꼬 또 지:사 지네고 나먼 지:사 지네따고 또 머꼬

⁻ 또 그 이트 아치메사 싹:: 와서 머꼬

⁻ 아조 밥짱씨허다 먼: 표를 모빠. 그레도 그떼는 다:: 염녀비192) 와서 다 헤:줘. 헤:준 사라미 다 이써. 엄:는 사람드리.

⁻ 호:적싸리 살고

⁻ 그렁게 인자 이런 사라믄 고셍은 그러케 아네.

˗ 우리는 그러지 않았어요. 작년부터 합해졌어요.

아 작년에야.

˗ 남들이 다 그러니까 이제 우리 시동생분들이 몇 분 안 계시고 도시에 사니까 몇 분 안 계셔. 여기 두 분밖에 안 계셔.

음.

˗ 그런데 그 양반들이 이렇게 합해 주시더라고. 그러니까 훨씬 수월합니다. 그렇게 합해서 지내 버리니까. 갖가지 다 지내다가.

우리 아이 엄마는 제사만 지내려고 하면 막 꿈에 막 악몽을 꾼답니다. 미리 며칠 전부터.

˗ 왜 그래?

어째서? (웃음) 부담스러워가지고 그러지요.

˗ 그 부담스럽게 하면 되나?

˗ 내가 내 정성껏 해야지, 내 정성껏.

˗ 조금 하든 많이 하든지 내 정성은

지금은 이제 많이 습관이 돼가지고 잘 하는데 옛날 처음 결혼 막 해가지고 이제 그 제사 지내려고 생각하면.

˗ 하이고, 지금은 제사 지내는 것 우리는 아무 것도 아니야, 제사는.

옛날에는 어땠어요?

˗ 이제 옛날에는 수가 많으니까 집안이 많으니까 저녁이면 제사 지내 진설해 놓고 상을 몇을 놓아서 밥을 먹어.

˗ 또 먹고 또 제사 지내고 나면 제사 지냈다고 또 먹고

˗ 또 그 이튿날 아침에야 싹 와서 먹고

˗ 아주 밥장사 하다 무슨 표를 못 봐. 그래도 그때는 다 꼼꼼히 챙기면서 와서 다 해 줘. 해 주는 사람이 다 있어. 없는 사람들이.

˗ 종살이 살고

˗ 그러니까 이제 이런 사람은 고생은 그렇게 안 해.

˜ 머이든지 데:서 허기만 허제.

˜ 그레씅게 그렁거슨 나는 성:앙가시고 사라써. 한나도 성: 앙가시고 사
라써. 그러케 헤:도.

˜ 그리도 지끄믄 지:사 그러코 지넹게 일 먼 지:사 지넹 거또 앙가터, 시
방은 게양.

˜ 하도 사:라미 업:씽게.

˜ 인자 우리 아덜 딸 그저 사우 딸 그러코 모다 와버링게 그르제

그러지요

˜ 사람 업써. 지반 싸라믄 업:써.

˜ 다 나가 상:게

그러면 엔:나레는 제:사 함번 지네먼 동:네 싸람드리 다 아치메 와서 밤 머거
요?

˜ 그러제라우.

˜ 인자 쩌:짜게193) 멀:리나 되먼 마 이 거:팡194) 사라믄 다 무거써.

그 인 어느 집 제:산지 다 알:고요?

˜ 그러제.

친척 아니여도? 아니

˜ 친척 아니여도 넘도 이러고 가까먼195) 동:네로 여페 가까먼 다 와서
머거써.

와서 머거요.

˜ 예, 가까서 머거.

고롤 때나 어디 고기 마또 보고 좀 그러켄네요.

˜ (웃음).

엔:날 가트먼이~.

˜ 그러제라우.

으~.

˟ 무엇이든지 대어서 하기만 하지.

˟ 그랬으니까 그런 것은 나는 성가시지 않고 살았어. 하나도 성가시지 않고 살았어. 그렇게 해도

˟ 그래도 지금은 제사 그렇게 지내니까 일 무슨 제사 지내는 것도 안 같아. 시방은 그냥.

˟ 하도 사람이 없으니까

˟ 이제 우리 아들 딸 그저 사위 딸 그렇게 모두 와 버리니까 그러지. 그러지요.

˟ 사람 없어. 집안 사람은 없어.

˟ 다 나가 사니까.

그러면 옛날에는 제사 한 번 지내면 동네 사람들이 다 아침에 와서 밥 먹어요?

˟ 그러지요.

˟ 이제 저쪽에 멀리나 되면 막 이 근방 사람은 다 먹었어.

그 인 어느 집 제산지 다 알고요?

˟ 그러지.

친척 아니어도? 아니

˟ 친척 아니어도 남도 이렇게 가까우면 동네로 옆에 가까우면 다 와서 먹었어.

와서 먹어요.

˟ 예, 가까와서 먹어.

그럴 때나 어디 고기 맛도 보고 좀 그렇겠네요.

˟ (웃음).

옛날 같으면.

˟ 그러지요.

으.

그먼 그 양반들또 빈:소느로 옵니까? 그 머 제:사 지네로

‾ 예, 시

나무 지베

‾ 그떼는 빈소느로 오고 우리 지바네서는 자 멥싸 가꼬고

멥쌀 가

‾ 그러제.

쌀:

‾ 시방잉게 고기가 사가꼬제 그떼는 멥쌀 한 되썩 가꼬제196). 지그믄 멥쌀 잘 앙가꼬와, 다 고기 사가꼬고.

그러시제.

‾ 거시건 우리 조카드른 기양 도:니로 봉:토지에다197) 동:가꼬고 그레요.

그러치요이~.

‾ 조카드른.

엔:나레는 다 멥쌀 한 쫌 음.

그러먼 그 제:사 음:식 가틍거 요렁거또 엔:나레는 걸:게 마:니 장만헤씀니까?

‾ 그르제. 털:썩 마:니 헤쩨. 떠글 이런 데시리로198) 인절미는 허고도 이 시리떵마네도 요러코 크나큰 데시리로 한나썩 헨는디

‾ 그레도 그 떡 하나도 업씨 다 업:써지제.

‾ 다 싸:주고

사라미 마:능께

‾ 다:: 싸주고 머꼬 그렁께

그렁께 으~ 어~.

‾ 근디 지그믄 멍능 거슨 하나도 업씨 싸: 중게 그러제.

‾ 우리도 이차메 지:사에 떡 함말 헨는데 먹뜬 아네.

‾ 쑥떡 조:케 헤농게 그놈 가꽈서 모다 인자 나코199) 뒤:따 고:머꼬200) 헌다고

그러면 그 양반들도 빈손으로 옵니까? 그 뭐 제사 지내러.

˝ 예, 시

남의 집에

˝ 그때는 빈손으로 오고 우리 집안에서는 이제 멥쌀 가져오고.

멥쌀 가

˝ 그러지.

쌀.

˝ 시방이니까 고기 사가지고 오지 그때는 멥쌀 한 되씩 가져오지. 지금은 멥쌀 잘 안 가져와. 다 고기 사가지고 오고.

그러시지.

˝ 거식한 우리 조카들은 그냥 돈으로 봉투에다 돈 가져오고 그래요.

그러지요.

˝ 조카들은.

옛날에는 다 멥쌀 한 좀 음

그러면 그 제사 음식 같은 것 이런 것도 옛날에는 걸게 많이 장만했습니까?

˝ 그러지. 훨씬 많이 했지. 떡을 이런 큰 시루로 인절미는 하고도 이 시루떡만 해도 이렇게 크나큰 큰 시루로 하나씩 했는데.

˝ 그래도 그 떡 하나도 없이 다 없어지지.

˝ 다 싸 주고

사람이 많으니까

˝ 다 싸 주고 먹고 그러니까

그러니까 으 어.

˝ 그런데 지금은 먹는 것은 하나도 없이 싸 주니까 그러지.

˝ 우리도 이번에 제사에 떡 한 말 했는데 먹지는 않아.

˝ 쑥떡 좋게 해 놓으니까 그것 가져와서 모두 이제 나중에 두었다가 구워 먹고 한다고

음.

⎺ 그노믈 다: 싸:중게 그러제 지비서 멍능거슨 업써. 저녀게 머거야 떡
한 접씨도 다: 암머거.

⎺ 가일도201) 시방은 잘 암머거, 가일도.

평소에 잘 머그니까 그러치요.

응.

⎺ 평소에 잘 머긍게 모다 가일도 귀허게 안 살고 긍게 가일도 그러케 머
글라고 아네.

⎺ 반찬 장마네서 밥 허먼 지녀게202) 와서 밤 머거 부르먼 딱 끈나 부러.
다릉거 다 벨라203) 암머거.

⎺ 언:젱게 저여빠블204) 바 반찬 장마네서 바블 허제.

⎺ 바블 딱 헤:노코 오는 냥반들205) 바블 차려 드레.

음.

긍께 엔:나레는 보통 떼는 몸:먹따가 그날 쪽끔 멀:좀 머그니까

⎺ 응, 그러지요.

⎺ 그러케 음시글

제:사떼는 특뻐리 이런 음시근 안 된다 그렁거 이씀니까? 제:사떼는 머

⎺ 지:사떼 아놀라 가능거슨

응, 예.

⎺ 그럴테 이쓸테제라. 긍게 인자

⎺ 우리는 지:사떼 올라가는 반찬만 사버르데서 무:슨 아놀라가능가 어쩡
가 몰:라.

⎺ 야 그거쯤 올라가는 반찬만 사서 허고허고 헤:서

주로 그거 생선가틍거슨 먿: 올려씀니까? 제:사

⎺ 생선 가틍거슨 상에도 올리고 덕짜206) 올리고 조구가 젤: 크고

조구가 제일 크고

음.

˝ 그것을 다 싸 주니까 그러지 집에서 먹는 것은 없어. 저녁에 먹어야 떡 한 접시도 다 안 먹어.

˝ 과일도 시방은 잘 안 먹어, 과일도.

평소에 잘 먹으니까 그러지요.

응.

˝ 평소에 잘 먹으니까 모두 과일도 귀하게 안 살고 그러니까 과일도 그렇게 먹으려고 안 해.

˝ 반찬 장만해서 밥 하면 저녁에 와서 밥 먹어 버리면 딱 끝나 버려. 다른 것 다 별로 안 먹어.

˝ 언제든지 저녁밥을 반찬 장만해서 밥을 하지.

˝ 밥을 딱 해 놓고 오는 양반들 밥을 차려 드려.

음.

그러니까 옛날에는 보통 때는 못 먹다가 그날 조금 뭘 좀 먹으니까.

˝ 응, 그러지요.

˝ 그렇게 음식을.

제사 때는 특별히 이런 음식은 안 된다 그런 것 있습니까? 제사 때는 뭐?

˝ 제사 때 안 올라 가는 것은

응, 예.

˝ 그런 것이 있을 테지요. 그러니까 이제

˝ 우리는 제사 때 올라가는 반찬만 사 버릇해서 무엇은 안 올라가는지 어떤지 몰라.

˝ 야 그것 좀 올라가는 반찬만 사서 하고하고 해서.

주로 그것 생선 같은 것은 무엇 올렸습니까? 제사?

˝ 생선 같은 것은 상에도 올리고 큰 병어 올리고 조기가 제일 크고 조기가 제일 크고

⁻ 응, 조구가 젤: 크고 그러제.

음.

덕:짜라능거슨 멍:

⁻ 이리키 덕짜 이러코 납따겅거 이써, 덕짜. 고거시 비싸.

⁻ 덕짜 함마레

병:치하고 다릉거에요?

⁻ 긍게 벵치라고도 허고 덕짜라고도 헌데

아 가틍거 어~.

⁻ 근디 고거시 이리미 인자 언체는²⁰⁷⁾ 덕짜여.

⁻ 자:긍거시 벵치고.

아:아:.

⁻ 근디

⁻ 고거시 큰: 노믄 마:노처논짜리도 이꼬 이:마눤짜리도 이꼬.

어~.

⁻ 자 자:근노믄 마:논짜리도 이꼬 고거시 비싸라 병치.

아:: 그레꾸뇨.

상어 상어 상에도 엔:나레는 마:니

⁻ 상에도 사고

그다메 떠근 어:떤 떠글 주로 제:사떼 올릴 떡뜨른 함니까? 어떤?

⁻ 시리떡 시리는 상에 놀랑게 시리떠근 벨라 안 거시경게 상에 놀라고 쪼끔 허고

예.

⁻ 자 인절미를 지그믄 마:니 허제. 그저네는 힌떡또 헨는디 힌떠근 누가 잘 암머긍게 아너고

응.

⁻ 쏭 너서 인절미헤.

ᅳ 응, 조기가 제일 크고 그러지.

음.

'덕자'라는 것은 무슨

ᅳ 이렇게 큰 병어 이렇게 납작한 것 있어, 큰 병어. 그것이 비싸.

ᅳ 큰 병어 한 마리에

병어하고 다른 것이에요?

ᅳ 그러니까 병어라고도 하고 '덕자'라고도 하는데

아 같은 것 어.

ᅳ 그런데 그것이 이름이 이제 워낙은 '덕자'여.

ᅳ 작은 것이 병어고.

아아.

ᅳ 그런데

ᅳ 그것이 큰 것은 만 오천 원짜리도 있고 이만 원짜리도 있고.

어.

ᅳ 자 작은 것은 만 원짜리도 있고 그것이 비싸요. 병어.

아, 그랬군요.

상어 상어 상어도 옛날에는 많이

ᅳ 상어도 사고

그 다음에 떡은 어떤 떡을 주로 제사 때 올릴 떡들은 합니까? 어떤?

ᅳ 시루떡 시루는 상에 놓으려니까 시루떡은 별로 안 거시기 하니까 상에 놓으려고 조금 하고.

예.

ᅳ 이제 인절미를 지금은 많이 하지. 그전에는 흰떡도 했는데 흰떡은 누가 잘 안 먹으니까 안 하고.

응.

ᅳ 쑥 넣어서 인절미 해.

ˉ 인 그러믄 인절미를 잘 머거 모다.

예.

ˉ 자 가서 구워서도 머꼬 헌다고

또 정:가틍거슨 먼:저늘 마:니

ˉ 저:는 멩테전.

예.

ˉ 셍멩테 그놈 떠다가 고놈 부치고

ˉ 자 다릉거또 맘:데로 부치고 자푼데208) 아무꺼라도 부처. 버서또 사다 부칠라먼 부치고 자 세우가틍거또 사다 부칠라먼 부치고 인자 아:무꺼나 부치고 시푼209) 데로 부처, 요거슨.

음.

그러지요. 음.

으. 머 하나도 어려웅거 업:쓰시지요? 엔:날 살:든 이야기니까.

ˉ 예.

(웃음).

ˉ 그렁거슨 어럽뜬 안체.

으~, 어럽뜬 안체. (웃음) 예.

˗ 인 그러면 인절미를 잘 먹어 모두.

예.

˗ 이제 가서 구워서도 먹고 한다고.

또 전 같은 것은 무슨 전을 많이?

˗ 전은 명태전.

예.

˗ 생명태 그것 떠다가 그것 부치고

˗ 이제 다른 것도 마음대로 부치고 싶은 대 아무 것이라도 부쳐. 버섯도 사다 부치려면 부치고 이제 새우 같은 것도 사다 부치려면 부치고 이제 아무 것이나 부치고 싶은 대로 부쳐, 이것은.

음.

그러지요. 음

으. 뭐 하나도 어려운 것 없으시지요? 옛날 살던 이야기니까.

˗ 예.

(웃음).

˗ 그런 것은 어렵지는 않지.

으, 어렵지는 않지. (웃음) 예.

1) 제보자는 김귀님 할머니이다.
2) '-데끼'는 '-듯이'의 방언형이다.
3) '형제간'은 '형제'를 뜻한다.
4) '넷'은 이 방언에서 '닛'으로 쓰인다. /ㅔ:/는 전남의 대부분 지역에서 /ㅣ:/로 상승하는 변화를 겪었다.
5) '그렇고'는 중앙어 '그렇게'의 뜻이다. '그렇고'는 전남 방언에서 용언을 꾸미는 양태 부사어로 기능한다.
6) '-겼'은 '-셨'에 대응하는 방언형. 여기서 주체높임의 기능을 하는 '게-'가 분석되는데 이 '게-'는 '-어'를 선행시키고 후행 요소로도 '어'를 포함한 표현이 와야 한다는 제약이 있다. 이것은 '게-'가 기원적으로 '있다'의 존대형 '겨-'로서 보조용언의 구실을 하기 때문이다. 따라서 '뉘겼으씨요'는 '뉘 있으씨요'의 존대 표현인 셈이다.
7) '지녀기'는 '굉장히'의 뜻. 이 방언에서는 '징허니'가 이런 강조의 뜻을 갖는데 '지녀기'는 아마도 '징허니'에 대한 제보자의 독특한 발음으로 보인다.
8) '만'은 '만큼'의 뜻. 따라서 '그만이나'는 '그만큼이나'로 해석된다.
9) 여기서 '클 때'는 '어릴 때'의 뜻이다.
10) '검나게'는 원래 '겁나게'이나 전남 방언에서는 '굉장히'로 해석되는 것이 보통이다.
11) '일절이'는 '일절'의 뜻, '일절'에 접미사 '-이'가 결합되었지만 그 용법은 '일절'과 같이 뒤에 부정적 표현을 요구하는 특징을 갖는다.
12) '보덜'은 '보지를'의 뜻이다. 이처럼 전남 방언에서는 부정의 구성에서 본용언이 취하는 씨끝 '-지'는 대체로 나타나지 않고 줄기에 바로 '-들', '-든', '-도' 등이 결합한다. 그래서 '보들', '보든', '보도'처럼 쓰이는데 이들은 각각 중앙어에서 '보지를', '보지는', '보지도'의 뜻을 갖는다.
13) '근디'는 '그런데'이다. '그런다'를 '근다'라고 하는 것으로 미루어 '그'와 /ㄴ/ 앞에서 '러'가 탈락되는 변화를 겪은 것으로 보인다. '그리고'는 이 방언에서 '그러고' 또는 '글고'로 실현되기 때문에 후행 자음에 따라 탈락되는 요소가 달라진다.

14) '드러뎅이다'는 '들어다니다'로 번역되지만 이러한 말은 중앙어에 없다. 따라서 그 의미만을 비교하면 중앙어 '드나들다'에 대응하는 것으로 보인다. '드나들다'는 '들나들다'였을 것이므로 '들고 나고 들고'의 세 가지 동작이 연속적으로 이루어진 것, 결국 들고나고가 여러 차례 이루어진 것으로 해석된다. 이에 반해 '드러뎅이다'에서 반복적인 행위는 '뎅이다'에 있으므로 '들어뎅이다'는 결국 어떤 장소에 들어가는 행위를 여러 차례 행했음을 말하는 것이다. 결과적으로 중앙어 '드나들다'와 같은 해석이 되었지만, 그 해석의 과정은 약간 다르다고 하겠다.

15) '말로'는 '처럼'의 방언형.

16) '뎅이다'는 '뎅기다'로도 쓰이며 중앙어 '다니다'의 방언형이다.

17) '-수랑'은 '-수록'의 방언형.

18) '만해요'는 중앙어 '많아요'에 대응하는 표현. 이 방언에서 '많다'는 '만하다'처럼 축약되지 않는 기원적인 형태를 보여 준다.

19) '거까지'는 '거기까지', 전남 방언에서는 '여기까지'를 '여까지', '거기까지'를 '거까지' 등으로 말하는 것이 보통이다.

20) '걸꺼요'는 '걸을거요'의 뜻. 여기서 보듯이 '-을 것이-'의 구성에서 '걸을'은 이 방언에서 '걸:'로 수의적인 축약을 보인다.

21) '야튼'은 '하여튼'의 방언형.

22) @2는 조사자와 동행한 조사자의 처를 가리킨다.

23) '여레답'은 '열여덟'이다. '열'과 '여답'의 합성일 텐데 중앙어와 달리 '열'의 끝소리가 /r/로 실현되는 것이 특징이다.

24) '뭇'은 '무엇'이다. 전남의 다른 지역은 대체로 '멋:'으로 축약되지만 영광에서는 '뭇:'으로 실현되었다. 아마도 '멋:'이 '뭇:'으로 모음이 상승된 것으로 보인다.

25) '어쩨서'는 중앙어 '왜'에 대응하는 이 지역의 방언형이다.

26) '세'는 '사이'의 축약형으로서 여기서는 나이차를 가리킨다. 예를 들어 '그 사람허고 멧 살세요?'는 나이차를 묻는 이 방언의 일반적 표현인 것이다.

27) '여레답'에서는 여덟이 '여답'으로 실현되었지만 여기서는 '야답'으로 실현되었다. '여덟'은 전남 방언에서 '야달' 또는 '야답'으로 쓰이는 것이 보통이다.

28) 씨끝 '-우'는 서술문이 내포된 완형보문 뒤에 붙어 서술이나 의문을 나타낸다. 따라서 언제나 '-다우' 형식으로 쓰이며 중앙어의 '-대요' 정도에 대응한다. '-다우'와 같은 뜻으로 이 방언에는 '-다요'도 쓰인다.

29) '앙껏'은 '암껏'의 음성 실현형으로서 중앙어 '아무 것'에 대응하는 표현이다. 즉 중앙어 '아무'는 이 방언에서 '암ː'으로 축약되어 쓰이는 수가 많다. 그래서 '아무도'는 '암ː도', '아무 때나'는 '암ː떼나', '아무렇지도'는 '암ː시랑토' 등으로 쓰이는 것이다.

30) '안 하다'의 '하다'는 본동사로 쓰인 것인데 이럴 때에도 전남 방언은 '않다' 등으로 축약되는 수가 있다. 그래서 '안 하제'가 '안체'로 실현된 것이다.

31) '인공'은 '인민공화국'이 약칭으로서 육이오 때 남쪽으로 내려온 북한 정부나 군대를 가리켜야 하지만, 보통은 육이오 시절을 가리키는 뜻으로 쓰인다.

32) '하나부지'는 '할아버지'의 뜻. 중앙어와 달리 '한+아부지'의 어원이 그대로 드러나 있다.

33) '짓다'는 중앙어와 달리 규칙적인 활용을 한다. '지서서'가 이를 보여 준다.

34) '저금'은 '분가(分家)'의 방언형. 중세어 '제여곰'은 명사와 부사로 쓰여 '제각각'의 뜻을 갖는데, 이 '제여곰'이 축약되어 전남 방언에서 '제금', '지금', '저금' 등으로 바뀐 것이다. 이들은 '제금나다'로 쓰여 '분가하다'의 뜻을 가지며, 독자적으로는 '제각각'과 같은 부사적 용법을 갖기도 한다. 예를 들어 '국을 제금 담아라'는 '국을 각각 담아라'는 뜻이다.

35) '짝'은 중앙어 '쪽'에 대응하는 방언형. 그래서 중앙어 '이쪽저쪽'은 이 방언에서 '이짝저짝'으로 쓰인다.

36) '안 있습디여?'는 '있잖습디까'와 같은 확인물음을 나타낸다. 전남 방언은 중앙어와 달리 부정 형식이 아닌 확인물음으로 기능이 전환된 '안'이 사용되는 점이 특징이다. 전남방언에서 확인물음에 쓰이는 '안'은 서술어 앞뿐만 아니라 다양한 위치에 나타날 수 있고, 또한 한 문장 안에서도 여러 차례 나타날 수도 있기 때문이다. 그래서 '시방 저짝에 큰 집 지아집 안 있습디여?'에서 '안'은 '시방 저짝에 안 큰 집 지아집 안 있습디여?'처럼 쓰일 수도 있으므로, 이때의 '안'을 부정사 '안'으로 볼 수 없고 확인물음으로 기능이 전환된 표현으로 처리해야 하는 것이다.

37) '선자'는 '소작'의 방언형.

38) '뻐리다'는 '버리다'의 방언형. 보조동사 '버리다'는 전남 방언에서 '불다'로 실현되는 것이 보통인데, 영광 지역에서는 '뻐리다'로 쓰였다.

39) 중앙어 '짓는'은 이 방언에서 '진ː'으로 실현되는데 이 '진ː'은 물론 '지은'이 축약된 것이다. 전남 방언에서 관형절의 매김씨끝 '-는'은 '-은'으로 나타나므로, 결과적으로 관형절 환경에서 현재와 과거의 대립이 중화된다.

40) '시아바니'는 '시아버지'의 방언. '아바니'는 '아바님'에서 /ㅁ/이 탈락된 형태
　　로 보이는데, 친정아버지는 결코 '아바니'라고 하지 않는 점이 이를 뒷받침한
　　다.

41) 여기서 '작은어머니'는 시아버지가 얻은 첩을 가리킨다.

42) '시닝'은 '신행'(新行)으로서 혼인할 때에, 신랑이 신부 집으로 가거나 신부가
　　신랑 집으로 가는 것을 말한다.

43) '가도 안허고'는 '가지도 않고'의 뜻. 여기서 보는 것처럼 부정 구성의 본동사
　　씨끝 '-지'가 없으며, 부정의 조동사 '않다'가 축약되지 않은 애초의 형식 '안허
　　다'로 나타나는 것이 전남 방언의 특징이다.

44) '무엇도'는 여기서 '아무 것도'의 뜻.

45) '큰애기'는 '처녀'의 방언형.

46) '소맹이'는 지명.

47) '앞에로'는 '앞으로'의 뜻. 전남 방언에서는 공간을 나타내는 명사 '앞, 뒷, 옆,
　　젙, 밑,...' 등은 모두 처격의 토씨 '에'가 결합된 형태로 재구조화 되었다. 그
　　래서 주격형은 '앞에가, 뒷에가, 옆에가, 젙에가, 밑에가' 등으로 쓰인다. 따라
　　서 '앞에로'는 재구조화된 명사 '앞에'에 향격의 '로'가 결합된 것으로 보아야
　　한다.

48) '잔등'은 나직한 고개를 말한다. '잘-'의 관형형과 '등'이 결합된 합성어로 추
　　정된다.

49) '널룹다'는 '넓다'의 방언형.

50) '구루마'는 달구지의 일본말.

51) '-는가'는 중앙어 '-는지'에 대응한다. '-는지'는 이음씨끝과 함께 완형보문의
　　마침씨끝으로도 쓰이는데, 이 두 경우 모두 전남 방언에서는 '-는지'와 함께 '-
　　는가'를 병용한다. 예를 들어 '어지께 밤에 비가 얼마나 왔는가 물이 물팍까지
　　찼네.'처럼 쓰이는 것은 이음씨끝의 예이며, 본문에서 보인 것은 완형보문의
　　예이다.

52) '인사옷'은 신부가 결혼하면서 시댁 가족과 친척들에게 보내는 옷을 가리킨
　　다. '인사옷'에 대응하는 중앙어 '예단'은 신부가 시댁에 보내는 비단을 가리키
　　는 말인데, 신분이나 사는 형편, 그리고 시대에 따라 보내는 품목이 달라진
　　다. 옛날 양반들은 대체로 비단을 보냈던 것으로 보이며, 금세기 들어서는 옷
　　이나 이불, 옷감 등을 보내거나, 먼 친척에게는 버선 등을 선물하는 것이 보
　　통이었다.

53) '명기베'는 '명주베'를 말한다. '명주'는 전남 방언에서 '멩지'로 쓰이는 것이
   보통인데, 이 제보자는 '멩기'로 발음하였다.

54) '미영베'는 '무명베'를 가리킨다.

55) '당목'은 두 가닥 이상의 가는 실을 되게 한 가닥으로 꼰 무명실로서 나비가
   넓고 발이 곱게 짠 피륙을 가리킨다. 광목보다 실이 가늘고 하얗다. 서양에서
   발달하여 서양목이라고 하였는데, 중국을 거쳐 우리나라에 들어왔으므로 이
   렇게 부르기도 한다.

56) '-가니'는 '-관데'에 대응하는 이음씨끝. '-간디', '-가니', '-간' 등으로 쓰이는데,
   중앙어 '-관데'가 예스러운 표현인 반면 전남 방언의 대응형들은 일상생활에
   서 흔히 쓰이는 표현이다. 후행절이 항상 의문형식이라는 점이 특징이다.

57) '커리'는 '켤레'의 방언형.

58) 도구격 토씨 '으로'는 전남 방언에서 '이로'로 쓰인다.

59) '시엄씨'는 '시어머니'를 낮추어 부르는 말.

60) '모테다'는 '모이다'의 방언형. 전남의 다른 지역에서는 '모테다'라고도 한다.

61) '깍 차다'는 '꽉 차다'이지만 중앙어와 달리 '아주 흔하다' 또는 '아주 많다'의
   뜻을 나타낸다.

62) '라우'는 중앙어 '요'에 대응하는 전남 방언의 높임토씨이다.

63) '단일치기'는 '당일치기'의 뜻.

64) '그런자나'는 '그러잖아'로서 '그런 것이 아니라'의 뜻.

65) '그반마치'는 보통 '그만마치'로 쓰이며 '그만큼'의 뜻이다. '그만마치'의 '만'과
   '만큼'은 모두 정도를 나타내는 말이니 같은 뜻의 말이 두 번 겹친 셈이다.

66) '옳:다'에서 보는 것처럼 장모음 /ㅓ:/는 입술소리 앞에서 /ㅗ:/로 동화된다.

67) '까지'는 '끼리' 뜻. 전남 방언에서는 '까지'의 방언형이 '끼리'의 뜻으로 흔히
   쓰인다.

68) '깍'은 '꽉'의 방언형으로서 가득 찬 모양을 강조하는 말이다. 그런데 전남 방
   언에서 '깍 차다'는 중앙어와 달리 '아주 흔하다'의 뜻을 가지므로, '깍'은 아주
   많은 양을 강조하는 말로 쓰이기도 한다. 그래서 '깍 다'는 '전부 다'와 같은
   뜻으로 해석된다.

69) '시누'는 '시누이'의 방언형.

70) '여우다'는 중앙어 '여의다'의 방언형이다. 중앙어 '여의다'는 부모나 사랑하
   는 사람이 죽어 이별하다 또는 딸을 시집보내다 등의 의미를 나타내는데, 전
   남 방언의 '여우다'는 자식을 결혼시키다의 뜻만을 나타낸다. 중앙어가 딸을

시집보내는 데만 쓰이는 데 반해 전남 방언은 딸뿐만 아니라 아들을 결혼시
킬 때도 이 말을 쓰는 것이 다르다.

71) '욱'은 '위'이며 여기에 처격의 토씨가 붙은 '우게'가 또한 '위'와 같은 뜻으로
쓰인다. 그래서 '우게고'는 '위고'의 뜻이다.

72) '시아제'는 시동생을 가리키는 말이다. 전남 방언에서 '아제'는 촌수가 먼 숙
항의 어른을 가리키는 것이 보통인데(예를 들어 '외삼촌'을 '외아제'라 하기도
한다), 유독 손아래인 시동생에 대해서는 이 말을 쓰기도 한다. 여자인 형수
가 남자인 시동생을 높이는 뜻이 있기 때문일 것이다.

73) '엘:로'는 '오히려'의 방언형.

74) '산자'는 찹쌀가루를 반죽하여 납작하게 만들어 말린 것을 기름에 튀기고 꿀
을 바른 후 그 앞뒤에 튀긴 밥풀이나 깨를 붙여 만든 유밀과의 하나이다.

75) '박산'은 꿀이나 엿에 버무린 산자밥풀, 튀밥, 잣, 호두를 틀에 굳혀 내어 얇
게 썬 과자를 말한다.

76) '강정'은 쌀가루로 만든 과자의 하나로서, 물에 4, 5일 불려 빻은 찹쌀가루를
청주와 설탕물로 반죽한 후 손가락 마디만큼씩 썰어 말린 것을 기름에 튀겨
꿀 또는 조청을 바르고 여기에 다시 깨, 잣가루, 콩가루, 송홧가루 따위를 묻
혀 만든다.

77) '집'에 결합된 처격 토씨 '에'나 '에서'는 이 방언에서 '이'나 '이서'로 발음된다.

78) '아먼'은 '아무렴'의 방언형.

79) '따둑따둑'은 '다독다독'의 방언형이나 여기서는 '듬뿍듬뿍'의 뜻으로 쓰였다.

80) 이음씨끝 '-지'는 이 방언에서 '-제'로 쓰인다.

81) '-읍디여'는 '-습디까'의 방언형이다. 영광을 비롯한 전남의 서부 지역에서는
이처럼 아주높임의 물음씨끝으로 '-읍디여'와 '-읍디까'가 병용된다.

82) '다루다'는 동상례를 내도록 신부 친척들이 신랑을 매달고 때리거나 발바닥
을 때리는 등 심하게 다루는 일을 가리킨다.

83) '머시메'는 '사내아이'의 방언형.

84) 의존명사 '지'는 '줄'에 대응하는 방언형.

85) '세우다'는 여기서는 '악화되다'의 뜻으로 쓰였다.

86) '미렷허다'는 '미련하다'의 방언형.

87) '에기'는 전남 방언에서 '아이'와 '아기'의 두 가지를 뜻하는데 여기서는 '갓난
아기'를 가리킨다.

88) '기겠다'는 '계시다'의 방언형. 전남 방언에서 '계시다'는 보통 '제겠다' 또는

'지겠다'로 쓰이는데 이 제보자는 '지겠다'를 '기겠다'로 발음하고 있다. '제겠다'는 기원적으로 '계어 계시다'가 축약되어 생긴 것으로 보인다.

89) '한 가짓 것'은 '한 가지'의 뜻. 이처럼 '가지'에 사이시옷과 '것'을 결합시켜 종류를 나타내는 것이 전남 방언의 특징이다. 예를 들어 '시 가짓 것' '여나무 가짓 것' 등이다.

90) '시기다'는 '시키다'의 방언형.

91) '마치'는 '만큼'의 방언형.

92) '포도시'는 '겨우'의 방언형. 옛말 'ㅂ 드시'에서 발달한 것으로 중앙어 '빠듯이'와 어원을 같이 한다.

93) '눴:이먼'은 '누워 있으면'이다. '-어 있-'이 전남 방언에서 '-었:-'으로 축약되어 쓰이는 일은 흔하다. '앉아 있다가 일어나면'을 이 방언에서 '앙겄다가 인나먼'으로 쓰는 것이 그런 예이다.

94) '장시'는 '장수'의 방언형이다. 따라서 '나락장시'는 '벼장수'의 뜻일 텐데 여기서는 '벼장사'의 뜻으로 쓰였다. 일반적으로 전남 방언에서 '**장시 허다'라고 하면 '**장사 하다'의 뜻을 갖는다.

95) '막뛰이'는 '막둥이'의 방언형. '막둥이'가 움라우트를 일으켜 '막뒹이'가 되는데 이때 /ㅇ/이 탈락하여 생긴 어형이다. 그래서 '막뛰이딸'은 '막내딸'을 가리킨다.

96) '가지가다'는 '가져가다'의 방언형.

97) '말로'는 '처럼'의 뜻. '마니로', '마이로' 등으로 쓰이기도 한다.

98) '셍이다'는 '생기다'의 방언형.

99) '종구허다'는 '쟁이다'의 뜻.

100) '뽀숭뽀숭'은 눈이 붓는 모양을 나타내는 '부석부석'의 방언형.

101) '겐찬허다'는 '괜찮다'의 방언. 전남 방언은 중앙어와 달리 'ㄴ 허-'가 'ㄴ ㅎ'으로 축약되지 않는 것이 특징이다. 그래서 중앙어 '많다, 귀찮다, 편찮다, 점잖다' 등은 전남 방언에서 '만허다, 귀찬허다, 편찬허다, 점잔허다' 등으로 쓰인다.

102) '가메~이'는 '가마니'의 방언. 움라우트를 겪어 생긴 '가메니'의 /ㄴ/이 약화되어 선행 모음 /ㅔ/가 콧소리로 변했다.

103) '무굽다'는 '무겁다'의 방언형.

104) '잎'은 가마니를 세는 단위.

105) '앞'은 이 방언에서 '압'으로 변했지만 처격의 토씨 앞에서만 '앞'으로 실현된

다.

106) '뼵따구'는 '뼈다귀'의 방언형.

107) '글도'는 '그래도'의 방언형.

108) '한자'는 '혼자'의 방언형.

109) '벌다'는 '농사를 짓다'는 뜻의 중앙어 '부치다'에 대응하는 방언형.

110) '넘'은 '남'의 방언형.

111) '세얌'은 '샘'의 방언형.

112) '중'은 '줄'에 해당하는 의존명사.

113) '쪼이'는 노름의 한 종류인 '섰다'의 방언형.

114) '홀트다'는 '훑다' 또는 '타작하다'의 방언형.

115) '징허다'는 '징그럽다', '고약하다'의 뜻.

116) '겔로'는 '젤로'로서 어원은 '제일로'이지만 여기서는 '무엇보다도'의 뜻이다.

117) '벨시럽게'는 '별스럽게'인데 보통은 '특별하게' 또는 '이상하게'의 뜻이나 여
기서는 '모든 수단을 다 써서'의 뜻으로 쓰였다.

118) '말로'는 '처럼'의 방언형.

119) '즈그'는 '저희'의 방언형. 따라서 '즈그 아부지'는 '저희 아버지'이며 줄여서
'즉아부지'라고도 흔히 한다.

120) '산'은 '살았던'의 뜻.

121) '-음서는'은 '-으면서는'의 방언형.

122) '이력저력허다'는 '자신의 뜻대로 일을 주관하다'의 뜻이다.

123) '그남동'은 '그나마'의 뜻.

124) '너무치로'의 '너무'는 '남(他人)'의 방언형이다. '남'의 방언형은 전남 방언에
서 '넘'과 '놈'의 두 변이형이 있는데 이 두 어형 모두 '너무'와 '노무'로도 실현
될 수 있다. 예를 들어 주격형 '넘이'와 '너무가'가 같은 지역에서 혼용되며,
대격형 '놈을'과 '노무를'도 같은 지역에서 혼용될 수 있다. 한편 '치로'는 '처
럼'이나 '같이'의 방언형이다.

125) '외통터지다'의 '외통'은 보통 '애통'이나 '애'로 쓰이는데, '애통터지다' 또는
'애터지다'는 너무 답답하여 마음이 터질 듯한 상태를 가리킨다.

126) '짜바지다'는 '짜부라지면서 무너지다'의 뜻.

127) '서끌'은 '서까래'의 방언형.

128) '머락허다'는 어원상으로는 '무엇이라고 하다'의 뜻이나 '야단치다'의 뜻으로
흔히 쓰인다.

129) '몬자'는 '먼저'의 방언형. 때때로 /ㅈ/이 탈락하여 '모냐'로도 쓰인다.

130) '모냐'는 '먼저'의 방언형. '먼저'의 또 다른 방언형인 '몬자'의 /ㅈ/이 탈락한 형태이다.

131) '와게'는 '오셔'의 뜻. 여기서 '게'는 '셔'에 대응되는데, 따라서 '게'는 다시 '게어' 정도로 분석될 수 있다. 이때의 '게-'는 조동사로서 '있'의 존대어이다. 현대어에서 '있다'의 존대어는 '계시다'이지만 '계시다' 이전에 '겨다'가 있었던 것으로 보이는데 이 '겨다'의 줄기 '겨-'가 곧 전남 방언의 '게-'인 것이다. 이 '게-'는 '있-'과 마찬가지로 조동사로 기능하여 '-어 게-'와 같은 구성을 형성한다. 다만 그 뜻은 '-어 있-'과 달리 존재나 지속의 뜻은 사라졌고 오직 존대의 뜻만이 남아 있다. 따라서 현대 전남 방언에서 '게'는 주체존대의 한 표현으로 기능한다.

132) '생전은'은 '생전'과 마찬가지로 후행하는 부정을 강조한다.

133) '훼'는 '화'의 방언형. '화'에 접미사 '-이'가 결합하여 '홰'가 되었으며 현실 발음은 '훼' 정도로 실현된다.

134) '머더로'는 기원적으로 '무엇하러'이지만 여기서는 '무엇 때문에'나 '왜'와 같은 뜻이다.

135) '여시'는 '여우'의 방언형.

136) '백여시'는 표준어의 '불여우'에 대응하는 방언형. 오래 살아서 털이 하얗게 된 여우라는 뜻으로 꾀가 많거나 요사스러운 면을 강조하고 있다.

137) '난중'은 '나중'의 방언형.

138) '상주고'는 아마도 '상종을 하지 않고'의 뜻으로 추정됨.

139) '차꾸'는 '자꾸'의 방언형. '차꼬'라고도 한다.

140) '절나다'는 사람 사이의 관계가 나빠지다'의 뜻. 여기서 '절'은 사람 사이의 나쁜 관계를 뜻하는 것으로 보인다.

141) '모다'는 '모두'의 방언형.

142) '이까징것'은 '이 까짓것'의 방언형. 전남 방언에서 '까지'는 '까장', '까징' 등으로 쓰인다.

143) '데치냐'는 '과연'의 방언형.

144) '사무'는 '삼오'의 방언형.

145) '자리'는 이야기나 소리 등을 세는 단위. '말 한 자리', '노래 한 자리', '이야기 한 자리' 등으로 쓰인다.

146) '마닥'은 '마다'의 방언형. '장마닥'은 '장날마다'의 뜻이다.

147) '웃대'는 '윗대'의 방언형.

148) '깐'은 '딴'의 방언.

149) '한테서'는 '한 군데서'의 뜻.

150) '솔차니'는 '상당히'의 뜻.

151) '절'은 나쁜 관계 또는 사람 사이의 나쁜 감정을 나타낸다.

152) '늑발'은 '늘그막'의 방언형.

153) '짠허다'는 '불쌍하다'의 뜻.

154) '마니'는 '만큼'의 뜻. 따라서 '요마니도'는 '요만큼도'의 뜻이다.

155) '호적살이'는 종문서에 종 이름 등을 기록해 놓은 것을 가리킨다.

156) '우겟집'은 '윗집'의 방언형.

157) '이런 사람'은 말할이 자신을 가리키는 일인칭 대명사로 흔히 쓰인다.

158) '조금'은 '분가'의 방언형. 보통 '저금'이나 '제금'으로 쓰인다.

159) '보'는 '미리'의 뜻.

160) '한테'는 '한데'의 방언형.

161) '여우다'는 '결혼시키다'의 뜻.

162) '암만'은 '아무렴'의 방언형.

163) '쪼까'는 '조금'의 방언형.

164) '글때'는 '그럴 때'가 축약된 형태이다.

165) '거달다'는 '거들다'의 방언형.

166) '덜고' 또는 '들고'는 중앙어 '냅다'에 대응하는 방언형.

167) 전남 방언에서 '담박꿀'은 '달음박질'과 같은 뜻의 명사로 쓰인다. 그런데 여기서는 '담박끄리다'와 같은 동사가 쓰였으며 그 의미는 '달음질치다'와 같다.

168) '어디고'는 '어디든지'의 뜻. 전남 방언의 독특한 토씨 '이고'는 의문사 '멋', '어디', '언제' 등에 결합하여 '이든지'와 같은 뜻을 나타낸다. 그래서 전남 방언에서 '멋이고'는 '뭐든지', '언제고'는 '언제든지'의 뜻이다.

169) '덦다'는 '전체적으로 헤아리거나 셈하다'의 뜻.

170) '암시랑 안허다'는 '아무렇지 않다'의 뜻.

171) '부게'는 '부고에'의 뜻.

172) '다무락'은 '담'의 방언형. '다무락'은 중앙어 '담벼락'에 대응하는 방언형 '담부락'의 /ㅂ/이 탈락한 형태로 보인다.

173) '하이나'는 '행여나'의 방언형.

174) '관판'은 관을 짜는 널을 가리킨다.

175) '지겼다'는 '계시다'의 방언형.

176) '솔'은 소나무를 가리킨다.

177) '짜개다'는 '쪼개다'의 뜻.

178) '멩일'은 '명절'을 가리킨다.

179) '늘:'은 '널'의 방언형. 장모음 /ㅓ:/가 /ㅡ:/로 상승하는 것이 영광 지역어의 특징이다.

180) '좀 안 먹으라고'는 '좀 먹지 마라고'의 뜻. 부정의 명령형에서 '말다'를 써야 할 자리에 단순 부정어 '안'을 사용하고 있는 것이 특이하다.

181) '짜구'는 '자귀'의 방언형. '자귀'는 나무를 깎아 다듬는 연장의 하나로서 나무 줏대 아래에 넓적한 날이 있는 투겁을 박고, 줏대 중간에 구멍을 내어 자루를 가로 박아 만든다.

182) '사람방'은 '사랑방'의 방언형.

183) '혼란스럽게'는 여기서 '화려하게'의 뜻.

184) '원치'나 '원체'는 '워낙'의 뜻.

185) '찌다'는 '쓰다'의 뜻으로 추정됨.

186) '얼렁'은 '얼른'의 방언형.

187) '쩨깐허다'는 '조그맣다'의 방언형.

188) '-드마'는 '-더구면'의 방언형.

189) '베끼'는 '밖에'의 방언형.

190) '워녕'은 전남의 다른 지역에서는 '워너니' 등으로 쓰이는데, '예상보다 훨씬'의 뜻을 갖는다.

191) '소롭다'는 '수월하다'의 뜻.

192) '염녑이'는 '꼼꼼히 챙기는 모양'을 나타낸다.

193) '쩌:짝'은 '저쪽'. '저'가 다른 지시사에 비해 말할이로부터 먼 거리를 가리키는 까닭에 된소리와 함께 모음의 길이가 길어진 것으로 보인다. 물리적 거리와 음성적 거리가 함께 가는 현상이라 하겠다.

194) '거팡'은 '근방'의 뜻.

195) '가까우면'이 '가까면', '가까와도'가 '가까도'처럼 /ㅜ/나 반모음 /ㅜ/의 탈락에 따른 축약이 일어났다.

196) '갖고다'는 '갖고오다'의 축약형으로서 '가져오다'의 뜻. 중앙어 '가져오다'에 비해 전남 방언은 '갖고 오다'를 선호하는데, 이것은 씨끝 '-어'가 '-고'로 변한 결과이다. 이 점에서 전남 방언형 '갖고오다'나 그 축약형 '갖고다'는 '가져오

다'에 비해 후대형으로 판단된다.

197) '봉토지'는 '봉투'에 한자어 紙가 결합된 것으로서 '봉투'와 같은 뜻으로 쓰인
다.

198) '데시리'의 '데'는 大이며, '시리'는 '시루'의 방언형. 따라서 큰 시루라는 뜻이
다.

199) '나코'는 '나중에'의 뜻.

200) '고:먹다'는 '구워 먹다'의 방언형. '구워'가 '궈:'를 거쳐 '고:'로 단모음화된 것
이다.

201) '과일'은 이 방언에서 '가일'처럼 단모음으로 발음된다.

202) '지녁'은 '저녁'의 방언형.

203) '벨라'는 '별로'의 방언형.

204) '저역'은 '저녁'의 방언형. 영광 지역어에서는 모음 사이의 /ㅈ/가 탈락하는
현상이 있다.

205) '양반'은 여기서 남자 어른을 가리킨다.

206) '덕자'는 병어 큰 것을 가리킨다.

207) '언체'는 여기서 '본디부터'의 뜻. 일반적으로 전남 방언에서 '원체'는 '두드러
지게 아주'의 뜻으로만 쓰이는데, 영광 지역에서는 중앙어와 같이 '본디부터'
와 같은 뜻이 확인되었다.

208) '잪다'는 보조형용사 '싶다'의 방언형.

209) 이 제보자는 보조형용사 '싶다'와 '잪다'를 이웃한 문장에서 혼용하고 있다.

2. 의생활

2.1 목화, 삼, 모시의 재배와 길쌈

그다메 엔:나레 함번 다 여:쭤 바:찌마는 인자 종합쩌그로 함번 더 여:쭐람
니다. 아 그 인제

여그서는 미영 삼 모시 세: 쭝에서 주로 마:니 하싱건 머:예요?

‾ 미영.

미영을 마:니 하셔써요?

‾ 예.

‾ 미영허고 모시허고

모시하고

‾ 응.

‾ 인자 멩기베는1) 어:쩌다 난는2) 사라미 한 사라미나 나:쩨 멩기베는
그러케 안나써.

아 멩지베.

저 누에 누에이~?.

‾ 삼 삼도 여그서 안 나코.

‾ 예. 뉘예.

삼** 어~.

‾ 삼베 사믄 난는디가 따로 이써.

아.

‾ 동:네가.

그러면 모시를 하셔써요?

그 다음에 옛날에 한 번 다 여쭤 봤지마는 이제 종합적으로 한 번 더 여쭈렵니다. 아 그 이제

여기서는 목화 삼 모시 셋 중에서 주로 많이 하신 것은 뭐예요?

⎯ 목화

목화를 많이 하셨어요?

⎯ 예.

⎯ 목화하고 모시하고

모시하고

⎯ 응.

⎯ 이제 명주는 어쩌다 낳는 사람이 한 사람이나 낳지 명주는 그렇게 안 낳았어.

아, 명주.

저 누에 누에?

⎯ 삼 삼도 여기서 안 낳고.

⎯ 예. 누에.

삼** 어.

⎯ 삼베 삼은 낳는 데가 따로 있어.

아.

⎯ 동네가.

그러면 모시를 하셨어요?

˜ 모시는 미영베허고 모시허고는 주로 허제.

음˜˜.

˜ 그거슨 츠 겨으레는 미영베 여르메는 모시베.

음˜˜.

˜ 그러제.

그럼 모시는 메뒬따레 심:씀니까?

˜ 수문 거시 아이라 함번 뿌리 가따 숭거3)노먼

아 고먼

˜ 암:디라도 싹 숭거노먼 그노미 여:네4) 뿌리 뻐더서 요로코 여그다 항끈 숭거노먼 싹:: 버러서5) 웸: 바시6) 다 머 모시받 뒈야버러.

˜ 그러먼 인자 그노믈 키워서 허제.

아.

˜ 그러먼 비 항:시 인자 함번 숭거노먼 그노만 가꼬헤.

그럼 그 언:제 베:요?

˜ 이거시 머 초부를7) 모시 다:: 씨 몰 모 다 숭거노코 바테다가 곡썩 다:너:노코 초벌 빌:꺼시요, 모시럴.

그러먼 한 육치뤌? 지 요세

˜ 치뤌 앙가제 유:월

유:월딸쯔미나

˜ 응응 그러제.

아 유월딸쯔메 비어요이~?

˜ 유월딸쯔메 예.

˜ 그떼 딱 비여서 놉 비여서 인자 그놈 가꼬 인자 박꼭 곡썩 다 헤농게 인자 틈:트미 이러코 쩨:서 쩨:고이~ 저녀기먼 으:런더른8) 불 써노코도9) 쌍:코 고로고

어터케 거 고 전 함번도 안 반는데 모시는 어터케 그 모시 이피 데를 데를

￣ 모시는 무명하고 모시하고는 주로 하지.

음.

￣ 그것은 겨울에는 무명, 여름에는 모시.

음.

￣ 그러지.

그럼 모시는 몇 월에 심습니까?

￣ 심는 것이 아니라 한 번 뿌리 가져다 심어 놓으면

아 그러면

￣ 아무 데라도 싹 심어 놓으면 그것이 연해 뿌리 뻗어서 이렇게 여기다 함께 심어 놓으면 싹 벌어서 온 밭이 다 뭐 모시밭 돼 버려.

￣ 그러면 이제 그것을 키워서 하지.

아.

￣ 그러면 항시 이제 한 번 심어 놓으면 그것만 가지고 해.

그럼 그 언제 베어요?

￣ 이것이 뭐 초벌을 모시 다 씨 모 다 심어 놓고 밭에다가 곡식 다 넣어 놓고 초벌 벨 거요, 모시를.

그러면 한 육칠월? 지금 요새

￣ 칠월 안 가지. 유월.

유월쯤이나

￣ 응,응, 그러지.

아, 유월쯤에 베요?

￣ 유월쯤에 예.

￣ 그때 딱 베어서 놉 베서 이제 그것 가지고 이제 밭곡 곡식 다 해놓으니까 이제 틈틈이 이렇게 째서 째고 저녁이면 어른들은 불 켜놓고도 삶고 그러고

어떻게 거 고 저는 한번도 안 봤는데 모시는 어떻게 그 모시 잎이 대를 대

헤요?

⎺ 데를 덱 이꼬

이피 아니고 데

⎺ 데를 시누데10) 가치

예

⎺ 시누데 아르시오?

예 아라요.

⎺ 시누데알로11) 커.

예.

⎺ 그러먼 이르케 디리야 비여가꼬 입싹 다 홀타 뻐리고 이르 이르케 뚝:
꺼끄먼 이르코 이르코 쪽: 홀트먼 끄 꺼 껍따근 껍땅만 낭:꼬 데는 이러코
나와.

예.

⎺ 우게 요러코 미테허고 헤서 걍 나무먼

⎺ 그노믈 또 카리써.

예.

⎺ 품:품 품:는 카리.

⎺ 요로코 쪽: 푸믄12) 쪽: 요로코 푸먼 껍따기 싹 푸머저 부리고 인자 흐:
건 소:게 얄븐 거시기만 나머.

음.

⎺ 인자 고노믈 몰랴가꼬 인자 쪼게.

⎺ 다 쩨. 이러코 손토비.

⎺ 손토블 그떼는 짜리먼13) 절떼 모써, 모시 쩰랑게.

⎺ 소느로 다: 쩨, 가늘게.

응.

⎺ 쩨게가꼬 돔는14) 토비15) 이써 이러케.

를 해요?

˗ 대를 댁 있고

잎이 아니고 대

˗ 대를 해장죽 같이

예.

˗ 해장죽 아시요?

예, 알아요.

˗ 해장죽처럼 커.

예.

˗ 그러면 이렇게 *** 베어가지고 잎사귀 다 훑어 버리고 이렇게 뚝 꺾으면 이렇게 이렇게 쭉 훑으면 껍질은 껍질만 남고 대는 이렇게 나와.

예.

˗ 위에 이렇게 밑하고 해서 그냥 남으면

˗ 그것을 또 칼 있어.

예.

˗ 품품 품는 칼이.

˗ 이렇게 쭉 품으면 쪽 이렇게 품으면 껍질이 싹 품어져 버리고 이제 하얀 속에 얇은 거시기만 남아.

음.

˗ 이제 그것을 말려가지고 이제 조금

˗ 다 째. 이렇게 손톱이.

˗ 손톱을 그때는 자르면 절대 못 써. 모시 째려니까.

˗ 손으로 다 째, 가늘게.

응.

˗ 째가지고 톺는 톺이 있어, 이렇게.

⌐ 토브로 인자 끝 데그빠글 탁 도파. 그레야 날캄헤야[16] 그노미 이:서지제.[17]

응.

⌐ 이르케 탁:탁 더헤서 도파가꼬 인자 안 거시게진 놈 이빨로 글거감서 이르게잉게 삼:쩨.

고 독:고 도:구를 토비라 그레요?

⌐ 응?

톱?

⌐ 톱카리라고

토브로.

⌐ 이거시 이거슨 톡칼.

먼 머:라고요?

⌐ 이 거시 톱. 거시기 모시 돔는 칼, 톡칼.

톡칼?

⌐ 응. 토칼 고거시.

응.

⌐ 근디 글로[18] 도파가꼬 앙거시기기헐떼는 이빨로 그러케 거러 강고 이러코 사머요, 물파게다[19] 이러코.

응 이서요이~?

⌐ 예, 이서.

응.

⌐ 사머가꼬 인자 베 나체.

엉. 베 난:능거슨 인자 베트레 올려가지고

⌐ 예, 헤:서 그레헤:가꼬 사머가꼬 날:고[20] 여:칸[21] 복잡헤:.

⌐ 나라가꼬 (웃음) 미영떼다 올린 놈말 다 올려가꼬 나라가꼬이~

⌐ 이러케 거시기 또:: 다 메: 또.

˗ 톱으로 이제 끝 대가리를 탁 톺아. 그래야 날카롭게 그것이 이어지지.

응.

˗ 이렇게 탁탁 더해서 톺아가지고 이제 안 거식해진 것 이빨로 긁어가면서 이렇게 삼지.

그 도구를 톱이라 그래요?

˗ 응?

톱?

˗ 톱칼이라고.

톱으로.

˗ 이것이 이것은 톱칼.

뭐 뭐라고요?

˗ 이것이 톱. 거시기 모시 톺는 칼, 톱칼.

톱칼?

˗ 응. 톱칼. 그것이.

응.

˗ 그런데 그것으로 톺아가지고 거시기 안 할 때는 이빨로 그렇게 걸어 감고 이렇게 삼아요, 무릎에다 이렇게.

응, 이어요?

˗ 예, 이어.

응.

˗ 삼아가지고 이제 베 낳지.

엉. 베 낳는 것은 이제 베틀에 올려가지고

˗ 예, 그리 해가지고 삼아가지고 날고 여간 복잡하지 않아.

˗ 날아가지고 (웃음) 무명대에다 올린 것을 다 올려가지고 날아가지고

˗ 이렇게 거시기 또 다 매, 또.

˼ 세: 거시게약 보두이[22) 또 이스 보두가 이써.

응.

˼ 보두가 칠썽미 이꼬 팔쏭 저 거시 팔쏭이 이꼬 그레. 팔쏭은 더 조아,
가늘고 베가.

응.

응.

˼ 그르코 헤서 허머는 인자 거그다 뀌여가꼬 또 메:. 그러면 인자

˼ 미돌 사돌[23) 이꼬 데:고[24) 그거슬 이기 허면 베가 안 되야버러.

˼ 그렁게 인자 미돌 사도리 이써가꼬 인자 거노믈 짤:떼도 고로고 그러
제.

응.

˼ 이:슬떼도 고놈 미돌 사돌 아라서 이서야제, 잘몬 이서부르면 베레부
러 베를.

응.

˼ 그렁게 가리베 되야부러.

미돌 사돌 오:리 두가지에요? 미도리 이꼬 사도리 이꼬?

˼ 오:른 똑 가튼 오슬 그러코 오:를 그러고 멘드라. 어쩨아나면

˼ 그러면 지:꼬 잘룹꼬 그러코 메를 니다야 베가 데제, 마라자거면.

˼ 요로 발 쭉 자바뎅이믄 쑥 올라가고 노:먼 이러코 탕 노코 요노미 이
러코 올라가고 고릉게 그거시 미돌 사돌 데야부러.

˼ 잉에를[25) 거러. 잉에라고 또 이써, 이러케 거러가꼬.

˼ 그러면 인자 그노미 그르케 짜:지제 요르코. 요로코 헤서 짜고 요로코
헤서 짜야 베가 될건 아니여?

예.

˼ 그릉거슨 이르코 짜:면. 그레서 베가 되야.

음.

˸ 세 거시기 바디가 또 있으 바디가 있어.

응.

˸ 바디가 칠승이 있고 팔승 저 거시기 팔승이 있고 그래. 팔승은 더 좋아, 가늘고, 베가.

응.

응.

˸ 그렇게 해서 하면은 이제 거기다 꿰어가지고 또 매. 그러면 이제.

˸ 날실 씨실 있고. 함부로 그것을 이기 하면 베가 안 돼 버려.

˸ 그러니까 이제 날실 씨실이 있어가지고 이제 그것을 짤 때도 그렇게 그러지.

응.

˸ 이을 때도 그것 날실 씨실 알아서 이어야지, 잘못 이어버리면 버려 버려 베를.

응.

˸ 그러니까 가루 베 돼 버려.

날실 씨실 올이 두 가지예요? 날실이 있고 씨실이 있고?

˸ 올은 똑 같은 올을 그렇게 올을 그렇게 만들어. 어째 그러냐면

˸ 그러면 길고 짧고 그렇게 ***** 베가 되지, 말하자면.

˸ 이러 발 쭉 잡아당기면 쑥 올라가고 놓으면 이렇게 탁 놓고 이것이 이렇게 올라가고 그러니까 그것이 날실 씨실 돼 버려.

˸ 잉아를 걸어. 잉아라고 또 있어, 이렇게 걸어가지고.

˸ 그러면 이제 그것이 그렇게 짜지지 이렇게. 이렇게 해서 짜고 이렇게 해서 짜야 베가 될 것 아니야?

예.

˸ 그런 것은 이렇게 짜면. 그래서 베가 돼.

음.

ˉ 그릏게 그노믈 잘모데버르먼 가리베26) 되야 부러. 잘 몬: 니서버리리먼.

ˉ 논뚜렁말로 이러코 투뜯 이러코 뚜껑이 고로고 되야부러 베가. 그러니까 고로코 허먼 모:쓰제.

음.

그러머는 모시는 일녀니먼 메피리나 나세요?

ˉ 모 그러케 마:니 몬:나, 모시베는.

그러지요.

ˉ 예 모시베는 일려네 여르메 그러코 헤야꼬 두:물까지 헤:가꼬 땅 모시베를 나:머는 시:물 허먼 모지레먼 시:물깝 거야꼬 인자 베 짜는 집 그거뽀고 머 씨라거냐 머이라고 짜능거뽀고. 그런디.

ˉ 그거까지 허고 시:물까지 허고 그런디 마:니 몬:나 모시메는.

ˉ 마:니 헐레야 헐 쑤가 업써.

ˉ 여름 이:럴라27) 어쩔라 마:니 모더제.

ˉ 마::니 나먼 야튼 모시베는 두:피리나 날거시요28) 두필.

두필?

ˉ 예.

그먼 두:필 허머는 두:필 허먼 오슬 메뻐리나 지씀니까?

ˉ 마운자.

그러먼 멛 메뻐리나 지:씀니까?

ˉ 긍게 오슨 메뻴 허능가 모른디 자쑤로는 마운자라 수무자가 함피리여.

함피링께

ˉ 예, 수무자가 함피리여.

그니까 여르모슨 고로케 모시로 헤서 지꼬 그다메 인자 솜: 늘라먼 미영 인자 헤야되

ˉ 인자 가으레는 또 미영으로 고로코 헤서 자사서29) 베를 나코

- 그러니까 그것을 잘못해 버리면 가루 베 돼 버려. 잘못 이어 버리면.

- 논두렁처럼 이렇게 이렇게 뚜껑이 그렇게 돼 버려 베가. 그러니까 그렇게 하면 못쓰지.

음.

그러면은 모시는 일 년이면 몇 필이나 낳으세요?

- 모 그렇게 많이 못 낳아, 모시베는.

그러지요.

- 예, 모시베는 일 년에 여름에 그렇게 해가지고 두 물까지 해가지고 딱 모시베를 낳으면은 세 물 하면 모자라면 세 물 값 그래가지고 이제 베 짜는 집 그것보고 뭐 씨라고 하느냐 뭐라고 짜는 것보고. 그런데

- 그것까지 하고 세 물까지 하고 그런데 많이 못 낳아, 모시베는.

- 많이 할래야 할 수가 없어.

- 여름 일하랴 어쩌랴 많이 못하지.

- 많이 낳으면 하여튼 모시베는 두 필이나 낳을 거요. 두 필.

두 필?

- 예.

그러면 두 필 하면은 두 필 하면 옷을 몇 벌이나 짓습니까?

- 마흔 자.

그러면 몇 몇 벌이나 짓습니까?

- 그러니까 옷은 몇 벌 하는지 모르는데 잣수로는 마흔 자가 스무 자가 한 필이야.

한 필이니까

- 예, 스무 자가 한 필이야.

그러니까 여름 옷은 그렇게 모시로 해서 짓고 그 다음에 이제 솜 넣으려면 목화 이제 해야 돼.

- 이제 가을에는 또 목화로 그렇게 해서 자아서 베를 낳고

ⁿ 곤디 미영베는 시야네도 나코 봄까지 나니까 미영베는 마:니 날:쑤 이
써.

음.

ⁿ 메피리고 날:쑤 이써.

미영은 언제 그걸

ⁿ 잘만허먼.

저 땀:니까?

ⁿ 가으레.

아 가시레 따:가꼬

ⁿ 음.

오옴. 고거는 또 어트케 과:정이 어트케 되요, 미영은 인자?

ⁿ 다 우리넌 에레서 다 헤:써라우.

ⁿ 미영을 바테가서 이러코 따요. 글먼?

ⁿ 벙실벙실 이러코 페가꼬 이쓰먼 그륵30) 가꼬와서 명:을31) 이러코 다::
따가꼬 와서 비벼서 까:던지

ⁿ 바테서 모:따허머는32) 그라너먼 거그서 요로고 업쩌서33) 다:까 요건,
숭얼숭얼.

응.

ⁿ 까:서 알멩이만 가꼬와.

ⁿ 그라다 이자 이러고 몰려34).

ⁿ 몰려가꼬 발:치고 이러코 몰려. 보로지35) 미테로 빠:지라고.

응.

ⁿ 발:치고 이로코 몰려가지고는 게레36) 그

ⁿ 문37) 이써. 그거또 띠여네능거시 미영에서도. 좁쌀가틍거 그건 띠여
네꼴로 다: 게레서 띠여네고

ⁿ 쐬로 이러코 아서38).

˚ 그런데 무명은 겨울에도 낳고 봄까지 낳으니까 무명은 많이 낳을 수가 있어.

음.

˚ 몇 필이고 낳을 수가 있어.

목화는 언제 그걸

˚ 잘만 하면.

저 땁니까?

˚ 가을에

아, 가을에 따가지고

˚ 음.

오옴. 그것은 또 어떻게 과정이 어떻게 돼요, 목화는 이제?

˚ 다 우리는 어려서 다 했어요.

˚ 목화를 밭에 가서 이렇게 따요, 그러면?

˚ 벙실벙실 이렇게 피어가지고 있으면 그릇 가져와서 목화를 이렇게 다 따가지고 와서 비벼서 까든지

˚ 밭에서 다하지 못하면 그러지 않으면 거기서 이렇게 엎드려서 다 까. 이것, 송이송이.

응.

˚ 까서 알맹이만 가져와.

˚ 그러다가 이제 이렇게 말려.

˚ 말려가지고 발 치고 이렇게 말려. 보풀 밑으로 빠지도록.

응.

˚ 발 치고 이렇게 말려가지고는 가려. 그

˚ 뭐 있어. 그것도 떼어내는 것이 목화에서도. 좁쌀 같은 것 그것 떼어내 ** 다 가려서 떼어 내고.

˚ 쇠로 이렇게 앗아.

아서요?

⁻ 막 아서. 이러코 메:기 일로 메김서 이러고 막:: 이러코 험서 아서.

씨 뻬:요?

⁻ 씨 뻬.

⁻ 그러먼 그레가꼬는 타.

음.

⁻ 할로.

⁻ 할로 이러고 탐면39) 통당통당40) 탈마네. 그거또 잘 탈쩨만41) 알:먼 (웃음)

⁻ 콩으로

응.

⁻ 콩 당과따가42) 골로 싹:싹 칼 거시 주레다가 볼라.

⁻ 그레야 안 드러부쩨.

응.

⁻ 반들반드레가꼬 콩치를 헤.

아.

⁻ 콩칠 그러케 헤서 헤:야꼬 인자 미영을 타.

⁻ 그레야꼬는 이러게 모라, 꼬치.

미영은 타먼 고거시 넙쩍:헤짐니까?

⁻ 예.

⁻ 봉올봉올봉올 이러고 넙떠게지제43).

응엉.

⁻ 얍떠얄까왈꼬 그러면 그노믈 또 꼬:치를 말 꼬:치 마라요 이러코.

꼬:치 마라이~?

⁻ 예.

⁻ 이러코 고:치 말자먼 어:디메로 쭈시44) 이씨니까 그 쭈시떼로 마라,
쭈시떼.

앗아요?

⌐ 막 앗아. 이렇게 먹이 이것으로 먹이면서 이렇게 막 이렇게 하면서 앗아.

씨 빼요?

⌐ 씨 빼.

⌐ 그러면 그래가지고는 타.

음.

⌐ 활로.

⌐ 활로 이렇게 타면 통당통당 탈만 해. 그것도 잘 탈 줄만 알면. (웃음)

⌐ 콩으로

응.

⌐ 콩 담갔다가 그것으로 싹싹 칼 거시기 줄에다가 발라.

⌐ 그래야 들어붙지 않아.

응.

⌐ 반들반들해가지고 콩칠을 해.

아.

⌐ 콩칠 그렇게 해서 해가지고 이제 목화를 타.

⌐ 그래가지고는 이렇게 말아, 고치.

목화는 타면 그것이 넙적해집니까?

⌐ 예.

⌐ 봉올봉올봉올 이렇게 넙적해지지.

응엉.

⌐ 얇디얇아가지고 그러면 그것을 또 고치를 말 고치 말아요, 이렇게.

고치 말아.

⌐ 예.

⌐ 이렇게 고치 말하자면 어디처럼 수수 있으니까 그 수숫대로 말아, 수
숫대.

어.

‾ 그레가꼬 인자 요로코 자사

쭈시떼 이쓰먼 쭈시 너:노코 그 우:그로 요러케

‾ 예 이로코 이로코 걍 미영을 노코는 쭈시떼 노코는 요로코 요로코 비

비먼 걍 그러코 꼬:치 뒈부로 꼬:치 뒈불고 그레.

‾ 그레가꼬 또 자사가꼬 인자 베 나:체.

‾ 베 난는 가경이 말:도 모데, 아조.

‾ 어:뜨게 가지쑤가 만:턴지.

그니까 인제 일딴 그 꼬:치에가가지고 물레에다 헤서 시:를 자사야되지요?

‾ 예 그러제.

음음.

‾ 그레서 물레에다 이러코 시:를 명:뗑이가45) 요만:썩허게 멘드르제.

음.

‾ 미영뗑이. 고로코 헤:야꼬 고노믈

미영뗑이요?

‾ 예, 미영뗑이. 그거뽀고는 미영뗑이라게. 그레가꼬는

(기침)

‾ 이러코 거시기가 이써. 날른 걸 나:능거시. 근디 미영뗑이를 열:께등가

메껜썽 고거또 이저버런네.

‾ 요로코 찡게46) 노코 인자 요로코 나라, 고노믈.

‾ 쪽:쪽 뽀바서 요로고 쑤부:기47) 헤:노코 헤:노코는

‾ 마당에다 이러코 저::그 우데끔 말뚜글 말뚝또 다 이써. 게쑤가 이써.

음.

‾ 한나가 무조끈 뎅거시 아이라

음

‾ 그레서 바거노코 인자 이러케 나라, 고노믈.

어.

￣ 그래가지고 이제 이렇게 자아.

수숫대 있으면 수숫대 넣어 놓고 그 위로 이렇게

￣ 예, 이렇게 이렇게 그냥 목화를 놓고는 수숫대 놓고는 이렇게 이렇게
비비면 그냥 그렇게 고치 돼 버리고 고치 돼 버리고 그래.

￣ 그래가지고 또 자아가지고 이제 베 낳지.

￣ 베 낳는 과정이 말도 못해, 아주.

￣ 어떻게 가짓수가 많든지.

그러니까 이제 일단 그 고치에 가가지고 물레에다 해서 실을 자아야 되지요?

￣ 예, 그러지.

음음

￣ 그래서 물레에다 이렇게 실을 무명실 뭉치가 이만씩하게 만들지.

음.

￣ 무명실 뭉치. 그렇게 해가지고 그것을

'미영뗑이'요?

￣ 예, '미영뗑이'. 그것보고는 '미영뗑이'라고 해. 그래가지고

(기침)

￣ 이렇게 거시기가 있어. 나는 것 나는 것이. 그런데 무명실 뭉치를 열
개든가 몇 개씩 그것도 잊어버렸네.

￣ 이렇게 끼워 놓고 이제 이렇게 날아, 그것을.

￣ 쪽쪽 뽑아서 이렇게 수북이 해 놓고 해 놓고는

￣ 마당에다 이렇게 저기 위에 말뚝을 말뚝도 다 있어. 갯수가 있어.

음.

￣ 하나가 무조건 되는 것이 아니라

음.

￣ 그래서 박아 놓고 이제 이렇게 날아, 그것을.

⌐ *케 나라.

와따가따 인제이~.

⌐ *데가꼬 *** 이러케 이러케 가세 지여 세오리 가서먼 가세지여서 이러케 걸:고 걸:고 그레. 그레야 그 거시기가 뎅게

⌐ (웃음) 그러코 우수와주꺼써. 그러고 헤:가꼬 나라가꼬 그노믈

⌐ 또 거더. 이러코 이러코 다 이르코.

⌐ 가시 거시건놈말로 이러코 한:나 아눙쿠러저. 이르코 거시게서 거드 먼. 이로코 이로코 헤서 건:선 그세로코 게야코 두먼 거시기가 이써, 거드 머는.

아.

⌐ 그로코헤서 거더가꼬 쌀마 또.

아::

⌐ 그노믈.

쌀마요?

⌐ 그레야 찍찌이~48).

아::

⌐ 안 쌀무먼 시마게49) 하나도 업:찌라우.

⌐ 쌀마가꼬 빨:끈50) 짜가꼬는 인자 메:51).

음.

⌐ 인자 푸를 조끔 빨레 풀 노믈 되::디되게 헤:가꼬는 고노믈 거그다 막 볼라서52) 여르코 푸를 요르코 헤:노코 메:.

⌐ 메서 이로코 몰려서

멘:단 마른 무슨 말임니까?

⌐ 그를 베 멘다고.

베 멘다고?

⌐ 응, 베 멘다고.

– *게 날아.

왔다갔다 이제.

– *데가지고 *** 이렇게 이렇게 가위 지어. 세 올이 가면 가위 지어서 이렇게 걸고 걸고 그래. 그래야 그 거시기가 당겨.

– (웃음) 그렇게 우스워 죽겠어. 그렇게 해가지고 날아가지고 그것을

– 또 걷어. 이렇게 이렇게 다 이렇게.

– 가시 거식한 것처럼 이렇게 하나도 헝클어지지 않아. 이렇게 거식해서 걷으면. 이렇게 이렇게 해서 **** 그래가지고 두면 거시기가 있어. 걷으면은.

아.

– 그렇게 해서 걷어가지고 삶아 또.

아.

– 그것을.

삶아요?

– 그래야 질기지.

아.

– 삶지 않으면 힘이 하나도 없지요.

– 삶아가지고 꽉 짜 가지고는 이제 매.

음.

– 이제 풀을 조금 빨래 풀할 것을 되디되게 해가지고는 그것을 거기다 막 발라서 이렇게 풀을 이렇게 해 놓고 매.

– 매서 이렇게 말려서

맨다는 말은 무슨 말입니까?

– 그것을 베 맨다고.

베 맨다고?

– 응, 베 맨다고.

ˉ 그레가꼬 도투머리에다 감:쩨 짤:라먼.

어~.

ˉ 그 테레비 안 바:쏘? 도투머리 안 바게쩨라이~? 그그그먼

ˉ 고로코 인자 뱁:때[53] 나:서 이러코 가머.

ˉ 한 한나 메:고 한나 몰랴가꼬 한나 메:서 강꼬:: 한나 몰려가꼬 강:꼬 그레.

음.

ˉ 그레가꼬 인자 베를 짜:제. 짜:야 멘드라지제 인자. 베가 되제.

ˉ 가정이 겁: 복짭헤, 베 난는 가정이.

(웃음) 그러시조. 그러머는 이제 고 미영 베로는 인제 머 솜: 너서 옫 헤임는 그런 ***

ˉ 그르제. 글로 솜:너서 하건[54] 헤:입꼬 그레쩨라.

ˉ 그떼는 다 바이[55] 한 함:봉만 헤:임는 시상잉게.

음.

ˉ 접꺼[56] 헤:입꼬 하건 헤:입꼬.

그 이런 그 질쌈 일 헐:떼 어:트게 항꺼번 동:네싸람들 모여서 혹씨 푸마시허거나 그러케

ˉ 미눙 잔:능거슨 푸마시헤.

아, 미영 잔:능 미영 자실 떼는

ˉ 미영 잔:능거슨. 예, 서로 니잗 오노른 네야[57] 저 거시기 잗:꼬 또 네 이른 느그 뉘야 자:꼬 그르꼬서 멘명썩 푸마시헤

푸마시헤요?

ˉ 예.

오~.

그러먼

ˉ 푸마시 안넌 사라믄 푸마시 아너고 기양 자기야만 허고

˙ 그래가지고 도투마리에다 감지, 짜려면

어.

˙ 그 텔레비전 안 봤소? 도투마리 보셨지요? 그그 그러면

˙ 그렇게 이제 뱁댕이 놓아서 이렇게 감아.

˙ 한 하나 매고 하나 말려가지고 하나 매서 감고 하나 말려가지고 감고
그래.

음.

˙ 그래가지고 이제 베를 짜지. 짜야 만들어지지 이제. 베가 되지.

˙ 과정이 굉(장히) 복잡해, 베 낳는 과정이.

(웃음) 그러시지요. 그러면은 이제 그 무명으로는 이제 뭐 솜 넣어서 옷 해
입는 그런 ***

˙ 그러지. 그것으로 솜 넣어서 핫것 해 입고 그랬지요.

˙ 그때는 다 오로지 한복만 해 입는 세상이니까.

음.

˙ 겹것 해 입고 핫것 해 입고.

그 이런 그 길쌈 일할 때 어떻게 한꺼번에 동네 사람들 모여서 혹시 품앗이하
거나 그렇게

˙ 목화 잣는 것은 품앗이해.

아, 목화 잣는 것은 목화 자을 때는

˙ 목화 잣는 것은. 예, 서로 네 것 오늘은 내 것 저 거시기 잣고 또 내일
은 너희 누구 것 잣고 그렇게 해서 몇 명씩 품앗이해.

품앗이해요?

˙ 예.

오~

그러면

˙ 품앗이 안 한 사람은 품앗이 안 하고 그냥 자기 것만 하고.

오.

근데 거 가:치 하면 더 시 제미꼬 저기하자나요?

￣ 네 그러기는 허제라. 제미끼는.

그럼 물레를 가꼬 그지브로 감니까?

￣ 그러제.

￣ 물레:틀 가꼬가고 독: 가꼬가고.

독?

￣ 독. 물레똑또[58] 솔차니 커어.

￣ **노코 그레야 그노믈 요 거시기다 이러코 놔:야 물레지를 돌리제.

아: :

￣ 가가 가락[59] 인는 데다가

눌러놔요

￣ 가락 인는 데다 눌르고.

￣ 괴 갈 가락 이꼬 괴:머리 이꼬

￣ 괴:머리[60] 인 게:에다가 가라글 이르코 찡기고[61] 요로코 허쩨 자:쩨라
우. 그러면 인자 거그서 이러코 도라가 줄 주를 또 물레에가 이코 헤:가꼬

￣ 그레서 그르면 인자 가라기 도라가야 미영이 자사지제 이르코 빼:지제.

그러지요.

￣ 그러면 요로코 올리고 그러고 그러고 허제.

그럼 고 푸마시허능거슬 보고 머:라고 이르미 이씀니까?

￣ 아니, 어 업:써. 그거슬 푸마시라고 그레.

딴:디서는 어:서 무슨 두레:라고 허던디 여그서는 그런 마른 업:써찌요?

￣ 두레라고?

두레일 헌다고

￣ 아니여. 두레락 아네. 여그는 옵:써. 글안헤.

거렁거 아네써요?

오.

그런데 거 같이 하면 더 재미있고 저기하잖아요?

⎺ 네, 그러기는 하지요, 재미있기는.

그럼 물레를 가지고 그 집으로 갑니까?

⎺ 그러지.

⎺ 물레틀 가져가고 돌 가져가고

돌?

⎺ 돌. 물레돌도 상당히 커.

⎺ **놓고 그래야 그것을 이 거시기다 이렇게 놔야 물레질을 돌리지.

아.

⎺ 가가 가락 있는 데다가

눌러 놔요.

⎺ 가락 있는 데다 누르고

⎺ 괴 갈 가락 있고 괴머리 있고

⎺ 괴머리 인 괴에다가 가락을 이렇게 끼우고 이렇게 하지 잣지요. 그러면 이제 거기서 이렇게 돌아가 줄을 또 물레에 이렇게 해가지고.

⎺ 그래서 그러면 이제 가락이 돌아가야 목화가 자아지지. 이렇게 빼지지.

그러지요.

⎺ 그러면 이렇게 올리고 그렇게 그렇게 하지.

그러면 그 품앗이하는 것을 보고 뭐라고 이름이 있습니까?

⎺ 아니, 어 없어. 그것을 품앗이라고 그래.

다른 데서는 어디서 무슨 두레라고 하던데 여기서는 그런 말은 없었지요?

⎺ 두레라고?

두레일 한다고

⎺ 아니야. 두레라고 안 해. 여기는 없어. 그러지 않아.

그런 것 안 했어요?

⁻ 그렁거 업:써. 예.

⁻ 기양 이:런 너버더서[62] 이:렁거뽀고 푸마시헤서 헌닥 허고 싹

⁻ 기냥 푸마시 모:더면 싹꾼[63] 사서 허능거뽀고는 싹꾼사서 헌다고 그러제.

음. 그레요이~. 음.

그러셔꾸나. 음. 조씀니다.

그 다메 예:∷ 먼 저기가 마:니 인는데 그 일리리 다 진:자 허실라먼 너무 힘들꺼가꼬 그 과:정을 말:씀 하실라머는이~.

그럼 질쌈 이:를 할 때 그떼 그 베가틍 거또 딱 짜보셔찌요이?

⁻ 하이구

⁻ 베를 말도모더게 짜쩨라우.

지베다 그럼 베트리 이써써요?

⁻ 예, 베틀 다 이쩨.

⁻ 아이, 이러고 미영도 타고 다 헤땅게라우, 에레서, 나는 클떼.

그럼

그러면 베 짤 때 그럼 호 혼자 지베서 하 할 하시 하시지요?

⁻ 아, 그러제라우.

어~ 머

⁻ 보메 헤 질떼는 한 필썩 짜.

하루에?

⁻ 예. 하레[64].

⁻ 베 잘 짠 사라믄 함 필썩 짜고 나도 함 필썩 짜:써라. 예.

오~. 그먼 그거슬 가따가 나가서 팔:거나 그러지는 안 허셔찌요?

⁻ 파라.

⁻ 파라서 돈 파라서[65] 써.

아.

ᐨ 그런 것 없어. 예.

ᐨ 그냥 이런 놉 얻어서 일한 것보고 품앗이해서 한다고 하고 삯.

ᐨ 그냥 품앗이 못 하면 삯꾼 사서 하는 것보고는 삯꾼 사서 한다고 그러지.

음. 그래요. 음.

그러셨구나. 음. 좋습니다.

그 다음에 예 뭐 저기가 많이 있는데 그 일일이 다 진짜 하시려면 너무 힘들 것 같고 그 과정을 말씀하시려면은

그럼 길쌈 일을 할 때 그때 그 베 같은 것도 딱 짜 보셨지요?

ᐨ 아이고

ᐨ 베를 말도 못하게 짰지요.

집에다 그런 베틀이 있었어요?

ᐨ 예, 베틀 다 있지.

ᐨ 아이, 이렇게 목화도 타고 다 했다니까요, 어려서 나는 클 때.

그럼

그러면 베 짤 때 그럼 호 혼자 집에서 하시지요

ᐨ 아, 그러지요.

어 뭐

ᐨ 봄에 해 길 때는 한 필씩 짜.

하루에?

ᐨ 예, 하루에.

ᐨ 베 잘 짜는 사람은 한 필씩 짜고 나도 한 필씩 짰어요. 예.

오. 그러면 그것을 가져다가 나가서 팔거나 그러지는 안 하셨지요?

ᐨ 팔아.

ᐨ 팔아서 돈 팔아서 써.

아.

ˉ 절쌈 마:니 헤가꼬 절쌈 마:니 헤가꼬 논 산 사람도 이써요, 엔:나레는.

아 그레요?

ˉ 아:먼. 논 산 사람도 이쩨 어쩨 그먼 그놈 파라가꼬 요로코 저네 모투면66) 저네는 노늘 쩨:까썩67) 돈 쩨까썩 주고도 논 안 사쏘?

네.

ˉ 그렁게 다 그레서 논 사고 그레써, 저네는.

음.

자기 지바네서만 쓰능 거시 아니고 나가서 팔:기도 하고

ˉ 예 예 파러 장에.

ˉ 장에 가서 장날.

장나레. 음.

그러먼 베 짤 떼는 힘드신데 노레도 불르고 좀 그러시거나 그런

ˉ 노레 불 거시기가 이따? 베에다 정신드린디68)

ˉ 베에다 정신드려서 짜:야제::

(웃음)

ˉ 베가 깜땍69) 잘모더먼 잘모드먼 부그로 폭 찔러서 여그를 툭 떨처70) 부러:.

ˉ 긍게 북: 안 떠러치게 그거또 영:리하게 잘헤야 벼글 안 떠러치고 잘 짜제.

ˉ 제깍제깍제깍 자:들 잘 짜야 하레 함피를 짜:제

ˉ 시데군데71) 짜:고 이씨먼 베 모:짜제라이.

그런데 그 졸리고 피곤하고 그러먼

ˉ 그러든 아네. 베에 정신 체레서 짠:디 어디가 졸린다우?

ˉ 안 졸려.

오::::

ˉ 베 짤 처:으메 처:으메 베::엑 짜머는 하레 짜고 나먼 이런 디가 퇴오

˜ 길쌈 많이 해가지고 길쌈 많이 해가지고 논 산 사람도 있어요, 옛날에는.

아, 그래요?

˜ 아무렴. 논 산 사람도 있지. 어째 그러냐면 그것 팔아가지고 이렇게 전에 모으면 전에는 논을 조금씩 돈 조금씩 주고도 논 샀잖아요?

네.

˜ 그러니까 다 그래서 논 사고 그랬어, 전에는.

음.

자기 집안에서만 쓰는 것이 아니고 나가서 팔기도 하고

˜ 예, 예, 팔아 장에.

˜ 장에 가서 장날

장날에. 음.

그러면 베 짤 때는 힘드신데 노래도 부르고 좀 그러시거나 그런

˜ 노래 부를 거시기가 있대요? 베에다 정신 들이는데

˜ 베에다 정신 들여서 짜야지.

(웃음)

˜ 베가 자칫 잘못하면 잘못하면 북으로 푹 찔러서 여기를 툭 떨어뜨려 버려.

˜ 그러니까 북 안 떨어뜨리게 그것도 영리하게 잘 해야 북을 안 떨어뜨리고 잘 짜지.

˜ 제각제각제각 ** 잘 짜야 하루 한 필을 짜지.

˜ 정신을 차리지 않고 짜고 있으면 베 못 짜지요.

그런데 그 졸리고 피곤하고 그러면

˜ 그러지는 않아. 베에 정신 차려서 짜는데 어디 졸린대요?

˜ 안 졸려.

오.

˜ 베 짤 처음에 처음에 베 짜며는 하루 짜고 나면 이런 데가 근육이 뭉

기72) 나, 이런디가.

아.

⁻ 퇴옥 나가꼬 기양 아퍼 주꺼서. 그레도 이틀 짜고 사을 짜먼 풀려.

⁻ 그데로 그거시. 그릉게 글로 짜:먹쩨.

그레도 꼬:빡 으자에 안저서 짤:라먼

⁻ 아:먼. 그 야그게 짜제라우.

먼 남자들가트먼 수리라도 한잔씩 먹꼬 그럴텐데

⁻ 그떼는 베만 불르먼 쓴디 베도 안 불러.

⁻ 베고파서 베고파 다지꺼 베 모짠단 사람도 이써써, 베 고파서.

베고파서?

⁻ 그러제.

으~.

그 전 저네 어디 곡썽에서 조사할떼보니까 술 막껄리 찌겡이 이찌라 아:렝이?

⁻ 예. 아레~

응?

아:레~이.

⁻ 아렝이는73) 우리도 이써써, 머거써. 어쩨서 그냐먼 거그서 술 네레써74).

예.

⁻ 우리 친정똥네서. 사네 가서 그 산 봄 조:은디가 이써, 옴빠:거니. 무쌍게 거가서 꽁 네레, 수를 헤:가꼬 가서.

응.

⁻ 아레~이수를75).

⁻ 그러먼 그 설 사까링가 머:싱가 요로코 너:서 머그먼 쪼까 떠보먼 머글만헤. 우리는 그레도 친정에서 그러:케 기양 궁:꼬 그런 시상은 안 사라서 그르코 저기는 아네써.

쳐 이런 데가.

아.

⎺ 근육이 뭉쳐가지고 그냥 아파 죽겠어. 그래도 이틀 짜고 사흘 짜면 풀려.

⎺ 그대로 그것이. 그러니까 그것으로 짜 먹지.

그래도 꼬빡 의자에 앉아서 짜려면

⎺ 아무렴. 그 약하게 짜지요.

무슨 남자들 같으면 술이라도 한 잔씩 먹고 그럴 텐데.

⎺ 그때는 배만 부르면 되는데 배도 안 불러.

⎺ 배고파서 배고파 *** 베 못 짠다는 사람도 있었어. 배고파서.

배고파서?

⎺ 그러지.

으.

그 전 전에 어디 곡성에서 조사할 때 보니까 술 막걸리 찌꺼기 있지요? 아랑?

⎺ 예. 아랑.

응?

아랑.

⎺ 아랑은 우리도 있었어. 먹었어. 어째서 그러냐면 거기서 술 고았어.

예.

⎺ 우리 친정 동네서. 산에 가서 그 산 보면 좋은 데가 있어 옴팍하게. 무서우니까 거기 가서 꼭 고아. 술을 해가지고 가서.

응.

⎺ 아랑주를.

⎺ 그러면 그 설 사카린지 뭔지 이렇게 넣어서 먹으면 조금 떠 보면 먹을 만해. 우리는 그래도 친정에서 그렇게 그냥 굶고 그런 세상은 안 살았어. 그렇게 저기는 않았어.

음.
⁻ 우리 친정에서도.
아이, 근데 인제 그 여자드리 길쌈허면서 고렁거또 머꼬 그레따고 그러드라고
요.
⁻ 예, 그러제.
어~어~.
⁻ 그거또 머꼬 뚜붇 거 찌겡이도76) 머꼬
⁻ 뚜부 곤 찌게~이 비지.
비지.
⁻ 그거뽀고 비지락 허드만.
예.
⁻ 비지 그거또 머꼬.
음.
⁻ 나 여그 시지봉게는 우리 친정에서는 고롱거 안 머건는디 벨거슬 다
머금띠다, 여그는.
⁻ 베고파가꼬 술찌겡이도 다 머꼬 벨 그레따겁띠다.
술 찌겡이도
⁻ 우리는 그렁 꼬른 안 사라바서 몰:라
음. (웃음)
그레써요. 그먼
⁻ 그먼 인자 여기 누에는 안 키워보셔꼬이~
⁻ 예, 우리는 뉘에는 안 키워써요.

음.

˝ 우리 친정에서도

아이, 그런데 이제 그 여자들이 길쌈하면서 그런 것도 먹고 그랬다고 그러더라고요.

˝ 예, 그러지.

어어.

˝ 그것도 먹고 두부 거 찌꺼기도 먹고

˝ 두부 곤 찌꺼기 비지.

비지.

˝ 그것보고 비지라고 하더구만.

예.

˝ 비지, 그것도 먹고.

음.

˝ 나 여기 시집오니까 우리 친정에서는 그런 것 안 먹었는데 별것을 다 먹습디다, 여기는.

˝ 배고파가지고 술 찌꺼기도 다 먹고 별 그랬다고 합디다.

술 찌꺼기도

˝ 우리는 그런 꼴은 안 살아 봐서 몰라.

음. (웃음)

그랬어요. 그러면

˝ 그러면 이제 여기 누에는 안 키워 보셨고?

˝ 예, 우리는 누에는 안 키웠어요.

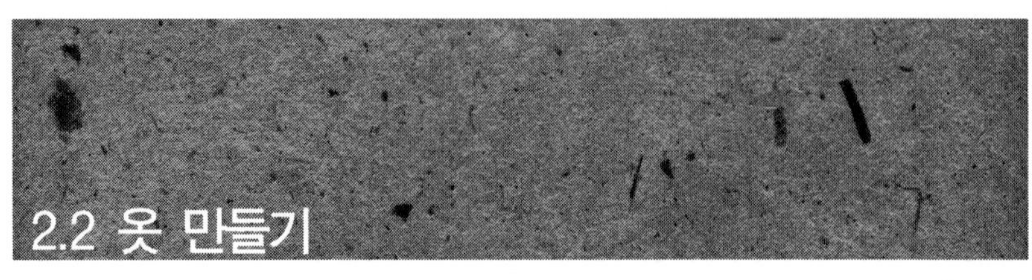

2.2 옷 만들기

　자 그러면 인제 그 미영가지고 인제 우선 오슬 헤:임는데 온제 멀 어:떤 오뜨를 주로 헤:입씀니까? 미영으로는?

　￣ 여자드 남자드른 이르케 바지 이르코 함:복 바지허고 여르메는 중우77)

　￣ 얄붕게 항곤 호꺼싱게 중우라 허드만. 남자들 여름 오뽀고는.

　예

　￣ 중우 우아레 중우허고

　예.

　￣ 일:꾼들 드 등지잠베~이라78) 허고 이러고 잘룹께 헤:중게 등지잠베~이라 허고.

　음.

　￣ 일:꾼들 등지잠베~이 두:벌썩 헤:조

　네.

　￣ 일녀네.

　예.

　￣ 그러고 헤:주고, 여자드른 힌 치메 안닙꼬 인자 늘근 노:인드리나 힌치메 입쩨 절믄 사라므드른 쫑물 드리고79) 입꼬

　￣ 거멍물80) 드려서 입꼬

　으흠.

　￣ 고로서 치메 헤:입꼬 우게는 흐:거니 입꼬 그레써요.

　음.

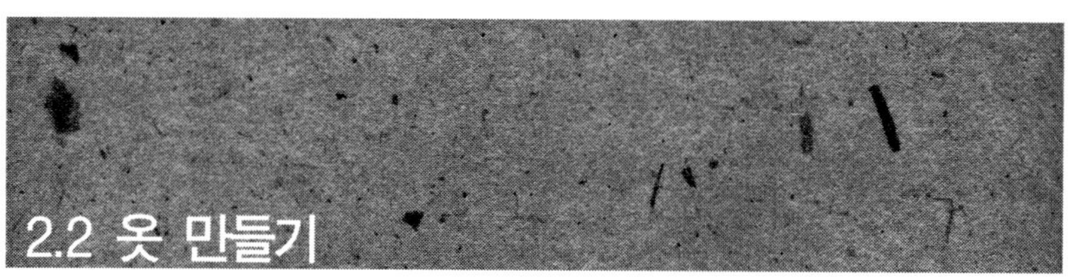

2.2 옷 만들기

　이제 그러면 이제 그 무명가지고 이제 우선 옷을 해 입는데 언제 뭐 어떤 옷들을 주로 해 입습니까? 무명으로는?

－ 여자들 남자들은 이렇게 바지 이렇게 한복 바지하고 여름에는 중의

－ 얇으니까 한곳 홑것이니까 중의라고 하더구먼. 남자들 여름옷보고는.

예.

－ 중의 위아래 중의하고

예.

－ 일꾼들 잠방이라 하고 이렇게 짧게 해 주니까 잠방이라 하고

음.

－ 일꾼들 잠방이 두 벌씩 해 줘.

네.

－ 일 년에.

예.

－ 그렇게 해 주고. 여자들은 흰 치마 안 입고 이제 늙은 노인들이나 흰 치마 입지. 젊은 사람들은 쪽물 들여서 입고

－ 검정 물감 들여서 입고

으흠.

－ 그래서 치마 해 입고 위는 하얗게 입고 그랬어요.

음.

그럼 물드른 쫑무른

⁻ 사:다가 디레. 장에가 이써써.

물 물까믈 사요?

⁻ 예. 물까믈 사다가 드레 지비서.

따로 지금 머 요세가치 머

⁻ 장에 가먼

쪽 쪼글 비여따가 지베서 막 허거나 그러지는 앙코

⁻ 인자 예 장에 가먼 무르 무리 다 이써.

아: : :

⁻ 다른 물장사라고 이써.

아: : :

⁻ 궁게 다 거가 사다가 데리제.

음.

⁻ 인자 모시베 나가서도 그러코 허고

음.

그러면 아 미영 말고 모시가꼬는 먼: 머 먼:?

⁻ 모시도 여르메 그러코 헤:입쩨라우. 모시는 시여넝거시라

예.

⁻ 여르메 이르코 어:런덜 잔 중우 헤이비 입:꼬 남자들

예.

⁻ 여자드른 적삼 헤:입꼬 치메 헤이꼬

적쌈 치메

⁻ 모시로 그레써.

음.

그레요. 음.

⁻ 부모드리 얌:잔헤야 모시온 어더입쩨

그럼 물들은 쪽물은

⁻ 사다가 들여. 장에 있었어.

물감을 사요?

⁻ 예, 물감을 사다가 들여, 집에서.

따로 지금 뭐 요새같이 뭐

⁻ 장에 가면

쪽 쪽을 베어다가 집에서 막 하거나 그러지는 않고

⁻ 이제 예 장에 가면 물이 다 있어.

아.

⁻ 다른 물감 장수라고 있어.

아.

⁻ 그러니까 다 거기에서 사다가 들이지.

음.

⁻ 이제 모시베 나가서도 그렇게 하고

음.

그러면 아 무명 말고 모시 가지고는 뭐 뭐 뭐?

⁻ 모시도 여름에 그렇게 해 입지요. 모시는 시원한 것이라.

예.

⁻ 여름에 이렇게 어른들 좀 중의 해 입고 남자들

예.

⁻ 여자들은 적삼 해 입고 치마 해 입고

적삼, 치마.

⁻ 모시로 그랬어.

음.

그래요. 음.

⁻ 부모들이 얌전해야 모시옷 얻어 입지.

ⁿ 부모드리 얌:자나너먼 모시올 모:더더이버. 우리넌 우리 어머이가 어::트게 질싸미고 음:석 제가니고 잘 헤꼬 얌:잔하시던지

음. 모시베 나서 모시베 여름 꺼::머이 물 디레서 빠작빠작빠작 다드마서 파러레는 치메 헤:주고이~

ⁿ 저 우:또리는 적쌈헤주고 그레써, 우리 어머이는.

근데 그 모시:베는 그 금바 함번 이브먼 또 금방 저기헤지고 그러지요?

ⁿ 긍게 철따라서만 이버, 여름처레 입꼬.

ⁿ 언:제든지 여름처레만 입쩨 모시는. 인자 이런 미영베로 헝거슨 여름철 가을철 업:씨 하:너고81) 입꼬

음.

ⁿ 그러제.

그니까 미영베 이블라먼 그거 달: 풀메게서 잘 그거 헤:주어야되거뜨라고요.

ⁿ 아:먼. 모시도 그러제.

ⁿ 그렁게 시방은 세:상도 펴넌 세상 아니요?

음.

ⁿ 저네는 다:: 미영베 오슬 허머는 기냥 빨먼 떼가 진다요?

ⁿ 그떼는 짜드리지82). 오:사게 짜드리 입쩨에::. 얼렁얼렁 푸레서 얼렁얼렁 모:데중게 일:만 허고 옹:게

ⁿ 그러먼 쌀마. 젬물83) 사다가 젬물 엔:나레 젬물 이써써.

음.

ⁿ 따릴 떼마다 쌀마서 바베가꼬 그레가꼬 푸레가꼬 다 다드마서 바느질 허고

ⁿ 여름오슨 기냥 데루고84) 다드마서

ⁿ 기냥 바늘질 이르케 헌노미라 여름오슨. 기냥 푸레서 다:: 데루고 그러제.

ⁿ 볼바가꼬 헤:서 너러따가

그니까 지그믄 비누가 인는데 그떼는 비누가 업:꼬 그러니까

˘ 부모들이 얌전하지 않으면 모시옷 못 얻어 입어. 우리는 우리 어머니가 어떻게 길쌈이고 음식 재간이고 잘 했고 얌전하시든지

음, 모시베 낳아서 모시베 여름 까맣게 물 들여서 빳빳하게 다듬어서 팔월에는 치마 해주고

˘ 저 윗도리는 적삼해 주고 그랬어, 우리 어머니는.

그런데 그 모시베는 금방 한 번 입으면 또 금방 저기해지고 그러지요?

˘ 그러니까 철 따라서만 입어, 여름철에 입고.

˘ 언제든지 여름철에만 입지 모시는. 이제 이런 무명으로 한 것은 여름철 가을철 없이 계속해서 입고.

음.

˘ 그러지.

그러니까 무명 입으려면 그것 풀 먹여서 잘 그것 해 주어야 되겠더라고요.

˘ 아무렴. 모시도 그러지.

˘ 그러니까 시방은 세상도 편한 세상 아니오?

음.

˘ 전에는 다 무명 옷을 하면은 그냥 빨면 때가 진대요?

˘ 그때는 찌들지. 오사하게 찌들게 입지. 얼른얼른 풀 해서 얼른얼른 못 해 주니까 일만 하고 오니까.

˘ 그러면 삶아. 잿물 사다가 잿물 옛날에 잿물 있었어.

음.

˘ ** 때마다 삶아서 밥해가지고 그래가지고 풀 해가지고 다 다듬어서 바느질 하고

˘ 여름옷은 그냥 다리고. 다듬어서.

˘ 그냥 바느질 이렇게 한 것이라 여름옷은. 그냥 풀 해서 다 다리고 그러지.

˘ 밟아가지고 해서 널었다가

그러니까 지금은 비누가 있는데 그때는 비누가 없고 그러니까

ˉ 비누지른 헤:써. 비누지른 비누가 이써써 이끼는. 꺼멍 비누도 이꼬 비누는 이썬는디도

으~.

ˉ 그 비누로 떼를 다 모:빼

아~.

ˉ 오레 오슬 오레 이붕게.

그레서 젬물.

ˉ 시방망 기양 이브먼 한:참만 입꼬 하레만 이버도 버서 빨레랑 허요 시방은?

예.

ˉ 근디 그떼는 그리를 모:데써.

ˉ 이러고 쌀마서 푸레서 임능 걸 어쭈고 얼릉얼릉 빨:거쏘?

예.

ˉ 모:덩게 오시 거머.

ˉ 그렁게 인자 쌀마야만 떼가 다 저.

어.

ˉ 그레서 이버써.

긍게 젬무를 산 사서 하셔따고 그레짜나요?

ˉ 예, 사서.

거 젬무리 머 어트케 머:슬 엔:날 보니까 이 제 제를 가따가 이러케

ˉ 제로도 허고도

음.

ˉ 제로도 허는디 젬물로 사다가 마:니 허제. 제는 콩떼,

음.

ˉ 콩떼를 떼서 앙:꾸또85) 서끄지 아너고 콩떼만 떼서 가마:니 다머놔따가

음.

˥ 비누질은 했어. 비누질은 비누가 있었어, 있기는. 검정 비누도 있고 비누는 있었는데도

으.

˥ 그 비누로 때를 다 못 빼.

아.

˥ 오래 옷을 오래 입으니까.

그래서 잿물.

˥ 지금처럼 그냥 입으면 한참만 입고 하루만 입어도 벗어 빨래랑 하잖아요 지금은?

예.

˥ 그런데 그때는 그렇게를 못 했어.

˥ 이렇게 삶아서 풀 해서 입는 것을 어떻게 얼른얼른 빨겠소?

예.

˥ 못 하니까 옷이 검어.

˥ 그러니까 이제 삶아야만 때가 다 져.

어.

˥ 그래서 입었어.

그러니까 잿물을 사서 하셨다고 그랬잖아요?

˥ 예, 사서.

거 잿물이 뭐 어떻게 무엇을 옛날 보니까 이 재 재를 가져다가 이렇게

˥ 재로도 하고

음.

˥ 재로도 하는데 잿물로 사다가 많이 하지. 재는 콩대.

음.

˥ 콩대를 때서 아무 것도 섞지 않고 콩대만 때서 가만히 담아 놓았다가

음.

ᄀ 그노믈 시리에다 다머가꼬 무를 부서나:두먼 뎅강뎅강86) 바터저87).

ᄀ 그노미 우러나가꼬

ᄀ 그러먼 글로 쌀므먼 그거시 미끄랑게 조까 떼가 저.

음.

ᄀ 그래서 그레쩨. 젬무를 마:니 사서 써써라우.

젬무른 그거시 화앙약푸미이에요?

ᄀ 응, 그러제.

ᄀ 여:칸 도게, 양젬물 그거슨.

ᄀ 잘모꺼시거먼 크닐나, 막 그거슨.

음.

아 양젬물 말씀하시능거

ᄀ 긍게 딱 적땅이 너:서 허제 빨레 허먼.

ᄀ 사다가 땅:: 나:두고 적땅이 쪼끔썩 너:서 쌀므먼 그러고 께그더고 조아.

ᄀ 그떼는 항:시 헤버릍헝게 다 알제라이. 일만허먼 쓴당거슬.

음.

빨:레 할떼도 고 오까메 따라서 빨레가 하능 방버비 다름니까? 미영베아고 아까 마란 모시하고 고 빨:레하는 방

ᄀ 가터. 그거스 그렁거슨 가트제.

음.

ᄀ 그렁거슨 인자 멩기가틍거시나 틀릴랑가 몰라도

음.

ᄀ 다릉거 가:터이쩨.

ᄀ 멩기베는 다듬끼도 고야거고 우리넌 안 멩기오슬 아네이버 바써. 다릉거슨 거시게도 명기오슨 아네이번는디

ᄀ 그거슨 다듬끼를 쪼까 쓰거께88) 다드마야 이버. 멩기는 그락짜락 헤서 모:데이버.

¯ 그것을 시루에다 담아가지고 물을 부어 놔 두면 방울방울 받아져.

¯ 그것이 우러나가지고.

¯ 그러면 그것으로 삶으면 그것이 미끄러우니까 조금 때가 져.

음.

¯ 그래서 그랬지. 잿물을 많이 사서 썼어요.

잿물은 그것이 화학약품이에요?

¯ 응, 그러지.

¯ 아주 독해. 양잿물 그것은.

¯ 잘못 거식하면 큰일나. 막 그것은.

음.

아 양잿물 말씀하시는 것.

¯ 그러니까 딱 적당히 넣어서 하지, 빨래하면.

¯ 사다가 딱 놔두고 적당히 조금씩 넣어서 삶으면 그렇게 깨끗하고 좋아.

¯ 그때는 항시 해 버릇하니까 다 알지요. 얼마만큼 쓴다는 것을.

음.

빨래할 때도 그 옷감에 따라서 빨래가 하는 방법이 다릅니까? 무명하고 아까 말한 모시하고 그 빨래하는 방

¯ 같아. 그것은 그런 것은 같지.

음.

¯ 그런 것은 이제 명주 같은 것이나 다를지 몰라도.

음.

¯ 다른 거 같지.

¯ 명주는 다듬기도 고약하고 우리는 안 명주옷을 안 해 입어 봤어. 다른 것은 거식해도 명주옷은 안 해 입었는데.

¯ 그것은 다듬기를 조금 좋게 다듬어야 입어. 명주는 그럭저럭 해서 못 해 입어.

음.

˜ 쓰거께 다드마야헤 이거슨.

음.

그레요. 음.

그∷ 빨:레도 헤:입찌만 엔:나레는 인자 오시 마:니 떠러지면[89] 주워서 입꼬 그러잔씀니까?

˜ 다:: 주워쩨라우[90]. 다: 주워이버쩨.

˜ 주워서 빠라가꼬 푸레서 다 다드마가꼬 그 흐 또 홍:껍[91] 그 옫 떠러진놈 또 이써. 글먼 그놈 또 푸레서 다 다드마 놔:따가 성헌디 짤라서 또 이러코 다 죽:꼬 주:꼬 그러제.

음.

제봉트른 그 엔:나렌 업:써짜나요? 바느 바느질로 다 하셔쪼이~?

˜ 소니로 마:니 헨:는디 우리 클떼도 제방침[92] 이써써.

˜ 우리 부자찝 우리 동네도 한 지비 이썬는디

아.

˜ 그렁게 인자 거가서 여름네:: 밤메주고 적쌈도 헤:다입꼬 오또 헤다입꼬 그레쩨라우. (웃음)

˜ 적쌈 한나 가서 허머는 하레 가서 밤메줘.

오.

˜ 하레 가서

자봉침

자방침 쓴

˜ 긍게 우리는 인자 그렁거슨 네:가 가서 가서 거집 이:레주고 가서 헤:다 입꼬 헤:다 입꼬 그레써.

아.

˜ 적쌈 가틍거슨.

음.

˘ 좋게 다듬어야 해, 이것은.

음.

그래요. 음

그 빨래도 해 입지만 옛날에는 이제 옷이 많이 해어지면 기워서 입고 그러잖습니까?

˘ 다 기웠지요. 다 기워 입었지.

˘ 기워서 빨아가지고 풀 해서 다 다듬어가지고 그 헝겊 그 옷 해진 것 또 있어. 그러면 그것 또 풀 해서 다 다듬어 놨다가 성한 데 잘라서 이렇게 다 깁고 깁고 그러지.

음.

재봉틀은 그 옛날에는 없었잖아요? 바느질로 다 하셨지요?

˘ 손으로 많이 했는데 우리 클 때는 재봉틀 있었어.

˘ 우리 부잣집 우리 동네도 한 집이 있었는데.

아

˘ 그러니까 이제 거기 가서 여름 내내 밭 매주고 적삼도 해다 입고 옷도 해다 입고 그랬지요. (웃음)

˘ 적삼 하나 가서 하면은 하루 가서 밭 매 줘.

오.

˘ 하루 가서

재봉틀

재봉틀 쓴

˘ 그러니까 우리는 이제 그런 것은 내가 가서 가서 그 집 일 해 주고 가서 해다 입고 해다 입고 그랬어.

아.

˘ 적삼 같은 것은

(웃음) 예. 예.

조금 쉬여따가 마:니 하셔쓰니까

‐ 아이 겐찬혜요 그거슨.

쉬여따가 예 쉬여따가 인자 또 한 오:분 쉬여따가 하시지요. 잠까뇨.

(웃음) 예. 예.

‐ 아이 겐찬혜요 그거슨.

쉬여따가 예 쉬여따가 인자 또 한 오:분 쉬여따가 하시지요. 잠까뇨.

（웃음） 예, 예.

조금 쉬었다가 많이 하셨으니까

⁻ 아이 괜찮아요 그것은.

쉬었다가 예 쉬었다가 이제 또 한 오 분 쉬었다가 하시지요. 잠깐요.

1) '멩기베'는 '명주베'의 방언형. 전남 방언에서 '명주'는 '멩지'로 쓰이는 것이 보통인데, 이 제보자는 '멩기'로 말하고 있다. '명지'가 일종의 역구개음화 또는 hypercorrection에 의해 '멩기'로 변한 것으로 보인다.

2) '낳다'는 삼껍질, 솜, 털 따위로 실을 만들거나 실로 피륙을 짜는 것을 말한다. 여기서는 후자의 뜻으로 쓰였다.

3) '숭구다'는 '심다'의 방언형.

4) '여:네'는 '연해'의 음성형인데, 중앙어와 달리 이 방언에서는 '연하다'가 따로 동사로 기능하지 않는다. 따라서 '연해'는 부사로 기능하며 '계속해서'의 뜻으로 쓰인다.

5) '벌다'는 중앙어에서 자손이 번성하다는 뜻으로 쓰이는데, 이 방언은 사람뿐 아니라 식물까지도 번성하는 데 이 '벌다'를 쓰고 있는 것이 다르다.

6) '웬'은 '온'의 방언형으로서 '전부의'의 뜻이다.

7) '초불'은 '초벌'의 방언형.

8) '으:런'은 '어른'의 방언형. 긴 모음 /ㅓ:/가 /ㅡ:/로 상승하는 변화가 영광 지역어에서 흔히 일어난다.

9) '쓰다'는 '켜다'의 방언형.

10) '시누대'는 '해장죽'의 방언형.

11) '알로'는 '처럼'의 뜻. 보통 '말로'로 쓰이는데 아마도 이 '말로'가 '알로'로 바뀌어 쓰인 것으로 보인다.

12) '품다'는 '모시풀의 껍질을 칼로 벗기다'는 뜻이며, 이때 쓰이는 칼을 '품칼'이라고 한다.

13) '짜리다'는 '자르다'의 방언형.

14) '돑다'는 '톺다'의 방언형으로서, 삼 따위를 삼을 때, 쨈 삼의 끝을 가늘고 부드럽게 하려고 톱으로 눌러 긁어 훑다는 뜻.

15) '톱'은 모시나 삼을 삼을 때 그 끝을 긁어 훑는 데 쓰는 도구이다. 날의 두 끝에 있는 등 쪽으로 직각이 되게 구부러진 두 슴베에 날과 평행하게 자루가 박혀 있다.

16) '날캄허다'는 '날카롭다'의 방언형.

17) '잇다'는 전남 방언에서 규칙적인 활용을 한다. 따라서 중앙어의 '이어'가 아 닌 '잇어'로 실현되는 것이다.

18) '글로'는 '그것으로'의 뜻. 지시사 '그'는 사람이나 추상적인 사태를 가리키는 것이 일반적인 용법인데, 여기서는 구체적인 사물을 가리키는 점에서 특이하 다. 그리고 '그'와 토씨 '로' 사이에 /ㄹ/이 첨가되었다. 이 /ㄹ/ 첨가는 필수적 이어서 /ㄹ/이 없는 '그로'는 쓰이지 않는 형이다.

19) '물팍'은 '무릎'의 방언형으로서, '무르팍'이 줄어든 형태이다.

20) '날다'는 명주, 베, 무명 따위를 길게 늘여서 실을 만드는 것을 말한다.

21) '여칸'은 '아주'의 뜻. 어원적으로 중앙어 '여간'과 같으나 중앙어와 달리 부정 문에만 쓰이는 것은 아니다. 아마도 원래 부정문에 쓰여 정도를 강조하던 '여 간'이 아예 '아주'처럼 강조의 의미를 지닌 부사로 그 뜻이 바뀐 것으로 보인 다. 이 '여간'이 영광 지역어에서 '여칸'처럼 거센소리로 바뀌었다.

22) '보두'는 '바디'의 방언형. '바디'는 베틀, 가마니틀, 방직기 따위에 딸린 기구 의 하나인데, 가늘고 얇은 대오리를 참빗살같이 세워, 두 끝을 앞뒤로 대오리 를 대고 단단하게 실로 얽어 만든다. 살의 틈마다 날실을 꿰어서 베의 날을 고르며 북의 통로를 만들어 주고 씨실을 쳐서 베를 짜는 구실을 한다.

23) '밑올'은 날실을 의미하고, '샷올'은 씨실을 의미하는 것으로 보인다.

24) '데고'는 '함부로'의 뜻.

25) '잉에'는 '잉아'의 방언형. '잉아'는 베틀의 날실을 한 칸씩 걸러서 끌어 올리 도록 맨 굵은 실을 말한다.

26) '가리베'는 잘못 짠 베를 가리킨다.

27) '-을라'는 '-으랴'의 방언형.

28) '것이요'는 '-거요'의 방언형.

29) '잣다'는 물레 따위로 섬유에서 실을 뽑다는 뜻.

30) '그륵'은 '그릇'의 방언형.

31) '멩:'은 '미영'이 줄어든 것이며, '미영'은 木棉의 중국식 발음에서 온 것으로 '목화'를 가리킨다.

32) '못 다 허먼'은 '다 못 하면'의 뜻. '다 허다'와 같은 구를 부정하면서 부정어 '못'이 구의 맨 앞에 오는 점이 중앙어와 다르다. 중앙어는 일반적으로 술어인 '하다' 앞에 와서 '다 못 하면'처럼 말하기 때문이다.

33) '업지다'는 '엎드리다'의 방언형.

34) '몰리다'는 '말리다'의 방언형.

35) '보로지'는 여기서 '보풀' 또는 '보푸라기'를 가리키는 것으로 보인다.

36) '게리다'는 '가리다'의 방언형.

37) '뭊'은 '무엇'의 전남 방언형 '멋:'의 모음이 상승의 변화를 겪은 것이다. 영광 지역어에서 특히 이러한 모음상승의 변화가 일반적으로 일어난다.

38) '앗다'는 수수나 팥 따위의 껍질을 벗기고 씨를 빼다는 뜻.

39) '타다'는 목화를 씨아로 틀어서 씨를 빼내고 활줄로 튀기어 퍼지게 하다는 뜻.

40) '통당통당'은 목화를 타는 동작을 나타내는 말.

41) '제'는 '줄'의 방언형. 보통 '지'로 쓰이는데 여기서는 '제'로 쓰였다.

42) '당구다'는 '담그다'의 방언형.

43) '넙덕허다'는 '넙적하다'의 방언형.

44) '쭈시'는 '수수'의 방언형.

45) '명:뗑이'의 '명:'은 '미영'으로서 여기서는 '무명실'을 가리킨다. 여기에 뭉치를 뜻하는 '덩이'가 결합하여, '명:뗑이'는 곧 '무명실 뭉치'를 가리킨다.

46) '찡기다'는 '끼우다'의 방언형. 동사 '끼다'의 사동형 '끼기다'에 /ㅇ/이 첨가되어 '낑기다'가 되고, 이 '낑기다'가 구개음화를 겪어 '찡기다'가 된 것이다.

47) '쑤북이'는 '수북이'의 방언형.

48) '쮜다'는 '질기다'의 방언형.

49) '시마게'는 '힘'의 뜻. 전남의 다른 지역에서는 '시마리' 등으로 쓰이는데, 이것은 물론 '힘'과 접미사 '-아리'가 결합한 '히마리'가 구개음화를 겪은 것이다.

50) '발끈'은 꽉 짜는 모양을 가리킨다. 전남의 다른 지역에서는 '뽈깡'이 같은 뜻으로 쓰인다.

51) '매다'는 옷감을 짜기 위하여 날아 놓은 날실에 풀을 먹이고 고루 다듬어 말리어 감다는 뜻.

52) '볼르다'는 '바르다'의 방언형.

53) '뱁대'는 베를 짤 때에 날이 서로 붙지 않도록 사이사이에 지르는 막대를 말하는데, 중앙어에서는 '뱁댕이'라고도 한다.

54) '핫것'은 솜을 두어서 만든 옷이나 이불 따위를 통틀어 이르는 말이다.

55) '바이'는 중앙어에서 '아주'나 '전혀'의 뜻으로 부정문에 쓰이는데, 여기서는 '오로지', '모두'의 뜻으로 쓰였다.

56) '접것'은 '겹것'의 방언형으로서 솜을 두지 않고 거죽과 안을 맞붙여 지은 옷을 말한다. 중앙어에서는 '겹옷'이라고도 한다.

57) '야는 '해'의 방언형으로서 [+사람]의 의미 자질을 갖는 명사 다음에 와서 그
사람 소유임을 나타낸다. 예를 들어 '울아부지야는 '우리 아버지 것'을 말한
다. 이 '야는 옛말 '하'에서 발달한 것인데, 전남 방언에는 이 '야 외에 '에'가
쓰이기도 한다. 이 '에'는 물론 옛말 '희'에서 온 것으로서, 그 의미는 '야와 같
다.

58) '물레똑'은 '물렛돌'의 방언형으로서 물레 바닥의 가로 건너지른 나무를 누르
는 넓적한 돌을 말한다. 물레를 돌릴 때에 물레가 흔들리지 않도록 하는 역
할을 한다.

59) '가락'은 물레로 실을 자을 때 실이 감기는 쇠꼬챙이 또는 그 쇠꼬챙이에 감
긴 실몽당이를 가리킨다.

60) '괴머리'는 물레의 왼쪽 가로대 끝 부분에 놓는 받침 나무를 말한다. 여기에
괴머리기둥을 박아 가락고동을 끼운다.

61) '찡기다'는 '끼우다'의 뜻.

62) '넙'은 '높'의 방언형.

63) '싹꾼'은 '삯군'의 방언형.

64) '하레'는 '하루' 또는 '하루에'의 방언형.

65) '돈 팔다'는 여기서 무명베를 팔아 돈을 만들다는 뜻.

66) '모투다'는 '모으다'의 방언형.

67) '쩨까'는 '조금'의 방언형. 따라서 '쩨까썩'은 '조금씩'의 뜻.

68) '정신 들이다'는 정신을 집중하다는 뜻.

69) '깜딱'은 '깐딱'이라고도 하는데, '조금이라도' 또는 '자칫'의 뜻. 그래서 '깐딱
잘못허면'으로 쓰이는 것이 일반적인데, 이것이 줄어 '깐딱허면'이라고도 한
다. 이 '깐닥허면'은 중앙어 '자칫하면'에 대응하는 말이다.

70) '떨치다'는 '떨어뜨리다'의 방언형. 여기에서 보듯이 중앙어의 강세접미사 '-
뜨리-'는 전남 방언에서 '-치-'로 나타난다. 따라서 '내려뜨리다'는 '낼치다', '오
그라뜨리다'는 '오글치다', '자빠뜨리다'는 '자빨치다' 등으로 쓰인다.

71) '시데군데'는 '정신을 집중하지 않고 느슨하게'의 뜻.

72) '퇴옥나다'는 무리한 운동으로 장딴지의 근육이 뭉치는 것을 가리킨다.

73) '아렝이'는 '아랑'의 방언형으로서 소주를 곤 뒤에 남은 찌꺼기를 가리킨다.

74) '술을 내리다'는 '소주를 고다'는 뜻.

75) '아렝이술'은 소주를 고고 난 뒤에 남은 찌꺼기로 만든 술, 즉 '아랑주'를 가
리킨다.

76) ‘찌겡이’는 ‘찌꺼기’의 방언형.

77) ‘중우’는 ‘중의’의 방언형으로서 남자의 여름 홑바지를 말한다.

78) ‘등지잠벵이’는 ‘잠방이’의 방언형. ‘잠방이’는 가랑이가 무릎까지 내려오도록
짧게 만든 홑바지를 가리킨다.

79) ‘-고’는 ‘-어서’의 뜻.

80) ‘거멍’은 ‘검정’의 뜻. ‘거멍물’은 여기서 검정 물감을 가리킨다.

81) ‘한하고’는 ‘계속해서’의 뜻.

82) ‘쩌들다’는 ‘찌들다’의 방언형.

83) ‘잿물’은 짚이나 나무를 태운 재를 우려낸 물로서 예전에 주로 빨래할 때 썼
다. 여기서는 ‘양잿물’을 가리킨다.

84) ‘데루다’는 ‘다리다’의 방언형.

85) ‘앙꿋’은 ‘아무 것’의 방언형.

86) ‘뎅강뎅강’은 소주가 조금씩 고아지는 모양을 형용하는 말. 중앙어 ‘방울방울’
에 대응한다고 할 수 있다.

87) ‘밭다’는 건더기와 액체가 섞인 것을 체나 거르기 장치에 따라서 액체만을
따로 받아 내는 것을 말한다.

88) ‘쓰겄게’는 ‘쓸 수 있게’의 뜻인데, 여기서는 ‘좋게’의 뜻으로 해석된다.

89) ‘떨어지다’는 ‘해어지다’의 방언형.

90) ‘줍다’는 ‘깁다’의 방언형.

91) ‘홍:겁’은 ‘헝겊’의 방언형.

92) ‘제방침’은 ‘재봉틀’의 방언형.

3. 생업 활동)

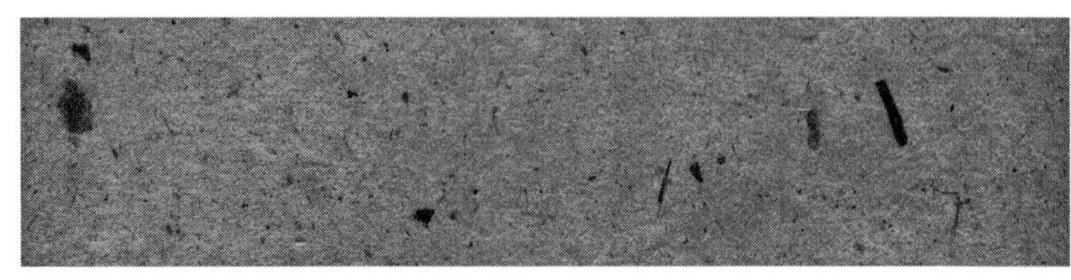

˜ 고러먼 이:를 텀벙그리고2) 모:꿀리능3) 거시여.

˜ 이:를 딱 모냐 헐릴 나:중에 하고 서노를 아라서 이:를 헤야 이:리 척:
척 주름성 그러제.

머 지금 이:른 엔:날 일허고 비하면

˜ 에이, 지그믄 일:도 아니고 앙:꾸또 아니여. 아니 바방끄니를4) 아네주
는디 농사를 아:무리 마:니 지여도.

˜ 다:: 마차서5) 머거부러 건.

˜ 하이고 시:상에, 나 일헤무꼬 농사 지여무꼬 살:떼는 아지꺼레6) 창:꺼
리7) 나쁩8) 정:떼9) 참:빱 또 저녁빱

@2 참말로이~

˜ 아이고 그노믈 다 헤:준닐 셍각허면

@2 마:니도 먹꼬이~

˜ 어쭈고 그노믈 다 허열 그끄물 다

주로 참:꺼리는 뭘: 헤줍니까?

˜ 바비제.

@2 ** 인능거.

또 바비여?

˜ 아:먼. 아칙 나주께도 첨 일:헌 사라믄 바블 머거야 헤. 다릉 거 다 암
묵거.

@2 그레.

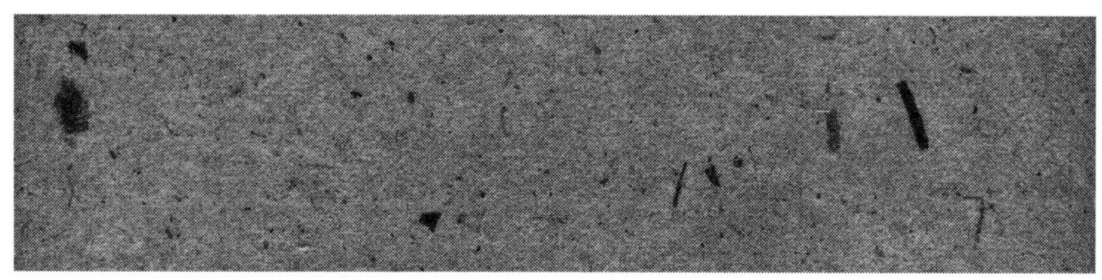

- 그러면 일을 덤벙거리고 못 굴리는 거야.

- 일을 딱 먼저 할 일 나중에 하고 선후를 알아서 일을 해야 일이 척척 줄면서 그러지.

뭐 지금 일은 옛날 일하고 비하면

- 에이, 지금은 일도 아니고 아무 것도 아니야. 아니 밥 한 끼니를 안 해 주는데 농사를 아무리 많이 지어도.

- 다 맞춰서 먹어 버려 그것은.

- 아이고, 세상에 나 일해 먹고 농사 지어 먹고 살 때는 아침결에 곁두리, 점심, 점심 때 곁두리 또 저녁밥

정말로

- 아이고 그것을 다 해 준 일 생각하면

많이도 먹고.

- 어떻게 그것을 다 했 그것을 다

주로 곁두리는 뭘 해 줍니까?

- 밥이지.

** 있는 것.

또 밥이야?

- 아무렴. 아침 아직까지도 일 하는 사람은 밥을 먹어야 해. 다른 것 다 안 먹어.

그래.

@2 밤 머거야지.

⁻ 바벌 머거야제.

⁻ 그렁게 이:리 박 꿀리능 거시여.

⁻ 일 안 허먼 밥 앙 굴제라우.

（웃음）

아니 요세는 머 다릉거또

⁻ 요 지금더런 게양 다릉거 사다무거. 짜장 불러다 무거 부러 막 그러자
나요.

음 아니 좀 쫌 별씨기나 간:시글 주자나요?

⁻ 간:시글 모다 머거 불고 근디 지그믄 그떼는 글 아네써. 밤만 머거써
밤만.

밤만.

⁻ 발 가직껀 이또 업:써쩨라10) 그떼는. 그릉게 그러제.

⁻ 그러고 돈: 업써 사다 먹또 모:더고

하루에 아침 세:참꺼리11) 점:심 참:꺼리 저녁 다서끼를 바블 헤야 되건네요.
예, 그러제라우.

⁻ 그렁게 어:쭈고 그러코 셍에떤가12) 몰라 시방 셍각허먼

@2 하루가 그냥

⁻ 한자 걍 그노물 게양 너 들:빠테 넙 세보게 이러나서 밥 헤서 창:꺼리
바찬빠블 싹: 헤서 싹: 퍼노코 반찬 준비 싹: 헤노코는 나가.

⁻ 네:가 쥐:니 나가야 일헐 껄 이:럴 시기제.

응.

⁻ 너비 쌍: 나오먼 어찌코어찌코 허라고 이럴 딱: 시게노코 지비 드르서
또 나빠블 준:비 어느 정도 헤:노코는 인자 참:되먼 또 참:꺼리 가꼬 나가.

⁻ 그레서 참:꺼리 그놈 머꼬 오먼 또 그놈 치여.

밥 먹어야지.

⎺ 밥을 먹어야지.

⎺ 그러니까 일이 밥 굶기는 거야.

⎺ 일 안 하면 밥 안 굶지요.

(웃음)

아니 요새는 뭐 다른 것도

⎺ 요 지금들은 그냥 다른 것 사다 먹어. 자장면 불러다 먹어 버려. 막 그러잖아요.

음, 아니, 좀 좀 별식이나 간식을 주잖아요?

⎺ 간식을 모두 먹어 버리고 그런데 지금은 그때는 그러지 않았어. 밥만 먹었어, 밥만.

밥만.

⎺ 별것도 없었지요, 그때는. 그러니까 그러지.

⎺ 그리고 돈 없어서 사다가 먹지도 못하고.

하루에 아침 곁두리 점심 곁두리 저녁 다섯 끼니를 밥을 해야 되겠네요.

예, 그러지요.

⎺ 그러니까 어떻게 그렇게 생겼든지 몰라, 지금 생각하면.

하루가 그냥

⎺ 혼자 그냥 그것을 그냥 들밭에 새벽에 일어나서 밥 해서 곁두리 반찬 밥을 싹 해서 싹 퍼 놓고 반찬 준비 싹 해 놓고는 나가.

⎺ 내가 주인이 나가야 일할 것을 이렇게 시키지.

응.

⎺ 놉이 싹 나오면 어떻게 어떻게 하라고 일을 딱 시켜 놓고 집에 들어와서 또 낮밥을 준비 어느 정도 해 놓고는 이제 곁두리 때 되면 또 곁두리 가지고 나가.

⎺ 그래서 곁두리 그것 먹고 오면 또 그것 치워.

⌐ 치우고는 인자 또 나빱 헤:.

⌐ 고로고 나빱 머꼬나먼 또 인자 치:고는 또 인자 저녁떼 참:빱 헤.

⌐ 고로고 헤:써. 고로고 사라써. 어:디가 각 졸쑤 어디가 붇 똥구녁13) 부치고 앙글 세:가 업써 그떼는.

@2 그러니까요.

에:기드른 누가 봄니까?

⌐ 에:기더른 그도14) 어쭈고 에:기들 델꼬15) 다 헤:써라.

⌐ 나:두고 허고 지금 에기들도 까탈시롭께16) 안헤써라. 에기덜 밤머금서 전분 무그믄 나:두고 게양 밥한수깔썩 메기면 나:두고 보고 일:허고 그레쩨.

⌐ 시방 에기덜만 폰나두먼 모:싸라. 아이고 어::치코17) 이메비가18) 뜨슬 바뜬지19) 이노무 세끼더리 당체 게양

마저요. 요세 에기들

⌐ 꼬를 모뽀거써 꼬를 모뽀거써.

⌐ 우리 아그더른 그러케 안 헤.

⌐ 우리 아들또 성:지리 그베가꼬 게양 망 머시락허제20)

⌐ 우리 메누리도 그러제 궁게 고로코 게양 뜨:또 안 헤21).

⌐ 근디 하::따 너무집 가보면 게양 어::찌꼬 에기덜 뜨슬 바더주던지 아이고 꼬 능: 꼬를 모:뽀거써22) 게양.

（웃음）

반차는 그러면 참:빱 헐떼는 어떠 멀:

⌐ 다:: 기냥 헌:밥 그 바차니로 허제.

그 반찬

⌐ 아 그 반차느로 다 허제.

그 또까튼 밥 반찬 다서뻔 멍네 하루에.

⌐ 그러제.

˥ 치우고는 이제 또 점심 해.

˥ 그리고 점심 먹고 나면 또 이제 치우고는 또 이제 저녁 때 곁두리 해.

˥ 그렇게 했어. 그렇게 살았어. 어디에 *** 어디에 엉덩이 붙이고 앉을 새가 없어, 그때는.

그러니까요.

아이들은 누가 봅니까?

˥ 아이들은 그래도 어떻게 아이들 데리고 다 했어요.

˥ 놔 두고 하고 지금 아이들처럼 까다롭게 안 했어요. 아이들 밥 먹으면서 젖 문 먹으면 놔 두고 그냥 밥 한 숟가락씩 먹이면 놔 두고 보고 일하고 그랬지.

˥ 지금 아이들만큼 **** 못 살아. 아이고 어떻게 어미 아비가 뜻을 받들든지 이놈의 새끼들이 당최 그냥

맞아요. 요새 아이들.

˥ 꼴을 못 보겠어. 꼴을 못 보겠어.

˥ 우리 아이들은 그렇게 안 해.

˥ 우리 아들도 성질이 급해가지고 그냥 막 야단치지.

˥ 우리 며느리도 그러지 그러니까 그렇게 그냥 버릇없이 행동하지 않아.

˥ 그런데 아따 남의 집 가 보면 그냥 어떻게 아이들 뜻을 받아 주든지 아이고 꼴을 못 보겠어 그냥.

(웃음)

반찬은 그러면 곁두리 할 때는 어떠 뭘

˥ 다 그냥 한 밥 그 반찬으로 하지.

그 반찬

˥ 아, 그 반찬으로 다 하지.

그 똑같은 밥 반찬 다섯 번 먹네 하루에.

˥ 그러지.

(웃음) 요세 가트먼

⎺ 크레도 바비나 쩨:깐썩 머근다우? 요세는 공기빱또 다 만:타고 쩨:깐써글 다 다무락23) 헌디

⎺ 그떼는 요짝빱 조짝빱

고봉으로

⎺ 요로코 담:쩨 요로고 (웃음)

⎺ 박끄럭 큰노므로

@2 지금 바끄럳 이뜨마뇨. 엔:날 그 박끄럳.

⎺ 응 엔:날 우:도 다 이써.

⎺ 다 누가 누가 도라거먼 줘:뿌르고도 이써.

으흠.

@2 동셍이 지남버네 보더니 그거 그:리므로 쫌 그리고 십따 그러던데

박끄럭 먼: 박끄럭

@2 딱 이러케 하 하얀 사기 박끄럳

@2 큰:: 엔:날 박끄럳.

⎺ 엔:날 박끄럭24) 사그 박끄럭 큰놈 이써가꼬 그거이 그 사그25) 박끄럭 이꼬 또 스뎅26) 박끄럭 큰놈 이꼬 그러제.

⎺ 사그 박끄럭 쓴:디 난:주~에는27) 또 스뎅인 박끄러시 나와쩨.

@2 사기 박끄럭 보더니 쫌 사쓰먼 하던데

먼 사기 박끄러글 다 사? (웃음) 무::슨 그르슬?

@2 그:리고 십따고.

@2 그:림 그리는 에라.

⎺ 아니, 그렁거 모다 거식헌 사람더른 절믄 사람더른 다 귀쎄다가 나:두고 그레.

⎺ 모다 엔:날꺼슬.

⎺ 나도 너무가 도라게싸서 줘:뿌리고 그레써.

(웃음)요새 같으면

⁻ 그래도 밥이나 조금씩 먹는대요? 요새는 공기밥도 다 많다고 조금씩
담으라 하는데.

⁻ 그때는 이쪽 밥 저쪽 밥

고봉으로

⁻ 이렇게 담지 이렇게.

⁻ 밥그릇 큰 걸로.

지금 밥그릇 있더구먼요. 옛날 그 밥그릇.

⁻ 응, 옛날 우리도 다 있어.

⁻ 다 누가 누가 달라고 하면 줘 버리고도 있어.

으흠.

동생이 지난 번에 보더니 그것 그림으로 좀 그리고 싶다 그러던데.

밥그릇 무슨 밥그릇?

딱 이렇게 하얀 사기 밥그릇.

큰 옛날 밥그릇.

⁻ 옛날 밥그릇 사기 밥그릇 큰 것 있어가지고, 그것이 그 사기 밥그릇
있고 또 스테인리스 밥그릇 큰 것 있고 그러지.

⁻ 사기 밥그릇 썼는데 나중에는 또 스텐레스 밥그릇이 나왔지.

사기 밥그릇 보더니 좀 샀으면 하던데.

무슨 사기 밥그릇을 다 사? 무슨 그릇을? (웃음)

그리고 싶다고.

그림 그리는 애라.

⁻ 아니, 그런 것 모두 거식한 사람들은 젊은 사람들은 다 **에다 놔 두고
그래.

⁻ 모두 옛날 것을.

⁻ 나도 남이 달라고 해 대서 줘 버리고 그랬어.

엔나레는 박끄러기 커찌요?

‾ 예.

@2 굉장히 커. 국끄르또 크고.

사기? 우리는 녹끄르슬 마:니 써:긍거 가튼데. 어려쓸.

‾ 녹끄륵또 이꼬.

예.

‾ 녹끄륵또 이꼬. 부:자더른 다 녹끄륵. 하이고 녹끄르근 쓸라먼 징헤28),
징헤.

@2 징헤, 따글라먼.

따거야 됭께

‾ 음.

‾ 하이고

나도 어려쓸 때 지푸라기로 따끌란 기어기 나.

‾ 아조 어께가 빠:질라게 녹끄르글 다 따끌라먼 아조.

‾ 따끄먼 빤닥빤닥허게29) 따꺼야제 시데부데30) 따끄먼 모:쓰고.

음.

그다메 스뎅이 나옹께 편하제.

‾ 예, 녹끄륵 그놈 쓰다가 스텡 나옹께 펜헤써.

예.

그레 겨우레는 녹끄륵 내 기어기 나네, 녹끄륵 따끈. 사기 박끄럭또 음.

거 엔 여자들 이일: 그로고 보먼 엔:나레는 어머어마허게 헝거여 이:를.

@2 아이고 베 짜는 이야기 드러보니까 까깝허네요 드끼만 헤도 오:메.

‾ 베 짜는 기구가 메 까진지 몰라. 말:도 모데. 나도 이저부러서 다 겐주
사살 알:도 모:더거써 게쑤를.

‾ 베 한 톨 이러케 메:서 노코 짜:는 기수리 거시기가 가지기썩헤. 잉에
잉에 달먼 잉에 이쩨. 머 저시 사치미라고31) 이쩨. 또 요 먼 빙:어리가 비

옛날에는 밥그릇이 컸지요?

⁻ 예.

굉장히 커. 국그릇도 크고.

사기? 우리는 놋그릇을 많이 써 본 것 같은데. 어렸을 (때).

⁻ 놋그릇도 있고.

예.

⁻ 놋그릇도 있고. 부자들은 다 놋그릇. 아이고 놋그릇은 쓰려면 징그러워, 징그러워.

징그러워. 닦으려면.

닦아야 되니까

⁻ 음.

⁻ 아이고

나도 어렸을 때 지푸라기로 닦으려 한 기억이 나.

⁻ 아주 어깨가 빠지려고 해. 놋그릇을 다 닦으려면 아주.

⁻ 닦으면 반짝반짝하게 닦아야지. 대충 닦으면 못쓰고.

음.

그 다음에 스텐레스가 나오니까 편하지.

⁻ 예, 놋그릇 그것 쓰다가 스텐레스 나오니까 편했어.

예.

그래. 겨울에는 놋그릇 내 기억이 나네, 놋그릇 닦은. 사기 밥그릇도 음.

그 여자들 일 그렇게 보면 옛날에는 어마어마하게 한 거야, 일을.

아이고, 베 짜는 이야기 들어 보니까 갑갑하네요, 듣기한 해도 오매.

⁻ 베 짜는 기구가 몇 가진지 몰라. 말도 못해. 나도 잊어버려서 다 ****
알지도 못하겠어, 개수를.

⁻ 베 한 틀 이렇게 매서 놓고 짜는 기술이 거시기가 갖가지 있어. 잉아
잉아 달면 잉아 있지. 뭐 사침대라고 있지. 또 이 무슨 비경인가 비경이라

거리라고32) 이쩨.

⁻ 벨거시 다 이써.

@2 머리 안 조으면 모다건네요 그거또 이~?

(웃음)

@2 베 짜는 거또 굉장히 힘들건네요.

베 짜는 거시 다: 헝 거시 아니여 여자락 헤서.

@2 응.

베를 잘 짜는 사람이 따로 이써.

⁻ 모:짜는 여그 아페 할메 여그 안 뎅입띠여?

음.

@2 예.

클 떼 바늘꾀 뀔33)찌도 모르고 시지봐서. 베가 어쭈고34) 셍인지도 몰라. 클떼 안 허고 와농게.

⁻ 그렁게 시어마니가 원치 얌:전헝게 사라써.

⁻ 밤나35) 그레. 시 우리 시어마니가 얌:전헝게 사라따고. 앙:꺼또 헐찌 몰라도.

(웃음)

그니까

⁻ 그거슨 머리가 영:리허먼 뒈. 베 짜능 거또 우:는 누가 갈치도 아너고 게양 잉:에만 다라주고 허머는 올라가서 짜고 엄마가

⁻ 우리 어머니가 인자 요로고 베를 짜:시다가 네로와. 그러먼 기양 솜:화장시리라도 갈라먼 네로먼 걍 얼:름 올라가서 올라가서 짜: 줘. 네가 짜:바.

⁻ 쪼까썩. 그로고 베 메:는 디서 가리세기는36) 아라 부러.

@2 음.

⁻ 미돌 사솔 다 아라부러.

고 있지.

⁻ 별 것이 다 있어.

머리 좋지 않으면 못 하겠네요, 그것도?

(웃음)

베 짜는 것도 굉장히 힘들겠네요?

베 짜는 것이 다 하는 것이 아니야, 여자라고 해서.

응.

베를 잘 짜는 사람이 따로 있어.

⁻ 못 짜는 여기 앞에 할머니 여기 다니지 않습디까?

음.

예.

⁻ 어릴 때 바늘귀 꿸 줄도 모르고 시집 와서. 베가 어떻게 생긴 줄도 몰라. 어릴 때 안 하고 와 놓으니까.

⁻ 그러니까 시어머니가 워낙 얌전하니까 살았어.

⁻ 밤낮 그래. 우리 시어머니가 얌전하니까 살았다고. 아무 것도 할 줄 몰라도.

(웃음)

그러니까

⁻ 그것은 머리가 영리하면 돼. 베 짜는 것도 우리는 누가 가르치지도 않고 그냥 잉아만 달아 주고 하면은 올라가서 짜고 엄마가.

⁻ 우리 어머니가 이제 이렇게 베를 짜시다가 내려와. 그러면 그냥 화장실이라도 가려면 내려오면 그냥 얼른 올라가서 올라가서 짜 줘. 내가 짜 봐.

⁻ 조금씩. 그렇게 베 매는 데서 가로세로는 알아 버려.

음.

⁻ 날실 씨실 다 알아 버려.

@2 음.

⁻ 어:른덜 허는 디37) 보먼 아라.

음

@2 음.

⁻ 그레서 그렁걸 아라버리먼 산 미돌 사솔만 아라 뻐리먼 베 거식허능 거시여 베 짜:능거시여.

⁻ 건: 이슬 찌 아:니까.

⁻ 그레쩨 우:는 또 누가 묻 허라고 갈처 보든 아네써.

⁻ 보고 다 헤: 부러쩨. 긍게.

긍게 지금가치 머 밤만 허능게 아니제. 엔:나레는 베도 짜야지 농사도 지여야지.

⁻ 하이 벨건 벨건 다 헤써, 이:를.

⁻ 어쩨서 그냐먼 학꾜를 안 뎅에놓게 우:는

@2 자급자조기자나요? 다:: 헤야 데자나요?

⁻ 멘:: 일만 헤써 일만. 응, 일만 헤써.

음, 그인자 나이들먼 골병이 들지요.

⁻ 그렁거슨 헤:서는 골병 안 든데.

@, @2 (웃음)

⁻ 그렁거슨 헤:서는 골병 안 든디

아니 요런데 인제 머 물팍 가틍거 요런디가 다:: 그러케 일 마:니 허고 그러먼

에이고

쪼금 나믄 더 이야기를 더 헤:보시조. 인제: 요거는

음.

￣ 어른들 하는 것 보면 알아.

음

음.

￣ 그래서 그런 것 알아 버리면 삿 씨실 날실만 알아 버리면 베 거식하는 거야. 베 짜는 거야.

￣ 그것은 이을 줄 아니까.

￣ 그랬지. 우리는 또 누가 뭐 하라고 가르쳐 보지는 않았어.

￣ 보고 다 해 버렸지. 그러니까

그러니까 지금같이 뭐 밥만 하는 것이 아니지. 옛날에는 베도 짜야지 농사도 지어야지.

￣ 아이, 별것 별것 다 했어, 일을.

￣ 어째서 그러냐면 학교를 안 다녀 놓으니까 우리는

자급자족이잖아요? 다 해야 되잖아요?

￣ 맨날 일만 했어 일만. 응, 일만 했어.

음, 그 이제 나이 들면 골병이 들지요.

￣ 그런 것은 해선 골병 안 드는데.

@, @2 (웃음)

￣ 그런 것은 해선 골병 안 드는데

아니, 이런 데 이제 뭐 무릎 같은 것 이런 데가 다 그렇게 일 많이 하고 그러면

아이고

조금 남은 더 이야기를 해 보시지요. 이제 이것은.

1) 제보자는 김귀님 할머니이다.
2) '텀벙거리다'는 '덤벙거리다'의 방언형.
3) '굻리다'는 '굻다'의 사동형. '굻다'는 '담긴 것이 그릇에 그득 차지 아니하고 조금 비다' 또는 '한 부분이 옹골차지 아니하고 푹 꺼지다'는 뜻.
4) '끄니'는 '끼니'의 방언형.
5) '맞추다'는 여기서 음식을 직접 집에서 만들지 않고 음식점에 주문하여 먹는다는 뜻.
6) '아직걸'은 '아침결'의 방언형.
7) '참거리'와 '참밥'은 '곁두리'의 방언형.
8) '낮밥'은 점심을 가리킨다.
9) '정:떼'는 '점심 때'의 방언형.
10) '있도 없다'는 '없다'의 뜻. 전남 방언에서 '있다'와 '알다'의 부정은 '있도 없다', '알도 몰르다'처럼 어휘적 부정과 통사적 부정을 함께 사용하는 것이 특징인데, 이러한 혼합적 부정 방식은 오직 '있다'와 '알다'에만 국한되어 쓰인다.
11) '새참거리'는 '곁두리'의 방언형.
12) '셍이다'는 '생기다'의 방언형.
13) '똥구녁'은 '똥구멍' 곧 '항문'을 가리키는 말이다. 여기서 '똥구녁을 부치다'는 중앙어의 '엉덩이를 부치다'와 같은 뜻으로 쓰였다
14) '그도'는 '그래도'의 방언형.
15) '델꼬'는 '데리고'의 방언형.
16) '까탈시롭다'는 '까다롭다'의 방언형.
17) '어칳고'는 '어떻게'의 뜻.
18) '이메비'는 '이미에비'가 줄어든 것으로서 '어미 애비'의 뜻.
19) '뜻을 받다'는 '다른 사람의 뜻을 그대로 따르다' 또는 '그 사람의 요구대로 다 해주다'는 뜻.
20) '머시락허다'는 '야단치다'의 뜻.
21) '뜻도 안허다'는 '아이들이 버릇없이 행동하다'의 뜻.

22) '눈꼴이 세서 못 보겄다'는 전남 방언에서 다른 사람의 행동이 차마 볼 수 없을 정도인 꼴불견의 상태를 대하였을 때 하는 표현이다. 여기서 '눈꼴을 못 보겄어'라고 말한 것은 결국 '눈꼴이 세서 못 보겄어'라고 해야 할 말을 중간을 줄여 말한 것이다.

23) '담으락 허다'는 '담으라고 허다'에서 인용의 토씨 '고'가 'ㄱ'으로 줄어든 결과이다.

24) '박그럭'은 '밥그릇'의 방언형.

25) '사그'는 '사기'의 방언형.

26) '스뎅'은 '스테인리스(stainless)강'을 일컫는 이 지역 말이다.

27) '난중'은 '나중'의 방언형.

28) '징허다'는 '징그럽다'의 뜻.

29) '빤닥빤닥허다'는 '반짝반짝하다'의 뜻.

30) '시데부데'는 '정신을 집중하지 않고 느슨하게' 또는 '대충' 뜻.

31) '사치미'는 '사침대'의 방언형으로서 베틀의 비경이 옆에서 날의 사이를 띄어주는 두 개의 나무나 대를 가리킨다.

32) '비거리'는 '비경이'의 방언형. '비경이'는 베틀에서 잉아의 뒤와 사침대 앞 사이에 날실을 걸치도록, 가는 나무 세 개를 얼레 비슷하게 벌려서 만든 것이다.

33) '뀌다'는 '꿰다'의 방언형.

34) '어쭈고'는 '어떻게'의 방언형.

35) '밤나'는 '밤낮'의 방언형.

36) '가리세기'는 아마도 '가로세로'의 잘못으로 보인다.

37) '디'는 '데'의 방언형으로서 일반적으로 장소를 가리키며, 일이나 것을 나타낼 때에는 주로 처격 토씨 '에'와 어울려 쓰인다. 그런데 여기서는 '것'과 같은 추상적인 보문소로 쓰였지만, 중앙어와 달리 목적어 구실을 하는 점이 특이하다.

4. 식생활

식쎙활 식쎙활 체:소 엔:나레 다 여쭤 봐:뜬 이야기네요. 다시 함번만.

바테서 체:소 길르자나요이~? 머:: 주로 바테서?

¯ 엔:나레는 바테서 체:소 기릉거시라고는 미영 바테다 미영밤 무시2) 느
코

미영반 무시

¯ 응, 콩바테다가 이러케 무시 느코.

예.

¯ 베:추 쫑자도 느코 그래서 여르메 헤:머꼬

예.

¯ 그레쩨 인자 체:저는 이러고 가실 닥친 체 치뤌 다치면 갈:고

¯ 가으레 머글라먼노믄 시야네3) 짐장헐란노믄 그레써.

그 무시하고 베:추 정도

¯ 베:추 가틍거 너:따가 인자 뽀바다가 이러고 멘드라머꼬

예.

¯ 무시는 허머는 ** 가서 토까다 머꼬 뜨더. 뜨더 머거, 가서. 잔 짐치 다
믄놈 떠러지면 가서 또 뜨꼬 또 뜨꼬 허먼 또 남나고 남나고 허먼 가시레
무시 케먼 무시가 요러코 미뜨러.

¯ 그놈 케다가 머 무더노코 시야네 머거.

음.

¯ 시야네 짠지도4) 멘드라머꼬 무시너물도5) 헤머꼬 그레써요.

식생활, 식생활, 채소 옛날에 다 여쭤 보았던 이야기네요. 다시 한 번만.
밭에서 채소 기르잖아요? 뭐 주로 밭에서?

￢ 옛날에는 밭에서 채소 기르는 것이라고는 목화밭에다 목화밭 무 넣고

목화밭 무

￢ 응, 콩밭에다 이렇게 무 넣고

예.

￢ 배추 종자도 넣고 그래서 여름에 해 먹고

예.

￢ 그랬지. 이제 채전은 이렇게 가을 닥친 칠월 닥치면 갈고

￢ 가을에 먹으려는 것은 겨울에 김장하려는 것은 그랬어.

그 무하고 배추 정도

￢ 배추 같은 것 넣었다가 이제 뽑아다가 이렇게 만들어 먹고

예.

￢ 무는 하면은 가서 *** 먹고 뜯어. 뜯어 먹어, 가서. 김치 담근 것 떨어지면 가서 또 뜯고 또 뜯고 하면 또 하면 또 나고 나고 하면 가을에 무 캐면 무가 이렇게 밑 들어.

￢ 그것 캐다가 뭐 묻어 놓고 겨울에 먹어.

음.

￢ 겨울에 무채도 만들어 먹고 무나물도 해 먹고 그랬어요.

그러면 엔:나레는 꼬:치 가틍거또 저기 헤:씀니까?

 꼬:치 가틍거 헤:도 마:니 아네쩨. 저네는 쩨::까썩 헤써.

 긍게 꼬:치도 쩨:깐썩 헤가꼬 시방칠로 어디가 꼬:치까리 너:서 머거따
요? 쩨:까썩 너서 머거쩨.

아 귀헤써요?

 귀헤쩨 꼬치가.

 꼬:치럴 마:니 아넝게.

 마:니 헐찌럴 몰라써. 바시 업꼬 무:시 업:써서 모덩거시 아이라 꼬:치
를 마:니 헐찌를 몰:라써.

 그릉게 쩨:까썩 그저 가라서 헤무꼬 헤무꼬 그레써.

 금먼 잘허먼 머꼬 모:더먼 적:꼬 그레쩨라우.

음.

 그렌는디 인자 나:중에는 나 여그 와서도 그러게 마:니 아네써.

 근디 난:중에 인자 마:니 허기 시작헤가꼬 마:니썩 헤:쩨.

 그레가꼬 인자 나:중에는 인자 또 모판 부서가꼬 허고 어쭈고 헤가꼬
인자 마니썩또 허고 그레쩨.

아::

 처음에는 그러코 쩨까썩

그르니까 자연 자여니 꼬:치를 지금가치 마:니는 먹찌는 모데껜네요?

 그러제. 그떼는 마:니 몬: 머거쩨이~.

김치 당글떼도 그러케 마:니 몬

 안 쩨까썩 쩨까썩 너:쩨 어디가 삘:거니6) 쩌꾸기7) 질도저도 갸:남도8)
업써서 그떼는.

어:: 그레도 짐치 만나서 만나서 짐치만 만나 모다 머거쩨라우. (웃음)

 지금말로 양니믈 다 느키나 허간다9)? 시방은

그러믄

그러면 옛날에는 고추 같은 것도 저기 했습니까?

˝ 고추 같은 것 해도 많이 안 했지. 전에는 조금씩 했어.

˝ 그러니까 고추도 조금씩 해가지고 지금처럼 어디 고춧가루 넣어서 먹었대요? 조금씩 넣어서 먹었지.

아, 귀했어요?

˝ 귀했지, 고추가.

˝ 고추를 많이 안 하니까.

˝ 많이 할 줄을 몰랐어. 밭이 없고 뭐가 없어서 못한 것이 아니라 고추를 많이 할 줄을 몰랐어.

˝ 그러니까 조금씩 그저 갈아서 해 먹고 그랬어.

˝ 그러면 잘 하면 먹고 못 하면 적고 그랬지요.

음.

˝ 그랬는데 이제 나중에는 나 여기 와서도 그렇게 많이 안 했어.

˝ 그런데 나중에 이제 많이 하기 시작해가지고 많이씩 했지.

˝ 그래가지고 이제 나중에는 이제 또 모판 부어가지고 하고 어떻게 해가지고 이제 많이씩도 하고 그랬지.

아::

˝ 처음에는 그렇게 조금씩.

그러니까 자연 자연히 고추를 지금같이 많이는 먹지는 못했겠네요?

˝ 그러지. 그때는 많이 못 먹었지.

김치 담글 때도 그렇게 많이 못

˝ 조금씩 조금씩 넣었지. 어디 빨갛게 김칫국이 **** 가당치도 않았지. 그때는

그래도 김치 맛나서 맛나서 김치만 맛나 모두 먹었지요. (웃음)

˝ 지금처럼 양념을 다 넣기나 하나? 지금은

그러면

마늘 가틍거슨 어트케 그거슨
" 마느른 다 헤 무거쩨.
헤머거써요?
" 마늘 응 마느른 다 그떼도 숭거서 머긍게.
응 마느리나 파 가틍건 다 지베서
" 그렁거슨 다 숭거서 먹쩨 마늘 파 가틍거슨.
무시는 여러가지꺼 헤먹짜나요? 무시가꼬는?
" 그러제.
" 무시너물또 허고 짠:지도 멘들고 짐치도 당:꼬10) 그러제.
" 메까지를 허제.

마늘 같은 것은 어떻게 그것은

‐ 마늘은 다 해 먹었지.

해 먹었어요?

‐ 마늘 응 마늘은 다 그때도 심어서 먹으니까

응, 마늘이나 파 같은 것은 다 집에서

‐ 그런 것은 다 심어서 먹지. 마늘 파 같은 것은.

무는 여러 가지 해 먹잖아요? 무 가지고는?

‐ 그러지.

‐ 무나물도 하고 무채도 만들고 김치도 담그고 그러지.

‐ 몇 가지를 하지.

4.2 나물 채취와 요리

예로근 바테서 기릉거 말:고 인제 또 사네를 간다등가 더 드:레 나가서 좀 케
기도 하고 너물 케기도 하고 그러

﹁ 그거슨 인자

﹁ 보메. 봄네.

보메.

﹁ 응 보메 받 받 노네 바체 가서는 바테 너무리고 보 거시기 곰바부리[11]
가틍거 모다 그런 강:데제기[12] 가틍거 인자 그렁거시고

﹁ 논노무른 쓰 싸랑 논뚜럭 싸랑부리라꼬[13] 이꼬 보리벵이라고 이꼬 부
미나리라고 이꼬 숙뿌젱이라고 이꼬 고로코 이써.

﹁ 논노물 모다 여러가지여 논노물도.

음.

﹁ 그렁거 헤:다 무꼬 그레 노네서.

사네 가머뇨?

﹁ 사네 가먼 취. 취도 인자 여러가지 이써. 먼 쳄빈너물도 이꼬 먼: 너물
도 이꼬 그거이

﹁ 지:비총 너무링가 머:싱가도 이꼬. 그거또 이르믄 여러가지 이써, 사네
가도.

사네 가도.

﹁ 인자 지 치가 질: 목쩍이고

아 취가?

이렇게 밭에서 기르는 것 말고 이제 또 산에를 간다든지 들에 나가서 좀 캐기도 하고 나물 캐기도 하고 그러

¯ 그것은 이제

¯ 봄에. 봄 내내.

봄에

¯ 응, 봄에 밭 논에 밭에 가서는 밭에 나물이고 거시기 '곰바부리' 같은 것 모두 그런 '강데제기' 같은 것 이제 그런 것이고

¯ 논나물은 싸랑 논두럭 씀바귀라고 있고 '보리벵이'라고 있고 불미나리라고 있고 쑥부쟁이라고 있고 그렇게 있어.

¯ 논나물 모두 여러가지야, 논나물도.

음.

¯ 그런 것 해다 먹고 그래, 논에서.

산에 가면요?

¯ 산에 가면 취. 취도 이제 여러가지 있어. 무슨 참빗나물도 있고 무슨 나물도 있고 그것이

¯ 제비총 나물인지 뭔지도 있고. 그것도 이름은 여러 가지 있어, 산에 가도.

산에 가도

¯ 이제 취가 제일 목적이고

아, 취가

￣ 음.

음. 아 취를 그러면 엔:날부터 마:니 머건네요?

￣ 그러제. 저네보텀 취를 마:니 먹쩨.

￣ 그떼는 옴:는 세상이라 취를 마:니썩 뜨더다 헤:무거쩨 사네 가서.

￣ 배고풍게 취 마:니썩 뜨더다 쌀마서 기양 모다 무처서 머거쩨라우.

취가 그거 향기가 조:차나요?

￣ 예, 향기가 조:체.

￣ 그거도 머꼬도 빙:페도14) 업:꼬 그거슨.

예. 예.

그다메ː ː ː 감 이써라. 저네 이야기 헤쪼? 여그 모심둘레가 이따고 그레씅가
요? 여그도?

￣ 예, 여그도 이써요. 둘레 머심둘레.

음.

그거또 헤:무거요?

￣ 헤:머거.

엔:날부터 헤무거써요?

￣ 예, 엔:날부터 헤무거써요.

￣ 그거이 쌉쑤룸헤15). 씽거 조아한 사람드리 머거 그거슨.

아 모심둘레?

￣ 예.

￣ 그거 쌀마가꼬 게양 넴베다 짜글짤:허니 뒌장에다가 무처서 짜글짤:허
먼 씽거 잘 머근 사라믄 잘 머거.

음.

￣ 고거슨. 씽거 멍는 사라만 머꼬 암 머꼬.

또 이렁거 이써요? 뻬뿌젱이라고 이써요? 뻬부쩽이?

￣ 예, 뻬뿌젱이도16) 이꼬

˘ 음.

음, 아, 취를 그러면 옛날부터 많이 먹었네요?

˘ 그러지. 전부터 취를 많이 먹지.

˘ 그때는 없는 세상이라 취를 많이씩 뜯어다 해 먹었지, 산에 가서.

˘ 배고프니까 취 많이씩 뜯어다 삶아서 그냥 모두 무쳐서 먹었지요.

취가 그것 향기가 좋잖아요?

˘ 예, 향기가 좋지.

˘ 그것도 먹고도 병폐가 없고 그것은

예, 예.

그 다음에 가만 있어라. 전에 이야기 했지요? 여기 민들레 있다고 그랬던가요
여기도?

˘ 예, 여기도 있어요. 둘레 민들레.

응.

그것도 해 먹어요?

˘ 해 먹어.

옛날부터 해 먹었어요?

˘ 예, 옛날부터 해 먹었어요.

˘ 그것이 씁쓰름해. 쓴 것 좋아하는 사람들이 먹어, 그것은.

아, 민들레?

˘ 예.

˘ 그것 삶아가지고 그냥 남비에다 자글자글하게 된장에다가 무쳐서 자
글자글하면 쓴 것 잘 먹는 사람은 잘 먹어.

음.

˘ 그것은. 쓴 것 먹는 사람만 먹고 안 먹고.

또 이런 것 있어요? 질경이라고 있어요? 질경이?

˘ 예, 질경이도 있고

응.
⁻ 삐뿌젱이도 이써.
고거또 나물 헤:무거요?
⁻ 예, 삐부젱이.
⁻ 아니. 삐뿌젱이는 나물 헤뭉는 거시 아이라 그거시 머:따 약초를 쓴닥
허드만.
⁻ 논뚜러게가 이썬는디 시방은 논뚜러게 야게 부릉가 삐뿌젱이 귀:경도
업써라, 지그믄.
⁻ 그거시 너물로 아네 머거써 삐뿌젱이
아 야그로.
⁻ 응. 야그로 무:슬 썬는디.
그러먼 야그로 헤:뭉는 거뜨리 어뜽게 이써요? 머:슬 머.
⁻ 나는 양나무는 모르요. 셍전 그렁 거슨 네가 아네써라. 사네 가먼 양
나마 여그 우리 동서는 양나무를 다 아라.
⁻ 즈그 친정 어메가 양나무를 다 헤:버르데서 근디 너 나는 우리 친정에
서도 양나무는 누가 아네꺼던. 그레가꼬 양나무는 몰:라.
@2 잉모초가틍거
음
⁻ 사네 가먼 양나무가 이써 다.
그러지요.
⁻ 여 무 문: 나무라고 이꼬 먼:나무라 이꼬 다 이써요.
음.
⁻ 그레도 인자 그렁거슨 난 아네바서 몰:라.
음.
그러먼 절므셔슬때 혹씨 이런 데 사네 가서 나물도 뜯꼬 그러셔써요?
⁻ 암:마. 사네 마:니 뎅에쩨17) 에. 살 끈 너물 뜯꼬 꼬사리18) 껑꼬.

응.

¯ 질경이도 있어.

그것도 나물 해 먹어요?

¯ 예, 질경이

¯ 아니, 질경이는 나물 해 먹는 것이 아니라 그것이 뭐에 약초를 쓴다고 하더구먼.

¯ 논두럭에 있었는데 지금은 논두럭에 약 해 버리니까 질경이 구경도 못해요, 지금은.

¯ 그것이 나물로 안 해 먹었어, 질경이

아, 약으로

¯ 응, 약으로 뭐를 썼는데

그러면 약으로 해 먹는 것들이 어떤 것이 있어요? 뭐를 뭐?

¯ 나는 약나무는 모르오. 생전 그런 것은 내가 안 했어요. 산에 가면 약나무 여기 우리 동서는 약나무를 다 알아.

¯ 저희 친정 어머니가 약나무를 다 해 버릇해서 그런데 나는 우리 친정에서도 약나무는 누가 안 했거든. 그래가지고 약나무는 몰라.

익모초 같은 것

음

¯ 산에 가면 약나무가 있어 다.

그러지요.

¯ 여 무슨 나무라고 있고 무슨 나무라고 있고 다 있어요.

음.

¯ 그래도 이제 그런 것은 난 안 해 봐서 몰라.

음.

그러면 젊으셨을 때 혹시 이런 데 산에 가서 나물도 뜯고 그러셨어요?

¯ 아무렴. 산에 많이 다녔지 예. 나물 뜯고 고사리 꺾고

아.

- 도라지도 케고

어:디 사네 가요?

- 거가 사니 천진디 친정똥네도.

친정똥

- 여그는 앙가써 여그서는.

여기서 아직 결혼헤가지고는 안

- 여그서는 여그는 읍:써

업쪼.

- 예, 업:써. 사네 가먼 머:시 업:써.

응.

아 결혼하기 저네 친정에서

- 예, 거그는 그러코 마:네 머:시던지.

- 그런디 여그 옹게는 읍:뜨만. 사네도 취도 업:꼬 꼬사리도 업:꼬 근디 인자는 꼬사리가 나.

- 인자는 꼬사리가 나고. 읍:써 여그는 사네 가야 머:시 앙:꾸또 업써.

음::.

게 머 사니 만:치 아느니까.

아.

⁻ 도라지도 캐고.

어디 산에 가요?

⁻ 거기가 산이 천지인데 친정 동네도

친정동(네)

⁻ 여기는 안 갔어, 여기서는.

여기서 아직 결혼해가지고는 안

⁻ 여기서는 여기는 없어.

없지요.

⁻ 예, 없어. 산에 가면 뭐가 없어.

응.

아, 결혼하기 전에 친정에서

⁻ 예, 거기는 그렇게 많아, 뭐든지.

⁻ 그런데 여기 오니까는 없더구면. 산에도 취도 없고 고사리도 없고. 그런데 이제는 고사리가 나.

⁻ 이제는 고사리가 나고. 없어. 여기는 산에 가야 뭐가 아무 것도 없어.

음∷.

게 뭐 산이 많지 않으니까.

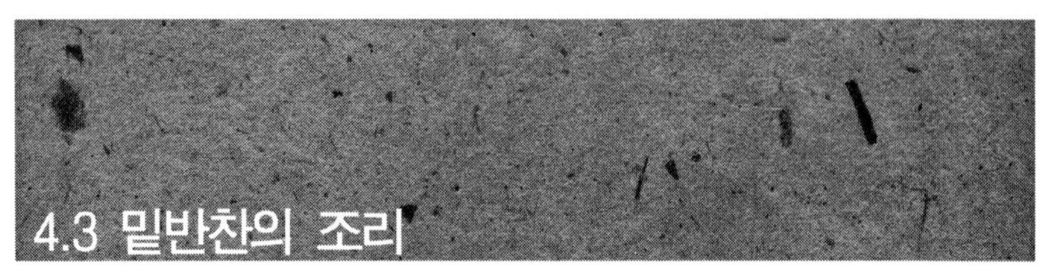

4.3 밑반찬의 조리

그 다으메 인제 에 저까른 영광은 아무레도 바다 가까우니까 저깔 가틍거 마:
니 헤:잡쑤시조?

⁻ 그러제라.

예.

⁻ 저까른 사 보꼬니여도[19] 먹꼬 자분데로 사다먹쩨.

지베서 당그거시거나 그러진

⁻ 그저네는 다 마퉁갈로 그저 나 농사질떼는 다:: 저까믈 사다 쩌 눈:
섬[20]까서 사다가 가네써.

어디요?

⁻ 눈:섬 염산[21] 염산 눈:서미라고 거가 게빠다깐 여 진:다리[22]

예.

⁻ 거그서 나오는 디여 거가.

아.

⁻ 웅. 거가.

염사니 거 저시 마:니 나지 안씀니까?

⁻ 예, 거가 궁게 거:리 저저 진:다리

예

⁻ 거그서 고:리 나와.

아.

⁻ 그러제. 그르먼 인자 거그 치가[23] 만나다고 고:리 가 사로 뎅이고 그

76) '술밥'은 술을 담글 때에 쓰는 지에밥.

77) '술약'은 효모균을 넣어 가공한 이스트를 가리키는 것으로 보인다.

78) '꼬두밥'은 '고두밥'의 방언형. '고두밥'은 아주 되게 지어져 고들고들한 밥 또
   는 찹쌀이나 멥쌀을 물에 불려서 시루에 찐 밥으로서 술밑으로 쓴다.

79) '치대다'는 빨래, 반죽 따위를 무엇에 대고 자꾸 문지르다는 뜻.

80) '괴다'는 술, 간장, 식초 따위가 발효하여 거품이 일다는 뜻.

81) '한하고'는 '한없이' 또는 '계속해서'의 뜻.

82) '제넘다'는 알맞은 기준을 지나치게 넘다는 뜻.

83) '바삭허다'는 '물기가 많지 않아 고슬고슬하다'의 뜻.

84) '바실허다'는 '물기가 많지 않아 고슬고슬하다'의 뜻.

85) '허치다'는 '흩뿌리다'의 뜻.

86) '말로'는 '처럼'의 뜻.

87) '마닥'은 '마다'의 방언형.

88) '멜거이'는 '멝허다'의 부사형 '멝허니'에서 /ㅎ/과 /ㄴ/이 각각 탈락된 형으로
   서 '말갛게'의 뜻.

89) '늦구다'는 '늦추다'의 방언형. 여기서는 가정에서 술을 못 만들게 하는 규제
   를 풀었다는 뜻이다.

90) '내리다'는 '소주를 고다'의 뜻.

91) '소두방'은 '솥뚜껑'의 방언형. '소두랑'이라고도 한다.

92) '펭야'는 '같다, 마찬가지다' 등을 강조하는 말로서 '결국'의 뜻.

랬어요.

　아.

　뭘로 젓을 많이 담그셨습니까?

　‾ 그 젓감도 여러가지야. 이제 이렇게 ** ‘빈지럭’ 비늘 없는 ‘빈지럭’

　아.

　‾ 그런 것으로 젓을 담가야 맛나. 비늘 있는 것은 안 맛나. 젓을 담가도.

　우리 시골 저기는 그냥 보통 멸치젓 같은 정도로

　‾ 멸치젓은 보통 담그고

　담그고

　‾ 응, 멸치젓은 담그고. 보통 이런 김치 담가 먹으려고 담그려면 이런 ‘빈지럭’젓 좋은 것을 많이 사고.

　‾ 김장하려면 또 젓감 이름을 잊어 버렸네. 그것이 뭐냐?

　전어

　‾ 전어 그것을 많이 사서 담가.

　옛날에 전어

　‾ 그것은 옛날에 사서 그냥 이렇게 크나큰 하여간 거시기 오지항아리에 다 담가서 이런 **으로 가지고 와, 그때는.

　‾ 나 젊어서는 가지고 오면 그날 한 바구니씩 두 바구니씩 사서 해서 장독대에다 놔 둬, 간해서.

　‾ 그러면 그냥 가을에 김장하려고 보면 노래가지고 그냥 삭아가지고 그렇게 좋아.

　‾ 그래. 그것 닳여서 담아. 김장을.

　아.

　‾ 그런데 지금은 다 젓국 사서 담가 버려. 그렇게 안 하고.

　‾ 지금은. 그 진짜지.

　‾ 지금은 방부제 넣잖아? 젓국을 안 변하라고? 다 돼서.

거 소금 짠 짜디짠띠도 그도

˜ 짜도 그레도 반 변:질돼, 이트먼. 그러니까 방:부제 느체.

으음.

그다으메 여기는 청국짱 가틍거 여기서 다므셔써요?

˜ 아:만. 메주 쑤고 청국짱을 얼마나 헤무거짜나? 우리 시아버지::가 청국 조아하시고 시어마이도 청국 자시고 긍게 꼭:: 시야에는 청국25) 따머서

거 어:트케 담:씀니까? 고거?

˜ 그거슨 앙꾸또 아니여, 일허기. 그거 청국 허기는.

˜ 썰마서 물컹허니26) 콩을 쌀마.

콩을 콩을 쌀마.

˜ 아:먼. 그레가꼬 무리 마:느먼 무를 딱 바터뿌리고 또 제지연 제지은다고 제저27).

˜ 그레가꼬

제지헌단 무슨 마리에요?

˜ 제진다는 소리는 인자 물 읍:쓰라고 꼬스르라고28) 물 탁 바터불고 마:너먼 소쿠리다 바터서 도로 소테다 부:꼬는 또 불 조까 떼:.

˜ 떼:나따가 인자 소두랑29) 여러 나따가 어느 정도 시거야제 너머 뜨건 노메다 안 뜨고 너머 차도 안 뜨고 그레.

˜ 딱:: 조:시가30) 마저야제.

˜ 너머 뜨거우먼 걍 팔팔팔 끄러가꼬 안 떠.

˜ 제청구기. 그래서 딱 이러코 시리에 다머서 하루 벨거서가꼬 엔:나레 걸레 마능게 걸레다 이러 딱 깔고 방에다 나:두고는 안 시글 정도만 이러고 더퍼나 보데기로.

음.

˜ 그러먼 사을만 되먼 기양 다 떠가꼬 시리 질질질질 허제. 시리.

소금 짜디짠데도 그래도

˗ 짜도 그래도 반 변질돼, 이를테면. 그러니까 방부제 넣지.

으음.

그 다음에 여기는 청국장 같은 것 여기서 담그셨어요?

˗ 아무렴. 메주 쑤고 청국장을 얼마나 해 먹었잖아? 우리 시아버지가 청국장 좋아하시고 시어머니도 청국장 자시고 그러니까 꼭 겨울에는 청국장 담가서

그거 어떻게 담급니까? 그거?

˗ 그것은 아무 것도 아니야. 일하기. 그것 청국장 하기는.

˗ 삶아서 물렁하게 콩을 삶아.

콩을 콩을 삶아.

˗ 아무렴. 그래가지고 물이 많으면 물을 딱 밭아버리고 또 **** '제진다' 고 '제져'.

˗ 그래가지고

'제지헌다'는 무슨 말이에요?

˗ '제진다'는 소리는 이제 물 없도록 고슬고슬하도록 물 탁 밭아버리고 많으면 소쿠리에다 밭아서 도로 솥에다 붓고는 또 불 조금 때.

˗ 때어 놓았다가 이제 솥뚜껑 열어 놓았다가 어느 정도 식어야지. 너무 뜨거운 것에다 안 뜨고 너무 차도 안 뜨고 그래.

˗ 딱 정도가 맞아야 돼.

˗ 너무 뜨거우면 그냥 팔팔팔 끓어가지고 안 떠.

˗ 재청국장이. 그래서 딱 이렇게 시루에 담아서 하루 **가지고 옛날에 걸레 많으니까 걸레에다 이렇게 딱 깔고 방에다 놔 두고는 안 식을 정도 만큼 이렇게 덮어 놔, 포대기로.

음.

˗ 그러면 사흘만 되면 그냥 다 떠가지고 실이 질질질질 하지, 실이.

음.

⎺ 그 시그방 청국 머거보먼 그떼 청국치로 만난지 모르거떼.

⎺ 그떼는 청구기 그러고 마시썬는디.

⎺ 그떼는 베고풍게 만난능가 어쩐능가 몰라도.

(웃음) 그러게쪼. 거 간단허네요.

⎺ 음 간단헤. 그렁걸 헤무끼는.

콩을 쌀마서

@2 바처가지고

⎺ 방에다 이러코 다머서 띠우기만 허먼 뒈지.

띠운다는 거시오.

⎺ 응, 띠우먼 소금 너코 띠우면 찌:키만 허먼 데야, 도:구통에다31).

음.

@2 저 지푸라기 깔자나요?

⎺ 음.

지푸라기를 미테다 까라?

⎺ 미테다 까러. 어쩨 그냐먼 지금도 청국 띠울라먼 쩌 이르코 멘드라서 너:트라고 지 지푸라글?

⎺ 다:: 너. 여거지거 그거또 방버비고 또 만납꼬32) 그럴라고.

아 집 지푸라기 곰팡이 규니 드러이써

⎺ 규니 이써 가꼬 그러제.

음. 그레서 곰:팡이 인:다고 음. 그레써요?

청구기라고 그러고 어떤 디서는 담북짱이라고 여기서는 그런 말 안써써요?

@2 틀려 틀려 담북짱은

⎺ 담뿍짱?

어 담북짱?

음.

⁻ 그 지금 청국장 먹어 보면 그때 청국장처럼 맛난 줄 모르겠데.

⁻ 그때는 청국장이 그렇게 맛있었는데.

⁻ 그때는 배고프니까 맛났는지 어쨌는지 몰라도

그러겠지요. 거 간단하네요.

⁻ 음, 간단해. 그런 것 해 먹기는.

콩을 삶아서.

밭아가지고

⁻ 방에다 이렇게 담아서 띄우기만 하면 되지.

띄운다는 거요.

⁻ 응, 띄우면 소금 넣고 띄우면 찧기만 하면 돼, 절구에다.

음.

거 지푸라기 깔잖아요?

⁻ 음.

지푸라기를 밑에다 깔아?

⁻ 밑에다 깔아. 어째서 그러냐면 지금도 청국장 띄우려 하면 저 이렇게
만들어서 넣잖소? 지푸라기를?

⁻ 다 넣어. *** 그것도 방법이고 또 맛나고 그러려고.

아, 짚 지푸라기 곰팡이 균이 들어 있어.

⁻ 균이 있어가지고 그러지.

음, 그래서 곰팡이 인다고 음, 그랬어요?

'청국'이라고 그러고 어떤 데서는 '담북장'이라고 여기서는 그런 말 안 썼어
요?

달라. 달라 담북장은.

⁻ 담북장?

어, 담뿍장?

집짱이랑 거 아셔서 집?

⌐ 담뿍

⌐ 집짱은33) 집짱도 마:니 다머머거쩨. 집짱은 저 꼬:친님 꼬:친님 뜨더서 가네놔따가 시야네 다머서 보메도 멍 봉까지도 머꼬 그러제라우.

⌐ 고거슨 참쌀로 주글 쒀서 되지거게 쑤:고 메주까리 조까 느코 고추까루 느코 다무면 되야 고거 며 집짱은.

음 자네는 아네바쩨?

머거바 머거보도 안헤쩨?

⌐ 우리는 집짱도 얼:마나 마시께 잘 다머 머건는디

⌐ 어:런드리 조아하싱게 잘 다먼는디 어:런덜 안 지게씽게 뎁짱 안 다머써. 우리 아그더른 집짱 어:런덜 도라가시고 나서 집짱 다머농게는 문 이 거시 반찬 된다고 엄마 다먼냐고 글드라고.

(웃음)

⌐ 그 저로는 안 다머부러써. (웃음)

⌐ 그 우리 어:런더른 그걸 조아하지아나요? 그런

조아하시자나요?

⌐ 응, 밥 비베 잡쑤고 조아요 그거슨, 집짱은. 묵덕짱34) 조아하시고.

⌐ 머짐 메주를 뜨머는 이러코 써서 이러코 헤:놔따가 메주가 어느 정35) 다 뜨머는 고노물 이르고 다 뽀사서 너러나따가 고구떼다36) 꼭::꼭 찌여서 밥 쪼까 저시 쪼까 느:코는 쪼무락쪼무락37) 짐치 짐치를 엔:나레 이르코 항아리다 막써서 다머 머긍게

⌐ 짐치저꾸그로 처서는 혜서 요로코 밥 툴따다 저역빱 헝게 소테다 땅 놔둬.

⌐ 그러면 딱 사거.

⌐ 그러면 인자 거그다 짐치조꾸글 처서 간마처서 머그면 어:른더른 그러케 조와요 고거슨 또.

집장이란 것 아셔요? 집

˗ 담북

˗ 집장은 집장도 많이 담가 먹었지. 집장은 저 고춧잎 고춧잎 뜯어서 간해 놓았다가 겨울에 담가서 봄에도 먹 봄까지도 먹고 그러지요.

˗ 그것은 찹쌀로 죽을 쒀서 되직하게 쑤고 메줏가루 조금 넣고 고춧가루 넣고 담그면 돼, 그것 뭐 집장은.

음, 자네는 안 해 봤지?

먹어 봐, 먹어 보지도 않았지?

˗ 우리는 집장도 얼마나 맛있게 잘 담가 먹었는데

˗ 어른들이 좋아하시니까 잘 담갔는데 어른들 안 계시니까 집장 안 담갔어. 우리 아이들은 집장 어른들 돌아가시고 나서 집장 담가 놓으니까 무슨 이것이 반찬 된다고 엄마 담갔느냐고 그러더라고.

(웃음)

˗ 그 뒤부터는 안 담가 버렸어. (웃음)

˗ 그 우리 어른들은 그걸 좋아하잖아요? 그런

좋아하시잖아요?

˗ 응, 밥 비벼 잡수고 좋아요, 그것은, 집장은. 담북장 좋아하시고

˗ 메주를 뜨면은 이렇게 싸서(?) 이렇게 해 놨다가 메주가 어느 정도 다 뜨면은 그것을 이렇게 다 빻아서 널어 놨다가 절굿공이에다 꼭꼭 찧어서 밥 조금 조금 넣고는 주물럭주물럭 김치 김치를 옛날에 이렇게 항아리에다 막 썰어 담가 먹으니까

˗ 김치 젓국으로 쳐서는 해서 이렇게 밥 *** 저녁밥 하니까 솥에다 딱 놔 둬.

˗ 그러면 딱 삭아.

˗ 그러면 이제 거기다 김치 젓국을 쳐서 간 맞춰서 먹으면 어른들은 그렇게 좋아요, 그것은 또.

고거시 뭐

⁻ 그거뽀고 묵덕짱이라게.

아. 고거 묵떡짱이라.

⁻ 예, 묵덕짱.

@2 그거시 담북짱허고 가틍거 아니에요?

어 그렁갑따. 고거 묵덕짱이라게요.

⁻ 예, 묵덕짱이라게. 그거뽀고.

음.

⁻ 우리 시아바이는 그러케 묵덕짱을 조아하셔.

음.

그럼 묵덕짱은 메주까루에다가 바블 쪼금 너:가지고 사킹가바요?

⁻ 예, 짐치쩌꾹

짐치저꾹

⁻ 짐치저꾹. 엔:나레 짐치 마니 다믕게 짐치쩌구기 만나야 묵덕짱이 마시 이써.

아. 짐치쩌꾹.

⁻ 예, 예.

어. 음.

그러면 집짱은 아가 꼬:친니베다가 꼬:친닙가지고 만드라

⁻ 꼬:친니블 헤:서 이러케 가네놔.

가네놔요?

⁻ 응, 소그메다 딱 가네서 놔:두고 인자 쪼까썩 다머 무거. 쪼금썩 다머 무끼도 허고.

음.

고거는 무슨 메주를 넌:다능가 그러진 아네요?

⁻ 메죽까리

그것이 뭐?

‾ 그것보고 ‘묵덕장’이라고 해.

아, 그거 ‘묵덕장’이라

‾ 예, 묵덕장

그것이 담북장하고 같은 것 아니에요?

아, 그런가 보다. 그거 ‘묵덕장’이라고 해요.

‾ 예, ‘묵덕장’이라고 해. 그것보고.

음.

‾ 우리 시아버지는 그렇게 ‘묵덕장’을 좋아하셔서.

음.

그럼 담북장은 메줏가루에다가 밥을 조금 넣어가지고 삭히나 봐요.

‾ 예, 김치 젓국

김치 젓국

‾ 김치 젓국. 옛날에 김치 많이 담그니까 김치 젓국이 맛나야 담북장이

맛이 있어.

아, 김치 젓국

‾ 예, 예.

어. 음.

그러면 집장은 ** 고춧잎에다가 고춧잎 가지고 만들어

‾ 고춧잎을 해서 이렇게 간해 놔.

간해 놔요?

‾ 응, 소금에다 딱 간해서 놔 두고 이제 조금씩 담가 먹어. 조금씩 담가

먹기도 하고.

음.

그것은 무슨 메주를 넣는다든가 그러지는 않아요?

‾ 메줏가루

메주까리

- 메주까리가 이써. 그러먼

- 고노믈 쪼끔 너:서 다므먼 더 마시써.

아. 집짱도

- 으음.

음.

- 거 시짱 집짱 그렁거 당:끼는 일:도 아니여라우. 찹쌀로 죽 쪼까 날쌍
헤서38) 쒸:서 다무먼 금방 다움서 머거 부린디 그거슨.

음.

- 근디 지금 꼬:치장 꼬:치 몸: 머거. 꼬:친닙.

@2 농약 떼메.

- 하::도. 아:먼. 약또 약또 말도 모더게 헝게 꼬치에다.

음.

@2 꼬:친닙 조아헐게 아니구만.

꼬:치를 그러케 야기 마:능가바.

- 저네는 야글 아넝게 머거쩨. 시방은 몸:머거.

- 어::트케 야글 헌다고, 아조 도거게, 꼬:치를 병: 안헐라고.

@2 음.

- 말도 모데 야글.

음. 참, 머글꺼 아니네.

@2 그먼 고추까루도 마:니 머글꺼 아니네요?

고추도 약

- 그레도 고추는 또 겐찬허닥 허등만.

@2 예.

- 꼬추는 소:게로 베어드러 암 베다다가 이러케 네려버리제 흘러네레버
리제.

메줏가루

˝ 메줏가루가 있어. 그러면

˝ 그것을 조금 넣어서 담그면 더 맛있어.

아, 집장도

˝ 으음.

음.

˝ 거 지금 집장 그런 것 담그기는 일도 아니어요. 찹쌀로 죽 조금 무르게 쒀서 담그면 금방 담그면서 먹어 버리는데 그것은.

음.

˝ 그런데 지금 고추장 고추 못 먹어, 고춧잎.

농약 때문에

˝ 하도. 아무렴. 약도 약도 말도 못하게 하니까, 고추에다

음.

고춧잎 좋아할 게 아니구먼.

고추를 그렇게 약이 많은가 봐.

˝ 전에는 약을 안 하니까 먹었지. 지금은 못 먹어.

˝ 어찌 약을 한다고. 아주 독하게. 고추를 병 안 하려고

음.

˝ 말도 못해, 약을.

음. 참. 먹을 게 아니네.

그러면 고춧가루도 많이 먹을 게 아니네요?

고추도 약

˝ 그래도 고추는 또 괜찮다고 하더구먼.

예.

˝ 고추는 속으로 안 배어들어. 이렇게 내려버리지. 흘려 내려버리지.

@2 녜.

 ̄ 가죽 가주기 꼬:치 가주근 그러케 드러가든 안헌다여39).

@2 녜.

 ̄ 그렁게 겐찬헌디 꼬:치닙싸근 다 써드러서40) 거시거자나요? 그렁게

음. 소그믄 여기서는 그냥 여그서 사다 잡쑤셔쪼?

 ̄ 예.

오. 여그 염저니 여 쫌 미테 이떤데 엔:나레도 염저니 이써씀니까? 이 근처
에

 ̄ 이써쩨.

 ̄ 염저니 두 간데41) 이써. 쩌:: 아네 강벡싸라고 이꼬 또 거시기도 이르
이 익꾸도 이꼬 그레써.

음.

 ̄ 근디 근디 지그믄 광벡싸니42) 읍써저따 허등가 어디가 업써진다 허싱
염전 한나 업:써저따 헝거까십띠다.

 ̄ 근디 장녀네 짱에43) 머그로 가봉게 아::따 망:키도 허드만, 그 볼마
기44) 아조.

예.

우리도 함번 가 바써요.

 ̄ 검::나드만45), 아조. 거가 다 기양 번번:허이46).

 ̄ 소금뿐막 헤:난는디 긍게 짱에 머꼬 나옹게 그세 거 소그미 되니라고
사뿐사뿐47) 되드라고.

 ̄ 갈떼는 봉게 걍 다 물만 차가꼬 이떠니.

(웃음)

그럼 엔:나레 그먼 소금장시드리 도라다녀써요 동네에?

 ̄ 그 저네는 소금사라고 소금사라고 외기도48) 헤:따 헙띠다 엔:나레는.
그렌는디

네

˘ 가죽이 고추 거죽은 그렇게 들어가지는 않는대.

네.

˘ 그러니까 괜찮은데, 고춧잎은 다 배어들어서 거식하잖아요? 그러니까 음, 소금은 여기서는 그냥 여기서 사다 잡수셨지요?

˘ 예.

오, 여기 염전이 여 좀 밑에 어떤 곳 옛날에도 염전이 있었습니까? 이 근처에?

˘ 있었지.

˘ 염전이 두 군데 있어. 저 안에 광백사라고 있고 또 거시기도 이름이 입구도 있고 그랬어.

음.

˘ 그런데 그런데 지금은 광백산이 없어졌다 하던가 어디가 없어진다 하신 염전 하나 없어졌다 하는 것 같습디다.

˘ 그런데 작년에 장어 먹으러 가서 보니까 아따 많기도 하더구먼, 그 너른 벌에 아주.

예.

우리도 한 번 가 봤어요.

˘ 굉장하더구먼. 아주. 거기가 다 그냥 번번하게.

˘ 소금만 해 놨는데 그러니까 장어 먹고 나오니까 그 사이에 거 소금이 되느라고 '사뿐사뿐' 되더라고.

˘ 갈 때는 보니까 그냥 다 물만 차가지고 있더니.

(웃음)

그럼 옛날에 그러면 소금장수들이 돌아다녔어요, 동네에?

˘ 그전에는 소금 사라고 소금사라고 외치기도 했다고 합디다, 옛날에는. 그랬는데

- 그 지그믄 다 아네. 기양 차로 모다 사다가 노코 팔먼 인자 거그서 사
다 머꼬

그러시조.

- 또

- 누가 아름 이씨먼 가따 도라거먼 거그서 가따도 주고

쩌:그 진도 가떠니 거그는 소그믈 부를 떼서 소그믈 만드러따 그레요.
여그는 처닐 그냥 헤뼈세 말리자나요 지그믄이~?

- 군:소그미구만 군:소금.

군:소금 예.

- 그거슬 부를 떼서 멘둥 거시 아니라 이런 소그믈 가따 구워.

- 군:소그믈 팔라고

아 일반 소그믈 군:다고요? 또 ** 함번?

- 그거슨 굼:꺼또 여러 가지여.

- 여 여러뻔 군:놈 이꼬 함번 군:놈 이꼬 아옵뻔 군:놈도 이꼬.

- 끄:메49). 여러번 군:노믄.

주겸 가틍거

- 주겸, 주경이라 헤:가꼬

응응응.

- 더 조:타고 그러제.

응. 그 장 항아리 가틍거또 팔러 다니는 사람 이써찌요?

어트께 사셔써요?

- 그떼는 다 팔로 뎅에써.

- 실:코50) 실:코 팔로 뎅에써 그떼는

어.

- 그릉게 사제 모다.

- 그라너먼 또 장에가 사 오고.

⎯ 그 지금은 다 안 해. 그냥 차로 모두 사다가 놓고 팔면 이제 거기서 사다 먹고

그러시지요.

⎯ 또

⎯ 누가 알음 있으면 가져다 달라고 하면 거기서 가져다가 주고

저기 진도 갔더니 거기는 소금을 불을 때서 소금을 만들었다 그래요.

여기는 천일 그냥 햇볕에 말리잖아요 지금은?

⎯ 구운 소금이구먼. 구운 소금

구운 소금, 예

⎯ 그것을 불을 때서 만드는 것이 아니라 이런 소금을 가져다 구워.

⎯ 구운 소금을 팔려고.

아, 일반 소금을 구운다고요? 또 ** 한 번

⎯ 그것은 구운 것도 여러 가지야.

⎯ 여러 번 구운 것 있고 한 번 구운 것 있고 아홉 번 구운 것 있고

⎯ 까매. 여러 번 구운 것은

죽염 같은 것

⎯ 죽염, 죽염이라 해가지고

응응응.

⎯ 더 좋다고 그러지.

응, 그 장항아리 같은 것도 팔러 다니는 사람 있었지요?

어떻게 사셨어요?

⎯ 그때는 다 팔러 다녔어.

⎯ 싣고 싣고 팔러 다녔어, 그때는

어.

⎯ 그러니까 사지, 모두.

⎯ 그러지 않으면 또 장에서 사 오고

음.
˗ 장에가 사서 지고 오고.
˗ 자:근노믄 이고도 오고 그레쩨.
그 사람드리 와서 함번 딱 항아리 돌려노코 도:는 나중에 바다가지고 막 그레
씀니까?
˗ 에상도 헐쑤도 이쩨. 아:는 사라믄 에상 허고. 모:른 사라믄 에상 아너
고 기양 사고 그러제라.
항아리느뇨이~.
영광에서 스 이 우 다른 데는 업따 이런 머 반차니나 머글꺼리 이씀니까? 다
른 영광 쫌 특싸니 특쎄기다 먿 특뻐리 헤: 잡쑤는 걸.
˗ 걸: 잘 모리건넌데 테레비 보면 영광 옴:능 거시 마:니 이씹띠다.
˗ 테레비에서 나오능거 뽀머는
˗ 진짜 그런 조응 거슨 여그서는 맘모빠. 여그는 옵:써.
응.
˗ 테레비 보머는.
˗ 거 베에서 자붕거시고 머:시고.
˗ 나 영광 나오면 사멍는디 암바써 인지까지 함번도.
응.
응? 웅어?
웅어는.
˗ 웅어51) 그렁거슨 다 이꼬
@2 웅어는 다른 데에 엄:능거 가테요, 영광만 이꼬.
˗ 웅어 웅어가 다른디는 업써?
예.
˗ 그르 몰라. 그거슨 모린디.
˗ 진짜 고기 이름도 나 드더도 다 이저부런네.

음.
﹣ 장에서 사서 지고 오고
﹣ 작은 것은 이고도 오고 그랬지.
그 사람들이 와서 한 번 딱 항아리 돌려 놓고 돈은 나중에 받아가지고 막 그
랬습니까?
﹣ 외상도 할 수도 있지. 아는 사람은 외상 하고. 모르는 사람은 외상 안
하고 그냥 사고 그러지요.
항아리는요.
영광에서 다른 데는 없다 이런 뭐 반찬이나 먹을거리 있습니까? 다른 영광 좀
특산이 특색이다 뭐 특별히 해 잡수는 것
﹣ 그걸 잘 모르겠는데 텔레비전 보면 영광 없는 것이 많이 있습디다.
﹣ 텔레비전에서 나오는 것 보면은
﹣ 진짜 그런 좋은 것은 여기서는 맛 못 봐. 여기서는 없어.
응.
﹣ 텔레비전 보면은
﹣ 거 배에서 잡은 것이고 뭐고
﹣ 나 영광 나오면 사서 먹는데 안 봤어, 이제까지 한 번도.
응.
응? 밴댕이?
밴댕이는
﹣ 밴댕이 그런 것은 다 있고.
밴댕이는 다른 데가 없는 것 같아요. 영광만 있고.
﹣ 밴댕이, 밴댕이는 다른 데는 없어?
예.
﹣ 그르 몰라. 그것은 모르는데.
﹣ 진짜 고기 이름도 나 들어도 다 잊어 버렸네.

˺ 진짜 조은 고기가 마신는 고기가 이뜨만.

˺ 근데 요런디는 여그를 아노드랑게 영광을.

˺ 테레비 보먼 인는디

응.

˺ 보먼

˺ 오먼 저런놈 사머그먼 쓰거따 헌디 아노드라고.

(웃음)

그러먼 엔:날 셍선 가틍거슨 뭘: 마:니 잡쒀써요? 잡쒀따는 셍서는?

˺ 엔:나레는 조구가 젤: 커쩨.

조구?

영광

˺ 응, 보메는 조구 사다가 저 조구신산헌다고52) 셍조구 사다가

조구 머요?

˺ 조구 신산헌다고?

조구 신산?

˺ 응, 조구 셍조구 사다가 이러 끼레 멍능거 보고 조구신사니라 허드만.

아.

˺ 보메. 보메 셴 굴비 세놈 나먼.

아.

˺ 엔:나레는 이런 오가제비53) 굴비라고 우리 실랑 이씰 떼는

무슨 무슨 조구요?

˺ 오가제비 굴비. 이러코

오가제비.

˺ 큰:놈 존:놈보고는 이러고 오가제비 굴비라게.

음.

˜ 진짜 좋은 고기가 맛있는 고기가 있더구면.

˜ 그런데 이런 곳은 여기를 안 오더라니까, 영광을.

˜ 텔레비전 보면 있는데

응.

˜ 보면

˜ 오면 저런 것 사 먹으면 좋겠다 하는데 안 오더라고.

(웃음)

그러면 옛날 생선 같은 것은 뭘 많이 잡줬어요? 잡줬다는 생선은?

˜ 옛날에는 조기가 제일 컸지.

조기

영광

˜ 응, 봄에는 조기 사다가 저 '조기신산' 한다고 생조기 사다가

조기 뭐요?

˜ '조기신산' 한다고?

'조기신산'?

˜ 응, 조기 생조기 사다가 이러 끓여 먹는 것 보고 '조기신산'이라고 하
더구면.

아.

˜ 봄에. 봄에 새 굴비 새 것 나면

아.

˜ 옛날에는 이런 '오가제비' 굴비라고 우리 신랑 있을 때는

무슨 무슨 조기요?

˜ '오가제비' 굴비

'오가제비'

˜ 큰 것 좋은 것보고는 이렇게 '오가제비' 굴비라고 해.

음.

⎺ 요로고 셍인놈 사노먼 진짜 마또 이꼬 머글꺼 이써라우 진짜. 고론놈 사노먼 그러고.

⎺ 그떼는 쪼까 도:니 이쓩게 우리 실랑 이씰떼는 그레도 어쩨 가떤지 거 고기가 그거시 먼: 고기냐. 고기 이르믈 이저부런네. 큰 걸 요로코 지드라 능건54).

⎺ 고거슨 검:나게 비싸. 고기가.

@2 미너?

⎺ 미너 미너 인자 미너.

@2 예.

⎺ 미너 그거슨 진짜로 비싸.

⎺ 그거슨 키로에 얼마헤.

⎺ 여그 읍:쓩게 사먹또 모데 그거슨.

⎺ 나락 항 가메이썩 주고 사머거써. 엔:나레도.

아 그레요?

⎺ 그 고기가 진짜 또 마시써.

⎺ 미너가 몰려서 수란주로 머거도 마시꼬 기냥 세:파늘55) 헤도 그 외 더 마신는 거시 업:써 미너 고기가.

아.

⎺ 그맘마치56) 비싸.

아.

우리집

⎺ 떡 뻽빱따구나 먼:나

@2 점부 요세는 수이비여.

⎺ 머거 보면 조사서57) 헤:처도 만나제마는 그거 그런 놈 자바서 지저도 그러케 마시써 미너가.

제사쌍에 마:니 올리능게 미넌데.

˝ 이렇게 생긴 것 사 놓으면 진짜 맛도 있고 먹을 것 있어요, 진짜. 그런 것 사 놓으면 그러고.

˝ 그때는 조금 돈이 있으니까 우리 신랑 있을 때는 그래도 어떻게 되었든지 거 고기가 그것이 무슨 고기냐 고기 이름을 잊어 버렸네. 큰 것 이렇게 기다란 것.

˝ 그것은 굉장히 비싸, 고기가.

민어?

˝ 민어, 민어, 이제 민어

예.

˝ 민어 그것은 진짜로 비싸.

˝ 그것은 킬로에 얼마 해.

˝ 여기 없으니까 사 먹지도 못 해, 그것은.

˝ 벼 한 가마니씩 주고 사 먹었어, 옛날에도.

아, 그래요?

˝ 그 고기가 진짜 또 맛있어.

˝ 민어가 말려서 술 안주로 먹어도 맛있고 그냥 회를 해도 그 외에 더 맛있는 것이 없어, 민어 고기가.

아.

˝ 그만큼 비싸.

아.

우리집

˝ 뼈다귀나 무엇이나

전부 요새는 수입이야.

˝ 먹어 보면 다져서 회 쳐도 맛나지마는 그것 그런 것 잡아서 지져도 그렇게 맛있어, 민어가.

제사상에 많이 올리는 것이 민어인데.

⁻ 미너 그거가꼬 좀:체 제사쌍에 모돌려.

모데요?

⁻ 비싸건 * 비싸요.

@2 지그믄 점부 수이비잉거 가튼데

⁻ 지그믄 수입헤부르고 여그를 나오들 안헤부러.

⁻ 비쌍게 여그는 나오들 안헤.

⁻ 그 미너 머근 제58) 나도 검:나게 오레돼.

아하.

그 영광은 인제 아무레도 말:씀하시니까 그런데 어디 다른 지방 가문 영광하면 굴비거드뇨.

⁻ 응, 영광 꿀비 제일.

그러자나요?

그러면 엔:나레 그러케 굴비를 지베서 마:니 헤 잡쑤셔써요?

⁻ 그러제 사다 마거쩨.

어:터케 만듬니까 굴비는?

굴비를 이러케 우리는 사다가 기양 이러코 지저도 머꼬 간헤따가 궈:머꼬

긍께 인자 조구를 사다가 말려야 되지요?

⁻ 조구를 쎙노므로 사다 아:먼 물끼 물끼 말리제.

어:따가 말림니까 요런 구거를?

⁻ 이러케 기양 거시게다 말려.

⁻ 그떼는 거 두고도 말려도 그떼는 겐찬헤써라. 지금칠로59) 포리도 그러코 업:써저쩨 그떼는.

⁻ 시방으뇨 아파트가 거시기라도 안 이쏘. 모다 몰리는 거시라도. 근디 글안헤도 그러코 석 벌려노코 머꼬 그레써.

그냥 말려가지고

˘ 민어 그것 가지고 좀처럼 제사상에 못 올려.

못해요?

˘ 비싸긴 비싸요.

지금은 전부 수입인 것 같은데.

˘ 지금은 수입해 버리고 여기를 나오지를 않아.

˘ 비싸니까 여기는 나오지를 않아.

˘ 그 민어 먹은 지 나도 굉장히 오래 돼.

아하.

그 영광은 이제 아무래도 말씀하시니까 그런데 어디 다른 지방 가면 영광 하면 굴비거든요.

˘ 응, 영광 굴비 제일

그러잖아요?

그러면 옛날에 그렇게 굴비를 집에서 많이 해 잡수셨어요?

˘ 그러지. 사다 먹었지.

어떻게 만듭니까, 굴비는?

굴비를 이렇게 우리는 사다가 그냥 이렇게 지져도 먹고 간했다가 구워도 먹고

그러니까 이제 조기를 사다가 말려야 되지요?

˘ 조기를 생것으로 사다가 아무렴 물기 물기 말리지.

어디다가 말립니까, 이런 그것을?

˘ 이렇게 그냥 거시기에다 말려.

˘ 그때는 거 두고도 말려도 그때는 괜찮았어요. 지금처럼 파리도 그렇게 없었었지, 그때는.

˘ 지금은요 아파트에 거시기라도 있잖소? 모두 말리는 것이라도. 그런데 그러지 않아도 썩 벌려 놓고 먹고 그랬어.

그냥 말려가지고

‾ 저네 우리 할머니 살림헐 때 하나버지 살림헐 떼는 부자라 어::트케 귀한 장꽝[60] 어:디 창고로 아조 굴비를 머이고 작싸레[61] 메노코 어찌고 검나게 너러노코 몰려가꼬 여름네:: 잡쑨닥 헙띠다.

‾ 잡싸딱 헙띠다 그 예기 드러버르먼. 그러먼 오레 머글라머는 깡깡[62] 몰려가꼬 보리 쏘게다 다 무든닥 헤.

‾ 보리쏘게다. 이 통보리 똥:보리. 그레가꼬 머그먼 거시기가 안 난닥 헤. 이러트먼 찌니 안 나.

‾ 그러 그러케서 부 조:타게.

보리 보리쌀 소게 너: 둬야 오레 이러케 보:과늘 하능구뇨.

‾ 음, 오레 보간 오레 보간 예.

음.

‾ 통보리싸레다 너:노코 머그먼.

음.

긍게 엔:나레도 굴비 머글라먼 부자여야 데써요?

‾ 그러제 저네는 부자여사[63] 먹쩨. 지그믄 다 머그요 모다 부자나 아니나.

‾ 그거또 부자 아닌 사람 업:써 그거또.

‾ 옴:는 사람드리 더 잘 머거.

(웃음)

‾ 여그서 움:서 아조 옵씨머는 아조 옴:는 사람드리 더 잘 머거. 영:세민 헤 중게 더 잘 머꼬.

(웃음) 아::: 그떼도 엔:나레는 좀 귀한 고:급 저기여꾸마뇨 굴비가.

‾ 진짜 생 그떼는 지금 온 그런 굴비 나오도 아네, 존:노미.

‾ 어러서 나와 버러. 지그믄 다 어러서 나와 버링깅게 인자 헌:디 그떼는 걍 뿌::여니 뻰들뻰들뻰들헌 노무 굴비가 기양 이러케 셍인 노미 나오먼 진짜 고노미 마시써.

˚ 전에 우리 할머니 살림할 때 할아버지 살림할 때는 부자라 어떻게 귀한 장독대 어디 창고로 아주 굴비를 뭐고 작살에 매어놓고 어떻게 굉장히 널어 놓고 말려가지고 여름 내내 잡순다고 합디다.

˚ 잡수었다고 합디다, 그 얘기 들어 버리면. 그러면 오래 먹으려면은 단단히 말려가지고 보리 속에다 다 묻는다고 해.

˚ 보리 속에다. 이 통보리 통보리. 그래가지고 먹으면 거시기가 안 난다고 해. 이를테면 진이 안 나.

˚ 그렇게 해서 좋다고 해.

보리 보리쌀 속에 넣어 두어야 오래 이렇게 보관을 하는군요.

˚ 음, 오래 보관 오래 보관, 예.

음.

˚ 통보리쌀에다 넣어 놓고 먹으면

음.

그러니까 옛날에도 굴비 먹으려면 부자여야 됐어요?

˚ 그러지. 전에는 부자여야 먹지. 지금은 다 먹잖소? 모두 부자나 아니나.

˚ 그것도 부자 아닌 사람 없어, 그것도.

˚ 없는 사람들이 더 잘 먹어.

(웃음)

˚ 여기서 없어 아주 없으면은 아주 없는 사람들이 더 잘 먹어. 영세민 해 주니까 더 잘 먹고.

(웃음) 아 그때도 옛날에는 좀 귀한 저기였구먼요, 굴비가.

˚ 진짜 생 그때는 지금 나오는 그런 굴비 나오지도 않아. 좋은 것이.

˚ 얼어서 나와 버려. 지금은 다 얼어서 나와 버리니까 이제 하는데 그때는 그냥 부옇게 번들번들한 놈의 굴비가 그냥 이렇게 생긴 것이 나오면 진짜 그것이 맛있어.

- 아조 헤:노먼.

그니까 굴비 처레 어디 가서 사옵니까? 셍조구를?

- 아:먼 사오제.

아. 어디 저그 법썽이나 요론디 가튼

- 인자 여으 법썽 가튼 디가 사고 그거슨 그그 아:릅 이쓰먼 말:헤. 가따 도라고. 그러먼 가따 줘.

엉. 셍조구를?

- 그제 셍조구를.

그레가지고 여그서 지베서 말려요?

- 예, 지베서 인자 가네가꼬 오널 말리고 그러제.

엔:나레는 그 지금가찌 아네 물 곡 물꼬기드리 굉장히 마:나따 글드라고요. 지그믄 잡끼가 어려운데. 그레서

조구 조기도 그냥 파 파시떼는 굉장히 마:나따 그러고 흥청망청 헐떼

- 그떼는 만헨능가 몰라도 머 조구 가틍 건 게빠닥[64] 우게서 나오제 문 밈무레서는 안 잡쩨

안 잡찌요.

- 그러제. 밈물써는 안 잡쩨

그* 근데 지그보다고 고령 거 인제 지그믄 머 오염뒈고 날씨도 안 조코 그레가지고

- 여 밈물꼬기랑거슨 시방은 누가 독 절 먹또 안헤 잘. 밈물꼬기

예. 그러묘. 오여미 마:니 뒈서.

근데 여기 요 벡쑤는 벡쑤가 바다까가 이짜나요? 요쪼게 가면이~?

- 예.

근데.

물꼬기를 막 꼭 저 셍서늘 마:니 잡꺼나 그러 그러지는 아느셔써요?

- 베에서 셍선 나와.

￢ 아주 해 놓으면

그러니까 굴비 철에 어디 가서 사옵니까? 생조기를?

￢ 아무렴. 사 오지.

아, 어디 저기 법성포나 이런 데 같은

￢ 이제 여기 법성포 같은 데에서 사고 그것은 거기 알음이 있으면 말해. 가져다 달라고. 그러면 가져다 줘.

어, 생조기를?

￢ 그러지. 생조기를.

그래가지고 여기서 집에서 말려요?

￢ 예, 집에서 이제 간해가지고 그것을 말리고 그러지.

옛날에는 지금 같지 않고 물곡 물고기들이 굉장히 많았다고 그러더라고요. 지금은 잡기가 어려운데. 그래서.

조기 조기도 그냥 파시 때는 굉장히 많았다 그러고 흥청망청할 때

￢ 그때는 많았는지 몰라도 뭐 조기 같은 것은 바다에서 나오지 민물에서는 안 잡지.

안 잡지요.

￢ 그러지. 민물에서는 안 잡지.

그런데 지금보다도 그런 것 이제 지금은 뭐 오염되고 날씨도 안 좋고 그래가지고

￢ 이 민물고기란 것은 지금은 누가 먹지도 않아 잘. 민물고기.

예, 그럼요. 오염이 많이 돼서.

그런데 여기 이 백수는 백수가 바닷가가 있잖아요? 이쪽에 가면?

￢ 예.

그런데

물고기를 막 꼭 저 생선을 많이 잡거나 그러지는 않으셨어요?

￢ 배에서 생선 나와.

벡쑤에서도 나와요?

⎯ 자버가꼬 나와요 벡쑤에서.

⎯ 그렁게 자 우리 저그 조합뻥워네가 인는 조카는 막 게 가장이롱가 이써. 우리 조카가.

⎯ 근디 즈그 모다 누구덜 기양 즈그 친처기고 누구고 게양 즈그 칭고드리고 거시걸라먼 베를 한나 딱 마처버러.

⎯ 거그다가 저:나를 헤:서. 그러먼 고기 가꼬 나오먼 가서 수::데로65) 가서 머시그 먹:꼬 자푼 데로 셍인 걷 다 머꼬 나무먼 가꼬기도 허고 그레.

아 거기서 자붐 자분다고요?

⎯ 자분 순 베로 베수베수 베 드론 노물.

오:::그 즈 베에서 회:로 머꼬?

⎯ 예.

⎯ 베에서 가서 회:로 머꼬. 싱거 싱싱허제.

어.

⎯ 우리도 장녀네 나도 가서 머건넌디 우리는 우리 사우가 두:쩨 사우가 가자게 가꼬 간는디

⎯ 우리 따리 두:쩨 따리 거그 고기 장시 헌 사람 가:게 헌 사라믈 세:판66) 헌 사람보고 동창이여.

아하.

⎯ 그렁게 인자 고기가 종:거 나오먼 고기 종:거 나와따고 저:나 허먼 함번썩 가서 머긍갑띠다. 그레가꼬 장년도 나보고 가자게가꼬 가서 머거써.

음.

⎯ 진짜 잘헤줘. 고 만나고 그레.

음.

⎯ 싱싱헤. 무레서 금방 나온노미라.

백수에서도 나와요?

̄ 잡아가지고 나와요, 백수에서.

̄ 그러니까 이제 우리 저기 종합병원에 있는 조카가 막 거 과장으론지 있어, 우리 조카가.

̄ 그런데 저희 모두 누구들 그냥 저희 친척이고 누구고 그냥 저희 친구들이고 거식하려면 배를 하나 딱 맞춰 버려.

̄ 거기다가 전화를 해서. 그러면 고기 가지고 나오면 가서 모두 가서 무엇이든지 먹고 싶은 대로 생긴 것 다 먹고 남으면 가져오기도 하고 그래.

아, 거기서 잡는다고요?

̄ 잡는 순 배로 배 들어온 것을.

오. 그 배에서 회로 먹고?

̄ 예.

̄ 배에서 가서 회로 먹고. 싱싱한 것 싱싱하지.

어.

̄ 우리도 작년에 나도 가서 먹었는데 우리는 우리 사위가 둘째 사위가 가자고 해가지고 갔는데

̄ 우리 딸이 둘째 딸이 거기 고기 장사하는 사람 가게 하는 사람을 회판하는 사람과 동창이야.

아하.

̄ 그러니까 이제 고기가 좋은 것 나오면 고기 좋은 것 나왔다고 전화하면 한 번씩 가서 먹나 봅디다. 그래가지고 작년에도 나보고 가자고 해가지고 가서 먹었어.

음.

̄ 진짜 잘 해 줘. 거 맛나고 그래.

음.

̄ 싱싱해. 물에서 금방 나온 것이라.

그다메 술 담그능 걸 함번 헤보셔써요? 막껄리 머 이러케 청주 가틍거 다머보 셔써요? 버베? 제:사

￣ 그렁거슨 말헐꺼또 업씨 다 헤부러쩨.

엉. 그러먼 함번 말 그 어:떠케 청주를 그러케 만드는지 함번

￣ 청주럴?

으.

제:사떼 쓸라고 마:니 쓰지요?

￣ 그러제.

￣ 근디 인자 이로코 미:를 밀랄 엔:나레 가라서 안 머거쏘?

밀?

￣ 밀.

￣ 미:를 이리 가라서 가리는67) 이러고 뻬:서 이러코 먼: 헤:머꼬 왼68) 우 리 절머서 허고 클 떼 허고는 글로 누루글 디더써69).

밀:로.

￣ 지울로70). 밀 지우리락 헤 그거뽀고.

아 밀찌울. 엉.

￣ 응, 가리 뻬:머꼬 난 그거뽀고 지울 헤서 물 모까서71) 고지라고72) 이 써. 이러케 똥그르르 고지.

￣ 그르먼 요로코 차데기73) 또 지:꼬. 마포로 멘든 차데기 이써. 거그서 차데기 다머서 구녀게 딱 드러갈만허게 다머. 그레가꼬는 딱 드러가서 헤: 야꼬 이러고 딱 비베서 딱 발로 꽉 볼바 부러.

￣ 그러면 단단헐껀 아니여 암 뽀게지고.

예.

￣ 그레서 인자 띠워.

음.

￣ 그레서 띠워가꼬 잘 뜨두 누루기 잘 떠야 수리 마시써.

그 다음에 술 담그는 것 한 번 해 보셨어요? 막걸리 뭐 이렇게 청주 같은 것 담가 보셨어요? 제사

‑ 그런 것은 말 할 것도 없이 다 해 버렸지.

어. 그러면 한 번 말 그 어떻게 청주를 그렇게 만드는지 한 번

‑ 청주를

으.

제사 때 쓰려고 많이 쓰지요?

‑ 그러지.

‑ 그런데 이제 이렇게 밀을 옛날에 갈아서 먹잖았소?

밀?

‑ 밀.

‑ 밀을 이리 갈아서 가루는 이렇게 빼서 이렇게 뭐 해 먹고 원래 우리 젊을 때하고 클 때하고는 그것으로 누룩을 딛었어.

밀로.

‑ 기울로. 밀기울이라고 해, 그것보고.

아, 밀기울. 엉.

‑ 응, 가루 빼 먹고 난 그것보고 기울 해서 물 쳐서 고지라고 있어. 이렇게 동그랗게 고지.

‑ 그러면 이렇게 자루 또 만들고. 마포로 만든 자루 있어. 거기서 자루 담아서 구멍에 딱 들어갈 만하게 담아. 그래가지고는 딱 들어가서 해가지고 이렇게 딱 비벼서 딱 발로 꽉 밟아 버려.

‑ 그러면 단단할 것 아니야? 안 쪼개지고?

예.

‑ 그래서 이제 띄워.

음.

‑ 그래서 띄워가지고 잘 뜨두 누룩이 잘 떠야 술이 맛있어.

고지는 그러먼 먼 틀 가틍거예요?

ㄱ 아:먼. 이런 나무

나:무로 돼 만드러가지고

ㄱ 얄부느 나무 껍따깅가 모르거씁띠다 멘등거시 이러게 딱 공그리74) 이러케 멘등게. 그럭 그러코 헤야꼬 멘드러써 그러고.

ㄱ 그레가꼬 그 누룽만 잘 떠 버리먼 수른 말 무러 볼꺼덥씨 만나.

아::.

ㄱ 수른 누루기 잘 떠야 수리 마시써.

그럼 고 누루그로 인자 어터케 함니까?

ㄱ 고로고 누룩 그 누룩 그놈가꼬 인자 잘 뜨먼 그놈 빠사75)가꼬는 술빠블76) 찌제.

예.

ㄱ 술빱 찌고 술락77) 사고.

야기요?

ㄱ 술락 이써.

ㄱ 술랴글 안 느먼 수리 잘 안 돼.

@2 이:스트 이:스트 가틍겅가바.

아.

ㄱ 술랴글 드러가야 수리 돼제.

ㄱ 그 고로코 헤:서 인자 수를 헤: 뉘. 헤: 누먼 수리 잘 돼제.

ㄱ 그라고

네 어레서 기어게는 여그 그 술 술빱

ㄱ 음 쑬빱

술빱, 꼬:두바비라 그레요.

ㄱ 예, 꼬두밥78).

ㄱ 마시쩨라 그러먼

고지는 그러면 무슨 틀 같은 것이에요?

⁻ 아무렴. 이런 나무

나무로 만들어가지고

⁻ 얇은 나무 껍질인지 모르겠습디다. 만든 것이 이렇게 딱 단단하게 이렇게 만드니까. 그렇게 해가지고 만들었어, 그렇게.

⁻ 그래가지고 그 누룩만 잘 떠버리면 술은 말 물어 볼 것 없이 맛나.

아.

⁻ 술은 누룩이 잘 떠야 술이 맛있어.

그럼 그 누룩으로 이제 어떻게 합니까?

⁻ 그렇게 누룩 그 누룩 그것 가지고 이제 잘 뜨면 그것 빻아가지고는 술 밥을 찌지.

예.

⁻ 술밥 찌고 술약 사고.

약이요?

⁻ 술약 있어.

⁻ 술약을 안 넣으면 술이 잘 안 돼.

이스트 이스트 같은 것인가 봐.

아.

⁻ 술약을 들어가야 술이 되지.

⁻ 그 그렇게 해서 이제 술을 해 놔. 해 놓으면 술이 잘 되지.

⁻ 그리고

나 어려서 기억에는 여기 그 술 술밥

⁻ 음, 술밥

술밥, 고두밥이라 그래요.

⁻ 예, 고두밥

⁻ 맛있어요? 그러면

고 아주 기양

￣ 그놈 어더무글라고 모다 거시거제 술빱 좀

（웃음）

￣ 쌀 쌀:바비라 점부다 싸리라.

엉.

고 거그다가 누룽 너:코

￣ 누룽 너코

무를 좀 너:씁니까?

￣ 아:먼. 물로 거시거제.

무를 더 너:찌요?

￣ 물 너서 착:착 치데79)가꼬 무를 어느 정도 부:쩨.

그레가꼬

￣ 그레야 그노미 쌀:도 퍼지고 누룩또 퍼지고 헤야꼬 수리 뒈제.

그레가꼬 따뜨한 데다가 요러케 놔:두지요?

￣ 따뜨시 싹 싸: 놔.

￣ 그레가꼬 수리 뻐글뻐글뻐글 막:: 괴:먼80) 기양 훌딱훌딱훌따닥 괴는 소리가 나. 뽀글뽀글뽀글 나.

메치리나 되먼 그러등가요?

￣ 응?

메치리나 되먼

￣ 수를 오늘 나:제 헤:따거먼 저녁 세보게 어느 정께 되먼 어느 정도 괴야.

아 벌써 괴아요?

￣ 아 그러먼

￣ 누룩 막:: 게서 이르고 가서 몬차 보면 술오가리가 우게까지 조까 따 따헝기가 이쓰먼 운: 봉지를 여러부러야 헤.

그 아주 그냥

¯ 그것 얻어 먹으려고 모두 거식하지. 술밥 좀

(웃음)

¯ 쌀 쌀밥이라 전부 다 쌀이라.

엉.

그 거기다가 누룩 넣고

¯ 누룩 넣고

물을 좀 넣습니까?

¯ 아무럼. 물로 거식하지.

물을 더 넣지요?

¯ 물 넣어서 착착 치대가지고 물을 어느 정도 붓지.

그래가지고

¯ 그래야 그것이 쌀도 퍼지고 누룩도 퍼지고 해가지고 술이 되지.

그래가지고 따뜻한 곳에다가 이렇게 놔 두지요?

¯ 따뜻이 싹 싸 놔.

¯ 그래가지고 술이 뽀글뽀글뽀글 막 괴면 그냥 훌딱훌딱훌따닥 괴는 소리가 나. 뽀글뽀글뽀글 나.

며칠이나 되면 그러던가요?

¯ 응?

며칠이나 되면

¯ 술을 오늘 낮에 했다고 하면 저녁 새벽에 어느 때쯤 되면 어느 정도 괴어.

아, 벌써 괴어요?

¯ 아, 그러면

¯ 누룩 막 괴어서 이렇게 가서 만져 보면 술 항아리가 위에까지 조금 따뜻한 기미가 있으면 항아리 위를 덮은 종이 덮개를 열어 버려야 해.

아.

‾ 그리야제 한:허고81) 더퍼두면 수리 제너머82)부러. 써:가꼬 안 만나, 수리.

아.

‾ 그거또 술도 조:시를 마차서 잘 헤야 만나제 무조껀 허능거시 아니여.

그러지요.

‾ 응, 그레야꼬 헐먼 수리 고로코 마시써. 고로고 인자

‾ 찹쌀로 청주 가퉁거 허능거슨

음.

‾ 여그 밀:까리 이짜너요?

음.

‾ 밀:까리를 바삭::허이~83) 무까야 헤 바시러니.

‾ 바시러니84) 모가서 콱:: **

모끈다고요?

‾ 바시러니 모가 무를.

무를 모끈단 마리 무슨 마리에요?

‾ 무럴

‾ 밀 가리에다 요로케 무를 침성 요로케 허치는85) 거슬 모끈다고 그러지.

아 시를 지야

‾ 바시르르니 모까가꼬는 막:: 비베.

‾ 바실바실허게 딱:: 비베가꼬는 보시레~이라 모까야지 질면 그거슨 베레부러.

음.

‾ 게야꼬 이러고 꼭::꼭 지여서 요로코 꼭 지여서 이케 놔:두면 누루기 잘 떠. 더퍼서 놔: 두면.

아.

⁻ 그래야지 한없이 덮어 두면 술이 넘어 버려. 써가지고 안 맛나, 술이.

아.

⁻ 그것도 술도 알맞은 정도를 맞춰서 잘 해야 맛나지 무조건 하는 것이
아니야.

그러지요.

⁻ 응, 그래가지고 하면 술이 그렇게 맛있어. 그리고 이제

⁻ 찹쌀로 청주 같은 것 하는 것은

음.

⁻ 여기 밀가루 있잖아요?

음.

⁻ 밀가루를 물기가 많지 않도록 물을 쳐야 해. 물기가 많지 않도록.

⁻ 물기가 많지 않도록 물을 쳐서 콱 **

'모끈다'고요?

⁻ 물기가 많지 않도록 물을 쳐, 물을

물을 '모끈다'는 말이 무슨 말이에요?

⁻ 물을

⁻ 밀가루에다 이렇게 물을 치면서 이렇게 흩뿌리는 것을 '모끈다'고 그
러지.

******

⁻ 물기가 많지 않도록 물을 쳐가지고는 막 비벼.

⁻ 물기가 많지 않도록 딱 비벼가지고는 물기가 많지 않게 물을 쳐야지
질면 그것은 버려 버려.

음.

⁻ 그래가지고 이렇게 꼭꼭 만들어서 이렇게 꼭 만들어서 이렇게 놔 두
면 누룩이 잘 떠. 덮어서 놔 두면.

음.

⎯ 노::러니 떠.

⎯ 인자 글로 청주 가틍거슨 헤, 찹쌀로.

⎯ 그러면 그거스 동동주말로86) 그러케 조:체, 고로케 허먼 수럴 허먼.
골로 허먼.

⎯ 음 어찌 얼:름 중가네는 그런 밀:까리 허도 아너고 밀:찌울 허도 아너고
고로코 헤가꼬 지사떼마닥87) 술 헤서 그러코 머거써 수를 헤:가꼬 아조.

⎯ 궁게 술 만나케 헌다고 얼::마나 아조 거식헌다고 아조 술 만나다고.

⎯ 나는 수를 그러케 마시케 잘헤써라우. 그러고 여르메 농사질 떼도 가:
튼 보리술로 헤:도 나는 기양 술레술로락 헤:부러 그러먼 게양.

⎯ 거를 꺼또 업씨 막 바타서만 머거버릉게 멜:거이88) 조:치아나요 수리?

음.

⎯ 근디 다른 사람덜 술도 기냥 퉁:특허이 보리술 헤:노먼 그러제이~.

음.

⎯ 그렁게 술 만납께 헌다고 일:만 오라거먼 기양 아이고 아무게떵네 술
만낭게 쏘 술 머그로 올란닥 험서 이:롸.

오::

⎯ 고로고 고로고 너미 고로고 따레써. 머:슬 헤:주먼 거식헌다고
일꾼드리. 음.

근데 한떼는 수를 몬:만들게 헤:써요이~?

⎯ 모리게 수머서 헤쩨.

⎯ 누루글 감추고 날리여쩨. 근디 인자 중가네 난:중에는 기양 느꼬줘89)
부러쩨 다 헤:머그라고.

아::

⎯ 예, 거식헤서. 그 들키먼 크닐나, 벌금 물고.

그러지요.

음.

⌐ 노랗게 떠.

⌐ 이제 그것으로 청주 같은 것은 해, 찹쌀로.

⌐ 그러면 그것이 동동주처럼 그렇게 좋지. 그렇게 하면 술을 하면. 그것으로 하면.

⌐ 음, 어찌 얼른 중간에는 그런 밀가루 하지도 않고 밀기울 하지도 않고 그렇게 해가지고 제사 때마다 술 해서 그렇게 먹었어. 술을 해가지고 아주.

⌐ 그러니까 술 맛나게 한다고 얼마나 아주 거식헌다고 아주 술 맛나다고.

⌐ 나는 술을 그렇게 맛있게 잘했어요. 그리고 여름에 농사 지을 때도 같은 보리술로 해도 나는 그냥 **** 해 버려. 그러면 그냥

⌐ 거를 것도 없이 막 받아서만 먹어 버리니까 말갛게 좋잖아요, 술이?

음.

⌐ 그런데 다른 사람들 술도 그냥 특특하게 보리술 해 놓으면 그러지.

음.

⌐ 그러니까 술 맛나게 한다고 일만 오라고 하면 그냥 아이고 아무개댁네 술 맛나니까 술 먹으러 오겠다고 하면서 일 와.

오.

⌐ 그렇게 그렇게 남이 그렇게 따랐어. 뭘 해 주면 거식한다고.

일꾼들이. 음..

그런데 한때는 술을 못 만들게 했어요?

⌐ 모르게 숨어서 했지.

⌐ 누룩을 감추고 난리었지. 그런데 이제 중간에 나중에는 그냥 늦춰 줘 버렸지. 다 해 먹으라고.

아.

⌐ 예, 거식해서. 그 들키면 큰일나. 벌금 물고.

그러지요.

⁻ 엉. 긍엉긍엉 그레써.

그건 몰:레몰레 헤써요?

⁻ 예, 몰:레몰레 헤:머거찌.

오::.

고건 인자 또 저기 자부로 다니기도 하고 술 누룽인능가 검:사

⁻ 야, 요로코 뒤로 뎅이고 그레쩨라. 인능가 볼라고 뒤로 뎅이고.

오::.

걸린 사람도 이써꼬.

⁻ 응, 걸린 사람도 이꼬 그레써 그떼.

그러먼 머에요 걸리먼 어떠게 벌금

⁻ 벌금 무러 벌금. 술 들키먼

⁻ 긍게 그 사람들 오먼 기양 (웃음) 들 마자 들케따고 수로가리 가따 드르러니 가따 부서 부러 그거슬. 그레 걸그레 벌그믈 안 무러 더러케 부서 부르먼.

⁻ 암무꼬 가따 드르러니 부서 부르먼 벌금 안 무러.

어. (웃음)

⁻ 그러기도 허고 그레써요.

음.

⁻ 근디 식 그 뒤:로 어쩨 난:중에는 게양 팍 거시기 되야 버러써. 맘:데로 헤:머그라고.

⁻ 똑 ***

웨냐면 인자 거: 양:조장이 이짠씀니까? 긍게 그 사람들만 인자 수를 만들게끔 헤:나짜나요?

⁻ 양:조장 이써도 난:중에는 고 헤:머그라 헤:써라. 그레가꼬 다 헤:머거써.

⁻ 거그서 바더다 머금서도 다 헤:서 머거써, 수를.

음.

˺ 엉, *** 그랬어.

그건 몰래 몰래 했어요?

˺ 예, 몰래 몰래 해 먹었지.

오.

그것 이제 또 저기 잡으러 다니기도 하고 술 누룩 있는지 검사

˺ 야, 이렇게 뒤지러 다니고 그랬지요. 있는지 보려고 뒤지러 다니고.

오.

걸린 사람도 있었고

˺ 응, 걸린 사람도 있고 그랬어, 그때.

그러면 뭐 해요? 걸리면 어떻게 벌금

˺ 벌금 물어 벌금. 술 들키면

˺ 그러니까 그 사람들 오면 그냥 들켰다고 술 항아리 가져다 드르르 가져다 부어 버려 그것을. 그래 벌금울 안 물어. 그렇게 부어 버리면.

˺ 먹지 않고 가져다 드르르 부어 버리면 벌금 안 물어.

어. (웃음)

˺ 그러기도 하고 그랬어요.

음.

˺ 그런데 그 뒤로 어째 나중에는 그냥 거시기 되어 버렸어. 마음대로 해 먹으라고.

˺ 똑 ***

왜냐면 이제 거 양조장이 있잖습니까? 그러니까 그 사람들만 이제 술을 만들게끔 해 놓았잖아요?

˺ 양조장 있어도 나중에는 해 먹으라고 했어요. 그래가지고 다 해 먹었어.

˺ 거기서 받아다 먹으면서도 다 해서 먹었어, 술을

음.

˗ 일 헐라먼 함 말통 가조라고 허먼 가조고 다테통 가조라고 허먼 다떼통 가조고 그레써, 양:조장에서.

그럼 청주는 하고 마껄리는 다르자나요?

˗ 마껄리는 거리고

예.

˗ 아까 네가 머긍게 청주는

예.

˗ 네:나 찹쌀로 헤서

예.

˗ 용수

예.

˗ 용수를 바거.

예.

˗ 우리는 시방 용수도 이써라.

그레요?

˗ 하도 수를 헤:머거서.

（웃음）

˗ 근디 용:수를 수를 헤:노코

응.

˗ 딱: 이케 헤서 용수 그 소게다 땅 이러케 무더 나:도.

예.

˗ 그래서 딱: 도:그로 눌러 나:두면 그 소게가 멜::근 물만 차.

˗ 그러먼 떠노코 또 바 또 나:두면 또 차고 떠:논벌 서너 짜고 그거시 청주여.

음.

˗ 그 그런짜 만나고 그거슨. 청 찹쌀로 헤:서 그러코 헤:노먼.

⁻ 일 하려면 한 말 통 가져오라고 하면 가져오고 닷 되 통 가져오라고 하면 닷 되 통 가져오고 그랬어, 양조장에서.

그럼 청주하고 막걸리는 다르잖아요?

⁻ 막걸리는 거르고

예.

⁻ 아까 내가 먹으니까 청주는

예.

⁻ 내나 찹쌀로 해서

예.

⁻ 용수

예.

⁻ 용수를 박아.

예.

⁻ 우리는 지금 용수도 있어요.

그래요?

⁻ 하도 술을 해 먹어서.

(웃음)

⁻ 그런데 용수를 술을 해 놓고

응.

⁻ 딱 이렇게 해서 용수 그 속에다 딱 이렇게 묻어 놔 둬.

예.

⁻ 그래서 딱 돌로 눌러 놔 두면 그 속에 말간 물만 차.

⁻ 그러면 떠 놓고 또 바 또 놔 두면 또 차고 떠 놓은 것 서너 짜고 그것이 청주야.

음.

⁻ 그런 진짜 맛나고 그것은. 청 찹쌀로 해서 그렇게 해 놓으면

긍게 청주를 딱 뜨고 나문 노문 인자 바틈니까? 그런 마껄리가 뒈나

￣ 싹::: 바타저불고 읍:써. 딱 마 그 용:소를 부서노머는

으.

￣ 나오먼 또 뜨고 나오먼 또 뜨고 나:중에는 밤말로 딱 게:떵말로 데야
가꼬 미꾸녕에가 이써.

아.

￣ 읍:써.

업:써요?

￣ 예, 읍:써. 거를 꺼시 읍:써.

아 거를 꺼시 업:써요?

￣ 예.

￣ 나는 고로코 헤:머거싸 술.

응.

￣ 중가네 한:허고.

그러먼 마껄리는 따로 찹쌀 아니고 다릉걸로 이러케

￣ 기양 마껄리는 요른 디서는 기야 일헐떼 마:니썩 머글라고 허능거슨
막껄리로 헤:서 기양 걸러서 머꼬

그거슨

￣ 간마춰서 걸러서꼬

그거슨 멀: 쌀:로 헤요 아니면 쌀?

￣ 응?

￣ 어쩌녀고? 쌀 아 쌀로 허고

아.

￣ 여리메는 보리로 허고

보리로 하고

￣ 응 그레.

그러니까 청주를 딱 뜨고 남은 것은 이제 밥습니까? 그런 막걸리가 되나?

¯ 싹 밭아져 버리고 없어. 딱 그 용수를 부어 놓으면은

으.

¯ 나오면 또 뜨고 나오면 또 뜨고 나중에는 밥처럼 딱 개떡처럼 되어가지고 밑구멍에 있어.

아.

¯ 없어.

없어요?

¯ 예, 없어. 거를 것이 없어.

아, 거를 것이 없어요.

¯ 예.

¯ 나는 그렇게 해 먹었어요, 술.

응.

¯ 중간에 계속해서.

그러면 막걸리는 따로 찹쌀 아니고 다른 것으로 이렇게

¯ 그냥 막걸리는 이런 곳에서는 그냥 일할 때 많이씩 먹으려고 하는 것은 막걸리로 해서 그냥 걸러서 먹고

그것은

¯ 간 맞춰서 걸러서 먹고

그것은 뭘 쌀로 해요? 아니면 쌀?

¯ 응?

¯ 어쩌냐고? 쌀 아 쌀로 하고.

아.

¯ 여름에는 보리로 하고.

보리로 하고

¯ 응, 그래.

음.

용수가 그게 데로 만들덩가요?

⎺ 예, 데로 다 데여써.

데로.

이 고거 인제 트므로 오로케 드러오구마뇨 이러케.

⎺ 예, 트므로 물만 싹: 드롸. 그러먼

싹: 드롸가지고

⎺ 깍 가라앙꼬 메:거 드로먼 가망가망 떠 네:노코 나먼 그거이 도로 드로와 쌀살 차고 드러가 할:라데지고 그레 그러제. 그레가꼬 청주제 그거시.

그 영광에는 또 영광 그 소주라고 그 유:명한데

⎺ 예.

영광 그 무슨

@2 불소중겅가?

⎺ 아니.

토주? 토주?

⎺ 토종인디 법썽 어디서 헐꺼 그 토종은. 여그도 바 그놈 바더다 쓰는디 이써 토종.

⎺ 그거슨 징허게 도케 그거슨. 사:십 사:십또라등가 오:십또라등가 어떵 가 세중은. 검:나게 도게.

근데 그런 소:주 가틍거또 하 헤 네리보셔써요?

⎺ 쉴 나는 아 쇠주는 안 네레⁹⁰⁾ 반는디 에레서 네린 디는 바:써.

아.

⎺ 네리 쇠주 네린 디는.

고건 어:트케 함니까 소주 네릴

⎺ 쇠주 네린 이러코 수를 이러코 헤. 보통 이러코 헤:가꼬.

음.

용수가 그것이 대로 만들던가요?

⎯ 예, 대로 다 되었어.

대로.

이 그것 이제 틈으로 이렇게 들어오는구먼요, 이렇게.

⎯ 예, 틈으로 물만 싹 들어와. 그러면

싹 들어와가지고

⎯ 꽉 가라앉고 말갛게 들어오면 가만가만 떠 내 놓고 나면 그것이 도로 들어와 살살 차고 들어가 가득 차고 그래 그러지. 그래가지고 청주지, 그것이.

그 영광에는 또 영광 그 소주라고 그 유명한데

⎯ 예.

영광 그 무슨?

불소주 그것인가?

⎯ 아니.

토주? 토주?

⎯ 토종인데 법성포 어디서 할거야, 그 토종은. 여기도 바 그것 받아서 쓰는 곳 있어, 토종.

⎯ 그것은 굉장히 독해, 그것은. 사십 사십도라든가 오십도라든가 어떤가 소주는. 굉장히 독해.

그런데 그런 소주 같은 것도 해 고아 보셨어요?

⎯ 소주 나는 아 소주는 고아 보지 않았는데 어려서 고는 것은 봤어.

아.

⎯ 고아 소주 고는 것은

그것은 어떻게 합니까, 소주 골?

⎯ 소주 고는 이렇게 술을 이렇게 해. 보통 이렇게 해가지고.

ᐨ 네리는 기구가 이써.

음.

ᐨ 요 쇠주 네리는 기구가.

음.

ᐨ 근디 숟 소슨 이런 소시고.

녜.

ᐨ 이런 소테다가 그 기구를 딱 거러.

예.

ᐨ 걸:고는 이러고 똑:똑 떠러진 디가 이르고 주전자말로 꼭떼기가 이써가꼬 조로러이 이러고 쪽떼기가 이쓰먼 거그다 이로코 딱 헤서 박 나:두고는

ᐨ 그 우게가 소두방이91) 이써. 소두방으로 딱 더퍼 우게를.

으음.

ᐨ 그러먼 거그다 무를 소두방에다 무를 한나썩 부서놔.

음.

ᐨ 그러먼 막:: 끄르먼 그 물 그놈 떠네뿔고 또 부꼬 또 부꼬 그럽띠다. 그레가꼬는

ᐨ 쇠주 그노믈 네리능 거슨 가늘 바:가꼬 다 네리먼 마징가 어찡가 모르거써 그거슨.

ᐨ 그로코 네립띠다 쇠주 네린디 보먼.

음.

ᐨ 그레부먼 다 네리먼 그노믈 따:고 습 그 아렝이 그노믈 소딴지에서 퍼네고 그러드만. 에레서 보먼.

아, 아렝이.

ᐨ 음, 아렝이로.

아렝이는

증류, 증류하는

ˉ 고는 기구가 있어.

음.

ˉ 이 소주 고는 기구가.

음.

ˉ 그런데 솥은 이런 솥이고

네.

ˉ 이런 솥에다가 그 기구를 딱 걸어,

예.

ˉ 걸고는 이렇게 똑똑 떨어진 데에 이렇게 주전자처럼 꼭대기가 있어가지고 조르르르 이렇게 꼭대기가 있으면 거기다 이렇게 딱 해서 놔 두고는

ˉ 그 위에 솥뚜껑이 있어. 솥뚜껑으로 딱 덮어, 위를.

으음.

ˉ 그러면 거기에다 물을 솥뚜껑에다 물을 가득 부어 놔.

음.

ˉ 그러면 막 끓으면 그 물 그것 떠내 버리고 또 붓고 또 붓고 그럽디다. 그래가지고는

ˉ 소주 그것을 고는 것은 간을 봐가지고 다 고면 맞는지 어떤지 모르겠어, 그것은

ˉ 그렇게 곱디다. 소주 고는 것을 보면

음.

ˉ 그래버리면 다 고면 그것을 떼고 그 아랑 그것을 솥에서 퍼내고 그러더구먼. 어려서 보면.

아, 아랑

ˉ 음, 아랑으로

아랑은

˘ 물 찌게이고 아렝이라고

소 소주 아렝이라고

˘ 음. 소주 네링거뽀고 아렝이라고

아렝이라고 그러고

그럼 다른 청주나 이렁 거슨 아렝이라고 아네요?

˘ 아네쩌. 그거슨.

˘ 찌겡이 걍 바따 버러버르제. 그놈 머꼬는.

찌겡이 버림니까? 아 소주나 아렝이.

보통은 소주는 보통 찌베선 잘 안 헤 먹쪼?

˘ 잘 안체 소주는.

˘ 잘 안헤. 그뜨이 우리 에레서 우리 친정 똥네는 또 헤써.

˘ 허는 사람 이써써.

아.

˘ 꼭 거가서 네리고 네리고 그레써.

아.

˘ 에렁게 가서 보고 그레쩨.

음. 그레요이~.

음.

˘ 여그서도 쩌: 저짝똥네 금:구기란 디서 쇠주 네레써라우.

˘ 중간까지도 네레써 거그는.

그러먼

어떤 사람드리 소주를 네레서 글먼 팔:라고 그럼니까? 아니면

˘ 팔제.

˘ 쇠주 네레서

아. 자기들이 팔라고

˘ 팔라고 허제라우.

⁻ 물 찌꺼기고 아랑이라고

소 소주 아랑이라고

⁻ 음. 소주 고는 것을 보고 아랑이라고

아랑이라고 그러고

그럼 다른 청주나 이런 것은 아랑이라고 안 해요?

⁻ 안 했지, 그것은.

⁻ 찌꺼기 그냥 받아 버려 버리지. 그것 먹고는

찌꺼기 버립니까? 아 소주나 아랑?

보통은 소주는 보통 집에선 잘 안 해 먹지요?

⁻ 잘 안 하지, 소주는.

⁻ 잘 안 해. 그래도 어려서 우리 친정 동네는 또 했어.

⁻ 하는 사람 있었어.

아.

⁻ 꼭 거기 가서 고고 고고 그랬어.

아.

⁻ 어리니까 가서 보고 그랬지.

음, 그래요.

음.

⁻ 여기서도 저 저쪽 동네 금국이란 데서 소주 고았어요.

⁻ 중간까지도 고았어, 거기는.

그러면

어떤 사람들이 소주를 고아서 그러면 팔려고 그럽니까? 아니면

⁻ 팔지.

⁻ 소주 고아서

아 자기들이 팔려고

⁻ 팔려고 하지요.

˘ 궁게 그거또 마:작허먼 사사로 허능거시여.

˘ 허먼 들키먼 안 돼.

음.

˘ 여그 금:구기란 데서도 쇠주 네레서 파라써 요 중간까지도.

음.

˘ 쇠주 네레서

그레요?

@2 엔날 소주는 비싸껜네?

˘ 영광 어:이서도 허고.

˘ 영광 어:디서도 네리고 그레써.

˘ 그먼 몰:리 다 사오고 그레써. **

그 지금 그 영광 거 소주라능 거시 바로 그렌날 그러케 사사로 항거뜨리지요?

˘ 예, 그거이 펭야92) 그거시여.

음.

긍께 인제 지여게 따라서 소주에다 멀: 너:가지고 쫌 머 약초를 넌:다등가 머 헤:가지고 마슬 인자 다르게

˘ 쪼끔 도케 거그 그 수른.

음.

˘ 그렁게 인자 머 당굴라먼 그런 놈 사다가 당구고

그러치요.

엔나레 마:니 인제 그다메 머 당그싱 거슨 머 데:게 다 저기 헝거니까 다른 지방이나 어삐슫헤:서 인자 허구요.

˝ 그러니까 그것도 말하자면 사적으로 하는 거야.

˝ 하면 들키면 안 돼.

음.

˝ 여기 금국이란 데서도 소주 고아서 팔았어. 이 중간까지도.

음.

˝ 소주 고아서

그래요?

옛날 소주는 비쌌겠네?

˝ 영광 어디서도 하고.

˝ 영광 어디서도 고고 그랬어.

˝ 그러면 몰래 다 사오고 그랬어. **

그 지금 그 영광 그 소주라는 것이 바로 그 옛날 그렇게 사적으로 한 것들이지요?

˝ 예, 그것이 결국 그것이야.

음.

그러니까 이제 지역에 따라서 소주에다 뭘 넣어가지고 좀 뭐 약초를 넣는다든지 뭐 해가지고 맛을 이제 다르게

˝ 조금 독해, 거기 그 술은.

음.

˝ 그러니까 이제 뭐 담그려면 그런 것 사다가 담그고

그러지요.

옛날에 많이 이제 그 다음에 뭐 담그는 것은 뭐 대개 다 저기 한 것이니까 다른 지방이나 엇비슷해서 이제 하고요.

 1) 제보자는 김귀님 할머니이다.
 2) ‘무시’는 ‘무’의 방언형.
 3) ‘시얀’은 歲寒으로서 ‘겨울’의 뜻.
 4) ‘짠지’는 ‘무채’의 방언형.
 5) ‘무시너물’은 ‘무나물’의 방언형.
 6) ‘볽허다’는 ‘빨갛다’의 방언형.
 7) ‘쩟국’은 젓갈이 삭아서 우러난 국물을 말한다.
 8) ‘가남’은 ‘가늠’의 방언형으로서 ‘가남이 없다’는 ‘가당치 않다’로 해석된다.
 9) ‘-간디’는 ‘-관데’의 방언형.
10) ‘담다’는 ‘김치 따위를 담그다’의 뜻.
11) ‘곰바부리’는 나물의 일종.
12) ‘강데제기’는 나물의 일종.
13) ‘싸랑부리’는 ‘씀바귀’의 방언형.
14) ‘빙:페’는 ‘병폐’의 방언형.
15) ‘쌉쑤름허다’는 ‘씁쓰레하다’의 방언형.
16) ‘뻬뿌젱이’는 ‘질경이’의 방언형.
17) ‘뎅이다’는 ‘다니다’의 방언형.
18) ‘꼬사리’는 ‘고사리’의 방언형.
19) ‘사 보꼬니여도’는 ‘사 보꼰 하여도’로 추정되며, 이때의 어미 ‘-꼰’은 중앙어 ‘-을까나’에 대응하는 형태이다.
20) ‘눈섬’은 지명.
21) ‘염산’은 영광군 염산면을 가리킨다.
22) ‘진다리’는 지명.
23) ‘치’는 장소를 나타내는 명사 뒤에 쓰여 ‘그곳에 있거나 그곳에서 나는 것’이라는 뜻을 나타낸다.
24) ‘오가리’는 오짓물을 발라 구운 항아리를 말한다.
25) ‘청국’은 ‘청국장’의 준말.
26) ‘물컹허다’는 ‘물렁하다’의 뜻.

27) ‘제지다’는 문맥으로 보아 ‘고슬고슬한 상태에서 다시 삶다’ 정도의 뜻으로
    이해된다.

28) ‘꼬스르다’는 ‘고슬고슬하다’의 뜻.

29) ‘소두랑’은 ‘솥뚜껑’의 방언형.

30) ‘조시’는 알맞은 정도를 뜻하는 일본말.

31) ‘도구통’은 ‘절구통’의 방언형.

32) ‘맛납다’는 ‘맛나다’의 방언형.

33) ‘집장’은 메주를 빻아서 고운 고춧가루 따위와 함께 찰밥에 버무려 장항아리
    에 담고 간장을 조금 친 뒤에 뚜껑을 막은 다음 두엄 속에 8~9일 묻었다가 꺼
    내 먹는 장을 말한다.

34) ‘묵덕장’은 ‘담북장’의 방언형. 메줏가루에 쌀가루, 고춧가루, 생강, 소금 따위
    를 넣고 익힌 된장을 말한다.

35) ‘어느 정’은 ‘어느 정도’의 뜻이다.

36) ‘고구떼’는 ‘절굿공이’를 가리킨다. 일반적으로 ‘도구떼’인데 여기서는 ‘고구떼’
    로 쓰였다.

37) ‘쪼무락쪼무락’은 ‘주물럭주물럭’의 방언형.

38) ‘날쌍허다’는 ‘약간 무르다’의 뜻.

39) ‘-다여’는 ‘-다고 히여’가 줄어든 것으로서 중앙어 ‘-대’에 해당한다.

40) ‘써들다’는 ‘배어들다’의 뜻.

41) ‘간데’는 ‘군데’의 방언형. ‘간디’ 또는 ‘반디’라고도 한다.

42) ‘광백산’은 염전의 이름.

43) ‘짱에’는 ‘장어’의 방언형.

44) ‘볼막’은 ‘벌막’으로서 너른 땅을 뜻하는 ‘벌’과 공간을 나타내는 ‘막’의 합성어.

45) ‘겁나다’는 ‘굉장하다’의 뜻.

46) ‘번번허다’는 들이 아주 넓은 모양을 가리킨다.

47) ‘사뿐사뿐’은 소금이 조금씩 되어가는 모양을 나타내는 말.

48) ‘외다’는 같은 말을 되풀이해서 큰 소리로 말하다는 뜻이다.

49) ‘끔:허다’는 ‘꺼멓다’의 방언형.

50) ‘싫:다’는 ‘싣다’의 방언형.

51) ‘웅어’는 ‘밴댕이’의 방언형.

52) ‘조구신산’은 그해 봄에 잡히는 햇조기를 처음으로 사다 끓여 먹는 일을 말
    한다.

53) ‘오가재비’는 굴비나 자반준치 따위를 다섯 마리씩 한 줄에 엮은 것을 말한다.

54) ‘지드란허다’는 ‘기다랗다’의 방언형.

55) ‘세판’은 ‘회판’으로서 ‘생선회’를 뜻한다.

56) ‘그만만치’는 ‘그만큼’의 뜻.

57) ‘좃다’는 ‘쪼다’의 방언형인데 여기서는 ‘다지다’의 뜻.

58) 의존명사 ‘제’는 ‘지’의 방언형.

59) ‘칠로’는 ‘처럼’의 방언형.

60) ‘장꽝’은 ‘장독대’의 방언형.

61) ‘작살’은 한끝을 엇걸어서 동여맨 작대기. 무엇을 걸거나 받치는 데 쓴다. 중
    앙어에서는 ‘작사리’가 같은 뜻으로 쓰이며 ‘작살’은 ‘작사리’의 준말로 풀이
    되어 있다.

62) ‘깡깡’은 ‘깡깡허다’의 어근으로서 여기서는 ‘단단히’의 뜻이다. ‘깡깡허다’는
    ‘단단하다’의 뜻.

63) ‘-어사’는 ‘-어야’의 방언형.

64) ‘갯바닥’은 여기서 ‘바다’를 가리킨다. ‘갯바닥’의 ‘바닥’은 평평하게 넓이를 이
    룬 부분 또는 물체의 밑부분을 뜻하는 말이 아니라 ‘바다’를 의미하는 말이다.

65) ‘수대로’는 ‘있는 사람 모두’의 뜻이다.

66) ‘세판’은 ‘회판’의 방언형으로서 여기서는 회 장사를 뜻한다.

67) ‘가리’는 ‘가루’의 방언형.

68) ‘왼’은 ‘원래의’의 뜻. 예를 들어 ‘즈그 왼어매가 아니여.’는 ‘자기 친엄마가 아
    니야.’의 뜻이다.

69) ‘딛다’는 누룩이나 메주 따위의 반죽을 보자기에 싸서 발로 밟아 덩어리를
    짓다는 뜻.

70) ‘지울’은 ‘기울’의 방언형.

71) ‘모끄다’는 ‘반죽하기 위해 물을 치다’의 뜻.

72) ‘고지’는 누룩이나 메주 따위를 디디어 만들 때 쓰는 나무틀. 쳇바퀴나 밑이
    없는 모말처럼 생겼는데, 누룩이나 메주의 재료를 싼 보자기를 그 안에 넣고
    발로 디디어 단단하게 다진다.

73) ‘차데기’는 ‘자루’의 방언형. ‘차두’라고도 한다.

74) ‘공그리’는 ‘콘크리트’의 방언형이지만 여기서는 ‘콘크리트처럼 단단하게’의
    뜻이다.

75) ‘빠수다’는 ‘빻다’의 방언형. 전남에서는 일반적으로 ‘뽀수다’라고 한다.

그 다음에 이제 예 젓갈은 영광은 아무래도 바다 가까우니까 젓갈 같은 것 많이 해 잡수시지요?

⁻ 그러지요.

예.

⁻ 젓갈은 사 볼까나 해도 먹고 싶은 대로 사다 먹지.

집에서 담그신 것이나 그러지는

⁻ 그 전에는 다 **** 그저 나 농사 지을 때에는 다 젓감을 사다 저 눈섬에 가서 사다가 간했어.

어디요?

⁻ 눈섬 염산 염산 눈섬이라고 거기가 갯가니까 여 '진다리'.

예.

⁻ 거기서 나오는 데야. 거기가.

아.

⁻ 응, 거기가.

염산이 거 젓이 많이 나지 않습니까?

⁻ 예, 거기가 그러니까 그리 저저 진다리

예.

⁻ 거기서 그리 나와.

아.

⁻ 그러지. 그러면 이제 거기 것이 맛나다고 그리 가 사러 다니고 그

레써라.

　아.

　머:스로 저슬 마:니 담:씀니까?

　⁻ 그 전깜도 여러가지여. 인자 이러코 꺼럳 빈지를 비늘 엄:는 빈지럭

　아.

　⁻ 그런 노므로 저슬 다머야 만나. 비늘 인능 거슨 안 만나. 저슬 다머도.

우리 시골 저기는 기양 보:통 멜치젇 까틀 쩡도로

　⁻ 멜치저슨 보:통 당:꼬

　담:꼬

　⁻ 응 멜치저슨 당:꼬. 보:통 이런 짐치 다 머글라고 다믈라먼 이런 빈지

럭젇 조은 노믈 마:니 사고이.

　⁻ 짐장헐라먼 또 저깜 이르믈 이저버런네. 그거시 머시냐?

　@2 저:너.

　⁻ 저:너. 고거슬 마:니 사서 다머.

　엔나레 저:너

　⁻ 고거슨 예, 예, 엔나레 사서 걍 이러코 크나큰 항간 거시기 오가리

다24) 다머서 이런 투마그로 가꼬 와 그떼는.

　⁻ 절 나 절머서는 가꼬먼 그날 함바구리썩 두바구리썩 사서 헤:서 장:깡

에다 놔:둬. 가네서.

　⁻ 그러먼 기양 가시레 짐장헐라 보먼 노::레가꼬 걍 사거가꼬 그러케 조

아.

　⁻ 그레 그놈 데레서 다머. 짐장얼.

　아.

　⁻ 근디 시방은 다 적꾹 사서 다머 부러. 그코 아너고.

　⁻ 시방은. 그 진짜제.

　⁻ 지그믄 방:부제 너:치아나? 전 적꾸글 암비네라고. 다 데서.

5. 세시 풍속과 놀이)

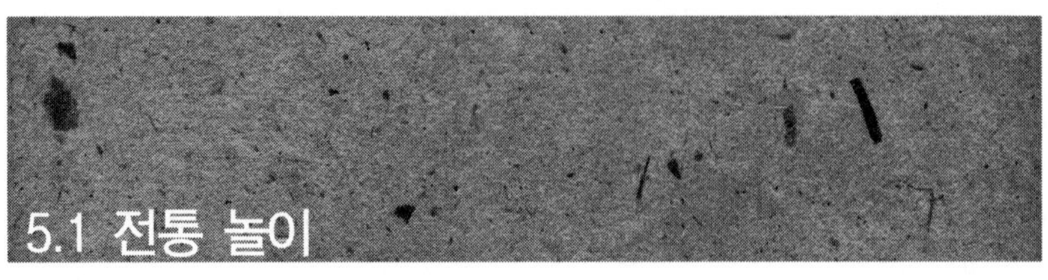

여기 혹씨 머 그 굳또 하고 이런 사람 이써요? 이 동:네나 이런

구설?

예.

아:먼.

다 검:나게 구설 잘 처쩨2) 멩기리면3)

그레써요?

근디 인자 사:라미 다 업써저 버링게 굼물도4) 다 업:써저버리고 그레쩨.

아.

나 시집옹게도 검:나게 억쎄게 치드만. 쩌 정월따리면 정월 한달네 구처.

이지비 가서 죽 쒀서 머꼬 술 머꼬 치고 저지비 가 치고 그레써.

누가 침니까? 구슬?

남자드리.

동:네 남자드리.

아:먼. 그떼는 남자드리 싹: 이씽게 껭메기5) 친 사람 따로 이꼬 장구 친 사람도 이꼬 방구6) 친 싸로 이꼬

이러코 소:구 치는 사람 따로 이꼬 다 따로따로 이써.

아.

요세 가트먼 농악 한다는

여기 혹시 뭐 그 굿도 하고 이런 사람 있어요? 이 동네나 이런?

‾ 굿을?

예.

‾ 아무렴.

‾ 다 굉장히 굿을 잘 쳤지, 명절이면.

그랬어요?

‾ 그런데 이제 사람이 다 없어져 버리니까 굿물도 다 없어져 버리고 그랬지.

아.

‾ 나 시집오니까 굉장히 억세게 치더구먼. 저 정월이면 정월 한달 내내 굿 쳐.

‾ 이 집에 가서 죽 쒀서 먹고 술 먹고 치고 저 집에 가 치고 그랬어.

누가 칩니까? 굿을?

‾ 남자들이.

동네 남자들이

‾ 아무렴. 그때는 남자들이 싹 있으니까 꽹과리 치는 사람 따로 있고 장구 치는 사람도 있고 방구 치는 따로 있고

‾ 이렇게 소구 치는 사람 따로 있고 다 따로따로 있어.

아.

요새 같으면 농악 한다는

- 음. 농아기여 마라자면.

음.

- 그리써.

그레가지고 정월 쩌 설 보름 요떼쯤 뒈면 치고 놀구마뇨?

- 예, 한:허고 처고 노라.

음.

- 그레가꼬 인자 줄 디리는7) 디는 줄 디리고

음.

- 보메

음.

- 그레. 그러고 끈나고 그러제.

음.

- 여그는 주른 안 디립띠다.

- 우리 친정똥네는 줄 디리는디.

아, 줄 디리는디

- 예.

여기는 그냥 농앙 그 굼만 치덩가요?

- 굼만 치고.

고롱거또 이찌요? 이러케 굳치고 도라다니면서 집찜마다 도라다님성.

- 그떼가 사:춘드리 마능게 집찜마다 뎅임성 이러고 술 머꼬

- 굳 치고 네지베 와서 치면

또 뭐 주고

- 죽또 닥 짜바서 죽또 쒺주고

음.

- 그러제라우. 머꼬 놀람 놀:면

음.

⁻ 음, 농악이야, 말하자면.

음.

⁻ 그랬어.

그래가지고 정월 저 설 보름 이때쯤 되면 치고 놀구먼요?

⁻ 예, 계속해서 치고 놀아.

음.

⁻ 그래가지고 이제 줄 당기는 데는 줄 당기고

음.

⁻ 봄에

음.

⁻ 그래. 그리고 끝나고 그러지.

음.

⁻ 여기는 줄은 안 당깁디다.

⁻ 우리 친정 동네는 줄 당기는데.

아, 줄 당기는데.

⁻ 예.

여기는 그냥 농악 그 굿만 치던가요?

⁻ 굿만 치고

그런 것도 있지요? 이렇게 굿 치고 돌아다니면서 집집마다 돌아다니면서.

⁻ 그때가 사촌들이 많으니까 집집마다 다니면서 이렇게 술 먹고

⁻ 굿 치고 내 집에 와서 치면

또 뭐 주고

⁻ 죽도 닭 잡아서 죽도 쒀 주고

음.

⁻ 그러지요. 먹고 놀라 놀면

음.

ˉ 기냥 어쭈고 놀꺼시요? 빈:니비로8) 머거야 놀제.

긍께 인제 그집 까서 굳처주머는 그지베 머 쫌 복 보기 오라구 처중가

ˉ 인자 그런 딱허도 허고 조아라고도 치고.

ˉ 와서 제미로도 허고.

응.

ˉ 나머 머 조:응거시 따로 이씰랍띠여9)? 제미로 허제.

ˉ 그떼는 모따 뎅임서 모다 제미로 혜찌. 보면.

음, 그레요이~?

그바께 정월따레 정워리 아무레도 시고 제:일 항가헐 때 아니에요이~? 그때 굳 치능 거 웨에 다른 머 노 노리가틍 거

아까 뭐 널: 뛰여따고 저레따 그렌는데 그거슨 언:제 뜀

ˉ 늘: 뛰능 거슨 여:자더리 뛰여. 정월딸도 지고 파뤌에도 뛰고 뛰고

ˉ 그렁게 놀:떼

아 그거이 널: 파늘 가따가 그 관 쓰는 널: 그거 마:니를

ˉ 예, 널: 관 씨는 널 가뚜와 요로코 먼 광: 우게다 다 노코 뛰:먼

ˉ 널 뛰먼 얼:마나 제미따고 (웃음)

어:∷.

ˉ 그걸 나:두고 뛰여 거기다

아, 그러쿠나. 어. 음.

그머 여자드른 다른 노리 논:다능거슨 머 널:뛰기 아니고 다릉거슨 머 이쓰머 이씀니까?

ˉ 강:강:술레도 허고

강:강:술레도 헤:씀니까?

ˉ 예, 강:강:술레도 허고.

ᐨ 그냥 어떻게 놀 거요? 빈 입으로 먹어야 놀지.

그러니까 이제 그 집 가서 굿 쳐 주면은 그 집에 뭐 좀 복 복이 오라고 쳐 주는지

ᐨ 이제 그런다고 하기도 하고 좋으라고도 치고.

ᐨ 와서 재미로도 하고

응.

ᐨ 남의 뭐 좋은 것이 따로 있겠습디까? 재미로 하지.

ᐨ 그때는 모아 다니면서 모두 재미로 했지, 보면.

음, 그래요?

그밖에 정월에 정월이 아무래도 쉬고 제일 한가할 때 아니에요? 그때 굿 치는 것 외에 다른 뭐 놀이 같은 것?

아까 뭐 널 뛰었다고 저랬다 그랬는데 그것은 언제 뜀

ᐨ 널 뛰는 것은 여자들이 뛰어. 정월도 뛰고 팔월에도 뛰고

뛰고

ᐨ 그러니까 놀 때

아, 그것이 널판을 가져다가 그 관 쓰는 널 그것 많이를

ᐨ 예, 널 관 쓰는 널 가져다 이렇게 뭐 관 위에다 다 놓고 뛰면

ᐨ 널 뛰면 얼마나 재미있다고?

어.

ᐨ 그걸 놔 두고 뛰어, 거기다.

아, 그렇구나, 어, 음.

그러면 여자들은 다른 놀이 논다는 것은 뭐 널뛰기 아니고 다른 것은 뭐 있습 뭐 있습니까?

ᐨ 강강술래도 하고

강강술래도 했습니까?

ᐨ 예, 강강술래도 하고

아. 바메?

⁻ 바메. 저녀게.

어ː ː.

⁻ 모트먼 모트먼

언ː제 언ː제 헤요?

⁻ 저녀기먼 헤. 저녀기먼

어느 게저레?

⁻ 어?

⁻ 정월따레 허고 파뤄레 인자 파뤌 봄ː날또 허고 여쎈날또 허고. 그러고
파뤄레는 마ː니 안 노라. 양이틀 하니틀 놀ː먼 마저. 파러레는.

정워레 마ː니 헤ː써요?

⁻ 정워레. 정워레가 인자 오레 놀ː제.

어ː디서 함니까?

⁻ 응?

어ː디서요?

⁻ 마당에서 노라. 마당에서.

너무짐 마당?

⁻ 아ː무 마당이고 다린 마당에서 노라. 마당 큰 디서.

마당이 널버야 된디.

⁻ 마당 마당 큰 디서 뛰ː고 노라 그러코.

오.

⁻ 문녁씨야 문 녀러라 허고 막 뛰ː고 놀고 막ː 벨 지꺼릴 다허고 노라.
요 연 놀ː떼는

그러면 그 여자들끼리 놀ː떼는 그러면 음식또 헤ː머꼬 그럼니까?

⁻ 아 떡 이씨먼 떡또 쩌 머꼬

아.

아, 밤에?

⁻ 밤에, 저녁에.

어.

⁻ 모으면, 모으면

언제 언제 해요?

⁻ 저녁이면 해. 저녁이면

어느 계절에?

⁻ 어?

⁻ 정월에 하고 팔월에 이제 팔월 보름날도 하고 엿새날도 하고. 그리고 팔월에는 많이 안 놀아. 양 이틀 한 이틀 놀면 맞아, 팔월에는.

정월에 많이 했어요?

⁻ 정월에. 정월이 이제 오래 놀지.

어디서 합니까?

⁻ 응?

어디서요?

⁻ 마당에서 놀아, 마당에서

남의 집 마당?

⁻ 아무 마당이든지 다른 마당에서 놀아. 마당 큰 데서.

마당이 넓어야 되는데.

⁻ 마당 마당 큰 데서 뛰고 놀아, 그렇게.

오.

⁻ 문녁씨야 문 열어라 하고 막 뛰고 놀고 막 별 짓거리를 다하고 놀아. 이 연 놀 때는.

그러면 그 여자들끼리 놀 때는 그러면 음식도 해 먹고 그럽니까?

⁻ 아, 떡 있으면 떡도 쪄 먹고

아.

⎯ 여자드른 인자 남자들말로 수른 암머거씽게 그떼는. 지금잉게 술 먹쩨 그떼는 술드른 암 머거써.

그먼 여자드리 그게 강:강:술레 허며는 남자드른 머:라고 안 험니까?

⎯ 머:락 아너제. 여자들 놀:꺼신지10) 알제 멩이링게.

아, 멩이링께.

⎯ 예, 멩이링게 놀:꺼신지 알제.

음.

그레요.

그 남자드른 그러먼 머: 함니까? 아까 마란 그런 굳 칭거 웨에 다릉 거 머.

⎯ 여그는 벨라11) 남자드리 거식헝거시 업:씹띠다.

⎯ 인자 멩질 아닐떼도 남자드리 게양 쩌:그런12) 디는 우리 처:녀떼는 사람방이 동네가 큰:: 사람방이 이써가꼬이~ 부:자가 이써가꼬 그렇게

⎯ 독 취 밤:만 머그면 남자드리 거그 모타가꼬이~ 가서 그 세네키도13) 꼬:고 신:도 삼:꼬 그러케 와서 모다 놀:고 그런디 여그는 그럴 꺼슨 안터라고요.

⎯ 누가 신 상:꼬 머던 디를 안트라고요.

음.

⎯ 여글 옹게, 시집 옹게는.

음.

⎯ 그레가꼬

윤:노리나 이렁 거슨 인나요?

⎯ 윤 윤:노리 가틍거슨 잘 안 험띠다.

여기서는 안헤써써요?

⎯ 응, 벨라 안헤.

음.

⎯ 윤:노리가 허먼 제미는 인는디.

ˉ 여자들은 이제 남자들처럼 술은 안 먹었으니까 그때는. 지금이니까 술 먹지 그때는 술들은 안 먹었어.

그러면 여자들이 그렇게 강강술래 하면은 남자들은 뭐라고 안 합니까?

ˉ 뭐라고 안 하지. 여자들 노는 것인 줄 알지. 명절이니까.

아, 명절이니까.

ˉ 예, 명절이니까 (당연히) 노는 것인 줄 알지.

음.

그래요.

그 남자들은 그러면 뭐 합니까? 아까 말한 그런 굿 치는 것 외에 다른 것 뭐?

ˉ 여기는 별로 남자들이 거식하는 것이 없습디.

ˉ 이제 명절 아닐 때도 남자들이 그냥 저 그런 데는 우리 처녀 때는 사랑방이 동네에 큰 사랑방이 있어가지고 부자가 있어가지고 그러니까.

ˉ 밥만 먹으면 남자들이 거기 모아가지고 가서 그 새끼도 꼬고 신도 삼고 그렇게 와서 모두 놀고 그러는데 여기는 그런 것은 안 하더라고요.

ˉ 누가 신 삼고 뭐 하는 것을 안 하더라고요.

음.

ˉ 여기를 오니까, 시집 오니까는.

음.

ˉ 그래가지고

윷놀이나 이런 것은 있나요?

ˉ 윷 윷놀이 같은 것은 잘 안 합디.

여기서는 안 했었어요?

ˉ 응, 별로 안 해.

음.

ˉ 윷놀이가 하면 재미는 있는데.

음.

‾ 남자더리

음.

‾ 파뤄레는 윤: 놀드마.

‾ 돈:네기 돈:네기 남자더리 유:슬 놉:따다. 돈:네기. 파뤄레는.

그럼 정월하고 파뤌하고 트기 일련 데:게 크게 두:번 놀구마뇨?

‾ 그러제 두:번 놀제.

거간 머 다노나 벡쭝에

‾ 그렁거슨 안 노라.

** 안 노라.

‾ 음, 여그는 멩이를 잔 멩이를 안 쉐.

아.

‾ 여그는 절떼.

음.

‾ 저런 다른 디는 잔 멩일도 쇠:서 머:또 혜:머꼬 그런디 여그는 이 아예
멩이를 안 쉽띠다.

예.

‾ 잔 멩이른 꼭 설:허고 파뤌허고베끼는

서:뤌허고 파뤌베끼는이~ 예.

이렁거또 그:네 가틍거또 타고 그름

‾ 어:따 줄 멜:띠만 이쓰먼 테: 메:노먼 에:기드리 타고 그레써라, 줄 멜:
띠만 이씨먼.

응.

‾ 나무 큰:: 놈 이써가꼬

응. 머:탄다 그럼니까 그떼는?

‾ 여 저

음.

￣ 남자들이

음.

￣ 팔월에는 윷 놀더구먼.

￣ 돈 내기 돈 내기 남자들이 윷을 놉디다. 돈 내기. 팔월에는

그럼 정월하고 팔월하고 특히 일 년 대개 크게 두 번 놀구먼요?

￣ 그러지. 두 번 놀지.

그러면 뭐 단오나 백중에

￣ 그런 것은 안 놀아.

** 안 놀아.

￣ 음, 여기는 명절을 잔 명절을 안 쇄.

아.

￣ 여기는 절대.

음.

￣ 저런 다른 데는 잔 명절도 쇄서 뭐도 해 먹고 그러는데 여기는 아예
명절을 안 쉽디다.

예.

￣ 잔 명절은 꼭 설하고 팔월하고밖에는

설하고 팔월밖에는 예.

이런 것도 그네 같은 것도 타고 그런

￣ 어디에다 줄 맬 곳만 있으면 매어 놓으면 아이들이 타고 그랬어요. 줄
맬 곳만 있으면.

응.

￣ 나무 큰 것 있어가지고

응, 뭐 탄다 그럽니까? 그때는?

￣ 이, 저

¯ 그건 그거뿌고?

예.

¯ 그:네 탄다고 그러제.

그:네라고 그레씀니까? 엔:나레.

음.

¯ 다린 이리미 업:짜네요? 그거슨?

머 군:지 탄다

¯ 줄 탄다고 머:던다고 안 허고

우리 어레쓸 떼는 군:지 탄다 그렌는데

¯ 군지탄다고?

응. 여기서는 그런 말?

¯ 안 헤:써. 그:네 탄다고 그레써.

그:네 탄다고요. 음.

˙ 그것보고?

예.

˙ 그네 탄다고 그러지.

그네라고 그랬습니까? 옛날에?

음.

˙ 다른 이름이 없잖아요? 그것은.

뭐 '군지' 탄다?

˙ 줄 탄다고 뭐 한다고 안 하고

우리 어렸을 때는 '군지' 탄다 그랬는데

˙ '군지' 탄다고?

응, 여기서는 그런 말?

˙ 안 했어. 그네 탄다고 그랬어.

그네 탄다고요. 음.

　자 마지마그로 자 이 동 이 마으레서 머 (기침) 전ː헤 네러오는 이야기나 이
렁거 이씀니까? 무슨 (기침) 무슨 마을과 괄련항거라등가 아니며는 머 저 뒤에
사니라등가 머 저리라등가 머

　¯ 글쎄라. 뭐 다 이저부러쏘 시방.

（웃음）

　¯ 저네 저네 헝거시라 저네 어ː런덜 헝거슬 다 이저부러써.

어.

　¯ 하도 거식허고 상게

（기침）

여기 효 효ː 효ː자비 누구 비가 이짜나요? 머 가기 제 거 멀.

　¯ 어ː디가 효ː자비가 이써?

여그 길까에다가 뭘 세워나뜨마

　¯ 그건 아니여.

그럼 머ː임니까, 그건?

　¯ 여그 시 여그 신장노에까 헝거슨

어예예예예.

　¯ 고 웅게14) 네레가는 거 지 웅게로 네레가능 거시기라고 써나써. 웅게
다고.

　¯ 인자 차가 요리 쭉 들어감만 가제 거그를 모르자나요 그 동네를?

아니 말고 그 먼 제ː각 가틍거 이떤데

　자 마지막으로 이 동 이 마을에서 뭐 전해 내려오는 이야기나 이런 것 있습니까? 무슨 무슨 마을과 관련한 것이라든지 아니면은 뭐 저 뒤에 산이라든지 뭐 절이라든지 뭐

　‐ 글쎄요. 뭐 다 잊어 버렸소. 지금.

　(웃음)

　‐ 전에 전에 한 것이라 전에 어른들 한 것을 다 잊어 버렸어.

　어.

　‐ 하도 거식하고 사니까.

　(기침)

　여기 효자비 누구 비가 있잖아요? 뭐 각이 제 뭘

　‐ 어디에 효자비가 있어?

　여기 길가에다가 뭘 세워 놨더구먼.

　‐ 그것 아니야.

　그럼 뭡니까, 그건?

　‐ 여기 시 여기 신작로 가에 한 것은

　어예예예예.

　‐ 거 운게 내려가는 거 지 운게로 내려가는 거시기라고 써 놨어. 운게라고.

　‐ 이제 차가 이리 쭉 들어가기만 가지 거기를 모르잖아요, 그 동네를? 아니, 말고 그 무슨 제각 같은 것 있던데.

 응?

세 세로 제:각까틍거.

 아, 저그가?

응응.

 그거슨 지:각 어가 아니라 시:정이고

시정?

 여그 가니라먼 우리 가:게 여페

예예.

 그건 지시 저 시:정이고

시정이요?

 비는 우리 하나부지 비여.

 우리 하나부지 비.

아. 하라버지 비에요.

 네.

 그러고 인자 하라버지 우떼 하나부지 비고 인자 우리 사네다는 또 인
자 우리 장녀네 비 헤:고 상 다 노코 그레쩨.

웨 하라버지 비를 거기다 놔 둬써요?

 인자 우떼 하나부지 비를 거그다가 거그다 헝거시 아이라 그 우:쩝 망
네 아덜네 지비다 헤:써.

야.

 그렌넌디 거그다 거시기도 지:꼬 직 지:강말로 아:네다 거시기도 지:꼬
다 그렌넌디 지벌 파라 머거버러써.

아.

 닥차 조카 지반 손자노미

예.

 불량헤가꼬

˗ 응?

새로 제각 같은 것.

˗ 아, 저기에?

응응.

˗ 그것은 제각 아니라 시정이고

시정?

˗ 여기 가노라면 우리 가게 옆에

예, 예.

˗ 그것은 저 시정이고

시정이요?

˗ 비는 우리 할아버지 비야.

˗ 우리 할아버지 비.

아, 할아버지 비예요?

˗ 네.

˗ 그리고 이제 할아버지 윗대 할아버지 비고 이제 우리 산에다는 또 이제 우리 작년에 비 하고 상 다 놓고 그랬지.

왜 할아버지 비를 거기다 놔 두었어요?

˗ 이제 윗대 할아버지 비를 거기다가 거기다 한 것이 아니라 그 윗집 막내 아들네 집에다 했어.

야.

˗ 그랬는데 거기다 거시기도 짓고 제각처럼 안에다 거시기도 짓고 다 그랬는데 집을 팔아 먹어 버렸어.

아.

˗ 조카 집안 손자놈이.

예.

˗ 불량해가지고

아 누가 쯤 광주 싸라미 산:다등가

⁻ 응. 광주 싸라미 사썰.

⁻ 그렁게 비를 너무 집따 놔:두거쏘? 그렁게 인자 우리 손장게 우리 동서가 인자 우리 시야제가15) 거그 당신네 터에다가 가따 모:셔쩨.

아하.

⁻ 비를.

그래서 옹겨꾸나, 할쑤업씨 월레.

⁻ 예, 그래서 그거시 그래서 그래썰.

⁻ 그거슨 인자 메:딘는디다 안 쓰는 비고

아하.

⁻ 그래서 그래썰. 인자 여그 산소에다는 장녀네 험서 다 비:또 허고

그러먼 하라버지는 비가 두:게네요이~?

⁻ 예, 그러제.

으흠.

멍가 먼: 특뻐란 이:를 하셔서 비를 헤:노셔쓰까?

⁻ 인자 엔:나레 돈 마니 버러씽게 그렁갑쩨라.

⁻ 그냥반 여그 학교 땅도 당시니 거그장반 땅이고 다 모다 그런닥 헙띠다.

음음.

⁻ 긍게 거그다도 다 묻 헤:노코 그레땁디다 여그 학교다도

음.

⁻ 그그

예.

그러네요.

데:강 데:강 제가 여 여쭤 볼 이야기드른 먼 자세하게 이야기허먼 한:정이 업:찌마는 뭐 그 정도로 데:가 뎅:강 여쭤 바:씀니다.

아, 누가 좀 광주 사람이 산다든가

￣ 응, 광주 사람이 샀어.

￣ 그러니까 비를 남의 집에다 놔 두겠소? 그러니까 이제 우리 손자니까
우리 동서가 이제 우리 시동생이 거기 당신네 터에다가 가져다 모셨지.

아하.

￣ 비를

그래서 옮겼구나. 할 수 없이 원래.

￣ 예, 그래서 그것이 그래서 그랬어.

￣ 그것은 이제 묘 있는 데에 안 쓰는 비고

아하.

￣ 그래서 그랬어. 이제 여기 산소에다가는 작년에 하면서 다 비 또 하고

그러면 할아버지는 비가 두 개네요?

￣ 예, 그러지.

으흠.

뭔가 특별한 일을 하셔서 비를 해 놓으셨을까?

￣ 이제 옛날에 돈 많이 벌었으니까 그러나 보지요.

￣ 그 양반 여기 학교 땅도 당신이 거의 그 양반 땅이고 다 모두 그런다
고 합디다.

음음.

￣ 그러니까 거기다가도 다 뭐 해 놓고 그랬답디다 여기 학교에다가도.

음.

￣ 그그.

예.

그러네요.

대강 대강 제가 여쭤 볼 이야기들은 무슨 자세하게 이야기하면 한정이 없지
마는 뭐 그 정도로 대강 대강 여쭤 봤습니다.

아이고 고셍하셔써요.

ˉ 고셍이라 *** 네가 * 우리가

(이하 잡담)

우리가 사뭘 제가 사뭘 이:심메칠부터 와쓸검니다만 사뭘 사:월 사멀 사:월 오:워리

사:월 이십오 이십오 한 두:달 두:달 가까이 (웃음) 이제 아마 그 저기 나:중에 제가 정:리하다가 쪼금 조:사가 덜: 되거나 요렁 걷 이쓰먼 다시 한번 와가지고 그떼 인제 마지마그로 걷 언:제 그떼가 인제 여름 지나고 올랑가 어찔랑가 모르거씀니다마는 그떼나 함번 더 오구요.

데:충 마무리가 된네요.

@2 이:른 다 끈나부써?

음 인자 자세항건 한:정이 엄:는데 머 그냥 지남버네 그 남자 유원상씨 안테 쫌 하라버지한테 조사항게가 쫌 이써가지고 고건 좀 제외헤:써.

그러니까 그 헤:써서 그 양반도 상당이 마:니 아:시더라고. 그레서 조사를 꿰 하긴 헤:찌. 그러니까 이 정도

ˉ 그렁게 아이 네가 거:리르 그떼 헤 그냥반 헤:쩨. 모:른 사라믄 몰:라.

잘 아:시드라고요.

ˉ 예, 아까 거 봉:덩양바니라 헌 양바는 앙:끄또 모린당게.

(웃음) 그레요.

ˉ 네:가 바:도 무:슬 몰:라 그냥바는. 궁게 앙 거석헤찌라.

음.

그 그 양반네는 열씨미 뒤에가 먼 터가 인능가 머 땅이 바시 인능가

ˉ 누가?

악 끄 유원상

ˉ 유원사 응 게 받 아페도 터 이꼬 뒤에도 터 이꼬

아이고, 고생하셨어요.

￣ 고생이라 *** 내가 * 우리가.

(이하 잡담)

우리가 삼월 제가 사월 이십 며칠부터 왔을 겁니다만 삼월 사월 삼월 사월 오월이

사월 이십오 이십오 한 두 달 두 달 가까이 이제 아마 그 저기 나중에 제가 정리하다가 조금 조사가 덜 되거나 이런 것 있으면 다시 한 번 와 가지고 그때 이제 마지막으로 언제 그때가 이제 여름 지나고 오려는지 어쩌려는지 모르겠습니다마는 그때나 한 번 더 오고요.

대충 마무리가 됐네요.

일은 다 끝나 버렸어?

음, 이제 자세한 것은 한정이 없는데 뭐 그냥 지난번에 그 남자 유원상씨한테 좀 할아버지한테 조사한 것이 좀 있어가지고 그건 좀 제외했어.

그러니까 그 했어서 그 양반도 상당히 많이 아시더라고. 그래서 조사를 꽤 하긴 했지.

￣ 그러니까 아니 내가 그곳을 그때 해 그 양반 했지. 모르는 사람은 몰라.

잘 아시더라고요.

￣ 예, 아까 그 봉덕양반이라 하는 양반은 아무 것도 모른다니까.

그래요.

￣ 내가 봐도 뭘 몰라 그 양반은. 그러니까 안 거식했지요.

음.

그그 양반네는 열심히 뒤에 무슨 터가 있는지 뭐 땅이 밭이 있는지

￣ 누가?

아까 그 유원상

￣ 유원상 응, 게 밭 앞에도 터 있고 뒤에도 터 있고

터 이꼬이~ 응.

= 다 너무꺼시여. 어쩨그냐먼

= 튀기꾸네다 다 파라무근 터제. 바시 모다.

누구한테 파라

= 쥐:니 받 쥐니 튀기꾸네다 파라무거

= 엔:날 튀기꾼드리 다 사로뎅에쏘? 그냥?

여기르료?

= 아:먼. 여기 집터도 다 파라무근 사라믄 다 파라무거써. 튀기꾸네다

웨?

= 그떼는 어찌게 비싸게 중게 다 파라무거제.

어.

= 돈: 마:니썩 바꼬 파라무거쩨 그뗀

잘 뒌 지금보다 비싸 조레 존:나요?

= 하, 그떼는 돈: 마:니썩 줘:쩨.

웨 그따요? 무슨 이유?

= 몰라. 튀기꾸니 고로고 뎅임서 파라 싸써 그런 떼.

= 그떼 심:허게 튀기꾼 뎅임서 사서가꼬 지금 그떼 사기만 헤:쩨 튀기꾸
니 나타나들 안헌디라우.

= 다 시방 집또 그데로 살고 고차가꼬 모다 살고 튀기꾼 고차가꼬 살고
전답또 그놈 다 버러무꼬 살고 그레 지금.

아::

= 헌 노믈.

= 집터 집터 다 사써 모다.

나무

서우리나 이런 사람드리 사노키만 헤꾸나.

= 음. 그렁가. 그떼 그떼 돈 만헌 사람드리 그러고 뎅임서 튀기꾼 모

터 있고, 응

" 다 남의 것이야. 어째 그러냐면

" 투기꾼에다 다 팔아 먹은 터지. 밭이 모두.

누구한테 팔아?

" 주인이 밭 주인이 투기꾼에다 팔아 먹어.

" 옛날 투기꾼들이 다 사러 다녔잖소? 그냥?

여기를요?

" 아무렴. 여기 집터도 다 팔아 먹은 사람은 다 팔아 먹었어. 투기꾼에다.

왜?

" 그때는 어떻게 비싸게 주니까 다 팔아 먹었지.

어.

" 돈 많이씩 받고 팔아 먹었지 그땐.

잘됐 지금보다 비싼 값에 줬나요?

" 하, 그때는 돈 많이씩 줬지.

왜 그랬대요? 무슨 이유?

" 몰라. 투기꾼이 그렇게 다니면서 팔아 댔어, 그 때.

" 그때 심하게 투기꾼 다니면서 사가지고 지금 그때 사기만 했지 투기
꾼이 나타나지를 않는대요.

" 다 지금 집도 그대로 살고 고쳐가지고 모두 살고 투기꾼 고쳐가지고
살고 전답도 그것 다 부쳐 먹고 살고 그래 지금.

아.

" 헌 것을

" 집터 집터 다 샀어, 모두.

남의

서울이나 이런 사람들이 사 놓기만 했구나.

" 음, 그러는지. 그때 그때 돈 많은 사람들이 그러고 다니면서 투기꾼

다 사써 이런 시골따가 산도 사고.

　오. 오.

　＂ 다 그레써.

여기 네가올 특뼈라게 이유가 엄:는데이~.

　＂ 그도 그레도 고로코 와서 사써라 모다. 그레가꼬 집터도 다 파라머꼬
모다

@2 이 마으리 이뿌게 셍겨짜나?

@2 집뜰도 이뿌고

아 투기꾸니 머 마을 이뿌다고 사가니?

@2 (웃음)

　＂ 자기 돈 벌라고 사제.

먼 네가 먼 게발 된다등가 먼: 이유

　＂ 인자 쩌:그 게발 되기는 된다 협띠다마는 모르거쏘.

　＂ 시방 쩌:그 아네 화:사리 쩌:그 거시기로 게발된다고 지금 거그다가
골:푸장 지여 지금.

아 아드니미 지금 일한 거그

　＂ 예, 예, 골:푸장에

꼴:푸장

　＂ 긍게

　＂ 게:발 되기는 된닥 협띠다마는

꼴:푸장은 마:니 지여요.

　＂ 예.

허 이곧쩌고세다가 고창도 망:코 군산도 망:코

함평 무안

　＂ 근디 골푸장 그거또 지:머는 여그 농사 지여 머꼬 사는 샤:라미 지장
이 이뜨만. 여 테레비에 나온 디 봉게.

모두 샀어, 이런 시골에다가 산도 사고.

오. 오.

＝ 다 그랬어.

여기 내려올 특별하게 이유가 없는데.

＝ 그래도 그래도 그렇게 와서 샀어요, 모두. 그래가지고 집터도 다 팔아
먹고 모두.

이 마을이 이쁘게 생겼잖아?

집들도 이쁘고

아, 투기꾼이 뭐 마을 이쁘다고 사나?

（웃음）

＝ 자기 돈 벌려고 사지.

무슨 내가 무슨 개발된다든지 무슨 이유

＝ 이제 저기 개발되기는 된다 합디다마는 모르겠소.

＝ 지금 저기 안에 하사리16) 저기 저기 거시기로 개발된다고 지금 거기
다가 골프장 지어, 지금.

아, 아드님이 지금 일하는 거기

＝ 예, 예, 골프장에

골프장

＝ 그러니까

＝ 개발되기는 된다고 합디다마는

골프장은 많이 지어요.

＝ 예.

허, 이곳저곳에다가 고창도 많고 군산도 많고

함평 무안

＝ 그런데 골프장 그것도 지으면은 여기 농사 지어 먹고 사는 사람이 지
장이 있더구먼. 이 텔레비전에 나온 것 보니까.

농야글 마:니 하지요.

= 서루 거:루가 솔차임 쪼:끔 떠러지기는 떠러전는데도 그 사라미 사과 베를 허넌디 그거시 안 데버러.

아.

= 꼬또 남 마:니 암페부르고 마:니 열:도 안허고 그레가꼬

웨 그러까

@2농야글 마:니 헤서

= 거그다가 마:니 하소오늘 허드라고. 요 테레비에 나와 나온디 봉게

= 근디 그거를 거시기를 안헤줘 마라자거먼.

보:상을 안 헤줘.

= 응 보:상을 안헤줘. 긍게 이리 어뜨케 허냐 허고 막 거시기를 허드만 테리비에서.

= 긍게 그거또 데:고 허먼 안 되거뜨라고.

고 꼴푸장 반:데 허는 디가 마:네요.

= 예, 긍게

= 막 어쭈고 콜푸를 칭고. 연:십험서 그렁가 어쩡가 기양 지비로 꼴푸가네 나:가꼬 어:디 머 벡짱 뉘 벡짱도 한나 떠 떼레부선네 먼 터에도 기양 철쩨가 이꼬 이뜨라고 골푸가.

공:이 공:이

= 막 공:이 기양 고리 이써가꼬 막 주서네고 그드라고 금서[17] 막 머락 허드라고

= 이러니 어찌케 머:슬 헤무꼬 살건냐고 허고 허고 막 헤:싸트라고. 봉게 테레비 봉게

@2 너무 가까웅갑따 ****

= 긍게 또 가까운 마:키드라고

고:롱거쁘다도

농약을 많이 하지요.

▪ 서로 거리가 상당히 조금 떨어지기는 떨어졌는데도 그 사람이 사과 배를 하는데 그것이 안 돼 버려.

아.

▪ 꽃도 많이 안 피어 버리고 많이 열지도 않고 그래가지고

왜 그럴까?

농약을 많이 해서

▪ 거기다가 많이 하소연을 하더라고. 이 텔레비전에 나와 나온 것을 보니까.

▪ 그런데 그것을 거시기를 안 해 줘, 말하자면.

보상을 안 해 줘.

▪ 응, 보상을 안 해 줘. 그러니까 일이 어떻게 하느냐 하고 막 거시기를 하더구먼, 텔레비전에서.

▪ 그러니까 그것도 함부로 하면 안 되겠더라고.

그 골프장 반대하는 곳이 많아요.

▪ 예, 그러니까

▪ 막 어떻게 골프를 치는지 연습하면서 그러는지 어쩌는지 그냥 집으로 골프가 나가지고 어디 뭐 벽장 누구 벽장도 하나 때려부쉈네 무슨 터에도 그냥 **가 있고 있더라고 골프가.

공이 공이

▪ 막 공이 그냥 그리 있어가지고 막 주워 내고 그러더라고. 그러면서 막 뭐라고 하더라고.

▪ 이러니 어떻게 뭘 해 먹고 살겠느냐고 하고 하고 막 해 대더라고. 보니까 텔레비전 보니까.

너무 가까운가 보다 ****

▪ 그러니까 또 가까운 **더라고.

그런 것보다도

= 긍게 그거또

이 잔디거드뇨 골푸장이? 다 잔디로 데인는 거 키울라먼 농야글 마:니

= 그렁게 농야글 워::낙 마:니 헌다게. 그렁게 또 거그서 함:피짜게서는18) 글드만.

= 이 야글 헐라먼 미리서 신고를 하고 야글 헤야 할꺼 아니냐?

응.

= 그레야 머 저길 허제. 무조끈 헌달 말:도 업씨 양만 헤:버르먼 이 농민드리 어찌고 살건냐 양 넴세를 마꼬 어찌고 살건냐?

= 고로고 허고 막 헤:싸코 막 하소오늘 허고드라고

= 그거또 성가시거뜨라고 데:치나19) 그렁거슬 가깝께 지:머는

그렁께

하이튼 뭐 근데 인제 문:제는 제가 이러케 도라다녀 보면 잉구가 차::꾸 주러요.

절라남도는 딴:데에 비헤서 지금 잉구가 자꾸 여기 이 마을뿐만 아니라 고꼬세가 사:람드리

= 다:: 나가버링게 그레. 그런데다가 또 에:기는 쩨카 나코.

그러니까요.

= 지그믄 첨::부 버러무꼬 살고 도시로 나가가꼬 마:니 나먼 에기 둘: 나코 그란 하나나코 마라부리고

= 그러니까 잉구가 줄지이~.

= 여그보당 여가 더 적:따 헙띠다. 어쩨서 그냐먼 그저네 거 누가 누가 그떼 데통녕 날떼 그렌냐?

= 그러케 에:기만 몬나케 저기를 허라고 막 가네쏘? 정부에서

음, 박쩡히시데떼

= 박쩡이가 그레뜽가 응 박쩡이가 그레써. 박쩡이가 그레따허등구 근디

＝ 그러니까 그것도

이 잔디거든요, 골프장이. 다 잔디로 돼 있는 것 기르려면 농약을 많이

＝ 그러니까 농약을 워낙 많이 한대. 그러니까 또 거기서 한쪽에서는 그러더구먼.

＝ 이 약을 하려면 미리 신고를 하고 약을 해야 할 것 아니냐?

응.

＝ 그래야 뭐 저기를 하지. 무조건 한다는 말도 없이 약만 해 버리면 이 농민들이 어떻게 살겠느냐 약 냄새를 맡고 어떻게 살겠느냐?

＝ 그렇게 하고 막 해 대고 막 하소연을 하고 하더라고.

＝ 그것도 성가시겠더라고. 과연 그런 것을 가깝게 지으면은

그러니까

하여튼 뭐 그런데 이제 문제는 제가 이렇게 돌아다녀 보면 인구가 자꾸 줄어요.

전라남도는 딴 곳에 비해서 지금 인구가 자꾸 여기 이 마을뿐만 아니라 곳곳에 사람들이

＝ 다 나가 버리니까 그래. 그런 데다가 또 아이는 조금 낳고

그러니까요

＝ 지금은 전부 벌어 먹고 살고 도시로 나가가지고 많이 나면 아이 둘 낳고 그러지 않으면 하나 낳고 말아 버리고

＝ 그러니까 인구가 줄지.

＝ 여기보다 여기가 더 적다고 합디다. 어째서 그러냐면 그전에 거 누가 누가 그때 대통령 날 때 그랬을까?

＝ 그렇게 아이만 못 낳게 저기를 하라고 막 그러잖았소? 정부에서.

음, 박정희 시대 때

＝ 박정희가 그랬던가 응 박정희가 그랬어. 박정희가 그랬다고 하더구먼. 그런데

＝ 경산도 그쪼근 그르케 심:하게 안 허고 여그 여그만 그러코 헤:따 그
러등만. 미야라고.

（웃음）

＝ 그레가꼬 여가 그 수:가 고러고 적:따 허드마.

@에이 그러 그러 그러지를 앙코 여긴싸람드리 서우리나 이런 디로 마:니

＝ 그라고도 인자 사리 인는 사람 나가부리고

나가 부리쩨.

＝ 그떼 짐::하게 아조 헤써. 아튼 에:기 몬:나케.

응.

＝ 그레가꼬 막 게양 기냥 공으로 헤:주고 막 그레짜나요? 에:기 수시를

예.

그레 인제 잉구가 이써야 사:라미 이써야 먼 장사도 되고 먿:또 되고 그러지
아나요?

＝ 그러제.

예, 근데 자꾸 사:라미 업:꼬 그러니까 좀 걱쩡이라드고요 요거시 시고리 아
프로 어트케 될랑가 시푸고

＝ 영광이 여그서는 젤: 나서. 영광이.

아.

＝ 어쩨서 영광은 사:방에서 모다등게.

＝ 여그 벡쑤서 나오제 굴람써라고 나오제 쩌그 법썽서 나오제 데마로
어디 외나 어:디 다:: 각짜 차가 다 고:리 드로와.

＝ 영광으로 고:리 드롸가꼬 딴디로 가고.

＝ 그렁게 사:라미 잉구가 다 거가 마:네가꼬 영광써 장사헤서 돈: 모뺀
사람 업써.

마저. 거 누구 잘와따허드마.

네 ∷ 조카 사우 되는 에가 거그서 크게 전자 제품가게를 헤요. **.

＝ 경상도 그쪽은 그렇게 심하게 안 하고 여기 여기만 그렇게 했다 그러더구먼. 미워라고.

（웃음）

＝ 그래가지고 여기가 그 수가 그렇게 적다 하더구먼.

에이, 그럴 그러 그러지를 않고 여기 사람들이 서울이나 이런 데로 많이

＝ 그리고도 이제 사람이 있는 사람 나가 버리고

나가 버렸지.

＝ 그때 심하게 아주 했어. 하여튼 아기 못 낳게.

응.

＝ 그래가지고 막 그냥 그냥 공짜로 해 주고 막 그랬잖아요? 아이 수술을.

예.

그래 이제 인구가 있어야 사람이 있어야 무슨 장사도 되고 뭐도 되고 그러잖아요?

＝ 그러지.

예, 그런데 자꾸 사람이 없고 그러니까 좀 걱정이더라고요. 이것이 시골이 앞으로 어떻게 되려는지 싶고.

＝ 영광이 여기서는 제일 나아.

아.

＝ 어째서 영광은 사방에서 모아드니까.

＝ 여기 백수서 나오지 군남에서라고 나오지 저기 법성포서 나오지 대마로 어디 ** 어디 다 각자 차가 다 그리 들어와.

＝ 영광으로 그리 들어와가지고 다른 데로 가고

＝ 그러니까 사람이 인구가 다 거기에 많아가지고 영광에서 장사해서 돈 못 번 사람 없어.

맞아. 거 누구 잘 왔다 하더구먼.

내 조카사위 되는 애가 거기서 크게 전자 제품 가게를 해요. **.

= **.

** 하나 이뜨마 데:리점 큰::놈 음. 근데

도:늘 마:니 버러따 허더라고요.

= 영광써 장사헤가꼬 돈 모:뺀 사람 업땅게. 다 자기가 잘못헤서 돔모뻐러쩨, 장사가 안 되야서 돈 모뺀 사람 업:써.

= 야:튼 머:슬 허던지. 허나 엑쑤가 젤:로 다 마:네 거가.

그런다등만.

= 다른 모다등게 고:리.

= 하레 점:두룩 차가 고리 정게서만 다 간디 어:디로

그리고 지남버네 만나서 그러드라고. 명절날 오면 자식뜨리 점:부 부모한테 먿 하나썩 사주고 간데요.

전자제품 이~? 테레비를 사준다 넹장고 사준다 김치넹장고 사준다 그러니까

= 그러제

아이 광주 가튼 데는 명절날 전:자제품 다 문 다짜나? 여그는 그러케 그떼 한목 데모글 본다 그러드라니까

= 그레.

= 그마리 마쏘.

어.

@2 그러건네. ***

으으

= 도시서 와서 에드리 다 이러고 사주고 강게 그마리 마저.

으으.

그러니까 잘 덴다 허데.

(웃음)

= 영광이 젤: 장사가 잘 덴당게라우.

= **.

하나 있더구먼. 대리점 큰 것. 음. 그런데

돈을 많이 벌었다 하더라고요.

= 영광에서 장사 해가지고 돈 못 번 사람 없다니까. 다 자기가 잘못해서 돈 못 벌었지. 장사가 안 되어서 돈 못 번 사람 없어.

= 하여튼 뭘 하든지. 하나 액수가 제일 다 많아. 거기가.

그런다더구먼.

= 다들 모아드니까 그리.

= 하루 저물도록 차가 그리 정거해서만 다 가는데 어디로.

그리고 지난 번에 만나서 그러더라고. 명절날 오면 자식들이 전부 부모한테 뭐 하나씩 사 주고 간대요.

전자제품? 텔레비전을 사 준다 냉장고 사 준다 김치냉장고 사 준다 그러니까

= 그러지.

아이 광주 같은 곳은 명절날 전자제품 다 문 닫잖아? 여기는 그렇게 그때 한 목 대목을 본다 그러더라니까.

= 그래.

= 그 말이 맞소.

어.

그러겠네.

으으.

= 도시에서 와서 아이들이 다 이렇게 사 주고 가니까 그 말이 맞아.

으으.

그러니까 잘 된다 하데.

(웃음)

= 영광이 제일 장사가 잘 된다니까요.

음.

˝ 문: 장사고 장사가 잘 돼.

˝ 멍는 장사도 잘 되고 머:시든지 잘 되야. 샤:라미 마:느니까 잘 되제.

˝ 거:: 거그만 보다 느땅게. 차가 오먼 거그다 푸고 또 또 나서 나가고 시꼬 나가고 또 보먼 거그다 푸고 차게 차가 밤::나 고리 드러가만 가, 거 그 차부로.

음.

아이곰. 자

음.

˝ 무슨 장사든지 장사가 잘 돼.

˝ 먹는 장사도 잘 되고 뭐든지 잘 돼. 사람이 많으니까 잘 되지.

˝ 거기만 보다 늦어진다니까. 차가 오면 거기다 푸고 또 또 나서 나가고 신고 나가도 또 보면 거기다 푸고 차가 차가 밤낮 그리 들어가기만 가, 거기 차부로.

음.

아이고, 자.

■ **주석**

1) 제보자는 김귀님 할머니이다.

2) '굿을 치다'는 여기서 '걸립'을 말한다. '걸립'은 전남 방언에서 '걸궁'이라 하는데, 동네에 경비를 쓸 일이 있을 때, 여러 사람들이 패를 짜서 각처로 다니면서 풍물을 치고 재주를 부리며 돈이나 곡식을 구하는 일을 가리킨다.

3) '멩길'은 '명절'의 방언형.

4) '굿물'은 굿을 할 때 사용되는 다양한 악기 등을 가리킨다.

5) '껭메기'는 '꽹과리'의 방언형.

6) '방구'는 북처럼 생긴 농악기로서, 얇은 개가죽 따위로 메우며 모양은 여러 가지이다. 자루가 없고 고리만 있어 줄을 꿰어 메고서 치는데 소리는 소고와 비슷하다.

7) '디리다'는 '당기다'의 뜻. '석 자힌 쌜 화리 두 셤 만 둘일 히미로다'(두시언해 초간본 25:45)에서 보듯이 15세기에는 '둘이다'로 쓰여 '당기다'의 뜻을 가졌다. 이 말은 후대에 '다리다'로 변해서 쓰이다가 '당기다'에 밀려 사라졌다. 다만 현대어에서 '줄다리기'처럼 복합어 내부에 남아 있기도 하다. 전남 방언에서는 그 형태가 '디리다'로 바뀌었고 현재도 동사로 쓰이고 있는 점이 중앙어와 다르다. 그러나 그 의미 영역이 주로 줄을 당기는 경우에 제한되어 쓰이는 점은 한가지다.

8) '빈 입'은 '맨입'의 뜻.

9) '-을랍디여'는 '-겠습디까'에 대응하는 전남 방언형.

10) '놀 것인지'는 '당연히 노는 것인 줄'의 뜻.

11) '벨라'는 '별로'의 방언형.

12) '쩌 그런'은 '저런'의 뜻으로서 제보자가 살고 있는 곳이 아닌 제보자의 친정 동네를 가리킨다.

13) '세네키'는 '새끼'의 방언형.

14) '운게'는 지명.

15) '시아제'는 '시동생'의 방언형.

16) '하사리'는 지명.

17) '금서'는 '그러면서'의 방언형.

18) '한피짝'은 '한쪽'의 뜻. '한피짝'으로 미루어 '혼딱' 또는 '혼비족' 정도의 어형을 재구할 수 있을 것이다.

19) '데치나'는 '과연'의 방언형. '나'가 없는 '데치' 또는 '데체' 등으로도 쓰인다.

6. 거주 생활)

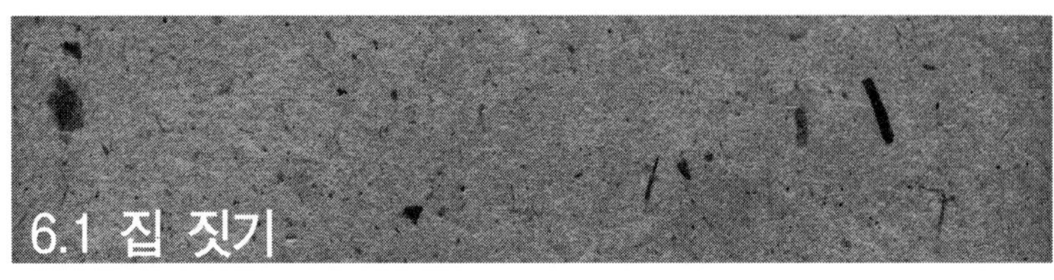

에 온 이이 이버네느뇨 농사보다도 잘 집 집찐는 니를 쪼끔 그 집 찐는 그 과:정을 좀 여쭤볼께요.

집 진 터:: 이걸 어터케 골 고:름니까 어터케?

‾ 엔:나레는 집 지을떼 여 요런지불 도다야 허거든?

예.

‾ 그믄 샤:라미 바:주기2) 이 지게로 저서 부레가지고,

예.

‾ 그 다과3). 마라자믄 다과. 지녕네: 그냥.

머:스로 다굼니까?

‾ 그 다구는 도:를 요만:한 노믈 헤:서 거그다가 철사로 쩸메4)가지고 줄 다라서 여러이 담 데:여서시썩 고노믈 다구제.

‾ 소리험성 다과. 마라자문 죽 써먹꼬 인자 막껄리 가따먹꼬 그럼서 다 과.

아 노레도 함니까?

‾ 야:문. 그

‾ 얼럴러 상싸쏘리 인자 거 다구는 소리여. 그거시 거 거

‾ 다과가꼬 엔:나레는 주추똘 인자 묻쩨.

‾ 지둥 시울랑게 지주 주추또리 팍 이 지 주 여러게가 드러가제. 마라자 면.

‾ 상간 네:짜근 저:리가 네:게가 드러가고 세:게 드러가는 지비 이꼬 인자

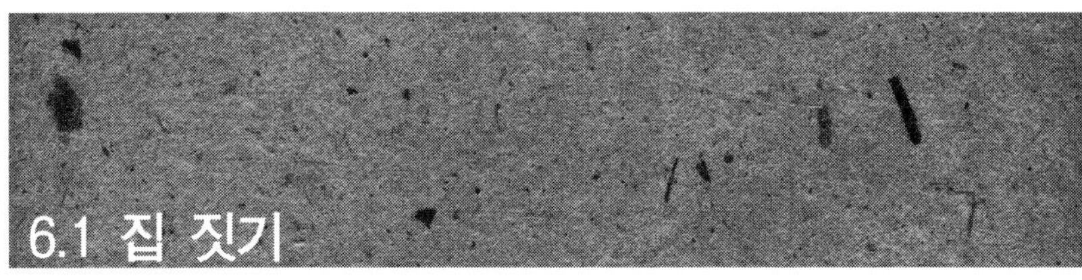

6.1 집 짓기

예, 온 이이 이번에는요, 농사보다도 잘 집 집 짓는 일을 조금, 그 집 짓는 그 과정을 좀 여쭤 볼게요.

집 지은 터, 이걸 어떻게 골 고릅니까? 어떻게?

˗ 옛날에는 집 지을 때 이 이런 집을 돋워야 하거든?

예.

˗ 그러면 사람이 바지게 이 지게로 져서 부려가지고

예

˗ 그 다져. 말하자면 다져. 저녁 내내 그냥.

무엇으로 다집니까?

˗ 그 다지는 돌을 이만한 것을 해서 거기다가 철사로 잡아매가지고 줄 달아서 여럿이 담, 대여섯씩 그것을 다지지

˗ 소리 하면서 다져. 말하자면 죽 쒀 먹고 이제 막걸리 가져다 먹고 그 러면서 다져.

아, 노래도 합니까?

˗ 아무렴. 그

˗ 얼럴러 상사소리 이제 그 다지는 소리야.

˗ 다져가지고 옛날에는 주춧돌 이제 묻지.

˗ 기둥 세우려니까 지주 주춧돌이 팍 이 지주 여러 개가 들어가지, 말하 자면.

˗ 삼 칸 네 짝은 저리 네 개가 들어가고, 세 개 들어가는 집이 있고, 이제

주추또리.

　에

　￣ 오 인자 소 솔 사네서 비여다가.

　네

　￣ 지둥은 빤드단5) 노므로 허고 보는 요 꼬부라진6) 놈 마라자먼 이 그거 뽀고 보라고 그레.

　에

　￣ 이자 보가 모테가 이쓰머는 또 저 아페 지그믄 저러코 거시기 그러믄 이:런디

　￣ 그떼는 또 중 중보라고 요 짜그막:헌 고부런장헤7) 헌 눔 귀헤다가 비여서 느러네고.

　￣ 엔:나레 그거이 홍 지게서 마라자먼 담:비떼나8) 쩌 거시기 데 데받 데나,

　￣ 시누데나9) 쭉:시떼나 인자 고놈 가지고 운찌블 마라자먼 여꺼.

　￣ 사리끼로10) 검줄루11) 이르케 눌러가지고 여꺼가지고 홍 니게서 고노믈 싹 까라. 흑 이 올려서,

　￣ 올려서 까라노코 인자 엔:나레는 마람 진:부로 마람12) 농사진 지브로 마람 여꺼서 이:고 그러고 사라써.

　음 그레요 음.

　집터를 딱 다지머는 인제 집 지슬라거먼 먼점 고:사를 지네거나 그러기도 함니까?

　￣ 그러제. 고:사지네제.

　￣ 고:사 지네능거슨 집터 다굴떼 고:사 지네고

　예.

　￣ 또 상:냥 상:냥헐떼

　예

주춧돌이.

　예.

　˘ 오, 이제 소 솔 산에서 베어다가

　네.

　˘ 기둥은 반듯한 것으로 하고 보는 이 구부러진 것 말하자면 이 그것보고 보라고 그래.

　예.

　˘ 이제 보가 모여 있으면은 또 저 앞에 지금은 저렇게 거시기 그러면 이러는데

　˘ 그때는 또 중 중보라고 이 자그마한 구부정한 것 구해다가 베어서 늘여 내고

　˘ 옛날에는 그것이 흙 이겨서 말하자면 담뱃대나 저 거시기 대 대밭 대나,

　˘ 해장죽이나 수숫대나 이제 그것 가지고 웃짚을 말하자면 엮어.

　˘ 새끼로 거미줄로 이렇게 눌러가지고 엮어가지고 흙 이겨서 그것을 싹 깔아, 흙 이 올려서.

　˘ 올려서 깔아 놓고 이제 옛날에는 이엉 짚으로 이엉 농사 지은 짚으로 이엉 엮어서 이고 그렇게 살았어.

　음, 그래요. 음.

　집터를 딱 다지면은 이제 집 지으려고 하면 먼저 고사를 지내거나 그러기도 합니까?

　˘ 그러지, 고사 지내지.

　˘ 고사 지내는 것은 집터 다질 때 고사 지내고

　예

　˘ 또 상량, 상량할 때

　예.

ꟷ 인자 상냥에다 면년도 마라자면 글씨 써가지고 오구이~

에.

ꟷ 무슨 녀네 메칠 샤:워리면 샤:월 사뭐리면 사뭘.

예.

ꟷ 그:: 날짜를 하시 상:냥에다 써서 올레.

ꟷ 그믄 그떼 인자 그떼 인자 떡 거 시리 헤:노코 돼야지 머리 헤:노코.

아.

ꟷ 또 탕묵 떠서 상:냥 오 인자 올릴랑게 줄 쓰스 당모그로 엔:나레 미영
베로 다라서 이러코 올랴서 상:냥을 허고 그레쩨.

예.

ꟷ 그날 목쑤 셍어리제. 거그다 도:늘 마니 노그면 목쑤 거싱게.

예.

그럼 인자 터 다끌떼도 고:사 지네고.

ꟷ 응.

그 다으메 인자 아까 마란 인제 그 기초?

ꟷ 응

기초를 할라먼 거기다 먼: 무슨 무슨 도:를 헌닥헤쪼? 무슨도글 ****.

ꟷ 주추똘. 마자믄 지둥 바치는 주추똘.

아.

주추똑 놀떼는 거기다가 멀: 늠:니까? 거기다가 독 돌:만 노먼 됨니까?

ꟷ 응.

ꟷ 파고 구뎅이 파고 동: 노코 그러제.

동: 노코 다릉건 안노코요?

ꟷ 응

어.

ꟷ 그 인자 점 지시락13) 인자 문 널고 나간: 거 조루러니14) 싸능 거슨 심

ˉ 이제 상량에다 몇 년도 말하자면 글씨 써가지고 오고

예.

ˉ 무슨 년에 며칠 사월이면 사월, 삼월이면 삼월

예.

ˉ 그 날짜를 항시 상량에다 써 올려.

ˉ 그러면 그때, 이제 그때 이제 떡 그 시루 해 놓고 돼지 머리 해 놓고,

아.

ˉ 또 당목 떠서 상량 오 이제 올리려니까 줄 쓰스 당목으로 옛날에 무명
으로 달아서 이렇게 올려서 상량을 하고 그랬지.

예.

ˉ 그날 목수 생일이지. 거기다 돈을 많이 놓으면 목수 것이니까.

예.

그럼 이제 터 닦을 때도 고사 지내고.

ˉ 응

그 다음에 이제 아까 말한 이제 그 기초?

ˉ 응

기초를 하려면 거기다 무슨 무슨 돌을 한다고 했지요? 무슨 돌을 ****

ˉ 주춧돌, 말하자면 기둥 받치는 주춧돌.

아

주춧돌 놓을 때는 거기다가 뭘 넣습니까? 거기다가 돌 돌만 놓으면 됩니까?

ˉ 응

ˉ 파고 구덩이 파고 돌 넣고 그러지.

돌 넣고 다른 것은 안 넣고요?

ˉ 응

어.

ˉ 그 이제 저 기스락 이제 문 열고 나간 그 줄줄이 쌓는 것은 '심방독'(댓

방또기라고15) 그레.

  ⁻ 심방또글 싸.

예 예.

  ⁻ 그 요러 조르: 지그믄 세:메느로 허고 인는디, 심방또글 도:그로가꼬 싸고 다 흐그로 메:서

  ⁻ 거 참 도:그로 마니.

음, 심방또그료?

  ⁻ 음. 심방똑 싸, 그리야 토방::이 셍기제.

심방똑, 심방또근 그러머는

  ⁻ 심방또기,

심방 만들기 위헤서 도:그로

  ⁻ 엉, 아:문.

  ⁻ 긍게 지비 너푸머는16) 우리자 우리지베 요만치를 싸:는 디도 이꼬

  ⁻ 걍 두:자 싼 디도 이꼬 한자 싼 디도 이꼬.

그 도글 심방또기라고 그럼니까?

  ⁻ 응 심방똑.

음.

주추또근 그러먼 주로 먼: 도글 가따 씀니까?

  ⁻ 사네서 점부 가따가 사네서 차자가.

그 다메 나:무는 거 집찌슬 나:무는 어:디서 구하나요?

  ⁻ 사네서 전:수17) 사네서 구헤오제.

사네서요?

  ⁻ 응 사네서.

  ⁻ 지그믄 먼: 디서 돈:주고 사다가 허지마는

에.

  ⁻ 사네서 나:무, 허가 네서 군청에 가서 허가 네서 살림게가서 허가네서

돌)이라고 그래.

‾ 댓돌을 쌓아.

예, 예.

‾ 그 이러 줄줄이 지금은 시멘트로 하고 있는데 댓돌을 돌 가지고 쌓고 다 흙으로 메워서

‾ 그 참 돌로 많이

음 댓돌을요?

‾ 음 댓돌을 쌓아. 그래야 토방이 생기지.

댓돌, 댓돌은 그러면은

‾ 댓돌이,

댓돌 만들기 위해서 돌로,

‾ 응, 아무렴.

‾ 그러니까 집이 높으면은 우리자 우리집에 이만큼을 쌓는 데도 있고

‾ 그냥 두 자 쌓는 데도 있고, 한 자 쌓는 데도 있고

그 돌을 '심방독'이라고 그럽니까?

‾ 응, '심방독'

음

주춧돌은 그러면 주로 무슨 돌을 가져다 씁니까?

‾ 산에서 전부 가져다가 산에서 찾아가.

그 다음에 나무는 그 집 지을 나무는 어디에서 구하나요?

‾ 산에서 전부 산에서 구해 오지.

산에서요?

‾ 응, 산에서.

‾ 지금은 먼 곳에서 돈 주고 사다가 하지마는

예.

‾ 산에서 나무, 허가 내서 군청에 가서 허가 내서, 산림계 가서 허가 내서

비여서.

￣ 손수 눈 샤:라미 지게로 저 네서.

￣ 그놈 벌목 헤:서 딱 젱에나.

￣ 진:자 마라므로 쌍 젱에나서 이: 그거시 무:시냐거머는 젱에서 베눌18) 눌러서 이여 논능거 거 무:시냐면,

￣ 트러진 놈 자부라고 요러코 인자 이러코.

￣ 요:러케 꼭 영꼬 또 요러코 영꼬 요로코 영꼬 꺼 마이 헤서 잠는 포기 여19). 쪼:끈허게.

에.

￣ 그레가지고 이제 목쪼 데:서.

목쑤가 그니까 인제 그 나:무를 디 이러케 헐꺼 아님니까? 목 저 데:페질도 허고.

￣ 아:면. 목쑤가. 긍게 몽치미20) 집 한체 드러간디 몽칭 드러간다 그 사:게21) 데레디다 방년 몽칭 메게 이써. 그거슬

에.

￣ 주이니 감차나써 한나를. 거 목쑤가 싹 멘드라논 노물. 그레 목쑤가 걍 가뻗저써22). 마라자거면.

￣ 그거를 읍:쎄부러따고. 긍게 그거이 고러코 시:밀헝거시여. 그거또.

아, 그러쿠뇨.

그러문 인자, 그러코 나:무나 머 아까 사:게나 이렁거 다 짜:가지고 이러케 마추조? 이러케.

￣ 마추고도 중:방 디리고 인자 문설쭈 씨:고 마라자거면

￣ 또 쭈:시떼로 요 세이세이 베랑빡 메드른디 여꺼.

그거뽀고 멀: 여끈닥 험니까?

￣ 쭈시떼로 인자 외떼23) 여꺼 왼떼. 여그다 요 조루러니 왼떼 여꼬.

￣ 인자 집 쓰:러서 흑허고 역 이자 니게가지고 고놈 볼라.

베어서.

˗ 손수 눈 사람이 지게로 져 내서

˗ 그것 벌목해서 딱 쟁여 놔.

˗ 이제 이엉으로 싹 쟁여 놔서 이 그것이 무엇이냐 하면은 쟁여서 가리 쌓아서 이어 놓는 것 뭐냐 하면

˗ 틀어진 것 잡으려고 이렇게 이제 이렇게

˗ 이렇게 꼭 엮고 또 이렇게 엮고 이렇게 엮고 많이 해서 잡는 셈이야, ****.

예.

˗ 그래가지고 이제 목조 대서

목수가 그러니까 이제 그 나무를 다 이렇게 할 것 아닙니까? 목 저 대패질도 하고

˗ 암. 목수가. 그러니까 나무 기둥이 집 한 채 들어가는데 나무 기둥 들어간 데가 그 사개 *** 박는 나무 기둥 몇 개 있어.

예.

˗ 주인이 감춰 놨어 하나를. 그 목수가 싹 만들어 놓은 걸. 그래 목수가 그냥 가 버렸어, 말하자면.

˗ 그것을 없애 버렸다고. 그러니까 그것이 그렇게 세밀한 거야, 그것도.

아, 그렇군요.

그러면 이제 그렇게 나무나 뭐 아까 사개나 이런 것 다 짜가지고 맞추지요, 이렇게?

˗ 또 맞추고도 중방 들이고 이제 문설주 세우고 말하자면

˗ 또 수숫대로 이 사이사이 바람벽을 메우는 데 엮어.

그것보고 뭘 엮는다고 합니까?

˗ 수숫대로 이제 외 엮어 외. 여기다 이 줄줄이 외 엮고

˗ 이제 짚 썰어서 흙하고 엮 이제 이겨가지고 그것 발라.

에.

 ̄ 볼라야 베랑빠기24) 데제. 양:군 양:쪼그로

 ̄ 초 초벡 인자 데벡 인자 두:버늘 보루는디 볼라가꼬

 ̄ 제:사를 머:시로 허냐 허먼 보리떼께.

 ̄ 보리떼게:를 흑 처가지고 고노메다가 이게.

 ̄ 소구통: 인자 거 절구통에다 이게가지고

 ̄ 인자 제:사헤야 그러고 인자 벡찌로 인자 데베글 허제.

 ̄ 그 가정이 복짜베써 엔:날찌븐.

지붕, 지붕은 어터케 이여써요?

 ̄ 지붕:은 마람 여꺼서 이여.

예.

마람 여꺼서요? 근데 마람 이케 이은 바로 위에 여기다가 이러케 천장도 만 만들고 그러자나요.

 ̄ 마람 사:라미 여꺼서 요: 정도 데무 한 오:십짱 가저야 일꺼시여 마라 자면.

 ̄ 지비 요 정도 허믄 짐 니는 데: 나도 지블 마:니 이고 뎅엔는디.

 ̄ 인자 지블 이:고 지붕싸리라고25) 사리끼로 눌러.

 ̄ 바람 안 불먼 안 거치게.

아 에, 그걸 머라고 머라고요?

 ̄ 지봉쌀.

아, 지봉쌀

 ̄ 지봉쌀 누리고는, 용마람 트러서 젤: 우게 용마람 인자 거 마라머고 요로꼬요로고, 겡기서늘 용마라믈 요러코 더퍼와 요러고.

 ̄ 마라자면 그 용마람 그레야 지비 끈나. 인자 인: 거시.

용마람 이써야 쫌 머찌게 보이조이?

 ̄ 음, 그러제.

예.

⎯ 발라야 바람벽이 되지. 양군 양쪽으로.

⎯ 초 초벽 이제 도벽 이제 두 번을 바르는데 발라가지고

⎯ 재사를 무엇으로 하느냐 하면 보릿대.

⎯ 보릿대를 흙 쳐가지고 그것에다가 이겨.

⎯ 절구통 이제 그 절구통에다 이겨가지고

⎯ 이제 재사해야 그리고 이제 벽지로 이제 도벽을 하지.

⎯ 그 과정이 복잡했어, 옛날 집은.

지붕 지붕은 어떻게 이었어요?

⎯ 지붕은 이엉 엮어서 이어.

예.

이엉 엮어서요? 그런데 이엉 이렇게 인 바로 위에 여기다가 이렇게 천장도 만
만들고 그러잖아요?

⎯ 이엉 사람이 엮어서 이 정도 되면 한 오십 장 가져야 이을 거요, 말하
자면.

⎯ 집이 이 정도 하면 집 이는데 나도 집을 많이 이고 다녔는데

⎯ 이제 집을 이고 '지붕살'이라고 새끼로 눌러.

⎯ 바람 안 불면 안 걷히게.

아, 예 그것을 뭐라고 뭐라고요?

⎯ '지붕살'

아, '지붕살'

⎯ '지붕살' 누르고는 용마름 틀어서 제일 위에 용마름 이제 거 이엉하고
이렇게 이렇게 경계선을 용마름을 이렇게 덮어 와, 이렇게.

⎯ 말하자면, 그 용마름 그래야 집이 끝나. 이제 이는 것이.

용마름 있어야 좀 멋지게 보이지요?

⎯ 음, 그러지.

￣ 그러고 인자 임:시로 사데리26) 노코 획: 뜰러서 데막까지27) 데:서 지
시라글 쩸메.

￣ 훼: 뚤러 지시라글.

아. 데막까지로

￣ 암:. 뒤 이써 아:머 디 데:고.

아::. 지스라글. 안 쩸메먼 그거시

￣ 안 쩸메무는 바람 불문 날라가부릉게.

￣ 긍게 그 지시락떼 쩸밀 지븐 미테다가 펭고자:를28) 싹: 바차 도라가.
펭고자를.

￣ 데나무에다가 지브로 여러코시 저:러서29) 데 요런 놈 헤:서 쭉:: 데서
헫 뚤러서 헫:로코 지블 이여.

￣ 그믄, 우게다 데 데고 고놈허고 부녀떼에다가 막 쩸메야 딸싹30) 안
체.

아 아무지게 무꾸네요이?

￣ 아::먼.

인자 집 이을떼는 데:게 지부로다가 여꺼찌요?

￣ 지블 싹: 모 놉 어더서 여꺼가지고,

￣ 인자, 서 저 거무주를 눌:러 지봉에다가,

￣ 그 마라물 돌랴감서 사네끼 그 마람끄슬 이러코 쩸메.

￣ 저 안:쪼게 전:너머가서 쩸:미고 여구다 쩸:미머는 요거시 인자 펭::펭
이 기양 가야금 쭐말로 기양 펭::펭헤저.

에.

￣ 거으다가 이제 차꼬 감:쩨 돌랴감서러. 그:

￣ 요런마:나머는 저짝만침 헤:노코 요쫑만침 헤:노코 또 머리다 헤:노코
이짝 인자 보미정짜로 헤:서 고로코 다 헤:서 인자 거미줄 눌러서 일:떼게
헤:가.

˝ 그리고 이제 임시로 사다리 놓고 빙 둘러서 대막대기 대서 기스락을 잡아매.

˝ 빙 둘러 기스락을.

아, 대 막대기로.

˝ 암. 뒤 있어. 아무 데 대고.

아, 기스락을. 안 잡아매면 그것이

˝ 안 잡아매면 바람 불면 날아가 버리니까.

˝ 그러니까 그 기스락대 잡아맬 짚은 밑에다가 평고자를 싹 받쳐 돌아가. 평고자를.

˝ 대나무에다가 짚으로 이렇게 결어서 대 이런 것 해서 쭉 대서 빙 둘러서 해 놓고 짚을 이어.

˝ 그러면 위에다 대 대고 그것하고 '부녑대'에다가 막 잡아매야 꼼짝 안 하지.

아, 야무지게 묶네요?

˝ 암.

이제 집 이을 때는 대개 짚으로다가 엮지요?

˝ 짚을 싹 모 놉 얻어서 엮어가지고

˝ 이제 서 저 거미줄을 눌러, 지붕 위에다가.

˝ 그 이엉을 돌려가면서 새끼 그 이엉 끝을 이렇게 잡아 매.

˝ 저 안쪽에 저 넘어가서 잡아매고 여기다 잡아매면은 이것이 이제 팽팽히 그냥 가야금 줄처럼 그냥 팽팽해져.

예.

˝ 거기다가 이제 자꾸 감지, 돌려가면서. 그

˝ 이런 만큼 하면은 저쪽만큼 해 놓고 이쪽만큼 해 놓고 또 머리에다 해 놓고 이쪽 이제***자로 해서 그렇게 다 해서 이제 거미줄 눌러서 이을 때에 해 가.

￢ 긍게 마라미 무걱끄등 집 서:무썩 여꺼야 한 장이여.

에.

￢ 긍게 그노물 인자 노부더서 인자 또 영글 떼 쌍: 영쩨.

에.

￢ 사드레31) 우:로.

근데 인제 엄:는 지분 지부로도 안 니고 머 다르게도 이:고 그레씀니까?

￢ 그거슨 인자 산중, 산중 가머는 그 뭉굴떼라고32).

아 뭉굴떼요

￢ 산 푸리 뭉굴떼라고 요로코 고노물 비여서 여꺼서, 지비 읍:쓰니까 골로 여꺼서 이제.

뭉굴떼도 데: 종:뉴에요?

￢ 아니여 푸리여.

아 푸리에요?

￢ 음, 푸린디.

￢ 그 엔:나레는 그 그 뿌리 가지고 마라자믄 파서 짤라서 솔:

￢ 소:리 장시드리 소:를 멘드라서 베도 메고 엔나레는 거: 풀 쒀서 미영베 가틍건 날:라머는 그 솔:로 베를 메고 그레쩨.

에.

￢ 그 푸를 가꼬 이여써.

아.

그다으메 젤: 돈 인는 사라믄 인제 지와로 이:고 고 다으믄 지부로 이:고,

￢ 아:먼.

그도저도 모던 사:라믄 인제 아까 그,

￢ 엉, 응 그 뭉굴폭 비여서 이:제.

뭉굴폭 비여 가꼬, 에.

아까 그,

ˉ 그러니까 이엉이 무겁거든. 짚 서 뭇씩 엮어야 한 장이야.

예.

ˉ 그러니까 그것을 이제 놉 얻어서 이제 또 엮을 때 싹 얹지.

예.

ˉ 사다리 위로

그런데 이제 없는 집은 짚으로도 안 이고 뭐 달리도 이고 그랬습니까?

ˉ 그것은 이제 산중, 산중 가면은 그 '몽글대'라고.

아 '몽글대'요

ˉ 산 풀이 '몽글대'라고 이렇게 그것을 베어서 엮어서, 짚이 없으니까 그것을 엮어서 이제

'몽글대'도 대 종류예요?

ˉ 아니야. 풀이야.

아, 풀이에요?

ˉ 음, 풀인데

ˉ 그 옛날에는 그 그 뿌리 가지고 말하자면 파서 잘라서 솔

ˉ 솔 장수들이 솔을 만들어서 베도 매고, 옛날에는 그 풀 쒀서 무명 같은 것은 낳으려면은 그 솔로 베를 매고 그랬지.

예.

ˉ 그 풀을 가지고 이었어.

아

그 다음에 제일 돈 있는 사람은 이제 기와로 이고 그 다음은 짚으로 이고

ˉ 암.

그도 저도 못한 사람은 이제 아까 그

ˉ 응, 응, 그 '몽글대' 포기 베어서 이지.

'몽글대' 포기 베어 가지고, 예.

아까 그

ᆞ 긍게 지벌 또 고로코만 이자네 집 다바를 요만:써게 다:: 무꺼.

ᆞ 고노물 무꺼감스러 줄: 다라서 착:착 지봉에다 젱에.

멀: 다라서 주룰 다라서요?

ᆞ 아니 걍: 비눌33) 다라서 요러고 차근차근 젱인당게 지봉얼 뻥뻥 도라 감서로.

ᆞ 그 일년 지네먼 비찌라그로34) 씨:러뻔저. 거 사근노물. 그럼 그 이튼 물란 멘:녀는 안지여 고러코 허머는.

아.

두껍께 헤 ***

ᆞ 엉: 두껍께 요러고 무꺼서 요러코 딱 휅:: 뚤러 젱이:기도 헤써.

아 넘 너무 두꺼우먼 안무거울까요? 무거우먼?

ᆞ 지비 한 시보년 한 이:심년 이여도 지번 안짜그라저.

ᆞ 메:년 마라미 한 오:십장썩 올라가먼 검:나게 무건디 그 이드메 오:십짱 올라가도 암:시랑 안 헤.

허허 그레요?

ᆞ 웅

아까 저 반 설명하셔찌마뇨, 인자 요 벼글 만들라먼 아까 인제 머 데로 여꺼 가꼬 쭈시떼로 머?

ᆞ 긍게 영는디 사이에다가 부넙떼를 시:워. 마라자믄 짜:구질35) 헤:가꼬 단다너게 쇠아글36) 바거야 지 거그다 데:서 역쩨.

예.

ᆞ 요지임 데머는 세:게더가 드러가 막떼기가 세:게가. 그믄 세:줄 여꺼야 데야. 금 데:서 땅 마처서.

ᆞ 양:쪽 마처서 딱 데:가먼 인자 흑 보루머는 베랑빠기 끈나제.

그러군뇨.

그다메 집 지스먼 요 바다게 불 드러노케 헤:야 델꺼 아님니까? 불 방 따드

˗ 그러니까 짚을 또 그렇게만 이지 않고 짚 다발을 이만큼씩 하게 다 묶어.

˗ 그것을 묶어 가면서 줄 달아서 착착 지붕에다 쟁여.

뭘 달아서 줄을 달아서요?

˗ 아니. 그냥 가리 달아서 이렇게 차근차근 쟁인다니까 지붕을 뺑뺑 돌아가면서

˗ 그 일년 지내면 빗자루로 쓸어 버려, 그 삭은 것을. 그럼 그 이튿 ** 몇 년은 안 지어, 그렇게 하면은.

아

두껍게 해 ***

˗ 응, 두껍게 이렇게 묶어서 이렇게 딱 뺑 둘러 쟁이기도 했어.

아, 너무 너무 두꺼우면 안 무거울까요? 무거우면

˗ 집이 한 십오 년 한 이십 년 이어도 집은 안 짜그라져.

˗ 매년 이엉이 한 오십 장씩 올라가면 굉장히 무거운데 그 이듬해 오십 장 올라가도 아무렇지 않아.

하하, 그래요?

˗ 응

아까 저 설명하셨지만요 이제 이 벽을 만들려면 아까 이제 뭐 대로 엮어가지고 수숫대로 뭐

˗ 그러니까 엮는데 사이에다가 '부녑대'를 세워. 말하자면 자귀질 해가지고 단단하게 쐐기를 박아야 지 거기다 대서 엮지.

예.

˗ 이쯤 대면은 세 개 더가 들어가. 막대기가 세 개가. 그러면 세 줄 엮어야 돼. 금 대서 딱 맞춰서.

˗ 양쪽 맞춰서 딱 대 가면 이제 흙 바르면은 바람벽이 끝나지.

그렇군요.

그 다음에 집 지으면 이 바닥에 불 들어 놓게 해야 될 것 아닙니까? 불 방

다게 헐라먼.

 ̄ 긍게 인: 된: 사네서 정:으로 도:걸 도:글 방짱37) 멘드는 도:기 이써.

 ̄ 그 지리 요러코 졸조리 요러고요러고 도:기 지런는 디서 거그다 징:데고 망치로 뚜루먼 요 그냥 납짜꾸름헤가꼬38) 빤:뜯빤뜯 이러고 버러진 놈 이써.

 ̄ 걍: 요러코 셍인 방떼기39) 도:기 나와. 거 방 항:카네 야달짜 빵 열:짜 빵이 항 카네.

 ̄ 야달짜 빵은 야달찜 한:창 싸라미 질머저서 야달찜 네림마는 딱 그방 놔.

 ̄ 글고 열:짜빵은 더 마:니 네야허고 전:수 도:글 그러고 정:으로 빠게40) 가지고 방을 놔.

 ̄ 방얼 논:는디 마라자거먼 요고또 부:를 떼:니까 그떼는 기:뚜그로41) 헤서 무무 넹가리42) 나가야 헝게.

 ̄ 이: 부리 처 아르모게서43) 저가 저가 정게다라거 부억 부어기 이따거 머는 요조시로44) 요러코 올라와가꼬 여그가 여그를 허리다께 파 조루러니.

 ̄ 파가지고 도:글 괴:또글45) 인자 방에다 싹: 까라. 그레야 방짜글 거그다 이로코 인자 게:또그다 딱땅 마처 나오제.

에에.

 ̄ 그러문 인자 여그를 어쩨 지피 파냐 허먼 저그서 불떼먼 부를 자부뎅에46) 마라자먼.

 ̄ 그레서 인자 기:뚜그로 인자 일루 끄테리다47) 기:뚤 무쩨. 바까트로 뻬:서.

아 그먼 안쪼기 더 지푸게 팜니까?

 ̄ 응, 아:먼 여그서 여그 지푸게 파 **** *** ******

*** 허리가

 ̄ 아:먼. 그러고 큰방은 가운데다 한나 더 파고.

따뜻하게 하려면.

￣ 그러니까 이 뒷산에서 정으로 돌을 돌을 구들장 만드는 돌이 있어.

￣ 그 길이 이렇게 줄줄이 이렇게 이렇게 돌이 길 있는 데서 거기다 정 대고 망치로 뚫으면 이 그냥 납작스름해가지고 반듯반듯 이렇게 벌어진 것 있어.

￣ 그냥 요렇게 생긴 구들장이 돌이 나와. 그 방 한 칸에 여덟 자 방 열 자 방이 한 칸에.

￣ 여덟 자 방은 여덟 짐 한창 사람이 짊어져서 여덟 짐 내리면은 딱 그 방 놓아.

￣ 그리고 열자 방은 더 많이 내야 하고, 전부 돌을 그렇게 정으로 쪼개 가지고 방을 놔.

￣ 방을 놓는데 말하자면 이것도 불을 때니까 그때는 굴뚝으로 해서 무 무 연기가 나가야 하니까.

￣ 이 불이 저 아랫목에서 저기에 저기에 부엌 부엌 부엌이 있다 하면은 이 상태로 올라와가지고 여기에 여기를 허리 닿게 파, 나란히.

￣ 파가지고 돌을 굄돌을 이제 방에다 싹 깔아. 그래야 구들장을 거기다 이렇게 이제 굄돌에다 딱딱 맞춰 나오지.

예, 예.

￣ 그러면 이제 여기를 어째 깊게 파느냐 하면 저기서 불 때면 불을 잡아 당겨, 말하자면.

￣ 그래서 이제 굴뚝으로 이제 이리로 끄트머리에다 굴뚝을 묻지, 밖으로 빼서.

아, 그러면 안쪽이 더 깊게 팝니까?

￣ 응, 암. 여기서 여기 깊게 파. ***

*** 허리가.

￣ 암. 그리고 큰방은 가운데에다 하나 더 파고.

‾ 팡:가 더 도시 인제 아리목 직 직꼬 요리 올라올쑤락 넙:께 요르코 각
찌게48) 헤: 올라와 그레가꼬 걍 요 쩌:리는 그거보고 고레49) 판다고 그러
는디 고레를 싹: 파.

고레는 그 부리 가는 기리?

‾ 아 응 그 그그 그 넹갈 나가는 그 기리 그거뽀고 고레라고 그레.

‾ 일리리 그거 다 파서 독: 걍 요만 빤든빤든 그: 쭉뜨락헌50) 놈 가따가
노아 놔:서

고레 바다게다가요?

‾ 응응, 그리야 거 그 방짱 요런노믈 가따 영:쩨.

‾ 영거가꼬 인자 주명만썩 헌 인자 쉐약 바거 인자. 세:세이51) 그레가꼬
인자 흐그로 볼라 부르고. 지그믄 세며느로 헌디 엔:나레는 흐그로 다 볼
라써 고거또.

그러조이~. 음.

이게 머시 넹갈 안 아놀라 오게 잘: 발라야 하조.

‾ 응

‾ 긍게 초벌 볼라가꼬 부를 떼믄 마리머는 요로코 그미 막 버:러저. 그
노믄 인자 그 아까 보리 께:께 보리꺼시락52) 고거슬 항:시 엔:나레는 보리
치머는 고거슬 모타놔.

‾ 그레가지고 가 걍 가멩이에다 다머놔따가 골 제:사 그거뽀고 제:사라
게.

아.

‾ 또 열멩이로53) 처. 처가꼬 그 보리 꺼시라글 그 거그다 서꺼서 이 버:
러진 디다가 싹:: 제:사지를 헌 그거뽀고 제:사지런다고 그레.

에에.

‾ 그 제:사질 허먼 안 버러저 불 아:무리 떼도.

아하 아 거기다 보리 꺼시라글 너코 그렌네요.

˹ 파는가 더 돈 이제 아랫목 짓 짓고 이제 올라올수록 넓게 이렇게 가파르게 해서 올라와. 그래가지고 그냥 이 저리는 그것보고 방고래 판다고 그러는데 방고래를 싹 파.

방고래는 그 불이 가는 길이?

˹ 아, 응,그 그그 그 연기 나가는 그 길이 그것 보고 방고래라고 그래.

˹ 일일이 그것 다 파서 돌 그냥 이만 반듯반듯한 그 길쭉한 것 가져다가 놔. 놔서

고래 바닥에다가요?

˹ 응,응, 그래야 그 구들장 이런 것을 가져다 얹지.

˹ 얹어가지고 이제 주먹만큼씩 한 이제 쐐기 박아 이제. 사이사이 그래가지고 이제 흙으로 발라 버리고. 지금은 시멘트로 하는데 옛날에는 흙으로 다 발랐어, 그것도.

그러지요. 음.

이거 뭐가 연기, 안 안 올라 오게 잘 발라야 하지요.

˹ 응.

˹ 그러니까 초벌 발라가지고 불을 때면 마르면은 이렇게 금이 막 벌어져. 그것은 이제 그 아까 보릿대 보리 까끄라기 그것을 항시 옛날에는 보리 치면은 그것을 모아 놔.

˹ 그래가지고 가 그냥 가마니에다 담아 놨다가 골 재사 그것보고 재사라고 해.

아.

˹ 또 어레미로 쳐. 쳐가지고 그 보리 까끄라기를 그 거기다 섞어서 이 벌어진 데다가 싹 재사질을 한 그것보다 재사질 한다고 그래.

예.

˹ 그 재사질 하면은 안 벌어져. 불 아무리 때도.

아하, 거기다 보리 까끄라기를 넣고 그랬네요.

⁻ 응. 아:문먼. 그거뽀꼬 보리뵈:께라고54) 그렌는디.

보리 먼:께요?

⁻ 보리 뵈:께

보리 데께?

⁻ 잉. 그거슬 꼭 엔:나레는 다 지버너. 홍 니길떼.

네.

⁻ 그러고 인자 벡찌로 보리제. 엔:나레 인는 사람 고러고 벡찌로 보리고 장판 인자 엔:나레 장판 인자 들께 지름짜서 거 범:뉴55) 메제. 거그다가 닥 벡찌를 막 볼라가꼬

⁻ 범:뉴 메기머는 빨그작짝56) 헤:저. 그먼 차:꼬57) 또 보리고 한 여나무 번 보루먼 장파니 된당게. 벡찌 인자 창호지 가치 인자 존:놈 엔:날 전지 볼라가꼬.

그 다:으메 요 요 말캉은 어떠케 노씀니까?

⁻ 말캉은58) 지둥 나무에다가 구먹 파가꼬 거그다가 사:게 마처 그거또.

⁻ 인자 말캉은 지데:넝거시59) 가에가 한나 이꼬 가운데가 한나 이꼬.

어.

⁻ 요쪽 안:쪼그로 한나가 이꼬 세:게가 드러가. 세:게가 엉 그레가꼬 홈:페기를 조루루이 다 파, 양:쪼글.

⁻ 그 여 지:데능거 늘람서 파서 고놈 마처서 판자를 다: 짤라서 데페를 위게서 인자 가면성 소:게다 느코 떼레. 떼레서 탁 마처.

⁻ 응 그거시 인자 말:레럴 고러코 놔.

⁻ 이거 우게는 중천60) 인자 중천 지그 저 중천 아:먼 중처늘 허제.

중천 어터케 험니까?

⁻ 중천 인자 서끄레다가61) 막떼기 데:고 머찔 헤:가지고 고노메다가 마 처서 요로코 인자 막떼기 데:고 머찔 헤:가지고 그거뽀고 중천:

⁻ 그거또 음 음:는 사라믄 엔:나레는 서끌 다 이러고 누어서 보문 서끌

˝ 응, 아무렴. 그것보고 보리 '뵈께'라고 그랬는데.

보리 무슨 께요?

˝ 보리 '뵈께'.

보리 데께?

˝ 응, 그것을 꼭 옛날에는 다 집어 넣어. 흙 이길 때.

네.

˝ 그리고 이제 벽지로 바르지. 옛날에 있는 사람 그렇게 벽지로 바르고 장판 이제 옛날에 장판 이제 들깨 기름 짜서 법유 매지. 거기다가 닥62) 벽지를 막 발라가지고

˝ 법유 먹이면은 불그죽죽해져. 그러면 자꾸 또 바르고 한 여남은 번 바르면 장판이 된다니까. 벽지 이제 창호지같이 이제 좋은 것 옛날 전지 발라가지고.

그 다음에 이 이 마루는 어떻게 놓습니까?

˝ 마루는 기둥 나무에다가 구멍 파가지고 거기다가 사개 맞춰, 그것도.

˝ 이제 마루는 기다란 것이 가에 하나 있고 가운데에 하나 있고.

어.

˝ 이쪽 안쪽으로 하나가 있고, 세 개가 들어가. 세 개가 응 그래가지고 홈파기를 나란히 다 파, 양쪽을.

˝ 그 이 기다란 것 넣으려면서 파서 그것 맞춰서 판자를 다 잘라서. 대패를 위에서 이제 가면서 속에다 넣고 때려. 때려서 딱 맞춰.

˝ 응, 그것이 이제 마루를 그렇게 놔.

˝ 이것 위에는 반자 이제 반자 지금 저 반자 아무렴 반자를 하지.

반자 어떻게 합니까?

˝ 반자 이제 서까래에다가 막대기 대고 못질 해가지고 그것에다가 맞춰서 이렇게 이제 막대기 대고 못질 해가지고 그것보고 반자.

˝ 그것도 없 없는 사람은 옛날에는 서까래 다 이렇게 누워서 보면 서까

다 비:데께 허고 사라써.

중천 업:씨 사라요?

￣ 응, 사라써. 인는 사라미 고거또 헤:써.

아

￣ 음 하

그러쿠나.

￣ 음 (웃음) 그마치 차이가 나게 사라써.

근데 중천 이쓰먼 쥐가 마:니 살자나요 쥐가.

￣ 쥐는 업:써쩨. 긍께 서끌 빌:떼는

어 인자 서끌 업쓰믄.

￣ 쥐는 으으 인자 요러코 헤노믄 이 시 세면찌비라 쥐가 업:쓴게 그러제 엔:나레는 걍 쥐가 걍 둑:뚝 둑뚝 막 걍 허고

그러니까 중천 중천 이쓰면.

￣ 응 응

￣ 그레도 굴:근 지븐 부:자찌븐 다 여 헤:써 엔:날찝또

아 아 그러조.

중처는 그러면 요 요 널:븐 판자가 이써야 델꺼인디 지그믄 머 베니야 판자로 도 하고 그러지만 엔:나레는 머:스로 헤땀니까?

￣ 종이로,

그냥 바다글 종이로만?

￣ 종우로 저:: 벡찌로 여그따 가머서 주레다가 철싸를 처가지고 철싸에 다 풀 메게서 벡찌 한쪼글 가머.

￣ 가머서 요쪼기 치다가 또 조쪽 가:슬 가머. 그럼 펭:펭 헤저.

￣ 고로코 헤서 인자 한줄 요러코 헤서 볼 마리머는 또 그 세이에다가 헤:서 볼루고 네:중에는 인자 요러코 벱 번버니 다 볼라지제. 함뻐네는 모: 덩게. 엔:나레 고러케 헤:써.

래 다 보이듯이 그렇게 하고 살았어.

　반자 없이 살아요?

　￣ 응, 살았어. 있는 사람이 그것도 했어.

　아.

　￣ 음. 하.

　그렇구나.

　￣ 음. (웃음) 그만큼 차이가 나게 살았어.

　그런데 반자 있으면 쥐가 많이 살잖아요. 쥐가.

　￣ 쥐는 없었지. 그러니까 서까래 보일 때는.

　어 이제 서까래 없으면.

　￣ 쥐는 이제 이렇게 해놓으면 이 시 시멘트 집이라 쥐가 없으니까 그러지 옛날에는 그냥 쥐가 그냥 뚝뚝 뚝뚝 막 그냥 하고.

　그러니까 반자 반자 있으면.

　￣ 응, 응.

　￣ 그래도 굵은 집은 부잣집은 다 이 했어, 옛날집도.

　아, 아, 그러지요.

　반자는 그러면 이 이 넓은 판자가 있어야 될 것인데 지금은 뭐 베니어 판자로도 하고 그러지만 옛날에는 뭘로 했답니까?

　￣ 종이로

　그냥 바닥을 종이로만?

　￣ 종이로 저 벽지로 여기다가 감아서 줄에다가 철사를 쳐가지고 철사에다가 풀 먹여서 벽지 한 조각을 감아.

　￣ 감아서 이쪽을 치다가 또 저쪽 가를 감아. 그러면 팽팽해져.

　￣ 그렇게 해서 이제 한 줄 이렇게 해서 마르면은 또 그 사이에다가 해서 바르고 나중에는 이제 이렇게 밟 반반하게 다 발라지지. 한 번에는 못 하니까. 옛날에 그렇게 했어.

- 나:무로 허다가 철싸로 허다가 중처늘 고러고 헤써.

그 다으메 그 무느뇨? 지금 요렁거슨 저 서양식 무니지만 엔:나레는

- 엔:나레는 무니 문도 여러 가지제

- 데살창문63) 인자 이 니:구녁 뎅인걸 뻥드르르 마:자믄 사진가꾸64)물
로65) 멘드라.

에.

- 그레가꼬 데를 쪼게가지고 이러고 떠:. 요러코요러코 요 떠서 여그다
이자 여그를 구머글 그 찡길66)띠를 다: 파. 헬 도라감서 문 거 거시기를.

- 그레가꼬 그거슬 찡기고 인자 종우 바리먼 문 데야.

- 그 돌 인자 돌쭈구67) 사다가 쉐:로 멘든 걸 돌쭈구 사다가 바거가꼬
고러코 데살짱문 그거뽀고 데살짱무닌디 그지꺼리럴 마:니 헤:써.

- 또 데로 이 바닥 깔고 사는 장판 죽썩68) 죽써글 또 멘드라서 깔:고
에 바다근.

- 죽써글 저러. 저러가지고 그 치마양으로 고러고 마라자먼 저러. 이 방
마처서 저:러가지고 그거뽀고 죽썩 장파니라고 그러제. 죽썩.

그니깐 엔:나레는 지금처럼 비니루도 업써쓸 꺼시고

- 응::, 옵:써.

이 조 종이장판 깔:면 제일 조은데

- 응 근디 그거또 읍:꼬 응

종이도 엄는 사람 이써찌안씀니까?

- 죽썩도 더러 장판헌디 부자찌비라사 다 헤써

아, 그레요?

- 죽써그로 장판하는:: 디.

그럼 아주 엄는 사라믄 바닥또 업:씨 사라써요?

- 아이 자리. 앙:골로 자리.

자리 깔고요.

⁻ 나무로 하다가 철사로 하다가 반자를 그렇게 했어

그 다음에 그 문은요? 지금 이런 것은 저 서양식 문이지만 옛날에는

⁻ 옛날에는 문이 문도 여러가지지.

⁻ 대살창문 이제 이 네 구멍 생긴 것 뺑 둘러서 말하자면 사진 액자처럼
만들어.

예.

⁻ 그래가지고 대를 쪼개가지고 이렇게 떠. 이렇게 이렇게 이 떠서 여기다
이제 여기를 구멍을 그 끼울 데를 다 파. 뺑 돌려가면서 문 거 거시기를.

⁻ 그래가지고 그것을 끼우고 이제 종이 바르면 문 돼.

⁻ 그 돌 이제 돌쩌귀 사다가 쇠로 만든 것 돌쩌귀 사다가 박아가지고 그
렇게 대살창문 그것보고 대살창문인데 그 짓을 많이 했어.

⁻ 또 대로 이 바닥 깔고 사는 장판 죽석 죽석을 또 만들어서 깔고.

예, 바닥은.

⁻ 죽석을 결어. 결어가지고 그 키 모양으로 그렇게 말하자면 결어. 이
방 맞춰서 결어가지고 그것보고 죽석 장판이라고 그러지. 죽석

그러니까 옛날에는 지금처럼 비닐도 없었을 것이고.

⁻ 응, 아, 없어

이 조 종이 장판 깔면 제일 좋은데.

⁻ 응, 그런데 그것도 없고 응

종이도 없는 사람 있었지 않습니까?

⁻ 죽석도 더러 장판 하는데 부잣집이라야 다 했어.

아 그래요?

⁻ 죽석으로 장판하는데

그럼 아주 없는 사람은 바닥도 없이 살았어요?

⁻ 아니. 자리 왕골로 자리.

자리 깔고요.

⁻ 자리:도 앙:골 자리가 통 놈 부:자찝 싸람드른 통자리를 통노므로 앙:고를 통노므로 짠:노므로 깔고

⁻ 고노물 일:리리 다: 쩨게서 짠: 노므로 마라자먼 모시::이로 끈:널 헤:서 인자 가맹이 짜데끼 나라가지고 인자 자리를 짜:서 그 자리를 깔고 사라써.

엄 엄:는 사람드른 거칠게 그냥 자리 깔:고 자구요. 그레꾸마뇨. 에, 무니 인제 데살창무니 이써꾸뇨.

⁻ 데살창은 인자 문:니 시:살창 무늘 인자 목쑤가 인자 멘들고 시:살창 무니라 헌디

데살창하고 시:살창하고 다릅니까?

⁻ 응 다르제.

⁻ 고거슨 줄:주리 요 요러코요러코 싹: 드러가거께 멘드라서 짜 가서 악꾸⁶⁹⁾ 짜서 느: 느:서 멘들고 그 종우마 가꼬 드러가믄 뎅께 목쑤가 싹:허고.

아:.

데살창은 자기가 직쩝 데를 짜서 헝거시고 응

⁻ 응 아:먼.

지붕 일:떼는 아까 지비라고 그렌는데 집 에 아까 마란 집또 이:꼬 아까 그 다으메 무슨 몽굴떼도 이:꼬

⁻ 응, 몽굴떼로 짐 몬:닝거 한 산중.

⁻ 산줄 논도 읍:꼬 반:만 버러먹꼬 사:는디가 산중이여, 엔:나레. 엔:나레 길령:이라고 거그 순 글로 짐 니고 사라써.

⁻ 몽굴떼로, 그레가꼬 거그서도 인자 돈 벌:머는 들:려게 나와서 집 사다가 그떼는 소도 소 구루마로 시러 실코가서 마람 여꺼서 인: 사람 이:고.

⁻ 궁게 메::년 이:기만헤. 그 비여다가. 궁게 안세 비 와도.

아.

그다메 도:닌는 사라믄 저기로 집 이제 집 말:고 머:로 이:씀니까? 도:닌는 사라믄?

˗ 자리도 왕골 자리가 통 것 부자집 사람들은 통자리를 통으로 왕골을 통으로 짠 것으로 깔고.

˗ 그것을 일일이 다 쪼개서 짠 것으로 말하자면 모시로 끈을 해서 이제 가마니 짜듯이 날아가지고 이제 자리를 짜서 그 자리를 깔고 살았어.

없 없는 사람들은 거칠게 그냥 자리 깔고 자고요? 그랬구먼요. 예 문이 이제 대살창문이 있었군요.

˗ 대살창은 이제 문이 세살창 문을 이제 목수가 이제 만들고 세살창문이라 하는데

대살창하고 세살창하고 다릅니까?

˗ 응, 다르지.

˗ 그것은 줄줄이 이 이렇게 이렇게 싹 들어가게끔 만들어서 짜 가서 틀 짜서 넣 넣어서 만들고 그 종이만 가지고 들어가면 되니까 목수가 싹 하고.

아.

대살창은 자기가 직접 대를 짜서 하는 것이고, 응

˗ 응, 아무렴.

지붕 일 때는 아까 짚이라고 그랬는데 짚 에 아까 말한 짚도 있고 아까 그 다음에 무슨 '몽굴대'로도 이고

˗ 응, '몽굴대'로 짚 못 인 것 한 산중

˗ 산중 논도 없고 밭만 부쳐 먹고 사는 데가 산중이야, 옛날에. 옛날에 길룡리라고 거기 순 그것으로 집 이고 살았어.

˗ '몽굴대'로, 그래가지고 거기서도 이제 돈 벌면은 들녘에 나와서 짚 사다가 그때는 소도 소달구지로 실어 싣고 가서 이엉 엮어서 이는 사람 이고.

˗ 그러니까 매년 이기만 해, 그 베어다가. 그러니까 안 새. 비 와도.

아.

그 다음에 돈 있는 사람은 저기로 짚 이제 짚 말고 뭘로 입니까? 돈 있는 사람은?

˗ 마람 여꺼서

마람 여꼬.

˗ 음 지금 난 농사 직꼬 지부로 고놈 마람 다 여꺼서

에.

˗ 사네끼 꼬와서70) 어: 사네끼 또 지붕쌀 꼽쩨. 지스렉 쩸미는 사네끼 가늘게 쪼록쪼록71) 꼽:쩨. 여러가지로 꼬와. 또 용마람 사네끼 꼬와야제. (웃음)

아

사네끼도 종:뉴가 국:끼에 따라서

˗ 아:면. 응 집한체 이:른 세:가지 집 그거 드러가

사네끼가요?

˭ 사네끼가.

그러믄 에 지와 가틍 거슨 이여 보셔써요? 지와?

˗ 지와는 인자 얼메 안데야쩨 인:제가

˗ 지와럴 츠:메 정부에서 인자 영:농조하베다가 멘드라서 포:천 그떼는 영광굴레 포:천 가서 조하비 이써써. 군:남.

에.

˗ 거그서 인자 기와 한장에 세멘 함 포데 한 오:십짱이나 육씹짱 뻬무는 존:디

˗ 한 벡짱이나 뻬가꼬 고노믈 정부 인자 세마을 사업 헌다고 줘:써꺼든 정부에서

˭ 글로 싱게 세메니 메데 앙가서 기양 퍼실퍼실버실72)***허니 지비 안조 아

˭ 긍게 인자 목쩨 누:가 건저다가 목체 마:네서 건저다가 세며느로 세면 함 포에 오:십짱 네지 오:십오:짱 고로고 뽀바.

에.

⎯ 이엉 엮어서

이엉 엮고

⎯ 음, 지금 난 농사 짓고 짚으로 그것 이엉 다 엮어서

예.

⎯ 새끼 꼬아서 어 새끼 또 '지붕살' 꼬지. 기스락 잡아매는 새끼 가늘고 단단하게 꼬지. 여러 가지로 꼬아. 또 용마름 새끼 꼬아야지 (웃음).

아.

새끼도 종류가 굵기에 따라서

⎯ 암. 응 집 한 채 이는데 세 가지 짚 그것 들어가.

새끼가요?

⎯ 새끼가.

그러면 예 기와 같은 것은 이어 보셨어요? 기와?

⎯ 기와는 이제 얼마 안 되었지, 인 지가.

⎯ 기와를 처음에 정부에서 이제 영농조합에다가 만들어서 포천 그때는 영농 군내 포천 가서 조합이 있었어. 군남.

예.

⎯ 거기서 이제 기와 한 장에 시멘트 한 포대 한 오십 장이나 육십 장 빼면은 좋은데.

⎯ 한 백 장이나 빼가지고 그것을 정부 이제 새마을 사업한다고 줬었거든, 정부에서?

⎯ 그것으로 쓰니까 시멘트가 며칠 안 가서 그냥 바슬바슬바슬하게 집이 안 좋아.

⎯ 그러니까 이제 목재 누가 건져다가 목재 많아서 건져다가 시멘트로 시멘트 한 포에 오십 장 내지 오십오 장 그렇게 뽑아.

예.

˦ 그 지와 찡는 가다가73) 이써. 그놈 찌거가지고 지블 다 이여써. 요 건네랑 다 그로코 그코 헝 거시여. 기술짜만 데레다가 잉:거시여 고시 찌거서.

고거는 상당이 최:근 드러와서 *****

˦ 응 최:근 드롸서.

에.

그 다:으메 요 집또 그 크기에 따라서 이르미 쫌 다르고 그러네요. 집또 큰 지비 이꼬 자:근 지비 이꼬 머

˦ 긍게 그거시 삼간 세:짝 막 삼간 네:짝 요 네: 사:간 네:줄베기이머는 요:리해서 여그서 바도 네:칸 저쪼그로 가서 네:칸 그걸 사:간 네네 네:줄베기라고 그러제

그러먼 인제 이론 간도 업:씨 방 한나 그냥

˦ 아:니요. 방이 여러게제세에서 사:간 네:줄베기넌

에 그니까요. 근데 그거시 아니고 쪼끄만 방 한나 정제 한나 인는 지븐 먼:지비라 그럼니까?

˦ 그거슨 토담찌비라74) 그레 토담찝. 엔:나레는 압꼬 짜:가지고 흐그로 이로코 다과가지고 거그다 서끌 영꼬 지블 지서써.

아.

˦ 그거보고 토담찌비라고 그레. 그 방 항칸 정제75) 항칸 그거는 크게도 모:데.

아하 토담찝 음.

˦ 고거또 인자 중가네 인자 발딸헤:가꼬 항:툭 이게서 벡똘 멘드라서 싸:가지고 이자 또 이여 지서쩨, 지벌.

고로먼 엔:날 벽똘 아:닐때는 어터케 임:니까 그러먼?

˦ 흑따므, 토담찌비랑게 그거시.

아 흐글.

⌐ 그 기와 찍는 거푸집이 있어. 그것 찍어가지고 집을 다 이었어. 이 건 너랑 다 그렇게 그렇게 한 것이야. 기술자만 데려다가 집 인 것이야. 그것 찍어서.

그것은 상당히 최근 들어와서 *****

⌐ 응, 최근 들어와서.

예.

그 다음에 이 집도 그 크기에 따라서 이름이 좀 다르고 그러네요. 집도 큰 집 이 있고 작은 집이 있고 뭐

⌐ 그러니까 그것이 삼 칸 세 짝 막 삼 칸 네 짝 이 네 사 칸 '네줄배기'면 은 이리해서 여기서 봐도 네 칸 저쪽으로 가서 네 칸 그걸 사 칸 네 네 '네 줄배기'라고 그러지.

그러면 이제 이런 칸도 없이 방 하나 그냥

⌐ 아니요. 방이 여러 개 **** 사 칸 '네줄배기'는

예, 그러니까요. 그런데 그것이 아니고 조그만 방 하나 부엌 하나 있는 집은 무슨 집이라고 그럽니까?

⌐ 그것은 토담집이라 그래, 토담집. 옛날에는 틀 짜가지고 흙으로 이렇 게 다져가지고 거기다 서까래 얹고 집을 지었어.

아.

⌐ 그것보고 토담집이라고 그래. 그 방 한 칸 부엌 한 칸 그것은 크게도 못 해.

아, 토담집. 음.

⌐ 그것도 이제 중간에 이제 발달해가지고 황토 이겨서 벽돌 만들어서 쌓아가지고 이제 또 이어서 지었지. 집을.

그러면 옛날 벽돌 안 할 때는 어떻게 입니까, 그러면?

⌐ 흙담, 토담집이라니까 그것이.

아, 흙을

⎺ 요 압꾸 짜:가지고 거으다 흑 느:코 다과. 쇠떼~이 되게 다과가꼬 거 거 지블 지 지서써.

⎺ 그거 뽀고 토담

그거시 벼기 되야부러요?

⎺ 아:먼 벽 베랑빡 되야.

베랑빠기 되아부러요? 오:.

⎺ 그레아꼬 집 찌여.

음

⎺ 여그서 한: 요 우:게 찌비 시방 인는디 정부에 뜨더 부러써. 삔 지브로 이씽게 그거이 토담찌비 이썬는디

토담찌비

고거는 그냥

⎺ 그로고 인자 그후로는 독:땀76).

아.

⎺ 여그저 깔막77) 오름서 머야 단:장 싸따고? 그거이 우리가 다 상 거신 디 거놈 인자 단:장 싸가지고 또 집 찌서.

아.

고거시 독 독 싸 도:그로이~?

⎺ 음 도:그로

독:땀 이꼬 어떤 경우는 도:글 아:니고 나:무 막 요러코요러케 싸은 거또 이짜나요? 도:글 안 싸고 나:무 주서다가 그냥 데:충 요로케

⎺ 엔:나레도 조 조:은 제:실 가튼디는 목쩨라고

목쩨말고 그냥 그냥 나:무 비여다가 데:충 *** 그러케 쭈시떼나 이롱거스로 데:충

⎺ (웃음) 거시기 그거뽀고 이름 무시락 허냐 우리도 그거슬

⎺ 멩산서 네가 살:다가 요:리 와끄든? 거 저 잔등에다가78) 네가 고러코

￣ 이 틀 짜가지고 거기다 흙 넣고 다져. 쇳덩이 되게 다져가지고 그 그 집을 지 지었어.

￣ 그것보고 토담.

그것이 벽이 되어 버려요?

￣ 암. 벽 바람벽이 돼.

바람벽이 되어 버려요? 오.

￣ 그래가지고 집 지어.

음.

￣ 이것은 한 이 위에 집이 시방 있는데 정부에 뜯어 버렸어. 빈 집으로 있으니까. 그것이 토담집이 있었는데.

토담집이.

그것은 그냥

￣ 그리고 이제 그 후로는 돌담.

아.

￣ 여기 저 가풀막 오르면서 뭐야 담 쌓았잖아? 그것이 우리가 다 산 것 인데 그것 이제 담 쌓아가지고 또 집 지어.

아.

그것이 돌 돌 쌓아, 돌로.

￣ 음, 돌로.

돌담 있고 어떤 경우는 돌을 아니고 나무 막 이렇게 이렇게 쌓은 것도 있잖아 요? 돌을 안 쌓고 나무 주워다가 그냥 대충 이렇게.

￣ 옛날에도 조 좋은 제실 같은 곳은 목재라고

목재 말고 그냥 그냥 나무 베어다가 대충 *****그렇게 수숫대나 이런 것으로 대충

￣ (웃음) 거시기 그것보고 이름 뭐라고 하냐 우리도 그것을

￣ 명산서 내가 살다가 이리 왔거든? 요 저 고개에다가 내가 그렇게 집을

지블 직꼬 사라써

　아.

　⁻ 작쌀79) 메어가지고. 요러코 작싸를 요러코 돌라감서로 나:무를 요로
코헤가꼬 요:리 모빡꼬 요:리 모빡꼬 허먼 요거시 요러코 돼야. 요러코 도
라감스로.

　⁻ 거그다가 인자 남 쭈:시떼고 무:시고 기양 휃:뚤러서 젱에가꼬 모:조떼
고80) 무:시고 젱에가꼬 허먼 인자 암:만 여 문 여러가꼬 거그서도 살:고 그
레써.

　아 그레써요? 음

　⁻ 그거뽀고 작쌀 작쌀찌비라고 그레

　작쌀찜.

　⁻ 작쌀 베:가꼬

　작싸른 나무를 이르케

　⁻ 응 작싸를 메:능거뽀고 나:무 나:무를 요로코 멘등게.

　나무로 서로 기 기:데게 만드러요

　⁻ 응 기:데게.

　사네서 나:무 헤:가지고

　⁻ 응 나:무 진:놈 비여어다가 고거또 지그믄 몯:까따 바그먼 헐꺼신디 사
네끼로 여꺼서 우게

　나무로 서로

　⁻ 응 딱 요러코 여꺼서 요러코 멘드라

　우:게만 딱 무꺼부러

　⁻ 아:먼

　⁻ 그어 인자 미테는 강:가니 뜨제 사네키로. 요리조리 목까게. 고러코 헤써

　고거시 다미 돼요?

　⁻ 응 (웃음)

짓고 살았어.

　아.

　﹣ 작사리 매어가지고. 이렇게 작사리를 이렇게 돌려가면서 나무를 이렇게 해가지고 이리 못 박고 이리 못 박고 하면 이것이 이렇게 돼. 이렇게 돌려가면서.

　﹣ 거기다가 이제 남 수숫대건 뭐건 그냥 뺑 둘러서 쟁여가지고 메조대건 뭐건 쟁여가지고 하면 이제 아무리 이 문 열어가지고 거기서도 살고 그랬어.

　아, 그랬어요? 음

　﹣ 그것보고 작사리 작사리집이라고 그래.

'작사리집'

　﹣ 작사리로 매어가지고

'작사리'는 나무를 이렇게

　﹣ 응, 작사리를 매는 것보고 나무 나무를 이렇게 만든 것.

나무로 서로 기 기대게 만들어요.

　﹣ 응, 기대게.

산에서 나무 해가지고

　﹣ 응, 나무 긴 것 베어다가 그것도 지금은 못 가져다 박으면 할 것인데 새끼로 엮어서 위에.

나무로 서로

　﹣ 응, 딱 이렇게 엮어서 이렇게 만들어.

위만 딱 묶어 버려.

　﹣ 아무렴.

　﹣ 그거 이제 밑은 간간히 뜨지 새끼로. 이리저리 못 가게. 그렇게 했어.

그것이 담이 돼요?

　﹣ 응. (웃음)

￣ 그거이 그떼 그 그지비 제:일 부리 마니 나써.

아 부리, 그러쿠뇨

￣ 부란번 건저 덩거딱81) 허머는 모:꺼씽께 그지븐벌. 그부리 제:일 마니
나써.

엉:

￣ 글고 엔:나레는 호박까틍거슬 박 까틍거 다 거그다 영:끄든. 숭거 그미
테따 숭구먼 그거이 올라가서 타고가서 영:꼬 요런 집또 지봉에다가 호:박
바기 마:니 여러써. 숭구니까.

에.

￣ 지그밍게 안 안 숭거부링게 그러제.

그러먼 인제 머 또 우 울 울타리란 거또 이짜나요 울타리

￣ 엔:나레는 솔라무아:치를82) 솔라무 우게 그 가:지를 전:수83) 비여다가
까꺼서 그 착 강:가니 말뚜글 바거, 그 우타리럴84).

￣ 말뚜 빠거서 뛰장을85) 데. 뛰장을 고로 쭉: 데, 시:간데를.

￣ 그레가꼬 고노멀 그 솔라무 아:치를 이러코 푸서로 바거가꼬

솔나무 아:치가 머:에요?

￣ 솔까지

솔까지.

￣ 응.

￣ 고놈 여러코 요로코 셍에씽게 그 바그머는 차근차근 노머는 게:속 바
거가.

에.

￣ 그루고 또 바까티다가 또 데 비여다가 데:서 짬며. 아네다가 멘드라논
노메다가

에:

￣ 고러코 후타리를86) 헤써.

˗ 그것이 그때 그 그 집이 제일 불이 많이 났어.

아, 불이 그렇군요.

˗ 불 한 번 건져 붙었다고 하면은 못 껐으니까 그 집은. 그 불이 제일 많이 났어.

엉.

˗ 그리고 옛날에는 호박 같은 것을 박 같은 것 다 거기다 얹거든. 심어. 그 밑에다 심으면 그것이 올라가서 타고 가서 얹고 이런 집도 지붕에다가 호박 박이 많이 열었어. 심으니까.

예.

˗ 지금이니까 안 안 심어 버리니까 그러지.

그러면 이제 뭐 또 우 울 울타리란 것도 있잖아요, 울타리.

˗ 옛날에는 소나무 가지를 소나무 위에 그 가지를 전부 베어다가 깎아서 그 착 간간히 말뚝을 박아. 그 울타리를.

˗ 말뚝 박아서 떳장을 대. 떳장을 그 쭉 대. 세 군데를.

˗ 그래가지고 그것을 그 소나무 '아치'를 이렇게 **로 박아가지고.

소나무 '아치'가 뭐예요?

˗ 솔가지.

솔가지.

˗ 응

˗ 그것 이렇게 이렇게 생겼으니까 그 박으면은 차근차근 놓으면은 계속 박아 가.

예.

˗ 그리고 또 밖에다가 또 대 베어다가 대서 잡아매. 안에다 만들어 놓은 것에다가.

예.

˗ 그렇게 울타리를 했어.

아.

솔라무 솔까지 비여다가

￣ 응 그러고 인자 단:장 마:넌 노믄 지 검창 난노믄 후따리 앙코 중가네
는 밀:떼를 취여. 물쏘게다 당가따가.

￣ 고노무로 용마라믈 트러. 용마람 트러서 골로도 이:고

에 그러치요.

이런 독:땀도 그 우게 마람 여끄 이:고

￣ 마:니 이:제. 마람 여꺼서 그 서끌 고거또 서끌 거러

￣ 다방다망87) 서끌 거러서 부녀떼꼬이 데:고 양쪼그로 요로코 헤:서 이:
고 츠:메는 고거또 마라므로 세:곱뻴 이:고 흐구로만 누:를 조르르 놘:는디
에.

￣ 인자 낭파네는88) 이:고도 또 용마람 트러서 쭉:: 덥꼬 그레써, 인자 거
중가네

고 웨: 저: 독:땀 우:게다가 그러케 저기를 헤요? 마라믈 여꺼요? 보기 조우
라고?

￣ 응 아:니여.

￣ 물 들먼 단:장이 자빠저. 헝게 그 이:머는 마람 여꺼서 이:머는 벵날
비와도 안 자빠저.

아, 물 안드르라고

￣ 응 물 안디리라고 허능 거시여.

데:문도 지금 이러케 머 지그믄 쇠로도 쇠문도 달:고 그레찌마는 엔:나레는
나:무로 달:고 안 그러면 그냥 머에요 나무까지로 헤서 데:충 만들기도 하고?

￣ 엔:나레는 데나무 사르블 마:니 다라써. 사릅:무니라고89) 헌디 그거뽀고
사름무니라고

￣ 그거이 빠든빠든 나:무를 비여다가 문짱말로 거 짜, 니:모. 그면 빠:뜯
허제

아.

소나무 솔가지 베어다가.

˜ 응, 그리고 이제 담 많은 것은 ** 난 것은 울타리 안 하고 중간에는 밀대를 축여. 물 속에다 담갔다가.

˜ 그것으로 용마름을 틀어. 용마름 틀어서 그것으로도 이고.

예, 그러지요.

이런 돌담도 그 위에 이엉 엮어 이고

˜ 많이 이제. 이엉 엮어서 그 서까래 그것도 서까래 걸어.

˜ 드문드문 서까래 걸어서 '부녓대'로 대고 양 쪽으로 이렇게 해서 이고 처음에는 그것도 이엉으로 세 벌 이고 흙으로만 *를 줄줄이 놓았는데.

예.

˜ 이제 나중에는 이고도 또 용마름 틀어서 쭉 덮고 그랬어. 이제 그 중간에.

그 왜 저 돌담 위에다가 그렇게 저기를 해요? 이엉을 엮어요? 보기 좋으라고?

˜ 응, 아니야.

˜ 물 들면 담이 넘어져. 그러니까 그 이면은 이엉 엮어서 이면은 백 날 비와도 안 넘어져.

아, 물 안 들도록.

˜ 응, 물 안 들도록 하는 거야.

대문도 지금 이렇게 뭐 지금은 쇠로도 쇠문도 달고 그랬지마는 옛날에는 나무로 달고 안 그러면 그냥 뭐예요 나뭇가지로 해서 대충 만들기도 하고?

˜ 옛날에는 대나무 사립을 많이 달았어. 사립문이라고 그것보고.

사립문이라고

˜ 그것이 반듯반듯 나무를 베어다가 문짝처럼 그 짜, 네모. 그러면 반듯하지.

⁻ 거 중간중가네다가 여 가리짱을90) 너:가지고 데나무를 인자 쎙놈 비
여다가 요러고 떠.

오.

⁻ 요러고 마라자믄 요러코 떠고 요러코 뜨고 고러케헤서 그 사름무니
데사름무니 제:일 마:네써.

에 데사름무니요?

⁻ 응 제:일 마:네써.

그러쿠뇨 에 기엉나네요, 데사름무니.

⁻ 응.

그 다른 어떤 지방에 가니까 사림문 사름문 고 거그를 가따 그 근처를 가따
세르파기라 한다등가 고런 마리 삽 머 그러케 불러씀니까?그 근:처∷를? 세르
파게 간다고.

⁻ 아 사람방91).

사람방.

⁻ 사람방 간다고 그러제

아

⁻ 세르빠기 아니라 사람방 응

사람방이라고 그럼니까? 사람방이 어:디

⁻ 사람방이 부:제찌비 가:서 그 사람방이 이써.

⁻ 그면 전:수 거가서 움:는 사람드리 엔:나레는 거 가서 자고 밥또 먹꼬
가고 그레써 그거뽀고 사람방.

아 사람방이요?

그러치요. 그 다으메 인제 그 아까 데:문 제가 말씀 드련는데 그 인자 아까
그 마당이 이꼬 마당에서 인자 쫌 올라오자나요 아까 그 돌 독 싸타 거따 신
머

⁻ 심방똑.

˝ 그것 중간 중간에다가 이 가로장을 넣어가지고 대나무를 이제 생 것 베어다가 이렇게 떠.

오.

˝ 이렇게 말하자면 이렇게 뜨고 이렇게 뜨고 그렇게 해서 그 사립문이 대 사립문이 제일 많았어.

예, 대 사립문이요?

˝ 응, 제일 많았어.

그렇군요. 예, 기억나네요, 대 사립문이.

˝ 응.

그 다른 어떤 지방에 가니까 사립문 사립문 그 거기를 갖다 그 근처를 갖다 '세르팍'이라 한다던가 그런 말이 삽 뭐 그렇게 불렀습니까? 그 근처를, '세르팍' 에 간다고?

˝ 아, 사랑방.

사랑방.

˝ 사랑방 간다고 그러지.

아.

˝ '세르빡'이 아니라 사랑방. 응.

사랑방이라고 그럽니까? 사랑방이 어디?

˝ 사랑방이 부잣집에 가서 그 사랑방이 있어.

˝ 그러면 전부 거기 가서 없는 사람들이 옛날에는 거기 가서 자고 밥도 먹고 가고 그랬어. 그것보고 사랑방.

아, 사랑방이요?

그러지요. 그 다음에 이제 그 아까 대문 제가 말씀 드렸는데 그 이제 아까 그 마당이 있고 마당에서 이제 좀 올라오잖아요. 아까 그 돌 돌 쌓았다가 거기다가 신 뭐

˝ 댓돌.

심방똑 싸:가지고 고거가지고 토방이 셍김니까?

⁻ 암 토방이

아 토방이 셍기고요이~. 음.

그먼 토방에다가 인자 그 사:람드리 그 신 신 버서 놀라고 독: 나:뚠 데도 그먼 머:라고 험:니까

⁻ 심방똑92).

그거또 심방또기에요?

⁻ 응 그 심방또기 요 요마너 더 지:러 고거슨.

예.

⁻ 진: 노므로다가 일딴게 올라와서 거그다가 신 버서노코 드러가그든 그러지요.

⁻ 음 그거시 심방또기여 그거또.

고거또 심방뙤고 머 쌀:떼 헝거또 심방또기고

⁻ 응 응

아 다 그럼 심방또기라고 허구마뇨.

정제:는 지그믄 다 이러케 현:데시그로 지여전는데 엔:나레는 정제가 저 모양이 다르잔씀니까 불 떼:서 쓰니까.

⁻ 전:수 저 불 떼:쩨.

에.

고 아:네가 나:무로 이러케 나 나:두능거 이씀니까?

⁻ 아:먼 그어뿌고 정:게라93) 그러제.

에?

⁻ 부억 정게

에. 정게라고 아.

⁻ 정게가 소딴지가94) 여가 여가 거러저쓰머는 요: 사라미 여가 앙꼬 여가 제 나:무 젱이는 젱인 이써

댓돌 쌓아가지고 그것 가지고 토방이 생깁니까?

ˉ 암. 토방이

아, 토방이 생기고요. 음.

그러면 토방에다가 이제 그 사람들이 그 신 신 벗어 놓으려고 돌 놔둔 데도
그러면 뭐라고 합니까?

ˉ '신방돌'

그것도 '신방돌'이에요?

ˉ 응, 그 '신방돌'이 이 이만하게 더 길어, 그것은.

예.

ˉ 긴 것으로다가 일 단계 올라와서 거기다가 신 벗어 놓고 들어가거든.

그러지요.

ˉ 음, 그것이 '신방돌'이야, 그것도.

그것도 '신방돌'이고 뭐 쌓을 때 하는 것도 '신방돌'이고

ˉ 응, 응.

아, 다 그럼 '신방돌'이라고 하는구먼요.

부엌은 지금은 다 이렇게 현대식으로 지어졌는데 옛날에는 부엌이 저 모양이
다르잖습니까? 불 때서 쓰니까.

ˉ 전부 저 불 땠지.

예.

그 안에 나무로 이렇게 놔 놔 두는 것 있습니까?

ˉ 암. 그것보고 '정게'라 그러지.

예?

ˉ 부엌, '정게'.

예. '정게'라고, 아.

ˉ 부엌이 솥이 여기 여기에 여기에 걸어져 있으면은 이 사람이 여기에
앉고 여기에 저 나무 쟁이는 쟁이는 있어.

여그를 머:라 험니까? 나:무 젱이는 곧뽀고.

⁻ 나:무청95)

아 나:무청이라 그럼니까?

⁻ 거그다 인자 나:무 몽:땅 젱에 노코 떼:코 그러제.

불 떼:는 요 구녀:게는 머:라 그럼니까? 불 는: 구역.

⁻ 부억 부석짝96)

부석짝

⁻ 응

부석짜기고 솓 건:디는 여페다가?

⁻ 부수막97)

아 부수마기라 그러구나. 아

부석짜게다 불 떼:고 부수마게다가 아 걸구요.

⁻ 긍게 거가 버 여가 주춛 저 이메또기98) 이씨야데야.

⁻ 솓딴지를 걸라먼 이메또게가 이씨야 그 이메똑 잍씨야 소딴지 걸고 그 미테로 부를 떹:체.

⁻ 그거뽀고 이:메또기라 그레.

아 이메또기라 그레꾸요. 에.

아 참 이르미 가지가지네요 (웃음)

⁻ (웃음) 응.

⁻ 긍게 엔:나레는 나:무청에다가 미테다 구에로코 파.

⁻ 파고 거그다가 고:구마도 느코 밤:도 따다 느코 나:무를 드린단마리여.

예

⁻ 그먼 바:믄 보메 까도 밤:쏭이차 능게.

에:

⁻ 무더노머는 요 까:먼 나 싱:싱헤 이쪼. 고:구마도 시얀네 그거슨 정게 서 가따가 쩌먹꼬 그레써.

여기를 뭐라고 합니까? 나무 쟁이는 곳보고.

˗ ‘나무청’(나뭇간).

아, 나무청이라 그럽니까?

˗ 거기다 이제 나무 몽땅 쟁여 놓고 때고 그러지.

불 때는 이 구멍은 뭐라 그럽니까? 불 넣는 구멍?

˗ 부엌. ‘부석짝’(아궁이).

아궁이

˗ 응.

아궁이고 솥 거는 데는 옆에다가?

˗ 부뚜막

아, ‘부수막’(부뚜막)이라 그러는구나. 아.

아궁이에다 불 때고 부뚜막에다가 아 걸고요.

˗ 그러니까 거기에 여기에 주춧 저 이맛돌이 있어야 돼.

˗ 솥을 걸려면 이맛돌이 거기에 있어야 그 이맛돌이 있어야 솥 걸고 그 밑으로 불을 땠지.

˗ 그것보고 ‘이멧독’(이맛돌)이라 그래.

아, ‘이멧독’(이맛돌)이라 그랬군요. 예.

아, 참 이름이 가지가지네요.

˗ (웃음) 응.

˗ 그러니까 옛날에는 나뭇간에다가 밑에 그 구멍을 꼭 파.

˗ 파고 거기다가 고구마도 넣고 밤도 따다 넣고 나무를 들인단 말이야.

예.

˗ 그러면 밤은 봄에 까도 밤송이째 넣으니까.

예.

˗ 묻어 놓으면은 이 까면 싱싱해 있지요. 고구마도 겨울 내내 그것은 부엌에서 가져다 삶아 먹고 그랬어.

아 그레요 안 써거요?

￢ 아 그거뽀고 고:구마까니락 헤. 거그다 고구마 안 써거

아 고:구마깐

￢ 응

￢ 늘: 불 뗄코 어찌고 헝게 그 거시기가 이씽게 따따헝 기가 이씽게 안 써거

그레요 아

￢ 응

그럼 또 그렁거또 다 보:과네 뒌네요이.

￢ 과 엔:나레는 마:이 그레쩨.

￢ 정게에다가 응.

￢ 그라너믄 자근 방에다가 고:구마까니라게서 그 쭈:시떼로 여꺼서 멘드라 여 거시기 둑찝말로99).

에 에.

￢ 거그다 고:구마 가따 젱이기도 허고

에 똥그라케

￢ 응 그 방 짜그만헌 디다가

근데 보먼 일부는 썩꼬 또 일부는 안 그러드마뇨 그거시.

￢ 응.

￢ 근디 부를 떼::머는 안 써거. 붸:나두야 썩쩨.

아 그레요. 아 불 떼;먼 안써거요?

￢ 응 안써거.

그 다으메:: 이제 방도:: 방이 머 메께 된다 그러믄 이르미 다를꺼 아닙니까?

￢ 엔:나레는 웁빵 자근방 골:방

￢ 골:방이랑:: 거슨 요런 방에 가서 쩌:: 뭄발로100) 저:리 우:게가 쫘 짜오 좁쌍::허이101) 방이 한나 이써.

아, 그래요. 안 썩어요?

⁻ 아, 그것보고 '고구맛간'이라고 해. 거기다 고구마 안 썩어.

아, '고구맛간'.

⁻ 응.

⁻ 늘 불 때고 어쩌고 하니까 그 거시기가 있으니까 따뜻한 기가 있으니까 안 썩어.

그래요. 아.

⁻ 응.

그럼 또 그런 것도 다 보관해 뒀네요?

⁻ 다 옛날에는 많이 그랬지.

⁻ 부엌에다가, 응.

⁻ 그러지 않으면 작은방에다가 '고구맛간'이라고 해서 그 수숫대로 엮어서 만들어. 이 거시기 '둑집'처럼

예, 예.

⁻ 거기다가 고구마 가져다 쟁이기도 하고

예, 동그렇게.

⁻ 응, 그 방 자그마한 데다가.

그런데 보면 일부는 썩고 또 일부는 안 그렇더구먼요. 그것이.

⁻ 응.

⁻ 그런데 불을 때면은 안 썩어. 비워 놔 둬야 썩지.

아, 그래요. 아, 불 때면 안 썩어요?

⁻ 응, 안 썩어.

그 다음에 이제 방도 방이 뭐 몇 개 된다고 그러면 이름이 다를 것 아닙니까?

⁻ 옛날에는 윗방, 작은방, 골방.

⁻ 골방이라는 것은 이런 방에 가서 저 문 있는 쪽으로 저리 위에 좁다랗게 방이 하나 있어.

¯ 그거뽀고 골:방이라고 엔:나레 지블 질떼 골:방을 마니 멘들고 지서써.
엔:나레.

우빵은 어트게 만드러요? 웁빵.

¯ 그냥 우빵이라고 헤써.

무슨방이나고요? 우빵은 무슨방? 젤:

¯ 큰방 자근방

아 큰방 자근방

¯ 응 고러코 헤써 우리 아이드른.

그 다으메 아까 그 마루도 아페 큰 마루가 이꼬 또 여페 자근 마루 그레찌 안
씀니까?

¯ 퇴. 저:그서 물 드론 큰마루 그거슨 퇴::마루제.102)

아 퇴:마루.

소 키우는 데, 소 키우는 데 그건 또 어떠케 셍겨씀니까?

¯ 외양까나라고 그제, 그그뽀고. 소 키:는 데 외양간 엔:나레는 칼

¯ 지그밍게 그란쩨 엔:나레는 가메소슬 요로 큰 소슬 소죽 쒀:줄라고 소
여물가틍건 인자 거 쒀:줄라고 외양까늘 멘드라.

¯ 외양간 엔:나레는 외양간 따로 지블 지서서 사:람 사는 방허고 한테다
가 진능 거시 아니여써.

에:

¯ 따로 지서. 외양간 소키:는 디를. 고러코 소를 키워. 엔:나레

에.

소를 엔:나레는 키운지비 이꼬 안 키운 지비 이꼬 그러초? 소 키우먼.

¯ 엔:나레:: 소 함마리에 나락 열:섬썩 줘야 사쓩게

나락 열:써미요.

¯ 응 열:썸썩 줘야 사 지그밍게

지그믄

ᐨ 그것보고 골방이라고 옛날에 집을 지을 때 골방을 많이 만들고 지었어, 옛날에.

윗방은 어떻게 만들어요? 윗방?

ᐨ 그냥 윗방이라고 했어.

무슨 방이에요? 윗방은 무슨 방? 제일

ᐨ 큰방, 작은방

아, 큰방, 작은방

ᐨ 응, 그렇게 했어, 우리 아이들은.

그 다음에 아까 그 마루도 앞에 큰 마루가 있고 또 옆에 작은 마루 그랬지 않습니까?

ᐨ 퇴, 저기서 문 들어오는 큰마루 그것은 툇마루지.

아, 툇마루.

소 키우는 데, 소 키우는 데 그건 또 어떻게 생겼습니까?

ᐨ 외양간이라 그러지, 그것보고. 소 기르는 데 외양간 옛날에는 칼

ᐨ 지금이니까 그러지 않지. 옛날에는 가마솥을 이러 큰 솥을 그 쇠죽 쒀 주려고 소 여물 같은 것은 이제 거 쒀 주려고 외양간을 만들어.

ᐨ 외양간. 옛날에는 외양간 따로 집을 지어서 사람 사는 방하고 한데다가 짓는 것이 아니었어.

예.

ᐨ 따로 지어. 외양간 소 키우는 데를. 그렇게 소를 키워, 옛날에.

예.

소를 옛날에는 기른 집이 있고 안 기른 집이 있고 그러지요? 소 기르면.

ᐨ 옛날에 소 한 마리에 벼 열 섬씩 줘야 샀으니까.

벼 열 섬이요?

ᐨ 응, 열 섬씩 줘야 사, 지금이니까.

지금은

⎺ 지그믄 시무섬 줘:도 모싸.

그러지요.

⎺ 응.

소 한 한 서미먼 한 서미 요세 한 심 멘마눤 십

⎺ 십삼마년 똔 조까

십싸마눠니먼 열:서미먼 벡쌈십마눤 수무서믄 이벡 한

⎺ 소앙치도103) 몯싸.

(웃음)

⎺ 네가 우리 두:쩨를 서울 고려데학꾜 느:노코 그혜 소앙치를 함마리 사써. 칠씹칠마눤 주고.

⎺ 그레가꼬 그혜 잘: 메깅께 그혜 세끼가 드러서써.

어허.

⎺ 일려네 소앙치 사다가

일려네 소앙치가

⎺ 응 그레가꼬 칠려네 일곱마리를 멘드라써 소를

메:년 함 마리씩

⎺ 응 메:년 한 함 마리썽 낭:게.

⎺ 그레가꼬 고놈 조롭 탐성 읍:쎄 버레써. 조롭 딱 타드락 고놈 키에가꼬 읍:쎄써. 글로 학삐를 데:써.

함마리 네다 팔고 또

⎺ 아::먼. 네:서 차꼬 팔고 팔고 고놈 세끼 키여서 또또 세끼 네:고

그러먼 그때 소 함마리 팔:먼 데학 등녹끔 어트게 뎀님까?

⎺ 그떼 데학 등녹끄미 팔씹팔마눤 사오만 그레써. 마라자먼 그때. 제 엔:날 마리여. 지그믄 가남도 읍:쩨마는

으~.

⎺ 그 소 키여서 주고 즈그 성이 서울써 목꽁::으로 이:레쓩게 거그서 돈

˥ 지금은 스무 섬 줘도 못 사.

그러지요.

˥ 응.

소 한 한 섬이면 한 섬이, 요새는 한 십 몇 만원 십

˥ 십삼만 원 돈 조금.

십사만 원이면 열 섬이면 백 삼십 만원 스무 섬은 이백 한

˥ 송아지도 못 사.

(웃음)

˥ 내가 우리 둘째를 서울 고려대학교 넣어 놓고 그 해 송아지를 한 마리 샀어. 칠십칠만 원 주고.

˥ 그래가지고 그 해 잘 먹이니까 그 해 새끼가 들어섰어.

어허.

˥ 일 년에 송아지 사다가

일 년에 송아지가

˥ 응, 그래가지고 칠 년에 일곱 마리를 만들었어, 소를.

매년 한 마리씩.

˥ 응, 매년 한 한 마리씩 낳으니까.

˥ 그래가지고 그것 졸업 타면서 없애 버렸어. 졸업 딱 타도록 그것 키워 가지고 없앴어. 그것으로 학비를 댔어.

한 마리 내다 팔고 또.

˥ 암. 내서 자꾸 팔고 팔고 그것 새끼 키워서 또 또 새끼 내고

그러면 그 때 소 한마리 팔면 대학 등록금 어떻게 댑니까?

˥ 그때 대학 등록금이 팔십팔만 원 사오만 그랬어. 말하자면 그때. 저 옛날 말이야. 지금은 턱도 없지마는.

응.

˥ 그 소 길러서 주고 저희 형이 서울에서 목공으로 일했으니까 거기서

잔썩 주고 고거슬 야:튼 무나니 갈처써.

소가 크게 저기 헨네요? (웃음)

˜ 이 동네서 우리 두:쩨 아들만 고려데학꾜 나와쩨 멩산봉:국써 읍:써.

업:써요?

˜ 거그 뻬먼 인자 연세데항 나온 사라믄 그 뒤:로 드러가서 나오고 그레

쩨

오 이 동네서 제:일 학뻐리 존:네요?

˜ 영광써도 영광종고에서도 아라주제 지금도

고려데학 가따고

˜ 종고 나와가꼬

고려데학 가따고

˜ 응.

고려데하기 지그믄 더 드러가기 어렵씀니다 더 드러가기 어려와요.

˜ 아 근디 시골래미 여그서 학꾜 나와가지고 서울까서 시험봐:가꼬 드러

합격 헨:넌디 도:는 읍:쩨 고로믈 늘:라는디 학꾜는 드러가씽게 보네야는

헤야 쓰거꼬

그러묘.

˜ 그레가꼬 그 떼 술 담베를 암머거써. 다마 함푸니라도 보:텐다 헤가꼬.

그레가꼬 갈차서 지그믄 고노미 지금 제:일 부:잔디

(웃음)

그 다메 이러케 사:라미 사:는 여 방이 한체가 이찌마는 그 먼 연장가틍거

놔:두고 요론 또 따른 ** 이써야 되지 안씀니까?

˜ 응

˜ 그거시 외양깐 아까 네가 소 키:는 디 외양까니라고 이써써. 거 두:카

늘 이러코 지:먼 식 삼:카늘 지여 그거또.

아.

돈 조금씩 주고 그것을 하여튼 무난히 가르쳤어.

　소가 크게 저기 했네요?

　￣ 이 동네서 우리 둘째 아들만 고려대학교 나왔지 명산 봉국에서 없어.

　없어요?

　￣ 거기 빼면 이제 연세대학 나온 사람은 그 뒤로 들어가서 나오고 그랬지.

　오, 이 동네서 제일 학벌이 좋네요?

　￣ 영광에서도 영광종고에서도 알아주지 지금도.

　고려대학 갔다고.

　￣ 종고 나와가지고

　고려대학 갔다고.

　￣ 응.

　고려대학이 지금은 더 들어가기 어렵습니다. 더 들어가기 어려워요.

　￣ 아, 그런데 시골 놈이 여기서 학교 나와가지고 서울 가서 시험 봐가지고 들어 합격했는데 돈은 없지 그것을 넣으려는데 학교는 들어갔으니까 보내야는 해야 되겠고.

　그럼요.

　￣ 그래가지고 그때 술 담배를 안 먹었어. 다만 한 푼이라도 보탠다 해가지고. 그래가지고 가르쳐서 지금은 그 녀석이 지금 제일 부자인데.

　(웃음)

　그 다음에 이렇게 사람이 사는 이 방이 한 채가 있지마는. 그 무슨 연장 같은 것 놔 두고 이런 또 다른 ** 있어야 되지 않습니까?

　￣ 응.

　￣ 그것이 외양간 아까 내가 소 기르는 데 외양간이라고 있었어. 그 두 칸을 이렇게 지으면 식 삼 칸을 지어, 그것도.

　아.

⌐ 항 칸 지머는 항가운데는 외양깐 소키는 외양깐

⌐ 또 여 소키는 이쪼그로는 제깐104).

제깐.

⌐ 그떼는 불떼:먼 제다머다 분:는 제까니 이써. 그 항카는 허청105) 거그
다가 인자 연장106)가틍거 싹 걸:제.

아 거러요 허청에다

⌐ 응 아:먼.

⌐ 그 삼카니여 그거또

아하 따로 항군데다 하구마뇨?

⌐ 응 항군데다

앙 응

데씁니다 그다으메 아까 그 토담찝 이야기를 허션는데 인제 흑 흐그로 지:니
까 토담찝

⌐ 춘 홍 탄 미칸 흐기로

이러케 집 찐는 제료에 따라서 집 이르미 달라질 쑤 이씀니까 토담찝 머 머

⌐ 흐게는 몯 찐:디 그거슨 할당쑤 엄:는 사람드리 지블 그코 지서서 부:
제드리 호:적싸리107) 지블 줘. 엄:는 사람드를.

호:적싸리 지비 뭐에요?

⌐ 마라자거믄 그 지블 지서주고 그 지비 사는 사라믄 그 집 일만 헤야되
야 마라자먼

아아

아

⌐ 긍게 토담찌비 만:튼 아네.

아예 그먼 그 양바는 집또 엄:는 사라믄 그 지베서 지어줘꾸마뇨 토담찝.

⌐ 응

⌐ 글고 그 집 이:를 시게 시겨 시그 마라자먼 종:이나 가터.

¯ 한 칸 지으면은 한가운데는 외양간 소 기르는 외양간.

¯ 또 여 소 기르는 이쪽으로는 잿간.

잿간.

¯ 그때는 불 때면 재 담아다 붓는 잿간이 있어. 그 한 칸은 헛간 거기다
가 이제 농기구 같은 것 싹 걸지.

아, 걸어요, 헛간에다?

¯ 응, 아무렴.

¯ 그 삼 칸이야, 그것도.

아하, 따로 한 군데다 하는구먼요.

¯ 응, 한 군데다.

앙, 응.

됐습니다. 그 다음에 아까 그 토담집 이야기를 하셨는데 이제 흙 흙으로 지으
니까 토담집.

¯ 추 흥 ** ** 흙으로

이렇게 집 짓는 재료에 따라서 집 이름이 달라질 수 있습니까? 토담집 뭐 뭐

¯ 흙은 못 짓는데 그것은 할 수 없는 사람들이 집을 그렇게 지어서 부자
들이 '호적살이집'을 줘. 없는 사람들을.

'호적살이집'이 뭐에요?

¯ 말하자면 그 집을 지어 주고 그 집에 사는 사람은 그 집 일만 해야 돼.
말하자면.

아아.

아.

¯ 그러니까 토담집이 많지는 않아.

아예 그러면 그 양반은 집도 없는 사람은 그 집에서 지어 줬구먼요, 토담집.

¯ 응.

¯ 그리고 그 집 일을 시켜 시켜 말하자면 종이나 같아.

이:를 *** 말라고

아 토담찝 사는 사라믄 음

⁻ 으응 종:이나 가터.

그러믄 요 지브로 이은 집 이런 무슨 지비라고 헤요?

⁻ 엉?

지브로 이로케 마람 이은 집 가틍건 무슨 집?

⁻ 마라믈 이은 집 가꼬 하:녹찌비제. 엔나레 하:녹찌블 전:수 고러코 이여씽게

아

⁻ 거 지아지븐 지아집 지아로 이:씽게 지아지비락 허고

무슨 초지비라등가 머 요렁거

⁻ 응 초지비라고 마:이 그레쩨. 에:기드리.

⁻ 다:: 넌나덥씨 이여씽게 초:메는 지아집 읍:꼬. 전:수 여 아:무리 부:자들또 지브로 이여써.

그러지요 에에.

혹씨 지블 질:떼게 연장들 다 여러가지 쓰는 연장들 이쓸텐데

⁻ 연장에 끄리 이꼬 구먹 뚜르눈 끄리 이꼬

끄른 뭘 헤요 어떤 이를?

⁻ 끄리 요로코 셍인거시 가서 여가 나:큼헤[108]. 그라고 여가 자리가 이러고 똑 여 드러이써 그먼

⁻ 망치로 그노무걸 또 뚜드러서 끌질 허머는 구머글 기레가꼬 염:필로 기레가꼬 파. 그거뽀고 끄리라고 그르고.

⁻ 또 지그믄 기게로 데:페도 민:들제 엔:나레는 소느로 그 데:페로.

⁻ 데:페가 한날베기 데:페가 이꼬 양:날베기 데:페가 이써.

아하

⁻ 그먼 양:날베기 데:페는 두:니[109] 밀:고 자부뎅이먼 저 밀:떼게 미:러주

일을 ** 말라고

아, 토담집 사는 사람은 음.

⎺ 으응, 종이나 같아.

그러면 이 짚으로 인 집 이런 무슨 집이라고 해요?

⎺ 엉?

짚으로 이렇게 이엉 인 집 같은 것은 무슨 집?

⎺ 이엉을 인 집 가지고 한옥집이지. 옛날에 한옥집을 전부 그렇게 이었으니까.

아.

⎺ 그 기와집은 기와집 기와로 이었으니까 기와집이라고 하고.

무슨 초집이라든가 뭐 이런 것

⎺ 응, 초집이라고 많이 그랬지. 아이들이.

⎺ 다 너나 없이 이었으니까 처음에는 기와집 없고 전부 이 아무리 부자들도 짚을 이었어.

그러지요. 예, 예.

혹시 집을 지을 때에 연장들 다 여러 가지 쓰는 연장들 있을 텐데

⎺ 연장에 끌이 있고 구멍 뚫는 끌이 있고.

끌은 뭘 해요? 어떤 일을?

⎺ 끌이 이렇게 생긴 것이 가서 여기가 날카로워. 그리고 여기에 자루가 이렇게 똑 이 들어있어. 그러면

⎺ 망치로 그것을 또 두들겨서 끌질 하면은 구멍을 그려가지고 연필로 그려가지고 파. 그것보고 끌이라고 그러고.

⎺ 또 지금은 기계로 대패도 만들지. 옛날에는 손으로 그 대패로.

⎺ 대패가 한날박이 대패가 있고 양날박이 대패가 있어.

아하

⎺ 그러면 양날박이 대패는 두 사람이 밀고 잡아당기면 저 밀 때에 밀어

고 자부뎅일떼 미:러주고 허는 데:페가 이써.

￣ 인자 그거시 그거슨 인자 에놈들 우리 항:국 그지기는 나리 한나뿌니 읍:써써 엔:나레

￣ 그리고 큰짜구 인자 여 지둥 나무 다듬능 거슨 큰 짜구라사 다두마.

￣ 요로코 자리 질::게 셍에아꼬 나리 요로코 셍에쓰먼 요로코 착착착 요러코 꺽:쎄로 이 거시기다 딱 바거노코 지둥나무 거그다 올랴노코 큰짜구로 다듬쩨

￣ 먹쭐 텅게 가꼬 먹쭐보고 다두마. 그거뽀고 큰짜구락 허고

￣ 큰짜구 또 일본놈 큰짜구는 잘루와110). 이러코 딱 구버가꼬 잘롸가꼬 요로코요로코 헌 큰짜구가 이꼬.

에.

￣ 네리미톱111) 뎁:페 그 솔라무 요런놈 가로112) 쓰러네리는 놈

에 고 무슨 토비에요?

￣ 네리미톱

네리미 토비요? 아 요러케 써능 게 아니라

￣ 응 고거슨 요 네리기만 허는 토비 이써.

아 그레요?

￣ 긍게 사 엔:나레 사:람 주그먼 관 짤라먼 그 토브로 써:러 네러쩨. 동:네서.

￣ 그레써.

기리로 길:게 할라니까 아 네리미톱.

￣ 응

아까 마란 먹쭐 이써꾸요.

￣ 응 먹쭐.

그다메 요렁거 인제 버 보룰라머는 흑 뽀룰라머는 인제

￣ 쇠손

주고 잡아당길 때에 밀어 주고 하는 대패가 있어.

⁻ 이제 그것이 그것은 이제 왜놈들 우리 한국 거시기는 날이 하나밖에 없었어, 옛날에.

⁻ 그리고 큰 자귀 이제 이 기둥 나무 다듬는 것은 큰 자귀라야 다듬어.

⁻ 이렇게 자루 길게 생겨가지고 날이 이렇게 생겼으면 이렇게 착착착 이렇게 꺾쇠로 이 거시기에다 딱 박아놓고 기둥 나무 거기에다 올려 놓고 큰 자귀로 다듬지.

⁻ 먹줄 튕겨가지고 먹줄 보고 다듬어. 그것보고 큰 자귀라고 하고

⁻ 큰 자귀 또 일본놈 큰 자귀는 짧아. 이렇게 딱 굽어가지고 짧아가지고 이렇게 이렇게 하는 큰 자귀가 있고.

예.

⁻ '내리미톱'(내릴톱) 대패 그 소나무 이런 것 가로 쓸어 내리는 것.

예, 그 무슨 톱이에요?

⁻ '내리미톱'(내릴톱)

내릴톱이요? 이 이렇게 써는 게 아니라

⁻ 응, 그것은 이 내리기만 하는 톱이 있어.

아, 그래요?

⁻ 그러니까 사 옛날에 사람 죽으면 관 짜려면 그 톱으로 썰어 내렸어, 동네서.

⁻ 그랬어.

길이로 길게 하려니까 아 내릴톱.

⁻ 응.

아까 말한 먹줄 있었고요.

⁻ 응, 먹줄.

그 다음에 이런 것 이제 버 바르려면은 흙 바르려면은 이제

⁻ 쇠손.

에

⌐ 흑쏜 이꼬 쇠소니꼬 그러제.

흑쏘는 머에요?

⌐ 흑쏘는 나:무로 멘드라가꼬 여 초벽 헐떼게 보루능 거시 흑쏘니고

예.

⌐ 인자 제:사 그거 헐떼는 쇠소느로 제:사 그 아까 보리떼 너서 헌::당건
그 쇠소느로 볼라. 그레야 반질반지러게 보리지에.

아 반질반질허게.

그럼 요 바치능 거슨 머:라그레요?

⌐ 흑쏜.

⌐ 흑쏜. 흐글 거:다 너:서 요러코 셍잉거슨 자리가 달려가꼬 흑쏜.

고거또 흑쏘니라고 그레요?

⌐ 응 흑쏜

초벌헐떼 헝 거또 흑쏘니고?

⌐ 어 흑 그건 숟 쇠소니제. 거걸 펭야13) 흑쏘니라도 쇠소니여.

⌐ 그거슨 바침떼 받 반능거시고 바더서 셈 쇠손 요로고 다머서 보루능
거시고

그니깐 이게 발:로 바치능 거슨 흑쏘니고 여 보루능 거슨 쇠소니에요?

⌐ 제:사허능 거슨 쇠손.

제:사 초벌할 초벌하능 거슨?

⌐ 흑쏘니랑게. 흐그로 그 펭야 흑쏜 그 어기에 따라뎅기는 거시여. 거기에.

그먼 흑쏜 한나 가지고 바치기도 하고

⌐ 아니여 틀 따라뎅에. 바찌겡이 요러꼬 니:모 빤:뜨더이 요로고 이써

예예

⌐ 요로고 이쓰머는 거가 거 꿰:저가꼬 이써 그 흑쏘니 그먼

⌐ 버릴라머는 사:라미 한나 일:부로 흐글 욜:롬 거시기로 떠서 여그다 다

예.

￣ 흙손 있고 쇠손 있고 그러지.

흙손은 뭐예요?

￣ 흙손은 나무로 만들어가지고 이 초벽할 때에 바르는 것이 흙손이고

예.

￣ 이제 재사 그것 할 때는 쇠손으로 재사 그 아까 보릿대 넣어서 한다는 것 그 쇠손으로 발라. 그래야 반질반질하게 바르지.

아, 반질반질하게.

그럼 이 받치는 것은 뭐라 그래요?

￣ 흙손.

￣ 흙손 흙을 거기다 넣어서 이렇게 생긴 것은 자루가 달려가지고 흙손.

그것도 흙손이라고 그래요?

￣ 응, 흙손.

초벌할 때 하는 것도 흙손이고?

￣ 어, 응. 그건 쇠손이지. 그것 결국 흙손이라도 쇠손이야.

￣ 그것은 받침대 받 받는 것이고 받아서 셈 쇠손 이렇게 담아서 바르는 것이고.

그러니까 이게 발로 받치는 것은 흙손이고 이 바르는 것은 쇠손이에요?

￣ 재사하는 것은 쇠손.

재사 초벌할 초벌하는 것은?

￣ 흑손이라니까. 흙으로 그 결국 흙손. 거기에 따라다니는 거야, 거기에.

그러면 흙손 하나 가지고 받치기도 하고

￣ 아니야 틀 따라다녀. **이 이렇게 네모 반듯하게 이렇게 있어.

예예.

￣ 이렇게 있으면은 거기에 거 꿰어져가지고 있어, 그 흙손이. 그러면

￣ 바르려면은 사람이 하나 일부러 흙을 이리로 거시기로 떠서 여기다

머 주그든?

⎺ 다머주먼 여그서 흑쏜 요로코 볼라. 반는 흑쏘 니:꼬 보루는 흑쏘 니:쩨.

⎺ 그 흑쏜도 여러가지여 쇠손도.

⎺ 여 서끌쎄에 보루는 천장토막 보루그든? 요로코 항:세114) 쇠소니 이써.

황:세떼 쇠손

⎺ 응 요러코 좁짱::115) 여그 서서 요로코 헤서 요로코헤서 여 거 우그로 보루는 거디 아:느로 보루자네 요러코 요러 보루는 거 세 틈세기 보루능 거시 이써.

에 그걸 항:세 쇠소니라고 그러네요.

지베 지비 그 지비 이쓰먼 하 명 부분부분 명칭이 인네요? 아까 말쓰믄 다 엔 웬:만큼 하셔찌마는 지베 다 그 명칭 이르미 이써. 아까 머:: 집지슬 때 요리 쫌 가로는 요 지나 큰 큰 통나무 데:능 거

⎺ 보::

보도 이꼬

⎺ 드들 데 데들뽀가 이꼬 들뽀가 이꼬

⎺ 데들뽀라능 거슨 이 집 에:를 드러서 사:카니나 삼칸 질:떼게 그 서끄를 싹 바차주능 거시 데들뽀고

예.

⎺ 들뽀는 인자 그그 이 중먼말로 요로코 여그 걸처. 그걸 데들뽀에다가 요러코 영결시키능 건 그거뽀고 들뽀락 허제.

들뽀라구요? 예.

⎺ 거 데들뽀를 요론 놈 비스데. 항시 조운놈 써야제.

예.

그다메 에 이르케 석끄레서 쭉 나온 데 석끌 끄트로에서 바까트로 나온데는 머:라고함니까? 고거슨?

담아 주거든?

˝ 담아주면 여기서 흙손 이렇게 발라. 받는 흙손 있고 바르는 흙손 있지.

˝ 그 흙손도 여러가지야, 쇠손도.

˝ 이, 서까래 사이에 바르는 천장 토막 바르거든? 이렇게 곡괭이 쇠손이 있어.

곡괭이 쇠손.

˝ 응, 이렇게 좁다란 여기 서서 이렇게 해서 이렇게 해서 이 그 위로 바르는 것이 안으로 바르지 않고 이렇게 이러 바르는 그 사이 틈새 바르는 것이 있어.

예, 그걸 곡괭이 쇠손이라고 그러네요?

집에 집이 그 집이 있으면 하 명 부분 부분 명칭이 있네요? 아까 말씀은 다 웬만큼 하셨지마는 집에 다 그 명칭 이름이 있어. 아까 뭐 집 지을 때 이리 좀 가로는 이 지나 큰 큰 통나무 대는 것

˝ 보.

보도 있고.

˝ 드들 대 대들보가 있고 들보가 있고.

˝ 대들보라는 것은 이 집 예를 들어서 사 칸이나 삼 칸 지을 때에 그 서까래를 받쳐 주는 것이 대들보고

예.

˝ 들보는 이제 그그 이 중문처럼 이렇게 여기 걸쳐. 그걸 대들보에다가 이렇게 연결시키는 건 그것보고 들보라고 해.

들보라고요? 예.

˝ 그 대들보를 이런 것 비슷해. 항상 좋은 것 써야지.

예.

그 다음에 이 이렇게 서까래에서 쭉 나온 데 서까래 끝에서 밖으로 나온 데는 뭐라고 합니까? 그것은?

‑ 부녀

에?

‑ 부녀.

부녀.

‑ 추마116) 그 추머

추마라 그럼니까?

‑ 응 추마라고도 허고 부녀라고도 허고

‑ 추마에다가 부녀를 찡기그든? 추마에다가 부녀를 거따 찡게. 더 삘:라
고 마라자먼

응

추마 끋 부녀라고 이씀니까?

‑ 응 부녀를 거그다 느체.

응

‑ 서끌도 니:귀 귀떼기는117) 귀서끌118)

여기는 귀서끌 귀서끄리라고 헤요?

‑ 응 귀에 건:다고 더 굴:거. 더 큰노믈 니:구떼기다 거러.

아 거러요?

‑ 음. 그거뽀고 귀서끄리라고 그러고

귀서끄리라고 응.

머 고 고 귀서끌 인는데가 싹 고부부늘 또 머:라고 함니까? 거 머

‑ 데:공119) 데:공 바치제 데:공이 이쩨.

아.

‑ 데공::을 바쳐서 거그서 고거또 사:게네서 여 데들뽀에다가 영:꼬 그
데:공을 메께가 드러가 데:공이

예.

‑ 그 영거서 거그다가 사:게 넨 노메다 박쩨 또.

⎺ ‘부녀’

예?

⎺ ‘부녀’

‘부녀’

⎺ 처마 그 처마

처마라 그럽니까?

⎺ 응, 처마라고도 하고 ‘부녀’라고도 하고

⎺ 처마에다가 ‘부녀’를 끼우거든? 처마에다가 ‘부녀’를 거기다 끼워. 더 빼려고 말하자면.

응.

처마 끝 ‘부녀’라고 있습니까?

⎺ 응, ‘부녀’를 거기에다 넣지.

응

⎺ 서까래도 네 귀 귀퉁이에는 귀서까래

여기는 귀서까래 귀서까래라고 해요?

⎺ 응, 귀에 건다고 더 굵어. 더 큰 것을 네 귀퉁이에다가 걸어.

아, 걸어요?

⎺ 음, 그것보고 귀서까래라고 그러고

귀서까래라고, 응.

뭐 고 고 귀서까래 있는 데 딱 그 부분을 또 뭐라고 합니까?

⎺ 대공 대공 받치지. 대공이 있지.

아.

⎺ 대공을 받쳐서 거기서 그것도 사개 내서 이 대들보에다가 얹고 그 대공을 몇 개가 들어가, 대공이.

예.

⎺ 그 얹어서 거기다 사개 낸 것에다 박지, 또.

데공으료

- 아:먼. 데:공은 메:께를 바친다고.

응

그 다메 머 무슨 머 춘세라등가 고렁거 이씀니까 추녀라등가?

- 추녀가 이쩨.

추녀는 어디를 보고 추녀라감니까?

- 추녀가 그거또 펭 지시라기락 헤. 지시락

아 지시라기라

- 지시락.

- 추녀가 부녀 다으메가 추녀제

아 부녀 그 다미

- 응

고 다른 지시락허고 가틍거에요?

- 가:튼 종뉴여.

- 추녀가 머:시냐믄 니:구석뗑이::만 이써. 추녀가

- 어쩨그냐먼 니:우뗑이 지블 이:먼 가기 요러고 제페저 니:구석떼기가.
여 서끌 큰 놈 건:닥 안트라고? 니:구떼기?

- 여 거가 추녀여 이거시 추녀.

아까 귀서끌

- 귀서끌 그거시 추녀라고도 허고 귀서끄리라고도 허고 그레

아 그레요? 음

기서끌하고 추녀는 가튼 마:리라고 헐 쑤 이껜네요?

- 인자 저 문짝 뛰에 여페다 문 거시기다 씨:능 거슨 문설쭈.

- 또 그 다으메다가 인자 베랑빡 보릴라고 멘등거이 중방120) 디린다고
그러제 중방

중방 중방

대공을요?

￣ 아무렴. 대공은 몇 개를 받친다고.

응.

그 다음에 무슨 뭐 '춘새'라든가 그런 것 있습니까? 추녀라든가?

￣ 추녀가 있지.

추녀는 어디를 보고 추녀라고 합니까?

￣ 추녀가 그것도 결국 기스락이라고 해. 기스락.

아, 기스락이라.

￣ 기스락.

￣ 추녀가 '부녀' 다음이 추녀지.

아, '부녀' 그 다음이.

￣ 응.

그 다른 기스락하고 같은 거예요?

￣ 같은 종류야.

￣ 추녀가 뭐냐면 네 귀퉁이만 있어, 추녀가.

￣ 어째 그러냐면 네 귀퉁이 집을 이면 각이 이렇게 잡혀져. 네 구석이.
이 서까래 큰 것 걸어놓는다고 하지 않더라고? 네 귀퉁이.

￣ 이 거기가 추녀야. 이것이 추녀.

아까 귀서까래.

￣ 귀서까래 그것이 추녀라고도 하고 귀서까래라고도 하고 그래.

아, 그래요? 음.

귀서까래하고 추녀는 같은 말이라 할 수 있겠네요?

￣ 이제 저 문짝 뒤에 옆에다 문 거시기다 쓰는 것은 문설주

￣ 또 그 다음에다가 이제 바람벽 바르려고 만든 것이 중방 들인다고 그
러지. 중방.

중방, 중방.

⁻ 중방

베랑빠게다 발 거친 중방

⁻ 응 거 문중빵이꼬121) 문 여 디니

아레

⁻ 여 아레는 문 중방이고 여 문설쭈고 거 문설쭈그던?

에

⁻ 거기 문중방이 우아레가 이끄든.

어 문중방이 우아레가 이써요?

⁻ 응 거 설 문설쭈고

응

⁻ 그러먼 인자 베랑빠게다 구멍 네:능거슨 봉창이라122) 그러고

⁻ 봉창을 데. 요 지금가트먼 저러코 기게가 헌디 엔:나레는 봉:창이락 헤 땅게 봉창.

에 그레요?

음 봉창.

⁻ 방마닥123) 이쩨 봉창이.

그러지요?

그 다:메 예 뒈씀니다. 그 다메 아까 조끔 잠깐 말씀헤 주선는데요, 터를 다질 떼는 인제 상:냥할 때 머 고:사지넨다고 그레짜나요? 게 상:냥할떼.

⁻ 상:냥할떼가 제일 크게 지네.

어터케 함니까? 상:냥할떼 목쑤 나리라고 그레찌 안슴니까?

⁻ 응

⁻ 상:냥헐떼 마라자면 상:냥에다가 멘년도 인자 거

올린나를?

⁻ 인자 주추는 그 지둥은 메친날 시:고 또 에 저 디들뽀 가틍거 데들뽀 가틍거슨 메친날 영꼬

ᅳ 중방.

바람벽에다 발 걸친 중방.

ᅳ 응, 그 문중방 있고 문 ***

아래

ᅳ 이 아래는 문 중방이고 이 문설주고 그 문설주거든?

예.

ᅳ 거기 문중방이 위아래가 있거든.

어, 문중방이 위아래가 있어요?

ᅳ 응, 그 설 문설주고.

응.

ᅳ 그러면 이제 바람벽에다가 구멍 낸 것은 봉창이라고 그러고.

ᅳ 봉창을 대. 이 지금 같으면 저렇게 기계가 하는데 옛날에는 봉창이라
고 했다니까, 봉창.

예, 그래요?

음, 봉창

ᅳ 방마다 있지, 봉창이.

그러지요?

그 다음에 예 됐습니다. 그 다음에 아까 조금 잠깐 말씀해 주셨는데요, 터를
다질 때는 이제 상량할 때 뭐 고사 지낸다고 그랬잖아요? 그 상량할 때

ᅳ 상량할 때가 제일 크게 지내.

어떻게 합니까? 상량할 때 목수 날이라고 그랬지 않습니까?

ᅳ 응.

ᅳ 상량할 때 말하자면 상량에다가 몇 년도 이제 그

올린 날을?

ᅳ 이제 주추는 그 기둥은 몇 일 세우고 또 에 저 대들보 같은 것 대들보
같은 거은 몇 일 얹고

˙ 그거이 싹: 써저, 거가. 상:냥에다가.

아

˙ 그레가 상:냥 날짜를 인자 엔:나레는 그 쳉 노코 쳉녕 노코 나를 게레.

예.

˙ 게레가지고 날짜를 바더가지고 상:냥 허는디 되야지머리 사고 인자 당목 거 미영베 엔:나레 미영베 한 함 피리 시무자쎄기거든?

예

˙ 고놈 두필 마운자 걸:고 그 다 그 저 목쑤가 가지가능 거싱게.

에.

˙ 돈:도 그날 인자 시 떡 상에다 노코 시리헌 이따 인자 돈: 노면 돈:도 가저가고.

˙ 어 그나른 목쑤가 일: 앙코 수입허는 나리여.

예.

˙ 그뽀고 상:냥하는 나리여.

예.

그러믄 그날 거 잔치를 하고 머 놀:기도 하고

˙ 인자 그거슨 집 찔떼 잔치허고 집 다:: 짇꼬 인자 드러가서 이:사터기라고124) 잔치허는 나리 이써 또.

에 에.

˙ 그떼는 인자 동:네 싸람드리 싹:: 오제. 집 싹 지서가꼬 드러갈떼는.

아 고 머라고 함니까? 그거슨? 먼 성:주헤따덩가?

˙ 응 성:주라고 그레.

성:주라고 그러조이~?

˙ 성:주헤서 잘 데야따고

응

˙ 성주라 그러제.

˶ 그것이 싹 써져. 거기에 상량에다가

아.

˶ 그래가지고 상량 날짜를 이제 옛날에는 그 책 놓고 책력 놓고 날을 가려.

예.

˶ 가려가지고 날짜를 받아가지고 상량하는데 돼지 머리 사고 당목 그 무명 옛날에 무명 한 한 필이 스무 자씩이거든?

예.

˶ 그것 두 필 마흔 자 걸고 그 다 그 저 목수가 가져가는 것이니까.

예.

˶ 돈도 그날 이제 시 떡 상에다 놓고 시루 한 이따 이제 돈 놓으면 돈도 가져가고.

˶ 어, 그날은 목수가 일 안 하고 수입하는 날이야.

예.

˶ 그것보고 상량하는 날이야.

예.

그러면 그날 그 잔치를 하고 뭐 놀기도 하고.

˶ 이제 그것은 집 지을 때 잔치하고 집 다 짓고 이제 들어가서 이사턱이라고 잔치하는 날이 있어 또.

예, 예.

˶ 그때는 이제 동네 사람들이 싹 오지. 집 싹 지어가지고 들어갈 때는

아, 그 뭐라고 합니까? 그것은? 무슨 성주했다던가?

˶ 응, 성주라고 그래.

성주라고 그러지요?

˶ 성주해서 잘 되었다고.

응.

˶ 성주라 그러지.

그런 지베 갈떼는 빈 소느로 감니까? 아님 멀 가지고 감니까?

⁻ 비누 엔:나레는 잘 데라고 버큼125) 이러난다게서 비누도 사가꼬 가고 어.

⁻ 또 화장지도 사가꼬 가고 사가꼬 가능 거시 만헤::써.

⁻ 지름도 사 지르믄 미끄랍따고 망헌다고 지르믄 안사가꼬 가써.

(웃음)

⁻ (웃음)

그런 집에 갈 때는 빈 손으로 갑니까? 아니면 뭘 가지고 갑니까?

￣ 비누 옛날에는 잘 되라고 거품 일어난다고 해서 비누도 사 가지고 가고 어.

￣ 또 화장지도 사가지고 가고 사가지고 가는 것이 많았어.

￣ 기름도 사. 기름은 미끄럽다고 망한다고 기름은 안 사가지고 갔어. (웃음)

￣ (웃음)

  혹씨 엔:나레 그 게린다고 게린다고 또는 그 머 빌:고 시니 시니 이따고 막
빌:고 그런 분들 이찌 아나씀니까?

  ⌐ 엔:나레::는 거스런 사람드른 우리도 우리 금방써는 여 아레똥네도 사
라써. 당고리라고126).

  예.

  ⌐ 아 당고:리라고 이 인자 담빡 반데기다127) 물 떠노코 쪼빡 어퍼노코
쪼빵무침 수꾸라그로 요러 쪼빡 뚜두리먼 방 쏘리가 방방방방 소리나.

  ⌐ 그레가꼬 소누로 빔:스로 거 당고리 뎅임서 지기막 뎅임서 헤주고

  ⌐ 또 그 당골레를128) 쌍: 메겨 살려써. 메겨살려.

  오

  ⌐ 긍께 그 사람드른 벡쌀 머거도 헤:라 바꼬 마라자거면 쌍노미여 마라
자거면.

  예.

  ⌐ 양:반찌베 가들 모:든

여잠니까? 남잠니까?

  ⌐ 여자고 남자고 거그서 테:난 총손까장도129) 다 상노미라니까.

  아 그레요.

  ⌐ 그거뽀고 당골레 세끼라고 그제.

당골레 세끼라

  ⌐ 응 당골레 세끼라고 그레.

혹시 옛날에 그 가린다고 가린다고 또는 그 뭐 빌고 신이 신이 있다고 막 빌고 그런 분들 있지 않았습니까?

﹣ 옛날에는 그것을 하는 사람들은 우리도 우리 근방에서는 이 아랫동네도 살았어. 무당이라고.

예.

﹣ 아, 무당이라고. 이 이제 듬뿍 소래기에다가 물 떠 놓고 쪽박 엎어 놓고 쪽박 밑을 숟가락으로 이렇게 쪽박 두드리면 박 소리가 방방방방 소리나.

﹣ 그래가지고 손으로 빌면서 그 무당이 다니면서 *** 다니면서 해주고

﹣ 또 그 무당을 싹 먹여 살렸어. 먹여 살려.

오.

﹣ 그러니까 그 사람들은 백 살 먹어도 해라 받고 말하자면 상놈이야 말하자면.

예.

﹣ 양반집에 가지를 못하는

여자입니까? 남자입니까?

﹣ 여자건 남자건 거기서 태어난 후손까지도 다 상놈이라니까.

아, 그래요.

﹣ 그것보고 무당 새끼라고 그러지.

무당 새끼라.

﹣ 응, 무당 새끼라고 그래.

아.

⁻ 그거또 우리동네 싸람 그사라미 그 당골 아드리 서울로 이사를 가써.

네.

⁻ 근디 이:바를 잘헤써. 서울까서 이:바를 허넌디 그 이르미 철쑤여.

네.

⁻ 근디 여그 싸람 서울가가꼬 그걸 보고 철쑤야 그레따가 혼:나써.

서울까서

⁻ 느그가 나 메겨 살릴띠가 철수야 허제 지금 네가 버러먹꼬 산디 철쑤야 허먼 안덴다 그마리여.

양::

만는마리네 (웃음)

⁻ 응

⁻ 그거뽀고 엔:나레는 게:만 자버멍는 게:젱이가130) 이꼬,

⁻ 또 도아이라고131) 인자 소 잠는 도아이

에

⁻ 그 도살짱 거 도아이라고 게:젱이 이꼬 도아이질 허는 놈 이꼬 당골레 이꼬.

에.

⁻ 걍 복짜베써. 엔:나레는 그렁거뜨른 사:라므로 아나라써.

왜 글 되야지 잠는 사람보다 머:라고 함니까? 그러먼?

게:젱이는 게: 잠는 사라미고

⁻ 응 게:젱이고

도아지 잠는 사라믄 머:라게요?

⁻ 도아이 도아이 노미라고 그러제.

도아지 노미라 그러지요?

⁻ 도아이 도아이놈.

아.

￣ 그것도 우리 동네 사람 그 사람이 그 무당 아들이 서울로 이사를 갔어.

네.

￣ 그런데 이발을 잘 했어. 서울 가서 이발을 하는데 그 이름이 철수야.

네.

￣ 그런데 여기 사람 서울 가가지고 그걸 보고 철수야 그랬다가 혼났어.

서울 가서

￣ 너희가 나 먹여 살릴 때가 철수야 하지 지금 내가 벌어먹고 사는데 철수야 하면 안 된다 그 말이야.

앙.

맞는 말이네. (웃음)

￣ 응.

￣ 그것보고 옛날에는 개만 잡아먹는 '개장이'가 있고

￣ 또 '도아'라고 이제 소 잡는 '도아'.

예.

￣ 그 도살장 그 '도아'라고 '개장이' 있고 '도아'질 하는 놈 있고 무당 있고.

예.

￣ 그냥 복잡했어 옛날에는. 그런 것들은 사람으로 안 알았어.

왜 글 돼지 잡는 사람보고 뭐라고 합니까? 그러면

'개장이'는 개 잡는 사람이고

￣ 응, '개장이'고

돼지 잡는 사람은 뭐라고 해요?

￣ '도아' '도아' 놈이라고 그러지.

돼지 놈이라 그러지요?

￣ '도아' '도아' 놈

도아이 놈

￣ 응

소느뇨?

￣ 긍게 소:: 잠는 노미 되야지 잡꼬 그러제.

아.

￣ 그 사람드른 아그들한테도 아:무 이응감도 아그들한테도 헤:라 박꼬
그레.

그런데 그 당골드른 인제 농사지꺼나 그러지 앙코 여기 이 산

￣ 음 암암암암 순: 그직꺼리만 하고 먹꼬 사라.

아 그러면 그 사람 언제 떼가 되면 다 그지베서 멀 줌니까?

￣ 농사처리면 농사지:머는 다 줘. 머을꺼슬.

￣ 싱냥도 주고 그저 보리떼 보리 주고

으무저그로 줌니까?

￣ 야:무저그로 줘.

아.

￣ 긍게 아푸고 에:드리라도 아푸고 그먼 불루먼 와서 비:서너고 그 아까
말로 물빵구132) 치고

어

￣ 그거시 당고리여.

그러게 일 시킬라니까?

￣ 응 메겨살려

머겨 살리구만뇨?

￣ 엔:나레는 상 양:반드리 상노믈 메게 살레써.

엉

근데 인제 꼭 그런 당고리 아니드라도 자기 지베 먼 정게가먼 먼 머먼 시니
이딱 헤:가지고

'도아'놈

⁻ 응.

소는요?

⁻ 그러니까 소 잡는 놈이 돼지 잡고 그러지.

아.

⁻ 그 사람들은 아이들한테도 아무리 영감도 아이들한테도 해라 받고 그랬어.

그런데 그 무당들은 이제 농사 짓거나 그러지 않고 여기 이 산

⁻ 음. 암암암암. 순 그 짓거리만 하고 먹고 살아.

아, 그러면 그 사람 언제 때가 되면 다 그 집에서 뭘 줍니까?

⁻ 농사철이면 농사 지으면은 다 줘, 먹을 것을

⁻ 식량도 주고 이제 보리 때 보리 주고

의무적으로 줍니까?

⁻ 의무적으로 줘.

아.

⁻ 그러니까 아프고 애들이라도 아프고 그러면 부르면 와서 비손하고 그 아까처럼 물방구 치고

어.

⁻ 그것이 무당이야.

그렇게 일 시키려니까?

⁻ 응. 먹여 살려.

먹여 살리는구먼요.

⁻ 옛날에는 상 양반들이 상놈을 먹여 살렸어.

엉.

그런데 이제 꼭 그런 무당이 아니더라도 자기 집에 무슨 부엌에 가면 무슨 무슨 신이 있다고 해가지고

˭ 아 긍게 그 드 응 그럼

가만이 ***

˭ 그 그거슨 보통 싸람드리 다 헤. 동:정제비라고133).

에.

˭ 동:정제비라고 쩌 꼬:치허고 미영씨허고 인자 메운제허고 인자 불러코

짜:구로 도꾸너코 도꾸에다 뚜둠서 동:정제비라 그르제.

꼬:치하고 미영:씨하고 메운제하고

˭ 응 고로코 인자 노코 불질러. 마라자면

불질러요?

˭ 그 잡씨늘 모라넨다 그마리여. 그거시.

도꾸에다가 머:슬 너써요 도꾸?

˭ 짜:구.

짜:구에다가

˭ 짜:구로 도꾸 노코 도꾸에다 뚜드르먼 쇠쏘리가 나제.

짜:구에다 도꾸 너코 친다고요?

˭ 응

도꾸를 짜:구로 친다고?

˭ 그럼서 동:정제비를 히여.

아.

고건 요건 요구는 나메 나쁜 나쁜 귀:시니나 귀를 네쪼추능 거에요?

˭ 응 또.

˭ 무 무레바비라고134) 헤:가꼬 쪼빠게다가135) 바버고 덴:장허고 거 다머

서 무레다 타가꼬

˭ 칼 데:칼로 또 물리능 거시 이써. 거 동:정제비허고 또 바까테 나가서

물리고

물 머요?

˜ 아, 그러니까 그 드 응 그럼 가만히 **

˜ 그 그것은 보통 사람들이 다 해. '동정잡이'라고

예.

˜ '동정잡이'라고 저 고추하고 목화씨하고 이제 매운 재하고 이제 불 넣고 자귀로 도끼 놓고 도끼에다 두드리면서 '동정잡이'라 그러지.

고추하고 목화씨하고 매운 재하고

˜ 응, 그렇게 이제 놓고 불 질러, 말하자면.

불 질러요?

˜ 그 잡신을 몰아낸다 그 말이야, 그것이.

도끼에다가 뭘 넣었어요, 도끼?

˜ 자귀.

자귀에다가

˜ 자귀로 도끼 놓고 도끼에다가 두드리면 쇠소리가 나지.

자귀에다 도끼 놓고 친다고요?

˜ 응.

도끼를 자귀로 친다고?

˜ 그러면서 '동정잡이'를 해.

아.

그건 이건 요구는 남의 나쁜 나쁜 귀신이나 귀신을 내쫓는 거에요?

˜ 응, 또.

˜ 물 '무레밥'이라고 해가지고 쪽박에다가 밥하고 된장하고 그 담아서 물에다 타가지고

˜ 칼 대칼로 또 물리는 것이 있어. 그 '동정잡이' 하고 또 밖에 나가서 물리고

물 뭐요?

⎯ 물려. 칼로 마라자먼 잡씨늘 쪼차 넨::다는 거시기로 헤서.

⎯ 응 껄막끄136) 뭄발루서 껄마께다 데리고 나가서 아푼 사라물.

⎯ 거 칼로 요러코요러코코 험스러 그 머 그거뽀고 물레게지리라고137)
그르제.

네 무슨 지리요?

⎯ 물룽게질.138)

물려?

⎯ 물링게질. 어.

물렁게질?

⎯ 응 그보고 물린다고 그레. 그거뽀고 물레게지리뽀고.

그먼 이건 병 병이 난 사라믈 껄막끄로 데레가가꼬 칼로

⎯ 칼로 요러코 머리우게서 요러코 요러코 험성 그,

칼로 머리를 막 떼레요?

⎯ 아이 걍 요러코여러코 헤. 험스러 그 시융을 헤. 당고리. 당고리 그직
꺼릴 마니헤.

아 요건 당골 이야기구마뇨.

⎯ 당고리 허제 그거또.

아까 무레바븐 그건 당고림니까?

⎯ 암. 그거또 당고리 허고

당고리 하구요?

⎯ 음.

그 다:으메 아까 그 머

⎯ 또 되빠게다 싸를 다머서

예.

⎯ 잠밥139) 메기는 거시 이써 또.

⎯ 여가 물파기 아푸다 여가 아푸다 그믄 여그다 데고 잠바블 메기고,

˗ 물려. 칼로 말하자면 잡신을 쫓아 낸다는 거시기로 해서

˗ 응, 대문간 그 문 있는 쪽으로 대문간에다가 데리고 나가서 아픈 사람을

˗ 그 칼로 이렇게 이렇게 하면서 그 뭐 그것보고 '물레게질'이라고 그러지.

무슨 질이요?

˗ '물룽게질'.

물려?

˗ '물링게질'. 어.

물렁게질?

˗ 응, 그것보고 물린다고 그래. 그것보고 '물레게질' 보고

그러면 이건 병 병이 난 사람을 대문간으로 데려가 가지고 칼로

˗ 칼로 이렇게 머리 위에서 이렇게 이렇게 하면서 그.

칼로 머리를 막 때려요?

˗ 아니, 그냥 이렇게 이렇게 해. 하면서 그 시늉을 해. 무당이, 무당이
그 짓거리를 많이 해.

아, 이건 무당 이야기구먼요.

˗ 무당이 하지, 그것도

아까 '무레밥'은 그것은 무당입니까?

˗ 암. 그것도 무당이 하고

무당이 하고요.

˗ 음.

그 다음에 아까 그 뭐

˗ 또 됫박에다 쌀을 닦아서

예.

˗ 잠밥 먹이는 것이 있어, 또.

˗ 여기에 무릎이 아프다 여기가 아프다 그러면 여기다 대고 잠밥을 먹
이고.

잠바블 메긴단 말 무슨 마리에요? 어터케 한다는 말?

⁻ 싸를 되빠게다 이빠이140) 다마가꼬 첵뽀로 떽::떡 꽉:: 잡꼬 요러코 아 픈 디다 데:고 한나 둘 닐곱 쎄:허고 잠밥 메기능 거시 이써.

아.

잠바블 메긴다고

⁻ 응 잠밥. 그먼 요러코 머그먼 인자 잠바불 머그먼 싸리 한쪼그 가서 인자 푹 드러간 디가 이써.

⁻ 그먼 마이 머거따고 그러고 잡씨니 마이 머거씽게 인자 나:꺼따고 그 러제.

아 그런 시그로?

⁻ (웃음)

(웃음) 제민네요?

⁻ 근디 지그믄 그거이 다 옵:써지제. 병워네 가문 양 머그먼 사:는디.

(웃음)

⁻ (웃음)

그러조.

근데 인제 아까 마란 그럼 아까 그먼 정게 정게:에도 막 이러케 머 신 신주딴 지 가틍거 모셔노코 그렁 거시 이씀니까?

⁻ 당골찌비가 점젱이 집까 이쩨.

아 보:통 지베는 업

⁻ 업:써 업:써 그거슨.

아앙.

머 먿 조앙시난테 비러따등가 그렁거슨?

⁻ 아 그거또 점젱이가 데 뎅임시로 헤:쩨.

그러먼 저네 보먼 머 그 아까 외양깐 요런 데다도 빌:거나 그러지 아나써요?

⁻ 외양까네는 글 앙코.

잠밥을 먹인다는 말 무슨 말이에요? 어떻게 한다는 말?

⁻ 쌀을 됫박에다 가득 담아가지고 책보로 땍땍 꽉 잡고 이렇게 아픈 데에 대고 하나 둘 일곱 새 하고 잠밥 먹이는 것이 있어.

아.

잠밥을 먹인다고

⁻ 응, 잠밥. 그러면 이렇게 먹으면 이제 잠밥을 먹으면 쌀이 한 쪽에 가서 이제 푹 들어간 데가 있어.

⁻ 그러면 많이 먹었다고 그러고 잡신이 많이 먹었으니까 이제 낫겠다고 그러지.

아, 그런 식으로?

⁻ (웃음)

(웃음) 재밌네요.

⁻ 그런데 지금은 그것이 다 없어지지. 병원에 가면 약 먹으면 사는데.

(웃음)

⁻ (웃음)

그러지요

그런데 이제 아까 말한 그럼 아까 그러면 부엌 부엌에도 막 이렇게 뭐 신 신 주단지 같은 것 모셔 놓고 그런 것이 있습니까?

⁻ 무당집에 점쟁이 집에 있지.

아, 보통 집에는 없

⁻ 없어. 없어. 그

아앙.

뭐 뭐 조왕신한테 빌었다든가 그런 것은?

⁻ 아, 그것도 점쟁이가 다 다니면서 했지.

그러면 전에 보면 뭐 그 아까 외양간 이런 데다가도 빌거나 그러지 않았어요?

⁻ 외양간에는 그러지 않고.

에.

아무레도 거 점젱이한테 위타글 헤꾸만뇨.

그럼 조상들 모시는 신 그렁거슨 업써씀니까? 우리 요 조상들, 조상드를 모시
는.

ˉ 엔:나레는 네가 그 지블 아레체 사랑체라고 인자 지블 지스머는 그거
뽀고 이르미 머시라거냐?

ˉ 시늘 모시는 디가 이써. 마라자먼.

ˉ 삼년 엔:나레는 삼년::날 머리 이발도 앙코 손똡또 안짜리고.

에.

ˉ 마라자먼 그 굴:간 제복 허고 시 시:모 시:모.

에.

ˉ 그 그 지케. 크나드리 그거뽀고 시:모사리여141).

시:모사리요.

ˉ 응.

그러먼 꼭 나갈떼도 인사하고 나가

ˉ 아::먼. 드롸서도 인사하고

밥또 다 날마다 삼시세:끼

ˉ 응 아:먼. 그 모덜니리여. 궁게.

ˉ 삼년가늘 머리가 요러코 질:꼬 그레땅게. 엔:나레 시:모사리허먼?

에.

그러며는 잠깐 쉬여따가 하실까요? 벌써 마:니 하셔쓰니까? 에

에 아까 그 여러가지 에 당골 이야기들 헤주션는데

당골드른 까 자기가 이러케 딱 구여기 이찌요? 마으리?

ˉ 아:먼. 마으리 여 웅게서142) 사란는디 여 명산 봉구 여 이너메까장
도143) 한 구여글 딱 마떠.

자기가요?

예.

아무래도 그 점쟁이한테 위탁을 했구먼요.

그럼 조상들 모시는 신 그런 것은 없었습니까? 우리 이 조상들, 조상들을 모시는.

￣ 옛날에는 내가 야 그 집을 아래채 사랑채라고 이제 집을 지으면은 그것보고 이름이 뭐라고 하나?

￣ 신을 모시는 데가 있어, 말하자면.

￣ 삼 년 옛날에는 삼 년날 머리 이발도 하지 않고 손톱도 안 자르고.

예.

￣ 말하자면 그 굴건 제복하고 시 시묘 시묘

예.

￣ 그 그 지켜. 큰 아들이. 그것보고 시묘살이야.

시묘살이요.

￣ 응.

그러면 꼭 나갈 때도 인사하고 나가.

￣ 암. 들어와서도 인사하고

밥도 다 날마다 삼시 세 끼니.

￣ 응, 암. 그 못할 일이야. 그러니까.

￣ 삼 년간을 머리가 이렇게 길고 그랬다니까. 옛날에 시묘살이하면.

예.

그러면은 잠깐 쉬었다 하실까요? 벌써 많이 하셨으니까. 예.

예, 아까 그 여러 가지 예 무당 이야기들 해 주셨는데

무당들은 그러니까 자기가 이렇게 딱 구역이 있지요?

￣ 암. 마을이 여기 운게서 살았는데 여기 명산 봉국 여기 이 너머까지도 한 구역을 딱 맡아.

자기가요?

ˉ 응.

ˉ 고 그어뜨른 정월초하룬날 세:베와도 지시알144) 미테서 허고 문 녀러 노코, 방에 모:뜨러오고

그러먼 그 당골드리 다:: 설랄 다 세:베하고

ˉ 아:멘

ˉ 그라너먼 안 중게 머:꺼설.

아:

ˉ 셍명을 걍 먹꼬사는 생명을 거다 메끼는 샤:람드리여.

그먼 당골: 자식뜰:도 그냥 데:를 이여서 당골하는 사람도 이꼬?

ˉ 아:녀. 다 인자 그거또 인자 읍:써저쩨 지그믄.

에, 지그믄 업:써저써요.

ˉ 다 겍끼로 나가부니 읍:써.

에.

엔:날보믄 그런다 그레요. 당고리 자기가 그 이 구여글 또 판:다고 그레요 나무한테.

ˉ 그레써.

ˉ 아:먼. 따른 기양 쩌 연변사라미 여그 와서 사서 헐쑤도 이꼬 고러코.

에, 자기들끼리?

ˉ 으응, 자기들끼리. 구가는 그라너믄 함부로 모:뜨러와.

그니까요. 자기들끼리 딱 에 정해저가꼬이~.

그러믄 아까 거 신주딴지 말씀하셔짜나요? 고 신주랑거슨 뭐 조상을 모실까요, 머?

ˉ 응 조상.

아: 그먼 어:디다가 나둬요, 단:지를?

ˉ 단:지가 아이라 요마:난 체기 이써.

아, 체기에요?

⁻ 응.

⁻ 그리고 그 그것들은 정월 초하룻날 세배 와도 기스락 밑에서 하고 문 열어 놓고, 방에 못 들어오고

그러면 그 무당들이 다 설날 다 세배하고

⁻ 암.

⁻ 그러지 않으면 안 주니까, 먹을 것을.

아.

⁻ 생명을 그냥 먹고 사는 생명을 거기다 맡기는 사람들이야.

그러면 무당 자식들도 그냥 대를 이어서 무당하는 사람들도 있고?

⁻ 아니야. 다 이제 그것도 이제 없어졌지, 지금은

예, 지금은 없어졌어요.

⁻ 다 객지로 나가 버리니 없어.

예.

옛날에 보면 그런다 그래요. 무당이 자기가 이 구역을 또 판다고 그래요, 남한테.

⁻ 그랬어.

⁻ 암. 다른 그냥 저기 연변 사람이 여기 와서 사서 할 수도 있고 그렇고.

예, 자기들끼리?

⁻ 응, 자기들끼리. 구역은 그러지 않으면 함부로 못 들어와.

그러니까요. 자기들끼리 딱 예 정해져가지고.

그러면 아까 그 신주단지 말씀하셨잖아요, 그 신주라는 것은 뭐 조상을 모실까요, 뭐?

⁻ 응, 조상.

아 그럼 어디다가 놓아 둬요, 단지를?

⁻ 단지가 아니라 요만한 책이 있어.

아, 책이에요?

̄ 응 그거이. 거가 네레기 싹:: 쓰여써.

̄ 마라자먼 우리 동네서도 저 명산 아까 기:닙씨민 크치, 큰집 거가 그 거슬 인 모:션는디

̄ 거가 영강 형교 공:잔님 제:사 지녠 형교, 형교 거시기를 젤: 으르니여써 거가.

아.

̄ 궁게 군:수도 딸싹 모더고 영광 오머는 그떼는 저 군:수고 서:장이고 딸싹145) 모데써 헹고장한테146).

̄ 글고 헹교장이라 허는디 그냥반::늘 그냥바니 그지꺼리를 헤:따니까.

아:

그러먼 보니깐 아까 어:디따 체글 어:디다 너:따고 그레씀니까?

̄ 쩌 짜그마건 벡짝 여페가서 짜그만:치147) 멘드라논 디가 이써.

̄ 그르 께::끄시 셍에써. 꼭 그 그짐만 들랑달랑하거게 멘드라논.

체글 모셔놔요?

̄ 어 첵. 거가 사진까지 다 이쩨 거가148).

사지니라, 먼: 산? 누구 사?

̄ 그 도라가신 냥반 사진.

사지나고 체가고

̄ 어 그 네려기 싹: 거가 이써.

족뽀 가틍 거실까요?

̄ 암:. 족뽀로, 근디 족뽀는 아:닌디 그거시 말 마라자먼 족뽀는 거시기를 싹 헝거시 족뽀고 인자 가싱149) 마 그 거시기만 당데 그으거 가싱이여 그거시.

아 가싱.

̄ 응 그러케 헤서 헝거시여.

그러먼 고놈 놔:두고는 날마다 저레요?

 응, 그것이. 거기가 내력이 싹 씌었어.

 말하자면 우리 동네서도 저 명산 아까 그 **** 크치, 큰집 거기에 그것을 이제 모셨는데

 거기가 영광 향교 공자님 제사 지내는 향교, 향교 거시기를 제일 어른이었어, 거기가.

아.

 그러니까 군수도 꼼짝 못하고 영광 오면은 그때는 저 군수건 서장이건 꼼짝 못했어, 향교장한테.

 그리고 향교장이라 하는데 그 양반을 그 양반이 그 짓거리를 했다니까.

아.

그러면 보니까 아까 어디에다 책을 어디에다 넣었다고 그랬습니까?

 저 자그마한 벽 옆에 가서 자그만하게 만들어 놓은 데가 있어.

 그 깨끗이 생겼어. 꼭 그 집만 들락날락하게 만들어 놓은.

책을 모셔놓아요?

 어 책. 거기에 사진까지 다 있지 거기에.

사진이라, 무슨 사진? 누구 사진?

 그 돌아가신 양반 사진.

사진하고 책하고

 어 그 내력이 싹 거기에 있어.

족보 같은 것일까요?

 암, 족보로, 그런데 족보는 아닌데 그것이 말하자면 족보는 거시기를 싹 하는 것이 족보고 이제 가승, 마 그 거시기만 당대 그것이 가승이야, 그것이.

아 가승.

 응, 그렇게 해서 한 거야.

그러면 그것 놔 두고는 날마다 절 해요?

￢ 밤:나 잠 자도 거그서 자땋게, 거 미테서.

방에서 안자고 고미테서?

￢ 방이여 방. 방 방 우게 가서 베랑빡 사이 가서 궁 벡짱말로 요로코 이
땋게 거가 여페가.

그걸 먼: 모신다 그레요? 머:슬 모신다고?

￢ 신주.

아 신주.

￢ 응.

고건 집찜마다 인능건 아니고 고 제일 종손 지바니나 고러케

￢ 그까 종소니여, 어 종소니여.

게 어느 지베서나 다 비스타게 그러케 헤:쓸까요? 다른 지베서도? 다른 종손
들또?

￢ 그 그런 사:라미 월레는 옵:쩨.

￢ 쩌 영광 독뻬기 심:씨는 그 묘:슬150) 자우 집떼151) 데받 뒤에다 메:슬
즈그 엄마야152).

￢ 고아유 써써.

예.

￢ 묘: 씀성 거그다가 작쌀, 아까 네가 마레떤 작쌀 지블 지서써. 그레가
꼬 삼년가늘 그 시:모사리를 헤써.

아:

￢ 그거시 어:룽거시여 시:모사리 허기가. 그 바미면 초뿔 써노코 묘:세다
가, 삼년가늘. 궁게 지그믄 아라주자나 지금?

효:자라고.

￢ 효:자시라고.

￢ 근디 거그는 그레 그 정부에서 효:자 거글르 안치레줄쑤 옵:써.

￢ 그러고 여그는 봉국 여: 영짜 석짜 영짜 영:식씨 거그는 효:자, 거그는

- 밤낮 잠 자도 거기서 잤다니까, 그 밑에서.

방에서 안 자고 그 밑에서?

- 방이야 방. 방 방 위에 가서 바람벽 사이에다가 그 벽장처럼 이렇게 있다니까, 거기에, 옆에.

그걸 무엇을 모신다 그래요? 무엇을 모신다고?

- 신주.

아 신주.

- 응.

그것은 집집마다 있는 것은 아니고 그 제일 종손 집안이나 그렇게

- 그러니까 종손이야, 어 종손이야.

그것이 어느 집에서나 다 비슷하게 그렇게 했을까요? 다른 집에서도, 다른 종손들도?

- 그 그런 사람이 원래는 없지.

- 저 영광 독배기 심씨는 그 묘를 자기 집쪽 대밭 뒤에다 묘를 저희 어머니 것.

- 그래가지고 썼어.

예.

- 묘 쓰면서 거기다가 작대기 아까 내가 말했던 작대기 집을 지었어. 그래가지고 삼 년간을 그 시묘살이를 했어.

아.

- 그것이 어려운 거야, 시묘살이 하기가. 그 밤이면 촛불 켜 놓고 묘에다가 삼 년간을. 그러니까 지금은 알아주잖아, 지금?

효자라고.

- 효자시라고.

- 그런데 거기는 그래. 그 정부에서 효자 거기를 안 치러 줄 수 없어.

- 그리고 여기는 봉국 여기 영자 석자 영자 영식씨 거기는 효자, 거기는

마라자면 부모::가 오짐똥을 싹 바다네써 멘년가늘.

￣ 그레서 정부에서 지서 중거시고.

아, 효:자가글

￣ 아, 효:자각.

언:제쯔미나 그게 지서저쓸까요?

￣ 어: 한 베고심년, 어 베고심년.

그럼녀기 강:씨지바닝가요?

￣ 응 가메꽁파.

가메꽁파.

￣ 가메꽁파에서 가메꽁이 가메꽁에서 수원공파로 양:자를 가써.

￣ 수원선셍이라고 일본까서 거 한:문 일본놈들 갈친 거 거뽀고 수원선셍
이라고 그러제 가냥농게 나와찌 그거시.

￣ 그손:드리여.

다른 지방에서 나와따 그러믄 첵 가치 앙코 무슨 단:지 조상딴지 그러케 단:
지를 그러케 저기를 모셔놔따 그레 핱 핱 한다 그레요?

￣ 그런 그 지방마닥 틀려 그거시.

￣ 인자 그 단:지 지방 그 조상딴지:라고 헤서 허는 사람도 이꼬.

￣ 신주로 모시는 디는 신주로 모시고 음 그거시 다 틀려.

거 혹씨 그 일제시데떼 기어기 나심니까?

￣ 일쩨떼는 우리가 어려서.

어려서 기어기 잘 안나시조.

그러며는 그바께 다른?

￣ 일쩨떼는 인자 우리가 셍강나능거슨 그떼는 미영 빠:른 다 뻬사가고,
유기그릇, 수제가틍 거 다 뻬사가고 그렁거슨 아라.

메쌀떼나 그레써쓸까요 그떼?

￣ 그떼 여나무153)살 머거씅게.

말하자면 부모 오줌, 똥을 싹 받아 냈어 몇 년간을.

‑ 그래서 정부에서 지어 준 것이고.

아, 효자각을?

‑ 아, 효자각.

언제쯤이나 그것이 지어졌을까요?

‑ 어 한 백 오십년, 어 백 오십년.

그럼 여기 강씨 집안인가요?

‑ 응, 가매공파.

가매공파.

‑ 가매공파에서 가매공이 가매공에서 수원공파로 양자를 갔어.

‑ 수원선생이라고 일본 가서 그 한문 일본놈들 가르친 것 그것보고 수원선생이라고 그러지. 광양농고 나왔지, 그것이.

‑ 그 후손들이야.

다른 지방에서 나왔다 그러면 책 같지 않고 무슨 단지, 조상단지 그렇게 단지를 그렇게 저기를 모셔 놓았다 한다고 그래요?

‑ 그건 그 지방마다 달라, 그것이.

‑ 이제 그 단지 지방 그 조상단지라고 해서 하는 사람도 있고.

‑ 신주로 모시는 곳은 신주로 모시고 음, 그것이 다 달라.

그거 혹시 그 일제 시대 때 기억이 나십니까?

‑ 일제 때는 우리가 어려서.

어려서 기억이 잘 안 나시지요.

그러면은 그밖에 다른?

‑ 일제 때는 이제 우리가 생각나는 것은 그때는 목화 빼면 다 빼앗아가고, 유리그릇, 수저 같은 것 다 빼앗아가고 그런 것은 알아.

몇 살때나 그랬었을까요 그때?

‑ 그때 여남은 살 먹었으니까

여나믄살 머거쓸 때.

⌐ 아 주로 가멩이154) 마니 짜:서 가지가고.

가지가고.

쌀가틍거 다 나랑 농사헤:농거또 가지가고.

⌐ 또 게: 자버서 껍딱 베께가고.

게: 껍따기요?

⌐ 아:머. 게 껍딱 다 버껴서 가지가쩨.

어:따 쓴담니까?

⌐ 또 다:제나무, 미영나무 껍딱 비께서 가지가고.

나:무껍따기요?

⌐ 아:면.

아: 어:따 쓰까요?

⌐ 그누믈 가져가써. 게:껍딱155), 게 상:게 자버서 그떼 게 한 저 종자 미칠뻔 헤써. 콩게는 다:: 껍딱 비께가써.

가주그로 쓸라고.

그러믄 여기서도 일본싸람드리 여기 와이써씀니까?

⌐ 아이 투 가머는 쩌 염산 봉:덕싸네 가머는 저 허리 다께 산 거시기 중터게가 회:뜰 파논디가 일본놈드리 여그서 파쩨.

사늘 파써요?

⌐ 파써 거.

머:더게요?

⌐ 거 전:젱 거시기 멘들라고 헝거시여써.

방:공호 가틍거

⌐ 응. 횐 도라가믄서 산 중터를 호 마라자믄.

⌐ 그레가꼬 그 인공 유기오떼 인공 닥칠떼 인민군드리 그거 써:머거쩨.

아: 네: 그러씀니다.

여남은 살 먹었을 때

ˉ 아 주로 가마니 많이 짜서 가져가고.

가져가고.

쌀 같은 것 다 벼농사 해 놓은 것도 다 가져가고.

ˉ 또 개 잡아서 껍질 벗겨 가고

개 껍질이요?

ˉ 암. 개 껍질 다 벗겨서 가져갔지.

어디에다 쓴답니까?

ˉ 또 '다제나무', 목화나무 껍질 벗겨서 가져가고.

나무 껍질이요?

ˉ 암.

아, 어디에 쓸까요?

ˉ 그것을 가져갔어. 개 껍질, 개 산 개 잡아서 그때 개 한 저 종자 없어질 뻔 했어. 큰 개는 다 껍질 벗겨 갔어.

가죽으로 쓰려고.

그러면 여기서도 일본 사람들이 여기 와 있었습니까?

ˉ 아이, 가면은 저 염산 봉덕산에 가면은 저 허리 닿을 정도로 산 거시기 중턱에 뺑 둘러서 파 놓은 곳이 일본놈들이 여기서 팠지.

산을 팠어요?

ˉ 팠어, 거.

뭐 하려고요?

ˉ 그거 전쟁 거시기 만들려고 그런 거였어.

방공호 같은 것.

ˉ 응. 뺑 돌아가면서 산 중턱을 호 말하자면.

ˉ 그래가지고 그 인공 육이오 때 인공 닥칠 때 인민군들이 그것 써 먹었지.

아, 네, 그렇습니다.

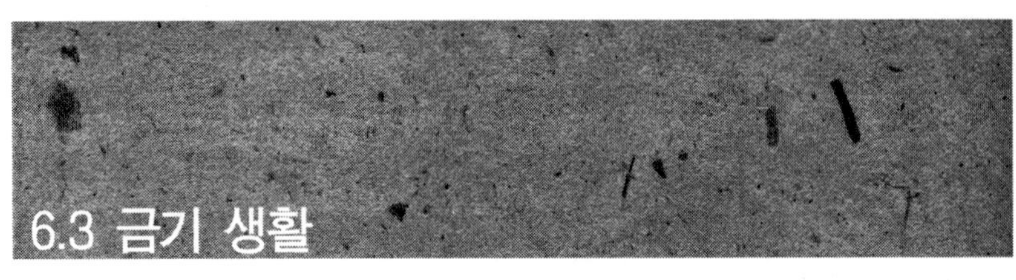

6.3 금기 생활

그다으메요, 우리가 살:다보먼 머 허지마:라 머 허지마 이렇게 이씁니다.

제:가 저도 며칠저네 드런는데 제 아:는부니 자기 아드를 여울라고 그레요. 자기 칭구도 또 아드를 여울라고 그레. 그러먼 나를 바다놔끼 떼무네 고 칭구 결혼헌 디는 모:깐다.

⎺ 말:도 아네 말:도. 나는 그거시 인자 여러 가지가 이써서 그런디 그사람 만나믄 말:도 안는 사람 이써.

서로 날 바든 사람들끼리는?

⎺ 응 응. 말:도 아네. 결혼헐 또마근.

아하.

아이 그집 차자, 겨론싱날 가능거슨?

⎺ 아 아 암:마 거그슨 말:도 말:도 안덴당게는. 그 아:네 만나도 말:도 아네. 그런 디가 이써 마:니.

그러조이?

⎺ 응.

그니깐 그 호닌날 바다노코는 어디 나쁜데는 당여니 앙가게쪼

⎺ 나뿐 디는 앙가제. 앙가고 초상찝 앙가고 하이튼 그

제사 가튼 데도 앙가고?

⎺ 앙가고. 산닐156) 헌 디도 앙가고.

산니른

⎺ 응, 그렇게 앙가.

그 다음에요, 우리가 살다 보면 뭐 하지 마라 뭐 하지 마 이런 게 있습니다. 제가 저도 며칠 전에 들었는데 제 아는 분이 자기 아들을 결혼시키려고 그래요. 자기 친구도 또 아들을 결혼시키려고 그래. 그러면 날을 받아났기 때문에 그 친구 결혼한 곳은 못 간다.

ㅡ 말도 안 해, 말도. 나는 그것이 이제 여러 가지가 있어서 그런데 그 사람 만나면 말도 안 하는 사람 있어.

서로 날 받은 사람들끼리는?

ㅡ 응, 응, 말도 안 해. 결혼할 동안은.

아하.

아니 그 집 찾아, 결혼식날 가는 것은?

ㅡ 아무렴. 그것은 말도, 말도 안 된다니깐. 그 안에 만나도 말도 안 해. 그런 데가 있어 많이.

그렇지요?

ㅡ 응.

그러니깐 그 혼인날 받아 놓고는 어디 나쁜 곳은 당연히 안 가겠지요.

ㅡ 나쁜 곳은 안 가지. 안 가고 초상집 안 가고 하여튼 그

제사 같은 데도 안 가고?

ㅡ 안 가고. 산일하는 데도 안 가고.

산일은

ㅡ 응. 그러니까 안 가.

날바다노코는

￣ 또 집 성주허고 삼년 아:네는 조:문도 안뎅에.

아, 삼년똥아는?

￣ 응, 삼년똥아는. 일쩔 그 삼년너머야 조:문도 가고 그러제.

그니깐 그 아까마란 날바다노코도 어디가지 안는다 성주헤어고도 삼년아:네는

￣ 삼녀나네 앙가.

조:문도 앙가고. 머 제:사가틍거또, 제:사는 갈까요?

￣ 하여튼 나뿐 디는 구진 디는 앙가.

구즌데는 앙가요이~?

￣ 응.

￣ 처:그 친척찝 찝또 앙가.

일반 그냥?

￣ 바로 기양 친쩌근 아니지마는 지반니리드라 앙간다고

아 그레요?

￣ 응.

음 또 그바께 또 머 그렁거 업: 셍강나시능거 업써요, 그먼 머 어쩌면 어쩐다고?

￣ 알:기도 그거뿌니157) 업:쩨.

그런 정도요이?

그러면 또 초상이 나써 우리지베. 초상이 나면 또 멈멈머허먼 안된다. 고양이가 관 우:그로 지나가면 안된다라등가 또머 초상나머는

￣ 거 엔:날 마리제. 엔:나레 긍게 엔:나레 인자 운명을 하면 사라미 주그먼 운명헤끄든? 글믄 처쩨 기:뚝158)뿌텅 막꼬 그레써.

아 기:뚜글 마가요?

￣ 응.

날 받아 놓고는.

˗ 또 집 성주하고 삼 년 안에는 조문도 안 다녀.

아, 삼 년 동안은?

˗ 응, 삼 년 동안은. 일절 그 삼 년 넘어야 조문도 가고 그러지.

그러니까 그 아까 말한 날 받아 놓고도 어디 가지 않는다, 성주하고도 삼 년 안에는

˗ 삼 년 안에 안 가.

조문도 안 가고. 뭐 제사 같은 것도, 제사는 갈까요?

˗ 하여튼 나쁜 데는, 궂은 데는 안 가.

궂은 데는 안 가요?

˗ 응.

˗ 저기 친척집 집도 안 가.

일반, 그냥?

˗ 바로 그냥 친척은 아니지만 집안 일이라도 안 간다고.

아 그래요?

˗ 응.

음 또 그밖에 또 뭐 그런 거 없 생각나시는 거 없어요, 그 뭔 뭐 어쩌면 어쩐다고?

˗ 알기도 그것밖에 없지.

그런 정도요?

그러면 또 초상이 났어. 우리 집에. 초상이 나면 또 뭐뭐 하면 안된다. 고양이가 관 위로 지나가면 안 된다라든지 또 뭐 초상나면은?

˗ 그거 옛날 말이지. 옛날에 그러니까 옛날에 이제 운명을 하면 사람이 죽으면 운명했거든? 그러면 첫째 굴뚝부터 막고 그랬어.

아, 굴뚝을 막아요?

˗ 응.

⎺ 글믄 그그 엔:날 어:른들 허는 지시 그레따고. 기:뚝뿌텅159) 막꼬 그
볼 원님 군:수 지금가트먼 군:수 이름부르고 그 거시기 지봉 올라가서 속
등지게 영거나따가160) 가꼬가서 시:번 네드림서 거 보보161) 거 부리제 혼
부리제.

호늘 불러요? 그 도라가신분 이르믈?

⎺ 응, 아니. 으~ 군:수 이르믈 불러.

군:수이르믈 왜불?

⎺ 그, 그 불러서 그거뽀고 홈벡 부르능 거시여. 홈벡이라고 그러는디.
부르고 인자 오슬가꼬 네러와서 요마넌 상자에다가 섹씰 삼:섹씨를 허고
그 오더고 헤서 그 상자에다가 다마.

⎺ 다머가지고 멩인162) 머리 우게다 놔:두거든? 입꽌허기 저네.

⎺ 그러고 인자 그거시 하:간헐 떼 드러가. 그 그거뜰 하:간헐떼 간허고
가:치 무더주거든 그 홈베글.

⎺ 그러고 인자 입꽌 허고는 멩저너고163) 바꽈.

멩저니랑게 멈:니까?

⎺ 그 글씨 뻴건 그거시 그시 멩저니제. 그 도라가신 냥반 이름쓰고 그
성: 쓰고 글제. 그 멩저너고 바꾸먼 인자 요거슨 한쪼그로 인자 그거슬 인
자 홈벡 그거슬 아까 그 시 거시기 저 살리데끼 그

시:묘사리

⎺ 응 시 허는 사라미 이꼬.

⎺ 인자 그거시 멩저는 또 머:더고 바꾸냐마는 사네가서 펭토지164) 지넬
떼게 지방 지방써:서 지방허고 멩저너고 또바까. 멩저는 인자 그떼 간따라
서 멩인 신체허고165) 가:치 드러가니까 땅소그로.

⎺ 그레서 그 사네서 지방을 써:서 엔:나레는 그레써. 지방을 사네서 써.
부더고 머거고 가꼬가서 지방을 써:서 펭토지를 지네고.

네.

˚ 그러면 그그 그것이 옛날 어른들 하는 짓이 그랬다고. 굴뚝부터 막고 그 고을 원님 군수 지금 같으면 군수 이름 부르고 그 거시기 지붕 올라가서 속 등지게 얹어 놓았다가 가지고 가서 세 번 휘두르면서 거 '복복' 그 부르지, 혼 부르지.

혼을 불러요? 그 돌아가신 분 이름을?

˚ 응, 아니. 군수 이름을 불러.

군수 이름을 왜 불?

˚ 그 그 불러서 그것보고 혼백 부르는 거야. 혼백이라고 그러는데. 부르고 이제 옷을 가지고 내려와서 이만한 상자에다가 색실, 삼 색실을 하고 그 옷하고 해서 그 상자에다 담아.

˚ 담아가지고 망인 머리 위에다 놓아 두거든? 입관하기 전에.

˚ 그리고 이제 그것이 하관할 때 들어가. 그 그것들 하관할 때 관하고 같이 묻어 주거든 그 혼백을.

˚ 그리고 이제 입관하고는 명정하고 바꿔.

명정이란 게 뭡니까?

˚ 그 글씨 빨간 그것이 그것이 명정이지. 그 돌아가신 양반 이름 쓰고 그 성 쓰고 그러지. 그 명정하고 바꾸면 이제 이것은 한쪽으로 이제 그것을 이제 혼백 그것을 아까 그 시 거시기 저 살리듯이 그

시묘살이.

˚ 응 시 하는 사람이 있고.

˚ 이제 그것이 명정은 또 뭐하고 바꾸냐면 산에 가서 평토제를 지낼 때 지방 지방 써서 지방하고 명정하고 또 바꿔. 명정은 이제 그때 관 따라서 망인 시체하고 같이 들어가니까 땅속으로.

˚ 그래서 그 산에서 지방을 써서 옛날에는 그랬어. 지방을 산에서 써. 붓하고 먹하고 가지고 가서 지방을 써서 평토제를 지내고.

네.

˗ 인자 그 지방을 가꼬 지비와서 엔:나렌 삼년상을 지네니까 감:안제를
지네. 지비와서 인자.

언제요?

˗ 가:난.

과:난제?

˗ 응. 과:난제라고 그거뿌고. 지비와서 과:난제를 제:사를 이러코 지네
진짜.

˗ 제:사를 지네고 인자 보름 초하레 보름 그 상망을 지네제.

예.

˗ 상망을 지네고 인자 삼년상을 지네. 삼년상 지네고나면 졸보기라
고166) 이써.

˗ 밤:사167), 엔:나레 복잡헤써. 밤:사를 석:딸 여를마네 삼년상 떠난 석:
딸 여를마네 밤:사를 지넹거시 밤:사는 무:시냐허머는 방으로 모시는 바까
테가 게세쑹께 바까테는 모:시능거뿌고 담:사라고 그레.

아 그걸 밤:사라고 그레요?

˗ 응.

˗ 그러고 헤 복잡헤써.

(웃음) 그레셔써요?

˗ 긍게 그 중가네는 초상나면 먼: 동네가면 그오슬 지붕으다 거:러논 사
라미 마:네써 응?

˗ 그먼 상놈드리 허는 지꺼리여 그거시 마라자면 모:링게.

˗ 그거시 홈베글 불러서 머:시 네레와야 허능 거슬 그거시

웨 거러논다?

˗ 응.

˗ 그거시 긍게 거러논능거슨 아니여.

네.

- 이제 그 지방을 가지고 집에 와서 옛날엔 삼년상을 지내니까 '강안제'를 지내. 집에 와서 이제.

언제요?

- 강안.

'과난제'?

- 응. '과난제'라고 그것보고. 집에 와서 '과난제'를 제사를 이렇게 지내 진짜.

- 제사를 지내고 이제 보름 초하루 보름 그 삭망을 지내지.

예.

- 삭망을 지내고 이제 삼년상을 지내. 삼년상을 지내고 나면 탈복이라고 있어.

- '밤사', 옛날에 복잡했어. '밤사'를 석 달 열흘만에 삼년상 떠난 석달 열흘만에 '밤사'를 지내는 것이 '밤사'는 뭐냐면 방으로 모시는 밖에 계셨으니까 밖에는 모시는 것보고 '밤사'라고 그래.

아, 그걸 '밤사'라고 그래요?

- 응.

- 그렇게 복잡했어.

(웃음) 그러셨어요?

- 그러니까 그 중간에는 초상 나면 무슨 동네 가면 그 옷을 지붕에다 걸어놓는 사람이 많았어. 응?

- 그러면 상놈들이 하는 짓거리야 그것이. 말하자면 모르니까.

- 그것이 혼백을 불러서 뭐가 내려와야 하는 것을 그것이

왜 걸어놓는다?

- 응.

- 그것이 그러니까 걸어놓는 것은 아니야.

네.

ˉ 그 예: 뻐베 그거슨 아니여.

그니까 지붕위에 올라가서 홈베글 부르는 그렇게 이꾸마뇨?

ˉ 응.

그다으메 또오 여자나 이런 사람드른 또 머 어쩌면 안덴다 여자드른 어쩌면 안덴다 이렁거또 이쓸수 이써요?

ˉ 긍게 엔:나레 우리 봉건주이 사혜가 여자도 조강지처라사 뭄발로 스고168).

ˉ 인자 엔:나레 자근마누레도 기양 겨론식 앙코 어더가꼬 사라서 세끼들 나:서 그거뽀고 서:자라 그러제.

ˉ 그안시어써169).

ˉ 지:사 지넬떼도 그거뜰 모:도게 허고 인자 그거시 인자 서:자라고 그렌는디 또 제:주손도 안시어주는 사람 안 시여써.

ˉ 게 결혼식 헤:서 난 아들또 제:추 짱게가서 그거또 말썽이 이쩨. 중간까징도170) 이떠라고 지끔가장도 그 여낭이 비처. 우리 동네가 이써 그런 사라미.

요세는 이호니 다반사로 이러나가지고 제:추랑거시 흐나게 된는데.

ˉ 긍게 그거뜰 우리는 사:라므로 아나라. 부, 부모가 메께줘쓰먼 헤서 그 워냐글 헤쓰먼 끄까지 사라야제 쪼까 조으먼 피마꼬171) 쪼까 나쁘먼 피마꼬 허먼 그거시 사:라미 헐쩌시 아니여.

요세는 그 비:일비제헤요.

ˉ 긍게 그거시 사람 사:라미 허능 지꺼리 아니라고.

ˉ 그거뜨른 사라민짜를172) 모:르능 거뜨리여.

이혼, 이혼하능거요?

ˉ 사라민 사라민짜도 지:또 서로 여러고 지:떼고173) 인능거시 서로 지:데고 조:케 살자능 거시제. 그드른 야:무꺼또 아닝 거뜨리여. 사짜 뻐똥셍 ***** 나는 우리 메느리덜 신:뽀고 그려. 서울 가믄.

￣ 그 예법에 그것은 아니야.

그러니까 지붕 위에 올라가서 혼백을 부르는 그런 것이 있구먼요?

￣ 응.

그 다음에 또 여자나 이런 사람들은 또 뭐 어쩌면 안 된다 여자들은 어쩌면 안 된다 이런 것도 있을 수 있어요?

￣ 그러니까 옛날에 우리 봉건주의 사회가 여자도 조강지처라야 문쪽으로 서고.

￣ 이제 옛날에 작은마누라도 그냥 결혼식 안 하고 얻어가지고 살아서 새끼들 낳아서 그것보고 서자라고 그러지.

￣ 그 안 쳤어.

￣ 제사 지낼 때도 그것들 못 오게 하고 이제 그것이 이제 서자라고 그랬는디 또 재취 손도 안 쳐 주는 사람 안 쳤어.

￣ 그래 결혼식 해서 낳은 아들도 재취 장가가서 그것도 말썽이 있지. 중간까지도 있더라고, 지금까지도. 그 영향이 비쳐. 우리 동네에 있어 그런 사람이.

요새는 이혼이 다반사로 일어나가지고 재취라는 것이 흔하게 됐는데.

￣ 그러니까 그것들 우리는 사람으로 알지 않아. 부, 부모가 맡겨 줬으면 해서 그 언약을 했으면 끝까지 살아야지 조금 좋으면 내뱉고 조금 나쁘면 내뱉고 하면 그게 사람이 할 짓이 아니야.

요새는 그것이 비일비재해요.

￣ 그러니까 그것이 사람이 하는 짓거리가 아니라고.

￣ 그것들은 사람 인자를 모르는 것들이야.

이혼, 이혼하는 거요?

￣ 사람 인, 사람 인자도 기대지도 서로 이렇게 기대고 있는 것이 서로 기대고 좋게 살자는 것이지. 그들은 아무 것도 아닌 것들이야. **** 나는 우리 며느리들 셋보고 그래. 서울 가면.

⁻ 느그드리 교:리를 밀껀 아니라 부모를 미더라. 종교를 미더라 그마리여. 그거이 종교여. 그 며느리들 교:가 무:신질 몰라.

⁻ 친정어메를 친정부모를 미떤지 시부모를 미떤지 부모를 크게 아:능거시 샤:라미제 부모도 모룽거시 하나니를 차지믄 무:덜꺼시여?

（웃음）

⁻ 잘떼로 우리 아그드른 그 교:는 암미더.

그리고 인제 그 그러초 여자들 그 아까마란 그렁거또 이썬는데 트키 엔:날 봉건주이 사회에서 여자를 나춰바가지고 정월 초하룬날부터 여자드리 어:디야 어디 뎅기면 안조타라등가 아치미믄 여자드리 길다니면 어쩐다등가

⁻ 여자드리 지금도 그러제 장사하는 지븐 앙가.

⁻ 네가 장사를 허믄 여자들 우리지브로 아뇌.

아치메요?

⁻ 아치메.

⁻ 제수업따혜가꼬 여자드른 제수업따혜가꼬 그거시 이써.

장, 장사하는 지븐 운:수, 운:수보는 집뜨른 앙가구마뇨.

⁻ 응 그 앙가.

그다으메 또 떼에 따라서 음녁 정워레는 머:슬 허지마라 머 언:제는 머:슬 허지마라 이런말 그렁거뜰 또 혹씨 셍강나시능거 이씀니까?

⁻ 우리가 알:기로는 섣:따리 크무는 그헤 농사가 잘데고 섣:따리 저그믄 안조코 농사가 안덴닥 허고 인자.

⁻ 보르메는 잡씨니 몰 달긴닥174) 헤서 오:곡빱 헤서 사:람 집썽에다 뿌리고 인자 그렁거시제 딴 거시기는 읍:써.

⁻ 너희들이 교회를 믿을 것이 아니라 부모를 믿어라 종교를 믿어라 그 말이야. 그것이 종교야. 그 며느리들 종교가 무엇인지를 몰라.

⁻ 친정어미를 친정부모를 믿든지 시부모를 믿든지 부모를 크게 아는 것이 사람이지 부모도 모르는 것이 하나님을 찾으면 뭐할 거야?

(웃음)

⁻ 절대로 우리 아이들은 그 교회는 안 믿어.

그리고 이제 그 그렇지요. 여자들 그 아까 말한 그런 것도 있었는데 특히 옛날 봉건주의 사회에서 여자를 낮춰봐가지고 정월 초하룻날부터 여자들이 어디냐 어디 다니면 안 좋다라든지 아침이면 여자들이 길 다니면 어쩐다든지

⁻ 여자들이 지금도 그러지. 장사하는 집은 안 가.

⁻ 내가 장사를 하면 여자들 우리집으로 안 와.

아침에요?

⁻ 아침에.

⁻ 재수없다 해가지고 여자들은 재수없다 해가지고 그것이 있어.

장, 장사하는 집은 운수, 운수 보는 집들은 안 가구먼요.

⁻ 응, 그 안 가.

그 다음에 또 때에 따라서 음력 정월에는 무엇을 하지 마라 뭐 언제는 무엇을 하지 마라 이런 말 그런 것들 또 혹시 생각나시는 것 있습니까?

⁻ 우리가 알기로는 섣달이 크면은 그 해 농사가 잘 되고 섣달이 작으면 안 좋고 농사가 안 된다 하고 이제.

⁻ 보름에는 잡신을 달랜다고 해서 오곡밥 해서 사람 짐승에다 뿌리고 이제 그런 것이지 딴 거시기는 없어.

■ 주석

 1) 제보자는 유원상 할아버지이다.
 2) '바:주기'는 '바지게'의 방언형.
 3) '다구다'는 '다지다'의 방언형.
 4) '쩜메다'는 '잡매다'에서 온 말로서 현대 중앙어의 '잡아매다'의 뜻이다.
 5) '빤듯허다'는 '반듯하다'의 방언형.
 6) '꼬부라지다'는 '구부러지다'의 방언형.
 7) '고부런장허다'는 '구부정하다'의 방언형.
 8) '담빗대'는 '담뱃대'의 방언형.
 9) '시누대'는 해장죽의 방언형.
10) '사리끼'는 '새끼'의 방언형. '사리끼'는 '사니끼'의 /ㄴ/이 /ㄹ/로 변한 것으로
    보인다. 전남의 다른 지역에서는 '사네끼' 등이 쓰이기 때문이다.
11) '검줄'은 '거미줄'의 방언형. '거미줄'은 온돌을 놓을 때, 구들장과 구들장 사이
    의 틈을 진흙으로 바른 줄을 말하는데, 여기서는 지붕에 바르는 줄을 말한다.
12) '마람'은 '이엉'의 방언형.
13) '지시락'은 '기스락'의 방언형.
14) '조르라니'는 '줄줄이'의 뜻.
15) '심방똑'은 '댓돌'의 방언형.
16) '너푸다'는 '높다'의 방언형.
17) '전수'는 '전부'의 방언형.
18) '베눌'은 '가리'의 방언형으로서, 단으로 묶은 곡식이나 장작 따위를 차곡차곡
    쌓은 더미를 말한다.
19) '폭:'은 의존명사 '셈'과 같은 뜻.
20) '몽침'은 나무 막대기나 나무 기둥을 뜻한다.
21) '사개'는 사방의 보나 도리가 기둥 위에서 맞춰지도록 기둥머리를 네 갈래로
    파낸 것을 가리킨다.
22) '뻔지다'는 조동사 '버리다'의 방언형. 김귀님 할머니는 '뻐리다'를 쓰는 데 반
    해 유원상 할아버지는 '뻔지다'를 사용하여 대조를 보인다. 아마도 유원상 할
    아버지가 어릴 때 살았던 전북 고창 말씨의 영향 탓이 아닌가 한다.

23) ‘욋대’는 ‘외’의 방언형으로서 흙벽을 바르기 위하여 벽 속에 엮은 나뭇가지를 말한다. 수수깡, 싸리 잡목 따위를 가로세로로 얽는다.

24) ‘베랑빡’은 ‘바람벽’의 방언형으로서 방이나 칸살의 옆을 둘러막은 둘레의 벽을 가리킨다.

25) ‘지붕살’은 지붕에 이어 놓은 이엉이 바람에 날아가지 않도록 새끼로 묶어 놓은 것을 말한다.

26) ‘사데리’는 ‘사다리’의 방언형.

27) ‘막까지’는 ‘막대기’의 뜻.

28) ‘펭고자’는 ‘평고자’의 방언형으로서 처마 끝에 가로로 놓은 오리목을 가리킨다. 중앙어에서는 ‘평고대’라고도 한다.

29) ‘절:다’는 ‘겯다’의 방언형.

30) ‘딸싹’은 붙어 있던 가벼운 물건이 쉽게 떠들리는 모양을 형용하는 말이다. 따라서 ‘딸싹허다’는 물건이 자꾸 떠들리다는 뜻이다. 이를 부정한 ‘딸싹 안 허다’는 곧 ‘아무런 움직임이 없다’ 또는 ‘꼼짝 안 하다’와 같은 뜻을 나타낸다.

31) ‘사드레’는 ‘사다리’의 방언형.

32) ‘뭉굴대’는 산에 나는 풀의 종류로서, 짚이 없는 사람들이 지붕을 일 때 사용했던 풀이다.

33) ‘비눌’은 ‘가리’의 방언형. 보통 ‘베눌’이라고도 한다.

34) ‘비찌락’은 ‘빗자루’의 방언형.

35) ‘짜:구’는 ‘자귀’의 방언형.

36) ‘쇠악’은 ‘쐐기’의 방언형.

37) ‘방짱’은 ‘구들장’의 방언형.

38) ‘납작꾸름허다’는 ‘납작스름하다’의 뜻.

39) ‘방똑’은 ‘구들장’의 방언형. ‘방장’이라고도 한다.

40) ‘빠게다’는 ‘쪼개다’의 방언형.

41) ‘기:뚝’은 ‘굴뚝’의 방언형.

42) ‘넹갈’은 ‘연기’의 방언형.

43) ‘아르목’은 ‘아랫목’의 방언형.

44) ‘조시’는 ‘알맞은 상태나 정도’를 뜻하는 일본말.

45) ‘괴:똑’은 ‘굄돌’의 방언형.

46) ‘자부뎅이다’는 ‘잡아당기다’의 방언형.

47) ‘끄테리’는 ‘끄트머리’의 방언형.

48) ‘각(角)지다’는 ‘가파르다’의 뜻.

49) ‘고래’는 방의 구들장 밑으로 나 있는, 불길과 연기가 통하여 나가는 길을 가리킨다.

50) ‘쭉뜨락허다’는 ‘기다랗다’의 뜻.

51) ‘세세이’는 ‘사이사이’의 방언형.

52) ‘꺼시락’은 ‘까끄라기’의 방언형.

53) ‘얼멩이’는 ‘어레미’의 방언형.

54) ‘보리뵈:께’는 구들을 놓을 때 방바닥의 흙이 열을 받아 벌어지지 않도록 흙 속에 넣는 보리 까끄라기를 말한다.

55) ‘범:뉴’는 ‘법유’(法油)로서 ‘들기름’을 말한다.

56) ‘빨그작작허다’는 ‘불그죽죽하다’의 뜻.

57) ‘차:꼬’는 ‘자꾸’의 방언형.

58) ‘말캉’은 ‘마루’의 방언형.

59) ‘지뎬허다’는 ‘기다랗다’의 방언형. 전남의 다른 지역에서는 ‘지드란허다’가 쓰이는 것으로 미루어 ‘지드란’이 축약되어 ‘지단’ 또는 ‘지댄’과 같은 어형으로 변한 것으로 추정된다.

60) ‘중천’은 반자의 방언형.

61) ‘서끌’은 ‘서까래’의 방언형.

62) ‘닥’은 ‘닥나무’를 말한다.

63) ‘데살창문’은 대로 살을 짜서 만든 ‘세살창’을 가리킨다.

64) ‘가꾸’는 ‘액자’의 일본말.

65) ‘물로’는 ‘처럼’의 방언형. 보통 ‘말로’ 또는 ‘마니로’ 등으로 쓰이기도 한다.

66) ‘찡기다’는 ‘끼우다’의 방언형. 동사 ‘끼다’의 사동형 ‘끼기다’에 / ㅇ /이 첨가되어 ‘낑기다’가 되고, 이 ‘낑기다’가 구개음화를 겪어 ‘찡기다’가 된 것이다.

67) ‘돌쭈구’는 ‘돌쩌귀’의 방언형.

68) ‘죽석’(竹席)은 대자리를 말한다.

69) ‘악꾸’는 ‘틀’의 일본말.

70) ‘꼽다’는 ‘꼬다’의 방언형.

71) ‘쪼록쪼록’은 새끼를 단단히 꼬는 모양을 가리킨다.

72) ‘퍼실퍼실허다’는 ‘바슬바슬하다’의 뜻.

73) ‘가다’는 ‘거푸집’의 일본말.

74) ‘토담집’은 토담만 쌓아 그 위에 지붕을 덮어 지은 집을 가리킨다.

75) '정제'는 '부엌'의 방언형.

76) '독:땀'은 '돌담'의 방언형.

77) '깔막'은 '가풀막'의 방언형. 전남의 다른 지역에서는 '깔쿠막'이라고도 한다.

78) '잔등'은 작은 고개를 가리킨다.

79) '작살'은 중앙어에서 '작사리'라 하는데 한끝을 엇걸어서 동여맨 작대기를 말한다. 무엇을 걸거나 받치는 데 쓴다.

80) '모조'는 '메조'의 방언형.

81) '덩그다'는 '댕기다'의 방언형으로서 '불이 옮아 붙다'는 뜻.

82) '아치'는 소나무 가지를 뜻함.

83) '전수'는 '전부'의 방언형.

84) '우타리'는 '울타리'의 방언형.

85) '뛰장'은 '떳장'의 방언형으로서 널빤지로 만든 울타리나 문 따위에 가로로 대는 띠 모양의 나무를 가리킨다.

86) '후타리'는 '울타리'의 방언형. '우타리'라고도 한다.

87) '다방다망'은 '드문드문'의 뜻.

88) '낭판'은 '나중판'이 줄어든 말로서 '나중'과 같은 뜻이다.

89) '사릅문'은 '사립문'의 방언형.

90) '가릿장'은 '가로장'의 방언형으로서 가로로 건너지른 나무 막대기를 가리킨다.

91) '사람방'은 '사랑방'의 방언형.

92) '심방똑'은 댓돌을 가리키기도 하지만 여기서는 방 앞에 놓인 마루에 올라가기 위해 벗은 신을 놓도록 만든 돌을 가리킨다.

93) '정게'는 '부엌'의 방언형. '정제'가 일반적인데 역구개음화에 의해 '정제'에서 '정게'가 생긴 것으로 보인다.

94) '소딴지'는 '솥'을 말한다.

95) '나무청'은 부엌 안에서 땔나무를 쌓아 두는 장소를 말한다.

96) '부석짝'은 '아궁이'의 방언형.

97) '부수막'은 '부뚜막'의 방언형.

98) '이멧독'은 '이맛돌'의 방언형으로서 아궁이 위 앞에 가로로 걸쳐 놓은 긴 돌을 가리킨다.

99) '둑집'은 곡식 따위를 저장하기 위해 짚으로 둥글게 만들어 놓은 장치.

100) '발은 향하는 방향을 나타낸다. 그래서 '문 발로'는 '문 있는 쪽으로'의 뜻이

다.

101) '줍쌍허다'는 '줍다랗다'의 뜻.

102) '퇴:마루'는 '툇마루'의 방언형.

103) '소앙치'는 '송아지'의 방언형.

104) '잿간'은 거름으로 쓸 재를 모아 두는 헛간을 말한다.

105) '허청'은 '헛간'의 방언형.

106) '연장'은 표준어의 연장 외에 농기구를 포함한다.

107) '호적살이'는 종문서에 이름이 올라 있는 사람들을 가리킨다.

108) '나큼허다'는 '날카롭다'의 방언형. 전남의 다른 지역에서는 '날컴허다'라고도
한다.

109) '두:니'는 '둘이'의 뜻. 이처럼 접미사 '-니'는 사람을 셀 경우에만 쓰인다. 예
를 들어 '두니', '서니', '너니' 등으로 쓰인다. 그러나 '하나'의 경우에는 '-니'가
결합되지 않는 점이 특이하다.

110) '잘룹다'는 '짧다'의 방언형.

111) '네리미톱'은 중앙어 '내릴톱'의 방언형으로서 나무를 세로로 켤 때 쓰는 톱
을 말한다.

112) '세로로' 해야 할 것을 '가로'로 잘못 말하였다.

113) '펭야는 같은 상황을 강조하는 말로 '결국'의 뜻.

114) '항세'는 '황새'의 방언형으로서 쇠손의 모양이 황새의 머리 모양처럼 생긴
것을 형용해서 만든 말이다. 전남 방언의 일부에서는 '곡괭이'를 '항:세껭이'라
고 한다.

115) '줍장허다'는 '줍다랗다'의 뜻.

116) '추마'는 '처마'의 방언형.

117) '귀떼기'는 전남 방언에서 '귀'를 낮추어 말하는 표현이지만 여기서 '귀퉁이'
의 뜻.

118) '귀서끌'은 '귀서까래' 또는 '추녀'의 방언형으로서 네모지고 끝이 번쩍 들린,
처마의 네 귀에 있는 큰 서까래, 또는 그 부분의 처마를 말한다.

119) '대공'은 들보 위에 세워서 마룻보를 받치는 짧은 기둥을 가리킨다.

120) '중방'은 '중인방'으로서 벽의 중간 높이에 가로지르는 인방을 가리킨다.

121) '문중방은 문을 달기 위해 위와 아래에 가로로 걸친 막대를 말한다.

122) '봉창'은 벽에 내놓은, 창호지를 바른 창문을 가리킨다.

123) '마닥'은 '마다'의 방언형.

124) '이사턱'은 새로 집을 지어 이사 가는 날 집주인이 사람들에게 베푸는 음식 대접을 말한다.

125) '버끔'은 '거품'의 방언형.

126) '당골'은 '무당'의 방언형.

127) '반데기'는 '소래기'의 방언형으로서 운두가 조금 높고 굽이 없는 접시 모양으로 생긴 넓은 질그릇을 말한다. 독의 뚜껑이나 그릇으로 쓴다.

128) '당골레'는 '당골네'로서 흔히 여자 무당을 가리킨다.

129) '총손'은 '후손'의 뜻.

130) '게젱이'는 개를 직업적으로 잡는 사람을 말한다.

131) '도아이'는 屠兒로서 소나 돼지를 직업적으로 잡는 사람, 곧 백정을 말한다.

132) 물에 담긴 쪽박을 마치 악기의 일종인 방구로 취급함.

133) 고추, 목화씨, 매운 재 등을 태우면서 도끼를 자귀로 두드려 소리를 냄으로써 집안의 잡신을 쫓기 위한 민속의 하나.

134) '물에밥'은 쪽박에 밥과 된장을 넣어 물에 만 것으로서, 아픈 사람에게 깃든 귀신을 물리치기 위해 사용한다.

135) '쪼빡'은 '쪽박'의 방언형.

136) '껄맊'은 대문 밖의 공간을 가리킨다. '거리'와 '막'의 합성어로 추정된다.

137) '물레게질'은 아픈 사람을 대문간에 데리고 가서 머리 위에서 대칼을 휘둘러 잡신을 쫓아내는 행위를 말한다.

138) '물레게질'을 '물룽게질'이라고도 한다.

139) '잠밥'은 환자의 아픈 곳에 붙어 있는 잡귀를 쫓기 위한 민간 조치의 하나. 집안에서 어떤 사람이 아프면 곡식을 한 되쯤 담아 보자기에 싸서 환자의 아픈 곳을 문질러 준다.

140) '이빠이'는 '가득'의 일본말.

141) '시모살이'는 '시묘살이'의 방언형.

142) '운게'는 지명.

143) '너메'는 '너머'의 방언형.

144) '지시알'은 '기스락'의 방언형.

145) '딸싹'은 조금씩 움직이는 모양. '꼼짝'과 같은 뜻이다.

146) '헹고장'은 '향교장'의 방언형.

147) '짜그만치'는 '자그만하게'의 뜻.

148) '거가'는 '거기에가'가 줄어든 말로서 중앙어 '거기에서'의 뜻이다.

149) '가싱'은 '가승'(家乘)의 방언형으로서 직계 조상을 중심으로 간단한 가계를 기록한 책을 가리킨다.

150) '묏:'은 '뫼'의 방언형.

151) '집데'의 '데'는 옛말 '다히'의 후대형으로서 '쪽'이나 '방향'을 가리키는 말이다. 따라서 '집데'는 '집 쪽'을 말한다.

152) '야'는 옛말 '하'의 후대형으로서 '것'의 뜻. [+사람]의 의미 자질을 갖는 명사 다음에 오는 특징을 갖는다.

153) '여나무'는 '여남은'의 방언형.

154) '가멩이'는 '가마니'의 방언형.

155) '껍딱'은 '껍질'의 방언형.

156) '산일'은 이장을 하거나 새로 뫼를 쓰는 등 산에서 장사와 관련된 일을 가리킨다.

157) '뿐이 없다'는 '밖에 없다'의 뜻. 이처럼 전남 방언에서 '뿐'은 중앙어와 달리 '밖에'와 같은 뜻으로 쓰이며 이때에는 부정문이 항상 뒤에 온다는 특징이 있다.

158) '기:뚝'은 '굴뚝'의 방언형.

159) '부텅'은 '부터'의 방언형.

160) '엉그다'는 '엎다'의 방언형.

161) '보보'는 '복복(復復)'의 방언형으로서 죽은 사람의 혼을 부르는 소리를 말한다. '아무 동네 아무개 복'이라고 세 번 부르는 것이 일반적인데, 영광 지역에서는 '복' 대신 '보'라고 한다는 뜻이다.

162) '멩인'은 '망인'(亡人)의 방언형.

163) '멩정'은 '명정'(銘旌)의 방언형으로서 죽은 사람의 관직과 성씨 따위를 적은 기를 말한다. 일정한 크기의 긴 천에 보통 다홍 바탕에 흰 글씨로 쓰며, 장사 지낼 때 상여 앞에서 들고 간 뒤에 널 위에 펴 묻는다.

164) '펭토지'는 '평토제'(平土祭)의 방언형으로서 시체를 파묻고 봉분을 만든 뒤에 지내는 제사를 말한다.

165) '신체'는 '시체'의 방언형.

166) '졸복'은 '탈복' 또는 '제복'의 뜻으로서 상기(喪期)가 다 지나서 상복을 벗는 것을 의미한다.

167) 사람이 죽은 뒤 삼 년 동안 바깥에서 지내던 제사를 방안으로 모시는 일을 가리킨다.

168) '스다'는 '서다'의 방언형.

169) '세다'는 중요한 것으로 인정하다는 뜻.

170) '까징'은 '까지'의 방언형.

171) '피맡다'는 '내뱉다'의 방언형.

172) '사람 민자'는 '사람 인(人)자'를 잘못 발음한 것이다.

173) '지:떼다'는 '기대다'의 방언형.

174) '달기다'는 '달래다'의 방언형.

7. 질병과 민간요법

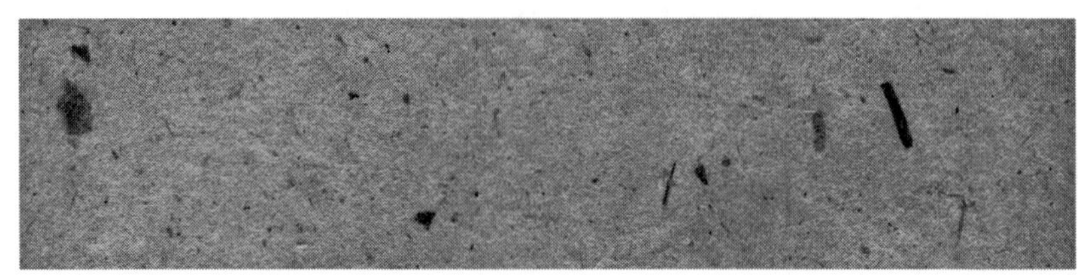

아 그러면 이제 고이야기를 쪼끔 제가 더 드려야데거씀니다만 고저네 그렁거를

엔:나레는 지그믄 약또 이꼬 병원도 이꼬 그러니까 딱 조치만 엔:나레는 병이 마:나써요 병이? 우선 피부뺑부터만 말쓰믈 헤볼까요 먼: 병드리 피부 에기들 어른들 에기드른 어떤 피부가 이써씀니까? 피부뺑?

˝ 인자 엔:나레 우리 어려씰 떼는 그떼는 병:원도 읍:꼬 헌디 뚜드러기나. 뚜드럭1) 모메서. 뚜드러기 나:먼 으:런드리 허는 지시 무:시냐 허머는

˝ 거 아까 거 메우제 그거 도건 넹갈라는 거슨 꼬실라가꼬2) 하장실로 간다고 그떼는 화장시리 바까테가 다 이써. 마라자믄 지그밍게 야:네가 이쩨. 가서

그떼는 화장실도 아니여쪼?

˝ 으~.

머:라고? 그떼는?

˝ 그떼는 뒫까니라고 뒫깐.

예 뒤깐.

˝ 그거슬 비짜루 가꼬는 씨러.

아, 어디 뚜드럭 난 디를?

˝ 그 그걷 그거시 넹갈나강거슬 셍에가꼬는 씰:고 씰:고 엔:나레 으:런드른 고러케 인자 뚜드럭 나믄 그레따고

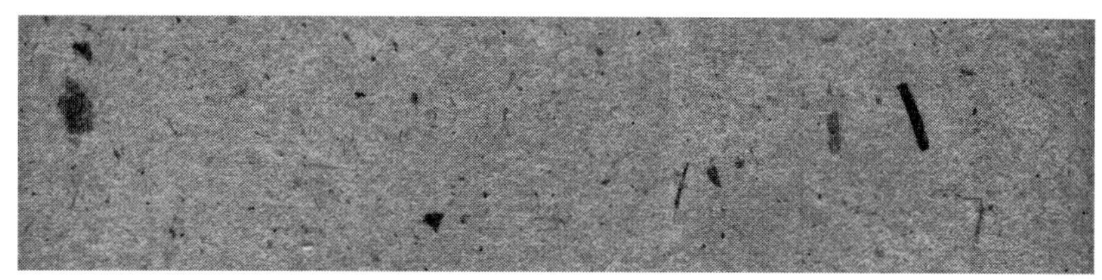

아 그러면 이제 그 이야기를 조금 제가 더 드려야겠습니다만 그 전에 그런 것을

옛날에는 지금은 약도 있고 병원도 있고 그러니까 딱 좋지만 옛날에는 병이 많았어요 병이? 우선 피부병부터만 말씀을 해 볼까요 무슨 병들이 피부 아이들 어른들 아이들은 어떤 피부가 있었습니까? 피부병?

⎯ 이제 옛날에 우리들 어렸을 때는 그때는 병원도 없고 하는데 두드러기가 나. 두드러기 몸에서. 두드러기가 나면 어른들이 하는 짓이 뭐냐 하면은

⎯ 그 아까 그 매운 재. 그것 독한 연기 나는 것은 태워가지고 화장실로 간다고. 그때는 화장실이 밖에 다 있어. 말하자면 지금이니까 안에 있지. 가서

그때는 화장실도 아니었지요.

⎯ 응

뭐라고 그때는?

⎯ 그때는 뒷간이라고 뒷간.

예, 뒷간.

⎯ 그것을 빗자루 가지고는 쓸어.

아, 어디 두드러기 난 곳을?

⎯ 그 그것 그것이 연기 나간 것을 생겨가지고는 쓸고 쓸고 옛날에 어른들은 그렇게 이제 두드러기 나면 그랬다고.

﹉ 그러고 또 그 시끼고 마라자믄 씨께.

﹉ 그리고

시낀다는 마:른 무슨 마리에요?

﹉ 따:순물로 씨께. 마라자면 소도글 허나 다름업씨 인자 그거슬 허는디 그거슨 궁게 엔:나렌 마:니 주거쩨. 엔:나레느 항:갑쎄고 주근 사라미 웁:써.

﹉ 전:수 시운메쌀 머거서 주근 사라미 마:니 산사라미 시운메쌀 머거서 주거써.

﹉ 우리 아부지도 마흔아호베 도라가게써.

아이 그러셔써요?

﹉ 근담 우리 아부지게다 데먼 시방 마니 사라써.

무슨 특벼란 병:이 이쓰셔써요?

﹉ 아니 병:도 업:꼬 경인녀네 도라가겐는디 여가 그떼는 이 벡쑤가 빨치산들 인공이여써3).

﹉ 궁게 병:원도 업꼬 갈 띠도 업꼬 피:란 뎅이다가 와따가따 아퍼서 글로 거시게써

그럼 엔:나레 그 인자 어리네들 보며는 인자 뚜드럭또 나고요이 또 이 머리에도 머:가 마:니 나요 엔:나레 에기들 보먼.

﹉ 궁게 엔:나레 단도기라고4) 거 이 몸뚱이 가서 단도~이 나머는 고거이 휙: 도라서 다:먼 주거.

﹉ 단도기라능 거시 단동이 누네 베이먼 그러코 안 베이고 몸뚱이에서 나먼 그거이 이러코 도라. 도라서고 다:먼 주거. 그거 다 단독 걸린 사람 엔:나레 그레서 다 주거써.

함바꿀 돈:다 이마리에요?

﹉ 아:먼

그러먼 그 단도근 그

﹁ 그리고 또 그 씻기고 말하자면 씻겨.

﹁ 그리고

씻긴다는 말은 무슨 말이에요?

﹁ 따뜻한 물로 씻겨. 말하자면 소독을 하는 것과 다름없이 이제 그것을
하는데 그것은 그러니까 옛날엔 많이 죽었지. 옛날에는 환갑 쇠고 죽은
사람이 없어.

﹁ 전부 쉰 몇 살 먹어서 죽은 사람이 많이 산 사람이 쉰 몇 살 먹어서
죽었어.

﹁ 우리 아버지도 마흔아홉에 돌아가셨어.

아이, 그러셨어요?

﹁ 그렇다면 우리 아버지와 비교하면 지금 많이 살았어.

무슨 특별한 병이 있으셨어요?

﹁ 아니, 병도 없고 경인년에 돌아가셨는데 여기가 그때는 이 백수가 빨
치산들 소굴이었어.

﹁ 그러니까 병원도 없고 갈 데도 없고 피난 다니다가 왔다갔다 아파서
그것으로 거식했어.

그럼 옛날에 그 이제 어린애들 보면은 이제 두드러기도 나고요 또 이 머리에
도 뭐가 많이 나요, 옛날에 아이들 보면.

﹁ 그러니까 옛날에 '단독'이라고 몸뚱이에 '단독'이 나면 그것이 뺑 돌아
서 닿으면 죽어.

﹁ '단독'이라는 것이 '단독'이 눈에 보이면 그렇고 안 보이고 몸뚱이에서
나면 그것이 이렇게 돌아. 돌아서고 닿으면 죽어. 그것 다 '단독' 걸린 사
람 옛날에 그래서 다 죽었어.

한 바퀴 돈다 이 말이에요?]

﹁ 아무렴.

그러면 그 '단독'은 그

ᆢ 지그믄 기양 주사 노면 읍써지는디

어떠케 셍게씀니까 증상이?

ᆢ 그이까 여그저 뚜두룩 거임 멍물마양으로 셍긴거이 나껴저.

ᆢ 그레가지고 거 우리 어레쓸 때 그거이 어:른들 단독 걸리믄 주궁게 단도근 조심헤라 쏘리. 마라자먼

ᆢ 그러고 인자 이 등어리5) 나서 등창6) 궁게 단독또 이떼 목 모기 여 머리 미테서 나거든. 그거또 단도기라 허제 그거뿌고도.

ᆢ 걍 걍 기양 고름 나꼬 기양 요로코 기양 녹쎄히가와 허머는 사네 가서 젱키나무 까:시가 요러고 기양 요로고 셍에써. 고놈 따:다가 걍 따:고 엔:날 지금가트먼 주사키로 빠라번지는디 엔:나렌 젱키나무 그 까:시를 따:다 허고 꾸지뽕7) 까시 따:다가 또 따고 그러고 사라써.

그 딴따나게 골마가꼬 고름고놈 뻴라고.

ᆢ 궁게 네:가 시물일곱쌀 머거서 사:십치릴마네 바까슬 나가써. 아퍼서.

멀 머:가 아프셔서?

ᆢ 먼: 병인지를 모르제. 몰라. 그런디 인자 기간지가 나뻐써, 마라자믄.

아 기관지?

ᆢ 응.

ᆢ 기간지가 나쁜디 병:워네 그떼 이썬는디 공:이라고 서울싸라미 벡쑤와서 이썬는디 페:뼁 알고 야글 쓰게 안드러.

ᆢ 그레가꼬 도:늘 몽::땅 자번 느:써. 느코 또 안나승게. 그레가꼬 나락 방가메이 가꼬가서 영광 까서 테라마이싱 함병 마꼬 나사 번저써.

ᆢ 그 테라마이싱 지금도 이런 인데가요 고름 막 여거 요런데 가서 요 요 거시가 이거시여. 테라마이싱 마증게 여그서 부스름말로 나가꼬 고르미 기냥 누:런 고르미 요만썩 한 너미 나와. 요런 디서 몸뚱이서. 그러고 나나사 버러써.

˺ 지금은 그냥 주사 놓으면 없어지는데

어떻게 생겼습니까 증상이?

˺ 그러니까 여기 저 두드러기 그것이 먹물 모양으로 생긴 것이 ***.

˺ 그래가지고 그 우리 어렸을 때 그것이 어른들 ‘단독’ 걸리면 죽으니까 ‘단독’은 조심해라 소리, 말하자면.

˺ 그리고 이제 이 등에 나서 등창 그러니까 ‘단독’도 이때 목 목이 여 머리 밑에서 나거든. 그것도 ‘단독’이라 하지 그것보고도.

˺ 그냥 그냥 고름 나가지고 그냥 이렇게 그냥 **** 하면은 산에 가서 ‘젱키나무’ 가시가 이렇게 그냥 이렇게 생겼어. 그것 따다가 그냥 따고 옛날 지금 같으면 주사기로 빨아 버리는데 옛날엔 ‘젱키나무’ 그 가시를 따다 하고 산뽕 가시 따다가 또 따고 그렇게 살았어.

그 단단하게 곪아가지고 고름 그것 빼려고.

˺ 그러니까 내가 스물일곱 살 먹어서 사십칠 일만에 밖으로 나갔어 아파서.

뭐 뭐가 아프셔서?

˺ 무슨 병인 줄을 모르지. 몰라. 그런데 이제 기관지가 나빴어. 말하자면.

아 기관지?

˺ 응.

˺ 기관지가 나쁜데 병원에 그때 있었는데 공의라고 서울 사람이 백수 와서 있었는데 폐병으로 알고 약을 썼는데 안 들어.

˺ 그래가지고 돈을 몽땅 잡아넣었어. 넣고 안 나으니까. 그래가지고 벼 반 가마니 가지고 가서 영광 가서 테라마이신 한 병 맞고 나아 버렸어.

˺ 그 테라마이신 지금도 여기 이런 데요 고름 막 이런 데에 요 거시기가 이것이야. 테라마이신 맞으니까 여기서 부스럼처럼 나가지고 고름이 그냥 누런 고름이 요만큼씩 한 것이 나와. 이런 데서 몸뚱이에서. 그렇게 나 나아 버렸어.

￣ 이거시 숭게저서 안 아넙써저. 여그 샤:람디 몸뚱이가 꽉차써 요롱 거시.

온: 모메도 그러케 고르미 셍게따고요?

￣ 그 테라마이싱 마꼬 고로고 나와땅게. 몸뚜이에서. 그거시 싹 알로 빠저써.

그레도 규니 이썬는 모양이네 항셍제드만.

￣ 긍게 그 테라마이싱 마즈 마즈머는 코로 넴세가 기양 조:케 향네가 난다고 거 두:데 마꼬 나서 버러써.

그게 나락, 나락방가마니요?

￣ 나락 방가마니.

나랑 방가마니.

아 그레도 다헹이시네요. 그게

￣ 그레가꼬 오레사라써 지금까지.

그레요 그 피부 아까 말쓰마신게 그렁게 이꼬 이제 에:기 아까 뚜드럭 이야기를 마:니 하셔꺼든뇨. 그다으메 인자 에:기들 인자 이발소 가튼데 잘몯까면

￣ 응 기게똑8). 기게똑.

기게똑.

￣ 기게또기 오르머는 머리가 이러고 동고로니9) 싹빠지고 흐:거이 기양 투실투실허거등10). 이러고 그데모기 게:떡마냥으로.

￣ 그먼 그건슬 인자 무:슬 마니 발라야허냐거먼 엔:나레 담:베떼 어:런들 뎀:베 담:베떼 담:베 피는 담:베떼가 이써.

￣ 그 인자 쉬에기로11) 그 구머글 쭈셔서 뻬:머는 찌니 나와.

예.

￣ 그찌늘 이러코 홀터서 볼라주고 또 마느를 항가운데 탁 짤라가꼬 아퍼. 마늘 그 진자 그렁거시 야기여써 엔:나레.

기게또게다가?

ᴷ 이것이 흉터 져서 안 없어져. 여기 사방에 몸뚱이에 꽉 찼어, 이런 것이.

온 몸에도 그렇게 고름이 생겼다고요?

ᴷ 그 테라마이신 맞고 그렇게 나왔다니까. 몸뚱이에서. 그것이 싹 아래로 빠졌어.

그래도 균이 있었는 모양이네. 항생제더구먼.

ᴷ 그러니까 그 테라마이신 맞으 맞으면은 코로 냄새가 그냥 좋게 향내가 난다고. 그거 두 대 맞고 나아 버렸어.

그게 벼, 벼 반 가마니요?

ᴷ 벼 반 가마니.

벼 반 가마니.

아, 그래도 다행이시네요. 그게.

ᴷ 그래가지고 오래 살았어 지금까지.

그래요. 그 피부 아까 말씀하신 게 그런 게 있고 이제 얘기 아까 두드러기 이야기를 많이 하셨거든요. 그 다음에 이제 아이들 이제 이발소 같은 데 잘못 가면

ᴷ 응, 기계충. 기계충.

기계충.

ᴷ 기계충이 오르면은 머리가 이렇게 동그랗게 싹 빠지고 하얗게 그냥 도톨도톨하거든. 이렇게 그 부근이 개떡 모양으로.

ᴷ 그러면 그것을 이제 무엇을 많이 발라야 하느냐면 옛날에 담뱃대 어른들 담배 담뱃대 담배 피우는 담뱃대가 있어.

ᴷ 그 이제 새꽤기로 그 구멍을 쑤셔서 빼면은 진이 나와.

예.

ᴷ 그 진을 이렇게 훑어서 발라 주고 또 마늘을 한가운데 딱 잘라가지고 아파. 마늘 그 진짜 그런 것이 약이었어 옛날에.

기계충에다가?

⎯ 응 기게똑.

그다으메 그저 영양이 안조으니까 하야케 에들 그게 얼구레가 머 찌자나요 하:양거시 똥그:라케 셍기기도 하고

⎯ 흐:거니¹²⁾ 그,그거이 으:레¹³⁾. 그거뽀고 으:레락 글제.

⎯ 으:레. 지금도 여 언:너메 가면 노인 한 구십쌀까지 노이니 걍 얼굴 한 쪼기 걍 흐:케.

⎯ 그거시 안나스믄 안나서.

아 그레요?

⎯ 응, 으:레 으:레 약꾸 읍:써.

그럼 으:레라는 하얀병이네요? 결국 피부가 하야케 뎅거조?

⎯ 그거시 누니 이써. 으:레에 누니. 으:레가 난:능 거시 이꼬

⎯ 으:레 누네다 치믈 노:머는 그레 사라미 서망구기라고 길룡리서 사란는디 으:레를 전문쩌그로 치믈 마순¹⁴⁾ 사:라미 이써써.

⎯ 나도 으:레 올라가꼬 모레미¹⁵⁾ 헤수욕짱 가가꼬 올라가꼬 거가서 침 마꼬 나서써.

⎯ 그 으:레 그 누네다가 침 놔:버리믄 으:레는 업써져. 그거시 이써.

그다으메 인제 그 보짐 찜찌메 글떼 보지미라고

⎯ 거 보짐도¹⁶⁾ 이거 마라자믄 기게또기랑 또가틍거시여 종뉴가.

아 그레요? 기게똑

⎯ 아:믄.

⎯ 긍께 보지믄 마라자믄 얼구리라 엔:나레는 게널 게녀시¹⁷⁾ 이러코 게양 뽀바. 이러고 쪽쪽 이러코 아퍼 피가 팔팔라.

⎯ 그 인자 거 보지믈 뽀바네면

아 겡, 겡녀슬 부쳐가지고 뜨더버리는

⎯ 응 차코 이러고 띠 허머는 그거시 튀실튀실¹⁸⁾ 그거이 거시기가 이써. 비느리가틍 거시 그거이뽀고 버지미라게. 고거를 싹 베껴네야 지금가트머

ᄀ 응, 기계충.

그 다음에 그 저 영양이 안 좋으니까 하얗게 아이들 그렇게 얼굴에 뭐 나잖아요 하얀 것이 동그랗게 생기기도 하고.

ᄀ 하얗게. 그, 그것이 '으레'(백반증). 그것보고 '으레'라고 그러지.

ᄀ 백반증 지금도 여기 넘어가면 노인 한 구십 살까지 노인이 그냥 얼굴 한쪽이 그냥 하얘.

ᄀ 그것이 안 나으면 안 나아.

아 그래요?

ᄀ 응, 백반증, 백반증, 약도 없어.

그럼 백반증이라는 하얀 병이네요? 결국 피부가 하얗게 되는 거죠?

ᄀ 그것이 눈이 있어. 백반증에 눈이. 백반증이 낫는 것이 있고

ᄀ 백반증 눈에다 침을 놓으면 그래 사람이 서만국이라고 길룡리서 살았는데 백반증을 전문적으로 침을 맞히는 사람이 있었어.

ᄀ 나도 백반증 옮아가지고 모래미 해수욕장 가가지고 옮아가지고 거기 가서 침 맞고 나았어.

ᄀ 그 백반증 그 눈에다 침 놓아버리면 백반증은 없어져. 그것이 있어.

그 다음에 이제 그 버짐. ****그때 버짐이라고

ᄀ 그 버짐도 이것 말하자면 기계충이랑 똑같은 거야, 종류가.

아, 그래요? 기계충.

ᄀ 암.

ᄀ 그러니까 버짐은 말하자면 얼굴이라 옛날에는 갱엿 갱엿이 이렇게 그냥 뽑아. 이렇게 쪽쪽 이렇게 아파. 피가 펄펄 나.

ᄀ 그 이제 그 버짐을 뽑아 내면

아 갱, 갱엿을 붙여가지고 뜯어버리는

ᄀ 응 자꾸 이렇게 띠 하면은 그것이 도톨도톨 그것이 거시기가 있어. 비늘 같은 것이 그것보고 버짐이라고 해. 그것을 싹 벗겨 내야 지금 같으면

는 그거슬 인자 소:지하는 포기여. 그거이 무지하게 고걸 표하고 나면 쫌 자 삘게 그 오른디 그 버짐 오른디는.

 ‾ 거 겐녀시로[19) 뽀바버리믄.

 아 겐녀스로 뽀붑니까?

 ‾ 겐녀스로 뽀바서 엔:나렌. 궁게 그렁거가꼬 뽀붕게.

 보짐도 짐:무리 난 보지미 이꼬

 ‾ 아:면. 짐:무리 난 보지미 이꼬 또 짐:물 안나고 기양 튀실튀시런 보짐 이꼬 그레.

 이르미 다르지 안씁니까?

 ‾ 아:면. 이르믄 안 다라. 다 버지미여. 그거슨.

 ‾ 네가 알:기로는 고로코 아라 보지믈.

 그리고 보짐말고 머 부시럼가틍거또 마:니 이써써요?

 ‾ 부시러미랑 등창

 등창

 ‾ 응 등창가틍거 인자 그런 그렁거시제.

 아 등에 골마요?

 ‾ 응 골마. 골마가꼬 기양 고름 짜네고 기양 그뗴는 거그 거 함:방 침만 는 디 가서

 어떠게 골, 어터게 짜:넴니까? 그거슬 무어슬 야글 부칭가요?

 ‾ 아니여. 엔:나레는 등창 잘모하면 요러코 부서서 곰:들거든[20).

 ‾ 그러면 요로코 납짜:간 요로코 납짜간 데:피치미 이써. 데:피치믈 그냥 그 확 찔러가꼬 고노믈 저서번저. 그레가꼬 기양 확: 짜 버러.

 음 그게 인자 고:미 든다겸니까? 거가?

 ‾ 거 인자 고름 안들지. 고놈 짜:네버리면

 그 고:미든단 마를 씁니까?

 ‾ 거그다 인자 덴:장가틍거 기양 부치고 엔:나레는

은 그것을 이제 소독하는 셈이야. 그것이 무지하게 그걸 **하고 나면 좀 빨개. 그 오른 데가, 버짐 오른 데는.

˜ 그것 갱엿으로 뽑아 버리면.

아, 갱엿으로 뽑습니까?

˜ 갱엿으로 뽑았어, 옛날엔. 그런데 그런 것 가지고 뽑으니까.

버짐도 진물이 나는 버짐이 있고

˜ 암. 진물이 나는 버짐이 있고 또 진물 안 나고 그냥 도톨도톨한 버짐 있고 그래.

이름이 다르지 않습니까?

˜ 암. 이름은 안 달라. 다 버짐이야.

˜ 내가 알기로는 그렇게 알아 버짐을.

그리고 버짐 말고 뭐 부스럼 같은 것도 많이 있었어요?

˜ 부스럼이랑 등창.

등창.

˜ 응 등창 같은 것 이제 그런 그런 것이지.

아, 등에 곪아요?

˜ 응, 곪아. 곪아가지고 그냥 고름 짜내고 그냥 그때는 거기 한방 침 맞는 데 가서

어떻게 골, 어떻게 짜냅니까? 그것을 무엇을 약을 붙이는가요?

˜ 아니야. 옛날에는 등창 잘못하면 이렇게 부어서 곪거든.

˜ 그러면 이렇게 납작한 이렇게 납작한 대침이 있어. 대침을 그냥 확 찔러가지고 그것을 저어 버려. 그래가지고 그냥 확 짜 버려.

음, 그게 이제 '곪이 든다'고 합니까, 거기에?

˜ 그거 이제 고름 안 들지. 그것 짜 내 버리면.

그 '곪이 든다'는 말을 씁니까?

˜ 거기다 이제 된장 같은 것 그냥 붙이고 옛날에는.

예

￣ 기양 그 간,간끼를 헤:노머는 지금가트면 소동냐기나 가터 그거시.

그러조.

￣ 그렁거시로?

그다으메 따미 마:니 나며는 얼구레 또 머:가 그러케 셍기조? 따미 땀 더울때

땀

토실토실토실 말고 여름처레.

￣ 그거슨 여:드름 이 비슫허제.

여:드르믄

￣ 여드름 비스더게 그 나는 사라믄 나고

그 머락 힘니까 땀 땀 나가지고 막 그

고 땀떼기라고 허등가?

￣ 아 여르메 땀떼기21)? 땀떼기는 여그가 나자제 여그만 나자네 전체가

다 나.

아 옴:모메 다 나?

￣ 아:먼. 땀떼기 더울떼는 전체가 다 나.

어 그럼 땀떼기는 어떠케 나:슴니까?

￣ 땀떼기 시언허먼 나서저 옵:쓰먼.

아이, 약 빠르고 그러먼

￣ 응

￣ 아이 야기 이써 약 사다 보르고

음 그러씀니까?

예.

￣ 그거뽀고 땀떼기라 그르제.

그러조이.

이제 피부뼁중에 하나가 또 문:둥이드리 피부뼁이 이써요.

예.
ᐨ 그냥 그 간 간기를 해 놓으면 지금 같으면 소독약이나 같아, 그것이.
그렇지요.
ᐨ 그런 것으로?
그 다음에 땀이 많이 나면은 얼굴에 또 뭐가 그렇게 생기지요? 땀이 땀 더울
때 땀
도톨도톨도톨 말고 여름철에.
ᐨ 그것은 여드름이 비슷하지
여드름은
ᐨ 여드름 비슷하게 나는 사람은 나고
그 뭐라 합니까 땀 땀 나가지고 막 그
그 '땀떼기'라고 하던가?
ᐨ 아, 여름에 '땀떼기'(땀띠)? 땀띠는 여기에 나지 않고 여기만 나지 않고
전체가 다 나.
아 온 몸에?
ᐨ 암. 땀띠 더울 때는 전체가 다 나.
어, 그럼 땀띠는 어떻게 낫게 합니까?
ᐨ 땀띠 시원하면 나아져. 없으면.
아이 약 바르고 그러면.
ᐨ 응.
ᐨ 아이, 약이 있어. 약 사다가 바르고
음, 그렇습니까?
예.
ᐨ 그것보고 '땀떼기'라고 그러지.
그러지요.
이제 피부병 중에 하나가 또 문둥이들이 피부병이 있어요.

˹ 몰:라 삼년 아라 삼년 터:녀 삼년 구녀니라서 안:다는거시여 그거뿌고.
그거시오?

˹ 터:저 삼년 몰:라 삼년 아라 삼년 구년::이아사 그 문:둥이더리 아라.
자기 병을료?

˹ 응

˹ 그라너먼 몰:라. 그래서 그거슬 몬:나숭거시여. 그거뿌고 첨뻥이라
고22) 그러제.

그러먼 엔나레는 그 문:둥이드리 이러케 도라다니기도 헤쬬?

˹ 도라뎅기고 구:장또게서 데갈쑤라고23) 사:라믈 자바머거써. 난:는다
고. 사:람 머거블까바 자버머그먼 난는다고

산: 사라미요?

˹ 산:사라믈 자바머거써.

˹ 저:: 군남면 가머는 문:둥이들 지비 이써써. 산쏘게가서.

˹ 또 들까운데 다리미테가서 논도 겁나게 벌고 그 문:둥이드리 닥또 키
우고 데야지도 키우고

자기들끼리?

˹ 응.

˹ 근디 거 농사지여서 거시기는 문:두이 규니 건:네능거슨 읍:써.

˹ 피 뻬:서 바그먼 몰라도 그라너머넌 규니 나오먼 디:저24)뻰징게 앙
걸려. 그렁게 그 문:디~이들꺼 다 파라묵꼬 그레도 암:시랑앙코고 그레
써.

그럼 자기들끼리 모여가지고 농사도 지:꼬?

˹ 응, 그레가꼬 거시기 여자 한나가 거 거시기 문:딩이들 초네 가서 일:
허다가 문:딩이라 헤가꼬 주겨번저쩨 그 여자. 문딩이라 헤따 헤가꼬.

여자 하나가 이,이 문:둥이 그 마으레 일하러 가따가

˹ 일가써. 문:둥이라고 헤가꼬

ᄀ 몰라 삼년, 알아 삼년, 터서 삼년, 구년이라야 안다는 거야, 그것보고.
그것이오?

ᄀ 터져 삼 년, 몰라 삼 년, 알아 삼 년 구년이라야 그 문둥이들이 알아.
자기 병을요?

ᄀ 응.

ᄀ 그러지 않으면 몰라. 그래서 그것을 못 낫는 거야. 그것보고 천병이라
고 그러지.

그러면 옛날에는 그 문둥이들이 이렇게 돌아다니기도 했지요?

ᄀ 돌아다니고 구장터에 대갈수라고 사람을 잡아먹었어. 낫는다고. 사람
먹어 버릴까 봐 잡아먹으면 낫는다고.

산 사람이요?

ᄀ 산 사람을 잡아먹었지.

ᄀ 저 군남면 가면은 문둥이들 집이 있었어, 산속에 가서.

ᄀ 또 들 가운데 다리 밑에 가서 논도 굉장히 벌고 그 문둥이들이 닭도
치고 돼지도 치고.

자기들끼리?

ᄀ 응.

ᄀ 그런데 거 농사지어서 거시기는 문둥이 균이 옮는 것은 없어.

ᄀ 피 빼서 박으면 몰라도 그러지 않으면 균이 나오면 뒈져 버리니까 안
걸려. 그러니까 그 문둥이들 것 다 팔아 먹고 그래도 아무렇지도 않고 그
랬어.

그럼 자기들끼리 모여가지고 농사도 짓고?

ᄀ 응, 그래가지고 거시기 여자 하나가 거 거시기 문둥이들 촌에 가서 일
하다가 문둥이라 해가지고 죽여 버렸지 그 여자. 문둥이라 했다 해가지고.

여자 하나가 이, 이 문둥이 그 마을에 일하러 갔다가

ᄀ 일 갔어. 문둥이라고 해가지고

여자가 그 문:둥이 문:둥이라 헤:따고

⁻ 고런 막뗀놈드리 문:둥이여.

그러먼 어떠케 경찰소에서 머:라함?

⁻ 고거 저 그거뜨른 주그먼 죽 그거 기양 그거슬 바렌 놈드리랑께.

근데 사:라믈 자바머거따고 진짜로?

⁻ 진짜 자바머거써. 데갈쑤라고. 구:장터 데갈쑤를 자바무거써.

데갈쑤가 누구에요?

⁻ 그레가꼬

사:람 이르미요?

⁻ 사:람 이르미 지 그 자버무근 이르미 데갈쑤여.

데갈쑤요?

⁻ 모가지 데그빡 이러고 마이 나씽게 데갈쑤라 헤써.

아 문:둥이에요?

⁻ 그레가꼬 고놈 자바머금서 그여 군:남며니 문:둥이 업:써저써.

⁻ 다찬수 소:록또로 보네버려쩨. 고응으로. 소:록또로. 전:수 그런 그떼부터 옵:써저써. 그레 그놈 자버머금서부터.

⁻ 그란 여가 마::네써. 그사람드리.

저 어려쓸떼는 보먼 인제 동:냥허러 뎅기기도 하고 그러, 그러 문:딩이드리 집찜마다 도라뎅기먼서.

⁻ 아:먼. 동:냥은 문:딩이뿌니간디? 문:딩이도 구과니 이써.

아:

⁻ 즈그 인는 구과네는 딴:노미 동:냥 와따는 그놈 주거. 절떼 모더게헤.

그러니까 그 사:람 자바멍는다고 마:른 이썬는데 진짜

⁻ 자버 진짜 자버머거땅게. 우리가 아:는 사:시리여 그거슨.

아 그레요이~?

여자가 그 문둥이 문둥이라 했다고

ˉ 그런 막된 놈들이 문둥이야.

그러면 어떻게 경찰서에서 뭐라 합니까?

ˉ 그것 저 그것들은 죽으면 죽 그거 그냥 그것을 바라는 놈들이라니까.

그런데 사람을 잡아먹었다고 진짜로?

ˉ 진짜 잡아먹었어. 대갈수라고. 구장터 대갈수를 잡아먹었어.

대갈수가 누구예요?

ˉ 그래가지고

사람 이름이에요?

ˉ 사람 이름이 지 그 잡아먹은 이름이 대갈수야.

대갈수요?

ˉ 목 대가리 이렇게 많이 났으니까 대갈수라 했어.

아, 문둥이에요?

ˉ 그래가지고 그놈 잡아먹으면서 그 군남면이 문둥이 없어졌지.

ˉ 다 전부 소록도로 보내버렸지. 고흥으로 소록도로. 전부 그런 그때부터 없어졌어. 그래 그놈 잡아먹으면서부터.

ˉ 그런 여기에 많았어, 그 사람들이.

저 어렸을때는 보면 이제 동냥하러 다니기도 하고 그러, 그러 문둥이들이 집집마다 돌아다니면서.

ˉ 암. 동냥은 문둥이뿐인가? 문둥이도 구역이 있어.

아.

ˉ 자기들 있는 구역에 다른 사람이 동냥 왔다가는 그놈 죽어. 절대 못하게 해.

그러니까 그 사람 잡아먹는다고 말은 있었는데 진짜?

ˉ 잡아 진짜 잡아먹었다니까. 우리가 아는 사실이야 그것은.

아 그래요?

누구를, 누구를 자바머거땀니까? 어떤 사라믈?

￣ 데갈쏘라고 그 장:게도 모까고 그러고 뎅이는 노미 이써. 남잔디 고노
믈 자버머거부러땅게.

아 고노믈 자바머거부러써요?

아 어쩌다 그러케 자펴머긍거 어 예.

그다으메 엔:나레는 누네 누네 또 병:이 셍기는 수가 이써요 누네.

￣ 눈뺑 그니까 눈 뻘:거니 진차니25) 뻘:거이 그양 그 검:나게 거시가쩨.

뻘:거니 그 이르믈 머:락 험니까?

￣ 눈뺑 눈뺑이라 그레써. 우리는.

￣ 안:질, 안:질뺑이라고.

그러먼 어터케 그거 처:방을, 어터케 나숨니까?

￣ 시가니 날짜가 나서줘:쩨. 엔:나레 야기 업:씽게.

￣ 날짜가, 딱::꼬 소금물로 씨꼬 머:더고 허다가 저허고 인자 난:능거시제.

￣ 엔:나레 인자 서 풀 시름꾼나무 꼳 그 요로코 셍인 꼬피는 나무가 이써.

실:꾼나무요?

￣ 시름꾼나무.

네?

￣ 시름꾼나무.

시름꾿. 시름꾼나무.

￣ 응.

￣ 고거슬 뽀바서 뿌리차 기양 고와서 물로 시처네기도 허고

네.

그런 눈뺑이 이꼬, 또 이런 저 위에가 똥그라:마게 머 셍기기도 하자나요 누
네 위아래로 요러케.

￣ 다:랄, 다:랄.

어.

누구를, 누구를 잡아먹었답니까? 어떤 사람을?

⎺ 대갈수라고 그 장가도 못 가고 그렇게 다니던 놈이 있어. 남자인데 그 놈을 잡아먹어 버렸다니까.

아, 그 놈을 잡아먹어 버렸어요?

아, 어쩌다가 그렇게 잡혀 먹힌 것 아 예.

그 다음에 옛날에는 눈에, 눈에 또 병이 생기는 수가 있어요 눈에.

⎺ 눈병 그러니까 눈 빨갛게 괜히 빨갛게 그냥 그 아주 그랬지.

빨갛게 그 이름을 뭐라고 그럽니까?

⎺ 눈병, 눈병이라 그랬어 우리는.

⎺ 안질, 안질병이라고.

그러면 어떻게 그것 처방을, 어떻게 낫게 합니까?

⎺ 시간이 날짜가 낫게 해 줬지. 옛날에 약이 없으니까.

⎺ 날짜가, 닦고 그 소금물로 씻고 뭐 하고 *** 이제 낫는 거지.

⎺ 옛날에 이제 풀 '시름꽃나무' 꽃 그 이렇게 생긴 꽃 피는 나무가 있어.

실꽃나무요?

⎺ 시름꽃나무.

네?

⎺ 시름꽃나무.

시름꽃. 시름꽃나무.

⎺ 응.

⎺ 그것을 뽑아서 뿌리채 그냥 고아서 물로 씻어내기도 하고

네.

그런 눈병이 있고, 또 이런 저 위에 동그랗게 뭐 생기기도 하잖아요, 눈에 위 아래로 이렇게?

⎺ 다래끼, 다래끼.

어.

⎯ 다:라슨26) 저 짜:버리믄 나서.

아 그냥 짜:버리먼

⎯ 응 짜버, 아니 몽창27) 골마가꼬 짜:버리먼 나서. 고름만 짜:버리먼. 그
거슨 야겁써도 데야.

⎯ 응 그:또 다:라또 여러가지여. 민중다:라시28) 이써. 밍:가른 그냥 요로
코 양 부서.

무슨 다라시오?

⎯ 민:중다랃.

민중다라시오?

⎯ 응 절부 부서.

큼니까?

⎯ 커.

⎯ 글고 기냥 다:라슨 이리주리 가:세가 낭거시라 짜:먼 기양 고름만 짜:
버리먼 나서. 그 고름 드러서 그거시 다:라시여.

예 그러쿠뇨.

⎯ 응 민중다라또 짜:버리먼 그런디 그거시 검:나게 커, 민중다라슨.

⎯ 그리고 인자 구와쫑29) 여르메 치뤄레 엔:나레는 더우머는 판:서징짜
멍석까라노코 자거든.

예.

⎯ 구아찡이 걸려.

구아찡이요?

⎯ 구아찡이 이코 헤: 틀린 병 그거뽀고 구아찡이락 허제.

⎯ 그 지그믄 치므로 얼른 난:는디 엔:나레는 그 동쪼그로 뻐든 복쏭나무
게:복쏭나무라고 이써.

⎯ 그거슬 이 가지에 이러고 달린노믈 비여서 끄타발30) 다라서 귀에다가
쩸메서 이러코 이껄고 안도라가게.

˗ 다개끼는 그 짜 버리면 나아.

아, 그냥 짜 버리면.

˗ 응, 짜서, 아니 완전히 곪아가지고 짜 버리면 나아. 고름만 짜 버리면. 그것은 약 없어도 돼.

˗ 응, 그것도 다래끼도 여러 가지야. '민중다랏'이 있어. '민중다랏'은 그냥 이렇게 그냥 부어.

무슨 다래끼요?

˗ '민중다랏'.

'민중다랏'이요?

˗ 응, 좀 부어.

큽니까?

˗ 커.

˗ 그리고 그냥 다래끼는 **** 가에 나는 것이라 짜면 그냥 고름만 짜 버리면 나아. 그 고름 들어서 그것이 다랏이야.

예, 그렇군요.

˗ 응, '민중다랏'도 짜 버리면 그런데 그것이 굉장히 커, '민중다랏'은.

˗ 그리고 이제 구와. 여름에 칠월에 옛날에는 더우면은 **** 멍석 깔아 놓고 자거든.

예.

˗ 구와가 걸려.

구와요?

˗ 구와가 이렇게 확 틀어진 병 그것보고 구와라고 하지.

˗ 그 지금은 침으로 얼른 낫는데 옛날에는 그 동쪽으로 뻗은 복숭아나무 개복숭아나무라고 있어.

˗ 그것을 이 가지에 이렇게 달린 것을 베어서 끄나풀 달아서 귀에다 잡아매서 이렇게 걸고 안 돌아가게.

⁻ 고거시 야기여써. 게:복쑹나무가. 고거시.

아 게:복쑹나무? 요 머 가 가젱이?

⁻ 가젱이 요러고 저 글께 달린놈.

네. ******* 귀에다 거러요?

⁻ 그 구분 노믈 그레가꼬 거러. 거러서 요러코 자부뎅잉게. 쎄게. 이빨
여그다 느:서.

⁻ 모:또라가게 그거시 그거시 야기여땅게. 구아찡이.

예:

아하 그런네요.

그러면 요세는 이제 감:기가틍거 마:니 걸리고 그러는데 엔:나레도 감:기는
이써쓸꺼 아닌?

⁻ 아:먼 이쪼.

감기라 아나고 뭐:라고 헤:씀니까? 이르미 달랃?

⁻ 고뿔차리라고³¹⁾ 헤:쩨 고뿔차리.

고뿔차리.

⁻ 고뿔차리 엔:나레 고뿔차리락 헤써. 그런디 지그믄 감:기제.

아.

아 고뿔차리요? 그럼 고건 어떠케헤서 치료를 헤씀니까?

⁻ 치료가 머 이깐디? 따숩게 자고 이불덥꼬 바람 안쎄고.

⁻ 그거시 우세여써 엔:나른.

음 따로 민간뇨뻐비 머 이껃다

⁻ 아:먼. 병원::은 업쓰니 병워네 갈 엄두도 몬네고 인는 부자드리나 그
떼 병원 이쓸떼나 가쩨.

⁻ 아이, 엄:는 사람드른 기양 천:딩이말로³²⁾ 사라써 엔:나레.

음.

⁻ 천:딩이말로.

⎺ 그것이 약이었어, 개복숭아나무가. 그것이.

아, 개복숭아나무? 이 뭐 가 가지?

⎺ 가지 이렇게 저 굽어진 것 달린 것.

네. ******* 귀에다가 걸어요?

⎺ 그 굽은 것을 그래가지고 걸어. 걸어서 이렇게 잡아당기니까. 세게. 이빨 여기다 넣어서.

⎺ 못 돌아가게. 그것이 그것이 약이었다니까, 구와가.

예.

아하, 그러네요.

그러면 요새는 이제 감기 같은 것 많이 걸리고 그러는데 옛날에도 감기는 있었을 것 아닙니까?

⎺ 암. 있지요.

감기라 안 하고 뭐라고 했습니까? 이름이 달라?

⎺ ‘고뿔차리’라 했지, ‘고뿔차리’.

‘고뿔차리’.

⎺ ‘고뿔차리’ 옛날에 ‘고뿔차리’라고 했어. 그런데 지금은 감기지.

아.

아, ‘고뿔차리’요? 그럼 그건 어떻게 해서 치료를 했습니까?

⎺ 치료가 뭐 있나? 따뜻하게 자고 이불 덮고 바람 안 쐬고.

⎺ 그것이 주였어 옛날에는.

음, 따로 민간요법이 뭐 있겠다.

⎺ 암. 병원은 없으니 병원에 갈 엄두도 못 내고, 있는 부자들이나 그때 병원 있을 때나 갔지.

⎺ 아니, 없는 사람들은 그냥 천덕꾸러기처럼 살았어, 옛날에.

음.

⎺ 천덕꾸러기처럼.

그니까 모므로 버:텨야 되겐네요 모므로.

⁻ 마:니 그러고 사라쩨.

그다으메 이제 음:시글 잘몯 머거가지고

⁻ 식쭝독.

막 그러고 이게 또 먼: 너무 과:식헤가지고 꽉 이게 머:가 이씀니까?

⁻ 체.

에 체:가 이써쪼.

⁻ 체 인는디 그거슨 그지꺼리를 네:가 마:니 체를 네:로서 네가 가반는디 사:라믈 꼭 델꼬 뎅에써.

예.

⁻ 허체여 마라자먼. 어 송꾸락 드러갈떼 네러가 이미 손 체네는 사:람 송꾸락 드러갈떼 체가 네러간다니까 긍게 체는 나와따고 그러는디

⁻ 네가 에:를 드러서 게:고기를 저 데:지고기를 먹꼬 체헤쓰머는 체느로 가믄 데:지고기가 나와야 할거인디 데:지고기가 아니고 딴 셍거시 나와.

아.

⁻ 긍게 그 전:수 그게 가:짜고 (웃음) 체 우리는 긍게 체 안네로뎅에 지그믄.

⁻ 전: 난 사라믈 데꼬 뎅에땅게. 체 네:로느건 파닐 헐라고33) 네가 고기를 머꼬가머는 금방 머근노믄 그냥 나와.

⁻ 근디 소니 드러갈떼 꾸르르르 소리가 나. 그 을먼 효:까를 봉거시여. 그 체를 네:서만 그러자네. 그거뽀고 체네린다고34) 그르제.

체네린다고

⁻ 또 어 거시기 울버들나무를35) 요러코 가는 노믈 여그 제:서 여그 제:서 팔데다 제. 제:가지고 체네릴라고. 그보 칙찜지리라게. 칙찜질36).

칙침지리요?

그러니까 몸으로 버텨야 되겠네요, 몸으로.

˗ 많이 그렇게 살았지.

그 다음에 이제 음식을 잘못 먹어가지고

˗ 식중독.

막 그리고 이게 또 무슨 너무 과식해가지고 꽉 이게 뭐가 있습니까?

˗ 체.

예, 체가 있었지요.

˗ 체 있는데 그것은 그 짓거리를 내가 많이 체를 내려서 내가 가 봤는데 사람을 꼭 데리고 다녔어.

예.

˗ 헛체야 말하자면. 어 손가락 들어갈 때 내려가 이미 손 체내는 사람 손가락 들어갈 때 체가 내려간다니까. 그러니까 체는 나왔다고 그러는데

˗ 내가 예를 들어서 개고기를 저 돼지고기를 먹고 체했으면 체내러 가면 돼지고기가 나와야 할 것인데 돼지고기가 아니고 딴 생것이 나와.

아.

˗ 그러니까 그 전부 그게 가짜고 (웃음) 체 우리는 그러니까 체 안 내러 다녀, 지금은.

˗ 전부 나는 사람을 데리고 다녔다니까. 체 내러 가는 것은 알아내려고. 내가 고기를 먹고 가면은 금방 먹은 것은 그냥 나와.

˗ 그런데 손이 들어갈 때 꾸르르륵 소리가 나. 그러면 효과를 본 거야. 그 체를 내야만 그러지 않고. 그것보고 체낸다고 그러지.

체낸다고.

˗ 또 어 거시기 물푸레나무를 이렇게 가는 것을 여기 재어서 여기 재어서 팔 대고 재어. 재어가지고 체내려고. 그것보고 '칙짐질'이라고 해. '칙짐질'.

'칙짐질'이요?

‑ 응. 칙찜질. 거:다 참지름 모차서 소케를 여그다가 딱 쩸메. 그 나무 꼬터리다가.

‑ 그레가 고거시 여거시 여으여으 제:머는 요 오무까심37) 다.

‑ 그 막데이가. 그 여너믈 너그다 닙벌리고 고놈 모라너. 그 숨:통에다 그 칙 그 칙찜지리여 그거시.

‑ 거 칙찜질 잘:허는 사람 주거부러꾸만. 우리동네 그 미테따란 웅게서 사란는디. 그거 칙찜지리여.

‑ 엔:나레는 체를 네리능 거시 칙찜질허는 사라미 이써땅게.

그니까 그거는 체를 네릴라고 음식 미트로 쑤셔너쿠만요.

‑ 모란 는 모라 네려부리제.

모라네리능거, 아.

‑ 응, 그거 칙찜지리여.

울버들나무 꼬테다.

‑ 응 거 물부레나무 조:케 껍딱 베께서 하::케 그거시. 그레가꼬 잘:: 말랴. 단단허게.

‑ 그러고 빨:: 찬지름38) 볼라서 기양 벤질벤질벤질허게39) 그레야 자:니 드라마야 안상허제. 고러꼬 시:밀허게 맨드라가꼬 헤.

요세가트먼 위: 네:시경이네요.

‑ 응 네:시경이라 하. (웃음)

글고 또 인제 체:는 그러는데 어떵거슨 막 음식 잘몯 머거가꼬 막 설사하고 막 베가 뒤어터지게 막 아프고 그레요 밤:세?

‑ 그건 우리 식꾸가 먼: 이:를 간는디 인자 정:떼40) 참:빠블 머꼬 나서 인자 아퍼 중는다 헌단 마리여.

‑ 그 병:워네가서 식쭝독 그거인줄 알고 식쭝독 야글 사다머어도 안드러.

‑ 그 병:워늘 기양 기둑병워느로 강게 맹:장이 터저버려써.

＾ 응. ‘칙짐질’. 거기에다 참기름 묻혀서 솜을 여기에 잡아매. 그 나무 끝에다가.

＾ 그래가지고 그것이 이것이 여기 여기 재면은 이 오목가슴 닿아.

＾ 그 막대기가. 그 이것을 여기다 입 벌리고 그것 몰아넣어. 그 숨통에다. 그 칙 그 ‘칙짐질’이야, 그것이.

＾ 그 ‘칙짐질’ 잘하는 사람 죽어 버렸구먼. 우리 동네 그 밑에 운게서 살았는데. 그것 ‘칙짐질’이야.

＾ 옛날에는 체를 내는 것이 ‘칙짐질’ 하는 사람이 있었다니까.

그러니까 그것은 체를 내려고 음식 밑으로 쑤셔 넣었구먼요.

＾ 몰아 몰아 내려 버리지.

몰아 내려 버리는 것. 아.

＾ 응, 그것이 ‘칙짐질’이야.

물푸레나무 끝에.

＾ 응, 그거 물푸레나무 좋게 껍질 벗겨서 하얗게 그것이. 그래가지고 잘 말려. 단단하게.

＾ 그리고 빨 참기름 발라서 그냥 반질반질하게 그래야 ** **** 안 상하지. 그렇게 세밀하게 만들어가지고 해.

요즘 같으면 위 내시경이네요.

＾ 응, 내시경이라. (웃음)

그리고 또 이제 체는 그러는데 어떤 것은 막 음식 잘못 먹어가지고 막 설사하고 막 배가 뒤터지게 막 아프고 그래요 밤새?

＾ 그것은 우리 아내가 무슨 일을 갔는데 이제 점심때 곁두리를 먹고 나서 이제 아파서 죽는다 한단 말이야.

＾ 그 병원에 가서 식중독 그것인 줄 알고 식중독 약을 사다 먹어도 안 들어.

＾ 그 병원을 그냥 기독교 병원으로 가니까 맹장이 터져 버렸어.

⁻ 그레 봉망녀미 되야써. 그레가꼬 수술헤가꼬 사라써.

⁻ 긍게 몰:라써도 머 지금다 긍게 순식까네 그레버리드라.

그러네요 응.

음:시글 먹, 머글때 셍기능거뜨리 인는데 요 음:식먹따가 머시 인자 잘몯머거가지고 이 일 밤머긍거시 기양 코로 푹 나와버링 거시 이쬬?

⁻ 제치기.

응?

⁻ 제치기.

제치기 하는데 제치기 그 머 들려따고 그러잔까?

⁻ 사레들려따고 그레.

사레들려따고

⁻ 사레 뜨른 거시나 제치기나 사:춘가니여.

사레들리능건 어쩔때 사레들림니까?

⁻ 그 잘몯 먹따가 잘 머꼬선 그냥 제치기가 저:깐나가. 걍 확 걍 나가 팅겨나가.

그러지요.

⁻ 밤먹따가 기양 넘 거시기 벼락 주는 차암도 이써.

그다으메 혹시 이렁거 이써씀니까? 막 얼구리 얼근병이 이짜나요 엔:나레?

⁻ 그거뽀고 손니미라고⁴¹⁾ 그러제.

손님.

⁻ 홍진⁴²⁾ 엔나레 홍지는 홍진보단 더 되:게 허능거뽀고 손니미라고 그레.

손님.

⁻ 그거시 엔:나레는 야기 업쓰게 열:명 껄리먼 아오븐 주거써.

⁻ 그 손니미

여리 남니까?

˝ 그래서 복막염이 되었어. 그래가지고 수술하고 살았어.

˝ 그러니까 몰랐어도 뭐 지금 다 그러니까 순식간에 그래 버리더라.

그러네요 응.

음식을 먹, 먹을 때 생기는 것들이 있는데 이 음식 먹다가 뭐가 이제 잘못 먹어가지고 이 있 밥 먹은 것이 그냥 코로 푹 나와 버리는 것도 있지요?

˝ 재채기.

응?

˝ 재채기.

재채기 하는데 재채기 그 뭐 들렸다고 그러잖습니까?

˝ 사레 들렸다고 그래.

사레 들렸다고.

˝ 사레 들린 것이나 재채기나 사촌간이야.

사레 들리는 건 어쩔 때 사레 들립니까?

˝ 그 잘못 먹다가 잘 먹고서는 그냥 재채기가 여간 나와. 그냥 확 그냥 나가 튕겨 나가.

그러지요.

˝ 밥 먹다가 그냥 남 거시기 벼락 주는 사람도 있어.

그 다음에 혹시 이런 것 있었습니까? 막 얼굴이 얽는 병이 있잖아요 옛날에?

˝ 그것보고 손님이라고 그러지.

손님.

˝ 홍역 옛날에 홍역은 홍역보다 더 심하게 하는 것보고 손님이라고 그래.

손님.

˝ 그것이 옛날에는 약이 없으니까 열 명 걸리면 아홉은 죽었어.

˝ 그 손님이

열이 납니까?

⁻ 응 여리나고 기양 기양 그건 허고 산: 사라믄 멀 빡:빼기 업:빼기가 전 그떼 나이 머근 사람 억:빼기가43) 그때 손님 저낀44) 사라미여.

억빼기가요.

⁻ 그 손님헌 사:람드리.

그다으메 인제 손님말고 또 이거시 이꼬

⁻ 우리 동네는 앙 걸런는디 호열짜라고45)

⁻ 호열짜라고 요 건네 학산 일녀네 한 이:벵명썩 주거써 호열짜 병:이 드롸서.

⁻ 그떼는 여그 저 잔등에다가46) 줄치고 요아페다가 줄치고 지를 다 줄 치고 그 사람들 여그 모:도게헤써.

언:제 그레씀니까?

⁻ 오레데야 솔차

아 호:열짜

고건 전:념뼁이조?

⁻ 아:먼. 절:럼뼁47) 긍게 모:도게 헤쩨.

또 엔:나레 이런 병도 이써써요?

⁻ 그떼는 그 호열짜 병이 도라가고 도께비드리 지베다 고러코 부를 질 러.

⁻ 도께비드리. 그 집 여러체 타저써48) 기양 학산 또 상:데49).

도께비드리요?

⁻ 암 도께비드리 불질러.

허허 오오. 저절로 부리나요?

⁻ 도께비드리 지베다 불지르믄 그저네 지아두 초지빙게50) 근디 그 도께 비드리 사실상 도께비들 노:는디 가보머는 아무꺼또아닌 막떼기가틍거신 디, 도께비가.

⁻ 우리 벡뿌니이 덕뻭 저 어:디 가따오다가 도그 도 도께비떼를 만나써.

˝ 응, 열이 나고 그냥 그냥 그것 하고 사는 사람은 뭘 '빡빼기' 얽보가 전 그때 나이 먹은 사람 얽보가 그때 손님 겪은 사람이야.

얽보가요.

˝ 그 손님한 사람들이.

그 다음에 이제 손님말고 또 이것이 있고

˝ 우리 동네는 안 걸렸는데 '호열자'(콜레라)라고

˝ '호열자'라고 이 건너 학산 일 년에 한 이백 명씩 죽었어, 콜레라 병이 들어와서.

˝ 그때는 여기 저 고개에다가 줄 치고 이 앞에다가 줄 치고 줄을 다 줄 치고 그 사람들 여기 못 오게 했어.

언제 그랬습니까?

˝ 오래 돼, 상당히.

아, 콜레라

그건 전염병이지요?

˝ 암. 전염병 그러니까 못 오게 했지.

또 옛날에 이런 병도 있었어요?

˝ 그때는 그 콜레라 병이 돌아가지고 도깨비들이 집에다 그렇게 불을 질러.

˝ 도깨비들이. 그 집 여러 채 불탔어. 그냥 학산 또 상대.

도깨비들이요?

˝ 암. 도깨비들이 불질러.

허허 오오. 저절로 불이 나요?

˝ 도깨비들이 집에다 불 지르면 그전에 기와도 초가집이니까 그런데 그 도깨비들이 사실상 도깨비들 노는 데 가 보면은 아무 것도 아닌 막대기 같은 것인데, 도깨비가.

˝ 우리 백부님이 덕벽 저 어디 갔다 오다가 도그 도 도깨비 떼를 만났어.

￢ 그레가꼬 도께비를 시양씸 들꼬 기양 허리도 끌라고 무꺼가꼬 가꼬완 는디 비찌랑 몽뎅이여51). 인자 나:제 봐서 저 봉게 바메 인자 거 그런 장: 군지 사라만테는 그거시 도께비드리 딸싹 모:데.

아

￢ 보:단디 그러고 손 올리가꼬 그레따고

불도 지르구마뇨이~, 도께비드리

￢ 울 처나믄 조:무늘 항구그로 조:무늘 간는디 그떼가 한 삼십쌀 한 서 른며쌀 머글떼구만.

￢ 아이 요 너메 그 지름집 거 거 들판디까양52) 지영네 끼껴뎅여53) 독뻬 기 걍 그 도께비한테.

￢ 아 근디 그뒨날 주거써.

￢ 그 지정네 뻬:끄고 뎅이고 낭게 지베와가꼬 여 학산 친처기 인는디 학 싼 사라미 텍:씨 불러서 지브로 보네쥔:는디 그 질로 누어서 몬:나코 주거 써.

술잡쑤싱거 아니에요 혹씨?

￢ 술머거쩨. 조:문가씽게. 음. 술머거쩨.

￢ 긍게 바미먼 고기 앙가꼰디 뒈:지고기도 앙가꼬 뎅기고 잡씨니 따라뎅 에 뒈:지 고기 가틍걸 가꼬뎅이먼.

바미먼 그런 고기 갇 앙가꼬 뎅인다구요?

￢ 응 응

그레요이.

또 이런 병:이 이써요? 하루 막 달달달 춥따가 또 낟 다더따가 또 다음날 다 다달 춥:꼬 막

￢ 하레거리리라고54). 초하기라게55) 그거뽀고.

아 초하기라 그레요?

￢ 응

˽ 그래가지고 도깨비를 ***** 그냥 허리도 끌려고 묶어가지고 가지고 왔는데 빗자루, 몽둥이야. 이제 낮에 봐서 저 보니까 밤에 이제 거 그런 *** 사람한테는 도깨비들이 꼼짝 못해.

아.

˽ *** 그렇게 손 올려가지고 그랬다고

불도 지르구먼요, 도깨비들이

˽ 우리 처남은 조문을 한국으로 조문을 갔는데 그때가 한 삼십 살 한 서른 몇 살 먹을 때구먼.

˽ 아이, 이 너머 그 기름집 거거 들판 쪽까지 저녁 내내 끌려 다녀. 그냥 도깨비한테.

˽ 아 그런데 그 뒷날 죽었어.

˽ 그 저녁 내내 끌려 다니고 나니까 집에 와가지고 이 학산 친척이 있는데 학산 사람이 택시 불러서 집으로 보내 줬는데 그 길로 누워서 못 낫고 죽었어.

술 드신 거 아니에요 혹시?

˽ 술 먹었지. 조문 갔으니까. 음, 술 먹었지.

˽ 그러니까 밤이면 고기 안 가지고 오는데. 돼지고기도 안 가지고 다니고. 잡신이 따라다녀, 돼지고기 같은 것 가지고 다니면.

밤이면 그런 고기 안 가지고 다닌다고요?

˽ 응, 응.

그래요.

또 이런 병이 있어요? 하루 막 덜덜덜 춥다가 또 낫 나았다가 또 다음날 덜덜덜 춥고 막

˽ 하루거리라고 초학이라고 해, 그것보고.

아, 초학이라 그래요?

˽ 응.

￣ 그게 엔:날 어:른드리 야글 먼:야글 쓰냐먼 바까테 하장실 뒤:까네가서 서빠다그로56) 그 소망깥57) 할트라게 그거시 야기여.

머:스로?

￣ 혀빠다그로 소망까슬 할트라헌당게.

￣ 벤소깐 똥: 싸는디

쏘망깐 할트라고?

￣ 응. 그거뽀고 그러면 떠러진다고 그거뽀고 초하기라 그러는디.

￣ 인자 그거슨 나:중에는 야기 종:거 나와버링게 그거슨 그렁 거슨 헌:사람 별로 옵써.

￣ 그 염:병이58) 이써. 또 염:병. 염병 머리빠지는 염:병.

네 고건 어떠씀니까 고거슨?

￣ 고거시 무선 붕이제 고거시. 어 네:가 그 염:병을 걸려가꼬 나선는디

￣ 치뤄린디 웨:장시가 와써. 웨:장시가. 그레서 싱낭을 퍼주고 웨:를 한데여서께를 사서 머거써.

￣ 고놈 머그먼서보톰 제:독헤가가지고 석:딸가늘 그 염:병을 헤:자천는디59) 지그믄 머리가 마:니 나써. 싹 빠져써. 벌 써써 머리도.

아

￣ 긍게 염:병은 음:식 잘 몸:머그머는 제:독헤 나서가꼬도.

또나 나서따 또 또 셍긴다고?

￣ 응 글 음:식 잘 모:머그먼 그런다 그마리여.

그 염:병하면 여리 춥, 춥찌요? 여리나

￣ 아:문. 그거또 그거슨 초하기나 비슬헝거시여.

￣ 초학또 기양 여리 기양 막 이러나거든.

￣ 무선 벵이여 초학또.

초학, 초학 걸리면 제민네요. 서빠다그로 소망간 할트라고.

￣ 엔나레 그레땅게 야기라고 그거뽀고. (웃음)

⌐ 그게 옛날 어른들이 약을 무슨 약을 쓰느냐면 밖에 화장실 뒷간에 가서 혓바닥으로 그 오줌똥항아리 가장자리를 핥으라고 해 그것이 약이야.

무엇으로?

⌐ 혓바닥으로 오줌똥 항아리 가장자리를 핥으라고 한다니까.

⌐ 변소 똥 싸는 데

오줌똥 항아리를 핥으라고.

⌐ 응, 그것보고 그러면 떨어진다고 그것보고 초학이라 그러는데.

⌐ 이제 그것은 나중에는 약이 좋은 것 나와 버리니까 그것은 그런 것은 하는 사람 별로 없어.

⌐ 그 염병이 있었어 또 염병. 염병 머리 빠지는 염병.

네 그건 어떻습니까, 그것은?

⌐ 그것이 무서운 병이지 그것이. 어 내가 그 염병을 걸려가지고 나았는데

⌐ 칠월인데 참외 장수가 왔어, 참외 장수가. 그래서 식량을 퍼주고 참외를 한 대여섯 개를 사서 먹었어.

⌐ 그것 먹으면서부터 재독해가지고 석 달간을 그 염병을 해 댔는데 지금은 머리가 많이 났어. 싹 빠졌어, ** 머리도.

아.

⌐ 그러니까 염병은 음식 잘못 먹으면 재독해 나아가지고도.

또 나 나았다가 또 또 생긴다고?

⌐ 응, 음식 잘못 먹으면 그런다 그 말이야.

그 염병하면 열이 춥, 춥지요? 열이나

⌐ 암. 그것도 그것은 초학이나 비슷한 거야.

⌐ 초학도 그냥 열이 그냥 막 일어나거든.

⌐ 무서운 병이야, 초학도.

초학, 초학 걸리면 재밌네요. 혓바닥으로 오줌똥항아리 핥으라고.

⌐ 옛날에 그랬다니까, 약이라고 그것보고. (웃음)

근데 염:병은 머 그렁거 업:씀니까 머:하라고?

￣ 업:써 그거슨. 저 엔:나레 이불로 싸능거뿌니 따숩게.

따숩게?

￣ 응

￣ 그거시 야기여써 엔:나레는.

그거 인제 설사 주르르하고 그러잔씀니까?

그다으메 인자 그떼는 어려쓸 이게 이러게 딱 이비 이러케 올라간 사람도 마:나써요 요러케.

￣ 올라간 사람도 이꼬 쩨:보도60) 이꼬 인자

쩨:보라고

근데 아까 당고리나 이런 사람들도 병도 나수 나수라고 힘니까? 거 머 구더고 그레씀니까 엔:나레?

￣ 그거시 그떼시절 그 거시기제.

￣ 아 양머거야 나쩨. 우리는 응 또 순 비:손허고 잠밥메기고 동:정제기허고 기양 물리고 막 칼로 물리고 그레꺼든.

￣ 그 당골드리. 근디 지금 셍각허먼 그사람드리 허고가먼 또 게안허닥 헌다고. 정시니 게안허다고 거이 그 그레따고 마라자먼 드러보먼 아푼 사람드리.

￣ 주장메기허고 또

머요?

￣ 주장메기.

주장메기가 머에요?

￣ 지블 외약쌀로61) 꼬아서 일곱깐데 지약쌀 꼬와서 일고께를 멘들고 멍서글 여꺼서 거그다가 마당에다 방에서 마라자먼 사:람주거서 거 주장메기고 나가드끼

￣ 그 주장메기 헤:서 바까트로 나가서 소시랑으로62) 문는 시융 허고 그

그런데 염병은 뭐 그런 것 없습니까 뭐 하라고?

￣ 없어, 그것은. 저 옛날에 이불로 싸는 것밖에. 따뜻하게

따뜻하게?

￣ 응.

￣ 그것이 약이었어, 옛날엔.

그거 이제 설사 주르르하고 그러잖습니까?

그 다음에 이제 그때는 어렸을 때는 이렇게 딱 입이 이렇게 올라가는 사람도 많았어요. 이렇게.

￣ 올라가는 사람도 있고 언청이도 있고 이제

'째보'라고

그런데 아까 무당이나 이런 사람들도 병도 낫게 합니까? 그 뭐 굿하고 그랬습니까 옛날에?

￣ 그것이 그때 시절 그 거시기지.

￣ 아, 약 먹어야 낫지. 우리는 응 또 순 비손하고 잠밥 먹이고 '동정재기'하고 그냥 물리고 막 칼로 물리고 그랬거든.

￣ 그 무당들이. 그런데 지금 생각하면 그 사람들이 하고 가면 개운하다고 한다고. 정신이 개운하다고 그것이 그랬다고. 말하자면 들어보면 아픈 사람들이.

￣ '주장매기'하고 또

뭐요?

￣ '주장매기'.

'주장매기'가 뭐에요?

￣ 짚을 왼쪽으로 꼬아서 일곱 군데 왼새끼 꼬아서 일곱 개를 만들고 명석을 엮어서 거기다가 마당에다 방에서 말하자면 사람 죽어서 그 주장 먹이고 나가듯이

￣ 그 '주장매기' 해서 밖으로 나가서 소스랑으로 묻는 시늉 하고 그것보

거뽀고 주장메기라고 그레.

  그까 사:라미 아픈 환자를 주근사람처럼

 ¯ 응 그 문넌 시용 그를 헌당게 헌당게. 주장 그거뽀고 주장메이라고 그
레.

  아 그러며는 병:이 난는다고 그건?

 ¯ 긍게 그러고도 도로 기양 거시까 메:뻔 허고도 중는 사라믄 죽꼬

 ¯ 또 용:케 산:사라믄 살:고 그거시 엔:나레 그레써.

  네 고거또 당골드리 주로 하는 겁니까 주장메기도?

 ¯ 당골 주장메기는 인자 동:네사람드리 모아서 허는디 당고리 시기는 데
로 시게 주장메기헤라.

  음 근데 먼: 병이든지 다 그러케 함니까?

 ¯ 그러제.

  특벼란 머 특벼란 어떤 병:에는 에를드러서 좀 정시니 좀 이상하다 쪼끔

 ¯ 긍게 세:성바지 가진 지베가서 쌀 어더다가 바베서 허라든지.

 ¯ 세: 성바지 인는 지비 메느리성 달코⁶³⁾ 엄마성 달코 아부지성 달코 달
타고 그먼 그런 지비만 싸를 어더다가 거 비:서늘 허고 오는 데가 이써.

  아 그러먼 머 병이 난:는다고 그레요?

 ¯ 아 긍게 난:네 안낭가는 모리고, (웃음) 등**고

  당고리 그러케 시켜요?

 ¯ 암. 당고리 그러고 시켜쩨.

 ¯ 지금도 지금도 점젱이들 그러고 시케.

  그러니깐 야기 업:써쓸떼는 여러가지 방버브로 치료를 허구마뇨이~?

 ¯ 그러제.

  에.

 ¯ 거 엔:나레 그 무:슬뿌리가틍거 케서.

  머 뿌리요?

고 '주장매기'라고 그래.

　그러니까 사람이 아픈 환자를 죽은 사람처럼

　¯ 응, 그 묻는 시늉 그것을 한다니까. 주장 그것보고 '주장매기'라고 그
래.

　아, 그러면은 병이 낫는다고 그건?

　¯ 그러니까 그러고도 도로 그냥 그러니까 몇 번 하고도 죽는 사람은 죽고

　¯ 또 용케 산 사람은 살고 그것이 옛날에 그랬어.

　네, 그것도 무당들이 주로 하는 겁니까 '주장매기'도?

　¯ 무당 '주장매기'는 이제 동네 사람들이 모아서 하는데 무당이 시키는
대로 시켜 '주장매기' 해라.

　음, 그런데 무슨 병이든지 다 그렇게 합니까?

　¯ 그러지.

　특별한 뭐 특별한 어떤 병에는 예를 들어서 좀 정신이 좀 이상하다 조금

　¯ 그러니까 세 성바지[64] 집에 가서 쌀 얻어다가 밥 해서 하라든지

　¯ 세 성바지 있는 집이 며느리 성 다르고 엄마 성 다르고 아버지 성 다
르고 그러면 그런 집에만 쌀 얻어다가 그 비손을 하고 오는 데가 있어.

　아, 그러면 뭐 병이 낫는다고 그래요?

　¯ 아, 그러니까 낫는지 안 낫는지는 모르고, (웃음) **

　무당이 그렇게 시켜요?

　¯ 암. 무당이 그렇게 시켰지.

　¯ 지금도 지금도 점쟁이들 그렇게 시켜.

　그러니까 약이 없을 때는 여러 가지 방법으로 치료를 하는구먼요?

　¯ 그러지.

　예.

　¯ 그 옛날에 '무슬' 뿌리 같은 것을 캐서.

　뭐 뿌리요?

⁻ 무:슬뿌리.

무:슬뿌리?

⁻ 우:슬뿌리 그 케다

우슬뿌리요?

⁻ 응. 데려머꼬 별지꺼리 다헤써.

그거는 허리 아픈데 난능거 아니에요?

⁻ 응

⁻ 그런 허리 아픈 디는 수리나 당가서 머꼬 그거슬.

⁻ 데레서 머꼬 그레써. 지금도 그거슬 마:니 먹쩨.

그레요이.

고 이야기는 다으메 드러야게씀니다. 시가니, 아유 수고하셔씀니다.

˗ '무슬' 뿌리.

'무슬' 뿌리?

˗ '우슬' 뿌리 그 캐다

'우슬' 뿌리요?

˗ 응, 다려 먹고 별짓을 다 했어.

그건 허리 아픈 데 낫는 것 아니에요?

˗ 응.

˗ 그런 허리 아픈 데는 술이나 담가서 먹고 그것을

˗ 다려서 먹고 그랬어. 지금도 그것을 많이 먹지.

그래요.

그 이야기는 다음에 들어야겠습니다. 시간이, 아유 수고하셨습니다.

■ 주석

1) ‘뚜드럭’은 ‘두드러기’의 방언형.
2) ‘꼬시르다’는 원래 ‘그을리다’의 뜻이나 여기서는 ‘불에 태우다’의 뜻.
3) ‘인공’은 인민공화국의 약칭이지만 여기서는 ‘인민군들의 소굴’ 정도로 해석
   된다.
4) ‘단독’(丹毒)은 피부의 헌데나 다친 곳으로 세균이 들어가서 열이 높아지고
   얼굴이 붉어지며 붓게 되어 부기(浮氣), 동통을 일으키는 전염병을 가리킨다.
5) ‘등’의 방언형.
6) ‘등창’은 등에 나는 큰 부스럼을 말한다.
7) ‘꾸지뽕’은 ‘메뽕나무’의 방언형.
8) ‘기겟독’은 ‘기계충’의 방언형.
9) ‘동고로니’는 ‘동그랗게’의 뜻.
10) ‘토실토실하다’는 ‘도톨도톨하다’의 뜻.
11) ‘쉬에기’는 ‘새꽤기’의 방언형.
12) ‘흑:허다’는 ‘하얗다’의 방언형.
13) ‘으레’는 얼굴이 하얗게 변하는 피부병인 백반증을 가리키는 것으로 보인다.
14) ‘마수다’는 ‘맞히다’의 방언형.
15) ‘모래미’는 지명.
16) ‘보짐’은 ‘버짐’의 방언형.
17) ‘게녓’은 ‘갱엿’의 방언형.
18) ‘튀실튀실’은 ‘도톨도톨’의 뜻.
19) ‘겐녓’은 ‘갱엿’의 방언형.
20) ‘곪들다’는 ‘곪다’의 뜻. ‘곪들다’는 ‘곪이 들다’로도 쓰이므로, ‘곪’은 ‘곪다’에서
    파생된 명사라 할 수 있다.
21) ‘땀떼기’는 ‘땀띠’의 방언형.
22) ‘첨뺑’은 ‘천병’(天病)으로서 하늘이 내린 병이라는 뜻.
23) ‘데갈쑤’는 사람 이름. 아마도 머리가 컸기 때문에 붙은 이름으로 보인다. 접
    미사 ‘-수’는 사람을 가리키는 말로서 예를 들어 ‘꾀수’(=꾀보), ‘도망수’(=잘 도
    망다니는 사람), ‘길수’(=게으름뱅이) 등을 들 수 있다.

24) ‘디지다’는 ‘뒈지다’의 방언형.

25) ‘진찬히’ 또는 ‘진찬허니’는 하지 않아도 될 일을 괜히 했을 경우를 말한다. 중앙어의 ‘괜히’ 정도에 대응된다.

26) ‘다랏’은 ‘다래끼’의 방언형.

27) ‘몽창’은 완전히 곪은 상태를 뜻하는 말이다. 전남의 다른 지방에서는 완전히 곪은 상태를 가리키는 말로 ‘농창허다’라는 말이 쓰이는데, 이때의 ‘농창’이 변한 말로 보인다.

28) ‘민중다랏’은 크기가 아주 큰 다래끼를 말한다.

29) ‘구왓증’은 ‘구와’로서 입이 한쪽으로 비뚤어지는 증상을 말한다.

30) ‘끄타발’은 ‘끄나풀’의 방언형.

31) ‘고뿔차리’는 ‘감기’의 방언형.

32) ‘천딩이’는 ‘천덕꾸러기’의 방언형.

33) ‘파닐허다’는 ‘알아내다’의 뜻.

34) ‘체 네린다’는 ‘체내다’의 방언형으로서 모의(模擬)로 체한 것을 끄집어내다는 뜻. 체증을 없애기 위하여, 한 손으로 앓는 사람의 배에서 목까지 훑어 올린 다음, 뼛조각 같은 단단한 물건을 쥔 다른 손을 병자의 입속에 넣어 휘휘 두르다가 배 속에서 올라온 물건을 집어내는 것처럼 그 쥐었던 물건을 내놓는다.

35) ‘울버들나무’는 ‘물푸레나무’의 방언형.

36) ‘칙짐질’은 참기름을 바른 나뭇가지 끝에 솜을 묻혀 체한 사람의 위에 넣어 체를 내는 행위를 가리킨다.

37) ‘오무까심’은 ‘오목가슴’의 방언형.

38) ‘찬지름’은 ‘참기름’의 방언형.

39) ‘벤질벤질허다’는 ‘반질반질하다’의 방언형.

40) ‘정:떼’는 ‘점심 때’의 방언형.

41) ‘손님’은 ‘천연두’의 방언형.

42) ‘홍진’은 ‘홍역’의 뜻.

43) ‘억빼기’는 ‘얽보’ 또는 ‘곰보’의 방언.

44) ‘저끄다’는 ‘겪다’의 방언형.

45) ‘호열자’(虎列刺)는 ‘콜레라’의 음역어.

46) ‘잔등’은 작은 고개.

47) ‘절:렴뼝’은 ‘전염병’의 방언형.

48) ‘타지다’는 불에 타다의 뜻.

49) ‘학산’과 ‘상대’는 지명.

50) ‘초집’은 ‘초가집’의 방언형.

51) ‘몽뎅이’는 ‘몽둥이’의 방언형.

52) ‘까양은 중앙어 ‘까지’의 방언형 ‘까장’의 /ㅈ/이 탈락한 형태.

53) ‘끼끼다’는 ‘끗다’(=끌다)에 피동접미사 ‘-기’가 결합된 피동형으로서 ‘끌리다’
의 방언형.

54) ‘하레거리’는 하루씩 걸러서 앓는 학질인 ‘하루거리’의 방언형.

55) ‘초학’은 중앙어에서 ‘처음으로 앓는 학질’ 또는 그냥 ‘학질’의 두 가지 뜻을
갖는데 여기서는 후자의 뜻으로 쓰였다.

56) ‘서빠닥’은 ‘혓바닥’의 방언형.

57) ‘소망은 ‘소매항’의 준말로서 오줌을 받아 두는 항아리를 가리킨다. 따라서
‘소망갓’은 이 항아리의 가장자리를 말한다.

58) ‘염:병’은 ‘장티푸스’를 속되게 이르는 말.

59) ‘잦히다’는 원래 ‘잦다’의 사동사이나 여기서는 거센 동작 또는 반복되는 동
작 등을 나타내는 조동사로 쓰이고 있다. 대체로 중앙어 ‘대다’에 대응한다.

60) ‘째보’는 ‘언청이’의 방언형.

61) ‘외약살은 ‘왼새끼’를 뜻한다. ‘외약살’의 ‘외-’는 본시 ‘그르다’의 뜻을 갖는 옛
말 ‘외다’이며, ‘외약의 ‘약은 ‘악’에서 온 것으로 보이지만 그 뜻은 분명하지
않다. 아마도 방향이나 장소를 가리키는 말로 추정된다. 그리고 ‘살은 ‘새끼’
를 의미한다. 전남 방언에서 ‘왼손’을 ‘외약손’, ‘왼편’을 ‘외약펜’ 등으로 말하기
도 한다.

62) ‘소시랑은 ‘소스랑’의 방언형.

63) ‘닳다’는 ‘다르다’의 방언형.

64) ‘세성바지’는 성이 각각 다른 세 사람 또는 세 집을 말한다.

찾아보기